William Costa

Implementando Segurança com FortiOS

FORTIOS 5.4 VERSION

EDITORA CIÊNCIA MODERNA

Editor: Paulo André P. Marques
Produção Editorial: Dilene Sandes Pessanha
Capa: Daniel Jara
Copidesque: Vivian Sbravatti

FICHA CATALOGRAFICA

COSTA, William.

Implementando Segurança com FortiOS

Rio de Janeiro: Editora Ciência Moderna Ltda., 2018.

1. Informática
I — Título

ISBN: 978-85-399-0904-9 CDD 001.642

Editora Ciência Moderna Ltda.
R. Alice Figueiredo, 46 – Riachuelo
Rio de Janeiro, RJ – Brasil CEP: 20.950-150
Tel: (21) 2201-6662/ Fax: (21) 2201-6896
E-MAIL: LCM@LCM.COM.BR
WWW.LCM.COM.BR

01/18

Prefácio

O Mundo, Cibersegurança e o FortiGate.

Em uma tarde comum em São Paulo, fora do prédio de escritórios, o tráfego é muito intenso. Os carros buzinando e as luzes piscando mostram que a situação não mudará daqui a alguns minutos. "Droga! Como fui esquecer que hoje é aniversário da minha esposa? O primeiro aniversário dela que a gente vai ter junto", pensa João Pontes, executivo de um dos maiores bancos do Brasil. Enquanto ele desliga o laptop, no qual 10 minutos atrás ele editava os últimos detalhes de um contrato muito importante que trabalha há duas semanas inteiras (incluindo fim de semana, claro), somente lembrou do evento, graças ao Facebook ter fornecido para ele as informações dos aniversários, incluindo o da esposa.

Vinte anos atrás, isso poderia ter sido um problema muito grave. Todo mundo que já esqueceu data de aniversário (da família, amigo ou chefe) é testemunha disso. Mas em 2017, isso pode ser contornado.

João procura um dos melhores restaurantes da cidade usando um aplicativo, olha para as opiniões e faz reserva naquele que parece melhor para o momento especial. Depois, ele acessa o website de um florista para fazer a entrega no restaurante. Finalmente, arruma um Uber Black para não dirigir e dedicar 100% de atenção à esposa. Pronto!

Hoje em dia, a sociedade acha muito natural fazer uso da tecnologia para muitas atividades normais da vida. Desde fazer compras de último minuto, como foi o caso do João, marcar encontros com os velhos amigos da escola, convidar os familiares e amigos para um casamento ou até resolver dúvidas de funcionamento de algum aparelho doméstico (quem nunca procurou um vídeo do YouTube para aprender fazer alguma coisa?) ou mesmo encontrar, em alguma rede social, amigos ou um grande amor.

A tecnologia tem invadido quase todos os campos da nossa vida, como na educação, lazer, negócios, e até mesmo relacionamento amoroso. Quase todo mundo usa a tecnologia sem pensar muito no que existe por trás dela para tudo funcionar direito, como a Cibersegurança, um dos componentes necessários para o mundo da tecnologia funcionar.

Cibersegurança é o componente que traz confiança, reduz o risco (digital e real, organizacional e pessoal de informação e de pessoas) para fazer qualquer tipo de atividade na Internet. Diminui o risco de uma pessoa ser vítima de estafa bancária e transferir dinheiro para a pessoa errada. Tira a possibilidade de uma criança olhar pornografia ou do adulto ser vítima de extorsão. Controla o risco de uma empresa ficar sem a possibilidade de cobrar seus clientes. Restringe a possibilidade de qualquer pessoa roubar os dados de identidade dos cidadãos numa entidade do governo.

A Cibersegurança também facilita muitas coisas. Leva novos serviços para as pessoas (Uber, Airbnb ou Facebook não existiriam do jeito que eles existem sem a Cibersegurança). Torna possível conseguir informações de pessoas com rapidez, baseadas nos gostos e nas preferências individuais e também possibilita encontrar os criminosos que praticam fraude ou pornografia infantil, por exemplo.

Cibersegurança é uma área de estudo nova e tem-se desenvolvido rapidamente nos últimos anos. No mundo, ainda em 2017, existem poucas universidades com a licenciatura em Cibersegurança, e na América Latina, a quantidade de profissionais que tem formação em Cibersegurança é muito pouca. O Brasil, por exemplo, tem pouco menos de 450 profissionais certificados CISSP (https://www.isc2.org/member-counts.aspx) que é uma das certificações de segurança mais reconhecidas no mundo. O Brasil, também neste ponto, tem menos de 10 engenheiros certificados NSE8 (https://www.fortinet.com/support-and-training/training/network-security-expert-program.html) que é a maior certificação possível para um engenheiro que trabalha com a Fortinet, a maior empresa fabricante de Cibersegurança no mundo pela quantidade de dispositivos implantados, com mais de 300 profissionais focados na Cibersegurança, na América Latina (mais de 50 no Brasil).

Um desses engenheiros NSE 8 é o William Costa, alguém que tenho o prazer de conhecer a quase 10 anos. Ele também trabalha na empresa TRTEC, parceira da Fortinet.

Quando o William falou comigo que ele trabalhava num livro sobre o FortiOS, o sistema operacional dos FortiGates (a primeira tecnologia da Fortinet e um dos principais produtos até hoje) fiquei muito emocionado. Só um profissional de talento como o William pode pegar os conhecimentos de uma tecnologia global e combiná-los com a experiência de ter resolvido os problemas de Cibersegurança de muitos clientes no Brasil aproveitando a mesma tecnologia. O próprio, já teve a oportunidade de falar diretamente com Product Management da Fortinet e dar sugestões de como melhorar a tecnologia para acomodar ainda mais as características do produto às necessidades do mercado Brasileiro.

O livro que você tem em suas mãos, não só descreve com muita profundidade conceitos técnicos como oferece configurações prontas para resolver os cenários mais comuns de clientes implementando FortiGate. Também oferece dicas das situações que farão o leitor aproveitar melhor a tecnologia.

Aproveite a leitura e vamos juntos fazer do mundo um lugar muito melhor e seguro para nossas famílias!

Martin Hoz
Vice-presidente de Engenharia da América Latina e Caribe
Cidade do México, Maio de 2017.

DEDICATÓRIA

Dedicado a minha Esposa Géssica Costa, que sempre me apoio nos momentos que mais tive necessidade, ao meu Filho Henry Costa que me ensina todos os dias a superar quaisquer desafios que a vida insiste em me submeter, não esquecendo dos meus Familiares e Amigos.

Sumário

Capítulo 1

Introdução

Este livro tem como objetivo apresentar literatura técnica em português sobre o Sistema Operacional da *Fortinet*, comumente chamado de *FortiOS*, com foco na utilização prática da ferramenta. Busca levar aos seus leitores informações técnicas sobre o sistema operacional do *FortiGate*, por meio de uma leitura leve e com informações importantes para a implementação desta ferramenta.
O intuito deste não é explorar todas as possibilidades de implementações e/ou cenários disponíveis com o *FortiGate*, e não pretende ser fonte de referência em Redes, Segurança ou literatura teórica sobre o funcionamento de todos os módulos, apesar de serem abordados. O autor pressupõe que os conceitos básicos já são dominados pelos leitores. Desta forma, serão apresentadas ao leitor técnicas e informações úteis para uma implementação segura de um *FortiGate* baseando-se no *FortiOS* version 5.4.

1.1 Resumo

1.1.1 FortiGuard

O *FortiGuard* é o time global de pesquisa da *Fortinet* responsável por estudos em segurança/vulnerabilidades, criação das vacinas de antivírus, *IPS, App Control, antispam* ente outros. Atua 24x7 em todos os dias do ano para manter sempre atualizados os serviços prestados pelos produtos *Fortinet*.

1.1.2 FortiASICs

ASICs [24] são chips desenhados para tarefas especificas, desta forma, os *FortiASICs* da *Fortinet* são desenhados para realizar uma grande gama de atividades de segurança aliado à alta performance no tratamento dos dados (pacotes) que fluem pelo *firewall*
Os *FortiAISCs* abordados neste livro são divididos em 2 categorias :

- CP (Content Processor)
- NP (Netwotk Processor)

CP

Content Processor são *chips* com capacidades variadas de modelo para modelo desenvolvidos para acelerar e remover da *CPU* principal determinadas funções. Os *Firewalls FortiGates* atuais incluem processadores *CP9* [9]

NP

Network Processor foi desenvolvido para trabalhar no nível de *interface*, acelerando o tráfico e realizando o *offload* da *CPU* principal. O *NP6* é o atual modelo do *Network Processor* sendo seu antecessor o *NP4*. O *NP6* pode acelerar o tráfego de *IPv4, IPv6, CAPWAP, VPN IPsec* e *multicast*. Alcançando o *throughput* de 40 Gbps nos seu modelo mais recente [9].

1.1.3 FortiOS

FortiOS é o sistema operacional do *FortiGate* sendo proprietário da *Fortinet*, que permite o uso e manutenção das políticas de seguranças aplicadas ao *Firewall*, sendo basicamente o mesmo sistema operacional para qualquer modelo do *FortiGate*, tem uma fácil administração independe do tamanho e modelo do *hardware*. A versão usada como base neste livro será a 5.4, abortada com detalhes nos capítulos posteriores.

O *FortiOS* é desenhado em uma única imagem contendo o *Kernel, user-space* e as assinaturas inicias[21], não tendo módulos para serem instalados a parte.

O *Kernel* é responsável pela ponte entre o *hardware* e as Aplicações, gerenciando a memória *RAM, CPU*, placas de rede, *ASICs*, entre outros *hardwares* disponíveis. Os *drivers* instalados no *Firmwares* variam entre os modelos.

Exemplo de um *FortiGate 110C*:

diagnose hardware deviceinfo nic port1

```
# diagnose hardware deviceinfo nic port1
Description                bcm_sw Ethernet driver1.0
```

Para o *FortiGate 110C* o *driver* é de uma *Broadcom*.

Exemplo de um *FortiGate 3240C*:

```
# diagnose hardware deviceinfo nic port1
Description          :FortiASIC NP4 Adapter
```

No entanto, em um *FortiGate 3240C*, o *driver* é de um *NP4*. (FortiAISC[24])

1.1.4 FortiGate

FortiGate é o *Firewall* da *Fortinet* que agrega a função de *UTM*[14]/*NGFW*[13] em um mesmo ***appliance.***

O *FortiGate* tem dezenas de modelos de ***hardwares*** diferentes, inclusive versões ***Virtuais (VM)*** que podem ser utilizadas em diversos ambientes com tamanhos e complexidades distintas.

O *FortiOS* foi construído para proporcionar:

- Controle de Acesso
- Prevenção de Ameaças
- Detecção de Ameaças
- Respostas a Incidentes
- Rede
- VPN
- Controle de EndPoint
- Monitoramento contínuo
- Alta Disponibilidade

1.1.5 Segurança

- Firewall

Firewall pode ser baseado em *Software* ou *Hardware* e é utilizado para a manter uma rede mais segura. Seu principal objetivo é controlar o tráfego da rede que entra e sai por meio do equipamento, analisando os pacotes de dados e determinando se deve ou não permitir a passagem com base em uma matriz de regras predeterminadas. O *FortiGate* foi desenhado para ter um alto desempenho nesta função por meio de chips[24] para aceleração/*offload* de determinados tráfegos.

- Antivírus

O escâner de Antivírus do *FortiGate* é de propriedade da *Fortinet* e foi concebido para a análise profunda do conteúdo transmitido via rede, podendo assim detectar vírus e outros conteúdos maliciosos. Realizando o *reassemble* de arquivos fragmentados, descompactação dos dados, entre outros.

- Web Filter

O acesso *WEB* é a principal ferramenta utilizada nas empresas para executar tarefas cotidianas pelos usuários como pagamentos online, emissão de notas fiscais, pedidos e outras atividades, no entanto pode ser uma porta de entrada para muitas pragas virtuais. O ***Web Filter*** tem a função de analisar, categorizar, permitir ou bloquear o acesso a esses conteúdos, baseando-se em políticas definidas pelo administrador, impede o acesso a sites maliciosos ou ***downloads*** de vírus.

- Application Control (Controle de Aplicações)

O *Application Control* tem a capacidade de reconhecer, entre os diferentes tráfegos que passam pelo *FortiGate*, quais são as aplicações responsáveis por este tráfego, possibilitado assim o controle, seja permitindo, bloqueando ou limitando o consumo de banda para esse fluxo específico. Para essa função, o *Application Control* baseia-se no decodificador de protocolos do módulo de *IPS* para analisar e detectar anomalias no tráfego gerado pelos aplicativos.

- *Intrusion Protection System (IPS\IDS)* (Proteção Contra Invasão)

  O *IPS* executa a função de detecção e prevenção de ataques e exploits, através da detecção por Assinatura ou Anomalias.

  - Assinaturas

    Com base em assinaturas do *FortiGuard*, o *FortiGate* é capaz de proteger servidores e usuários contra ameaças conhecidas que podem envolver um invasor gerando ataques contra equipamentos protegidos pelo *FortiGate*. Esse tráfego pode conter comandos, sequência de comandos e variáveis, permitindo assim que o *FortiOS* detecte e bloqueie essas tentativas baseando-se em assinaturas predefinidas.

  - Anomalias

    Anomalias ocorrem quando um determinado comportamento foge do padrão pré-estabelecido, mesmo um tráfego válido pode ser usado para indisponibilizar um serviço. Esses comportamentos normalmente são usados para realizar um *DoS (denial-of-service) attack* (ataque de *DoS* (negação de serviço)), utilizando um grande volume ou propositalmente enviando um pacote mal formado. A detecção por anomalia *(DoS Sensor)* é realizada por meio de valores *(thresholds)* predefinidos pelo administrador.

- Data Leak Prevention- DLP (Prevenção contra vazamento de dados)

  O *DLP* foi desenhado para detectar e bloquear a saída de informações confidenciais, realizando o mapeamento de dados sensíveis. Quando esses dados trafegam pelo *Applaince* com destino a uma rede confiável ou não, são monitorados e/ou bloqueados dependendo da política aplicada ao perfil dos dados.

  Os dados são classificados por filtros individuais com base em tamanho, tipos de arquivo, extensão, expressões regulares *(regex)*, entre outros.

- Virtual Private Network- VPN (Rede privada Virtual)

  VPN é uma rede privada criada por cima de uma rede não confiável. Esse processo ocorre com a criação de um túnel cifrado (criptografado) sobre uma rede insegura onde os dados são criptografados para garantir a segurança das informações trafegadas.

  As *VPNs* podem ser divididas em duas categorias:

  - VPN Site-to-Site:

    As *VPNs* deste tipo são utilizadas para a conexão de dois *gateways* entre si. O Protocolo *IPsec*[31] é o mais comum para essa atividade, este sendo uma estrutura de padrões abertos para assegurar a comunicações privadas e seguras em redes com o protocolo Internet *(IP)*, por meio do uso de serviços de segurança criptográficos.

  - VPN Client-to-Site:

    VPNs Client-to-Site geralmente são utilizadas para conexões de clientes a *gateways*. Por meio da *VPN*, os usuários podem acessar recursos disponíveis atrás do *FortiGate*. Os Protocolos mais utilizados para essa tarefa são, *IPsec, L2TP, PPTP* e *SSL*. A *VPN Client-to-Site* do tipo *SSL* é atualmente a mais utilizada pelas empresas em geral.

VPN SSL é uma rede lógica segura criada a partir de um *host* em uma rede fisicamente separada. As *VPNs* utilizam criptografia e outros métodos de segurança para garantir que somente usuários autorizados possam acessar a rede remota.

- Email Filter- (Antispam)

É possível realizar a configuração do *FortiGate* para tratar os e-mails não solicitados por meio do *FortiGuard Antispam Service*, que realiza a filtragem dos e-mails utilizando tanto *IP Reputation* quanto *Spam Signature Database.* Por meio destes bancos de dados são verificados os endereços *IPs e as URLs* dentro dos e-mails, *checksum* dos e-mails comparando-os com de *spam/spammers* conhecidos e cadastrados pelo *FortiGuard*, assim como a lista local de *IPs*, palavras, e-mails para bloqueio ou liberação.

- Authentication - (Autenticação)

  Podemos descrever a autenticação como sendo o ato de confirmar a identidade de uma entidade. A autenticação de pessoas e/ou *hosts* é fundamental nos dias atuais para garantir que apenas esses entes possam acessar determinados recursos.

  A autenticação no *FortiOS* é dividida em três tipos básicos:

  - Password (Senha):

    Passwords normalmente são utilizadas para autenticar pessoas, membros de um *Cluster* de *HA(High Availability)* e a comunicação do *FortiManager* com o *FortiGate.*

  - Certificates (Certificados):

    A autenticação de *hosts* e *endpoints* normalmente ocorre via certificados.

  - Two-Factor Authentication (Duplo fator de autenticação):

    Esse processo se dá por meio de uma dupla checagem de identificação, a primeira, via algo que os usuários memorizem, como uma senha, e a segunda algo que ele tenha, podendo ser um *Token* físico, *Mobile Token*, certificado, *Smart Card*, ou o que ele é, como a biometria.

- HA-(Cluster – Alta disponibilidade.)

A alta disponibilidade é um requerimento nos ambientes modernos e ininterruptos nos quais todo tráfego flui pelo *Firewall*, seja este de dados ou voz sobre *IP.* Para tanto, o *FortiOS* fornece meios de entregar esse exigência, entre eles os protocolos desenvolvidos pela *Fortinet*: o *FGCP (FortGate Cluster Protocolo)* e o *FGSP (FortiGate Session Life Support Protocol)* os quais serão tratados em 5.3.

1.2 Software

O *Network Security Operating System* da *Fortinet*, chamado de *FortiOS*, inclui um sistema avançado de detecção de *malwares* e mitigação de *Advanced Persistent Threats (APT)*, assim como o gerenciamento das políticas de controle de acesso, perfis de segurança e auditoria além do controle do *Hardware.*

1.2.1 Modo de Operação

O *FortiOS* foi desenhado para atuar em dois modos de operação distintos, *Layer 2(Transparent)* e *Layer 3(NAT/Route)*, sendo este comumente utilizado e padrão de fábrica *(Default)* do *FortiOS.*

NAT/Route

Desta forma, o *FortiGate* atua como *Gateway* e roteia o tráfego entre duas ou mais redes, como uma rede interna e a Internet.

Transparente

Em modo transparente, os pacotes são analisados sem a alteração dos *IPs* de origem e/ou destino, apenas realizando o *Forward* pacotes entre as *interfaces.*

1.2.2 Packet Flow

Abaixo, podemos verificar o fluxo que um pacote percorre pelo *Firewall* e os módulos que o analisarão.

Interface

O primeiro contato que um pacote tem ao chegar ao *Firewall* é pela interface física do *FortiGate*, sendo repassado para o módulo de *DoS Sensor* se este estiver habilitado.

TCP/IP Stack

Em seguida, é processado pela pilha *TCP/IP* do *FortiOS.*

DoS ACL

Neste momento, são analisadas as *Access Control List.*

DoS Sensor

O *DoS Sensor* é encarregado de realizar as análises e estatísticas dos pacotes, comparando-os com os valores dos *thresholds* definidos na configuração do *Sensor.* Por meio deste é possível impedir *portscans* ou ataques de *Flooding.*

IP Integrity Header Checking

O *FortiOS* checa a integridade dos *headers* dos pacotes para os protocolos *TCP, ICMP, UDP, GRE, SCTP* validando seu tamanho e outros valores.

IPsec

O pacote é verificado para garantir se sua proveniência é de uma conexão *VPN* para ser enviado ao módulo de descriptografia caso necessário, assim os módulos seguintes podem analisar o pacote.

Quarantine

Este módulo analisa a lista de *IPs* em quarentena comparando-os com os de Origem e Destino dos pacotes, caso algum desses *IPs* esteja na lista de quarentena o pacote será negado.

FortiTelemetry

São analisadas informações enviadas de outros produtos *Fortinet*, incluindo o *FortiGate* e o *FortiClient.*

User Authentication (Captive Portal)

É possível a configuração da autenticação via *Captive Portal* em qualquer *interface* de rede *VLAN*, assim como *interfaces Wi-Fi*, este podendo ser hospedado no *FortiGate* ou em um servidor externo.

Destination Nat (DNAT)

O *Destination NAT* é realizado pelo *Firewall* para substituir o *IP* de destino do pacote, por exemplo o usuário solicita o endereço *200.200.200.200*, assim, quando o pacote chegar ao *Firewall*, será realizado um *DNAT* (substituição do IP de destino original do pacote) para o *IP 10.10.10.10*, Esse processo é realizado antes do módulo de roteamento para que o *FortiOS* saiba para onde o pacote baseado no *IP* do *DNAT* deve ser roteado.

Routing

Routing utiliza a tabela de roteamento com o objetivo de determinar a *interface* que será utilizada para encaminhar o pacote.

Stateful inspection/Policy lookup/Session management

Nesta etapa, os dados do pacote (SRC IP, SRC PORT, DST IP, DST PORT) são comparados com as políticas (*Policy*) configuradas no *Applaince* na tentativa de localizar uma que permita a passagem do pacote; se não localizada, o pacote é descartado *(drop)*. Se uma política corresponder (ou seja, corresponde aos dados do pacote) ele será aceito e será verificado se existem outros módulos de segurança habilitados, como antivírus por exemplo, em caso positivo, será encaminhado para a *engine* de *Proxy-based* podendo também ser enviado à *engine* de *Flow-Based* caso o módulo seja *APP Control* ou outro que se utilize dessa *engine*.

OBS: Se a política de permissão contiver módulos que utilizam das duas *engines*, o pacote é enviado primeiro à *engine* de *Flow-Based* e depois se necessário, à *engine* de *Proxy-Based*, portanto, o mesmo pacote pode passar por mais de um módulo de segurança ou modo de inspeção *(Flow ou Proxy)*.

Session Helpers

Alguns protocolos contêm dados do pacote em seu *payload*. Esses dados devem ser analisados para que possa ser tomada uma ação completa para o tratamento dessas sessões/conexões, como é o caso do protocolo *SIP*, responsabilidade do *Session Helper*.

User Authentication

As políticas que tenham a autenticação habilitadas são tratadas pela *engine* de *Stateful inspection*, processo o qual ocorre após ser selecionada *(match)* uma política com a autenticação habilitada. Os módulos de segurança só são analisados após essa tarefa ocorrer com sucesso.

Device Identification

Se habilitado na política o *Device Identification* (identificação de dispositivo *(BYOD)*), é analisada a lista de dispositivos à procura de *match* nos parâmetros.

SSL VPN Traffic

Os pacotes do computador com destino à *VPN SSL* são encaminhados ao módulo de *SSL VPN Traffic*, para que sejam descriptografados e então encaminhados e roteados pela *interface* virtual chamada de *ssl.<VDOM-NAME>* onde normalmente recebe o nome de *ssl.root* em um *FortiGate default*(padrão). Uma vez finalizado esse processo, os pacotes serão encaminhados ao módulo de *Policy Lookup*.

Local Management Traffic

Este módulo é responsável pela análise do tráfego local gerado pelo *FortiOS* ou com destino a ele, como os pacotes da console WEB ou do acesso *SSH* recebidos pelo *FortiOS*, assim como o tráfego do *FortiGate* com destino aos serviços do *FortiGuard*.

Flow-Based Inspection Engine

A *engine* de *Flow-Based* é responsável pela análise dos pacotes com destino aos módulos de *IPS, APP Control* e outros módulos em modo *Flow-Based* se a política que permite o tráfego tiver esses módulos de segurança habilitados.

Proxy-Based Inspection Engine

Proxy-Based é a *engine* responsável pelo tratamento dos pacotes com destino aos módulos de *Antivírus, WEB Filter, DLP e AntiSpam* quando estão em modo de análise *Proxy-Based*. Diferente do módulo de *Flow-Based*, que analisa os pacotes de forma separada, o *Proxy-Based* processa múltiplos pacotes antes de tomar uma decisão sobre um específico.

SNAT (Source Nat)

Se a política que permite o fluxo do pacote estiver com ação de *NAT* marcada ou estiver habilitado pela *Central NAT Table*[8], seu *IP* de origem será alterado pelo endereço da *interface* ou de um *IPPOOL*, dependendo da configuração realizada.

IPsec

Neste momento, analisa-se o se o destino do pacote é uma *VPN IPsec*; caso verdadeiro, o pacote será enviado a esse módulo para ser encriptado e encaminhado ao túnel de *VPN*.

Botnet Check

É analisado o *IP* de destino do pacote e, se o endereço estiver contido na lista de *IPs* considerados como sendo o *Command Control (CC)* de uma *Botnet*, o pacote é negado, caso contrário será permitido.

Traffic Shapping

Executa a análise da fila de controle de banda, se habilitado.

WAN Optimization

Realiza a otimização da *WAN*.

TCP/IP Stack

É processado pela pilha *TCP/IP* do *FortiOS*.

Network Interface

O pacote é encaminhado até a *interface* que deixará o *Firewall*.

A imagem 1.1 ilustra o *Flow* de análise do pacote pelo *FortiOS*.

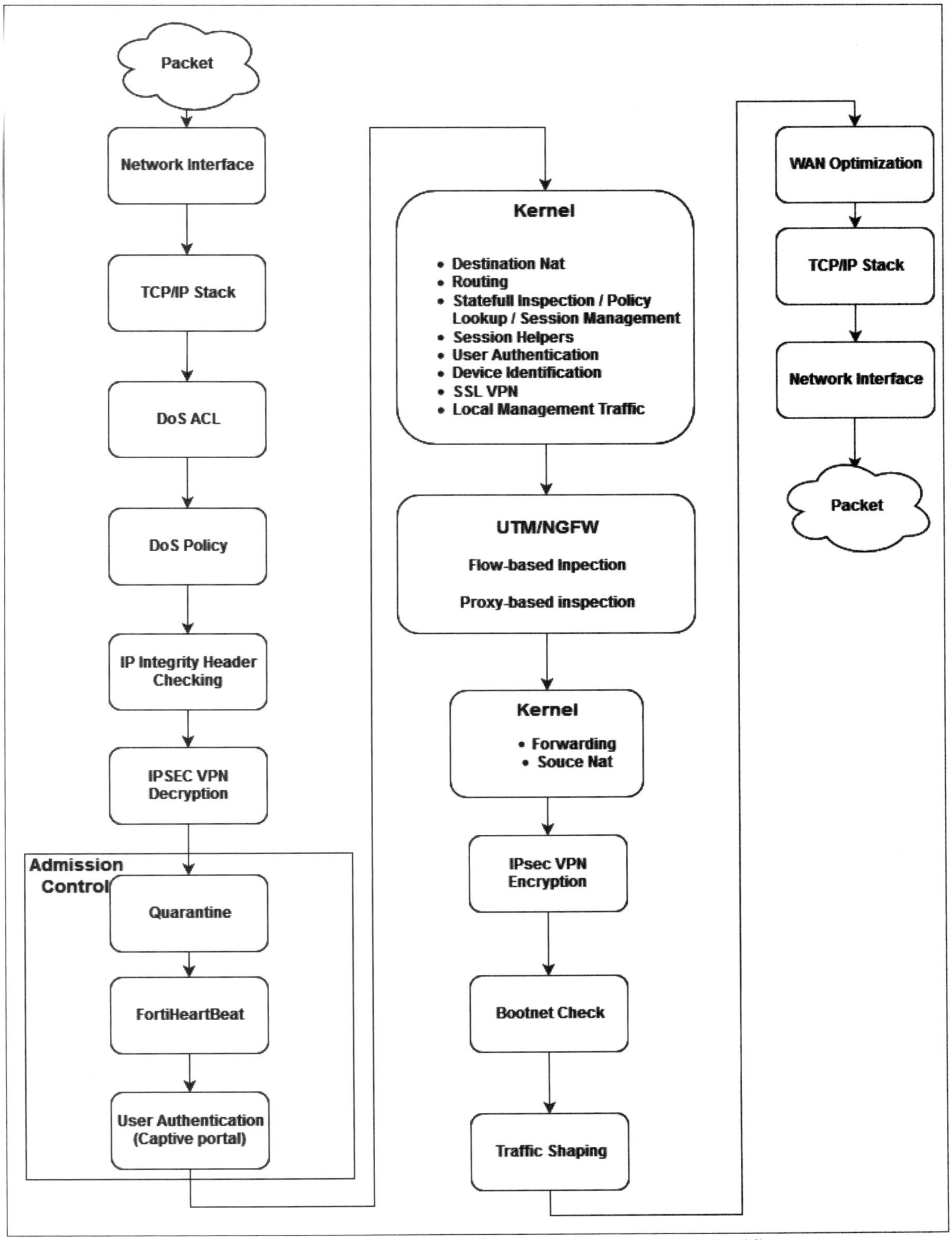

Figura 1.1: Esta figura mostra o flow da entrada de um pacote no FortiGate

1.2.3 VDOM

Ao ato de dividir um *FortiGate* em duas ou mais unidades lógicas independentes se dá o nome de *Virtual Domains (VDOMs)*. *VDOM* permite que em um mesmo *appliance* (físico ou virtual) tenhamos instâncias de *firewalls* diferentes incluindo modos de operações distintos. Podemos ter duas *VDOMs*, uma em modo *NAT* e outra em modo transparente com configurações totalmente distintas, como regras de *firewalls*, objetos de *IP, VIPs, VPNs*, entre outras opções.

A maioria dos modelos de *FortiGate* disponibiliza o licenciamento entre 10 e 25 *VDOMs* (a depender do modelo) sem custos extras, permitindo assim o início da sua utilização de forma imediata.

Administração

Com o uso de *VDOM*, é possível configurar que determinados administradores tenham acesso apenas a *VDOMs* específicas, podendo assim ser utilizado por *Data Centers* como um serviço de *firewall*, permitindo a entrega da administração da *VDOM* ao cliente.

Segurança

Quando um pacote entra em uma *interface*, seja essa lógica *(VLAN)* ou física, ele é direcionado a uma *VDOM* e nela permanece isolado até ser processado. Se existirem regras que permitem seu fluxo, ele será enviado à *interface* de saída, a qual pode ser a internet ou até mesmo outra *VDOM* por meio de uma *interface* física ou virtual como uma *VDOM link*.

VDOM Link

VDOM Links são usadas para criar uma *interface* virtual entre duas *VDOMs,* as quais podem estar em modo *NAT* ou uma em transparente. Sendo assim, *Inter-VDOM links* são usadas para conexão entre duas *VDOMs* sem a necessidade de conexões físicas.

Habilitando VDOM

É possível habilitar o modo *VDOM* no *FortiGate* via *GUI* em *Dashboard > System Information* como apresenta a imagem 1.2.

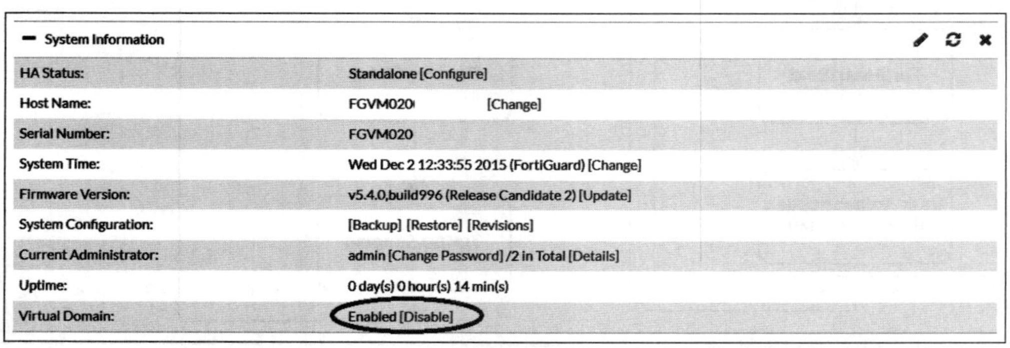

Figura 1.2: Habilitando a VDOM via console WEB.

Para habilitar uma *VDOM* via *CLI (Command Line Interface)*, inserimos os seguintes comandos na

CLI:

```
config system global
  set vdom enable
end
```

1.2.4 Reset e Upload de Firmware

Diagnóstico

execute factoryreset

execute factoryreset2

Reset de Configurações

Podemos redefinir as configurações (ao padrão de fábrica) do *FortiOS* a partir da *CLI* por meio de dois comandos: *execute factoryreset* ou *execute factoryreset2*.

- execute factoryreset
  O comando *execute factoryreset* restaura todas as configurações de fábrica do *Firewall*, tais como: Informações das *interfaces*, regras, *profiles* de segurança, rotas, e demais configurações alteradas.
- execute factoryreset2
  O *factoryreset2* restaura as mesmas configurações que o anterior com exceção das informações das *interfaces* e *VDOMs*.

Abaixo, temos a saída do comando *execute factoryreset* quando executado:

```
# execute factoryreset
This operation will reset the system to factory default!
Do you want to continue? (y/n)
```

OBS: Os dois comandos não afetam a versão do *FortiOS*, permanecendo a mesma versão corrente quando o comando é executado.

Instalação de Firmware via TFTP

O *FortiOS* pode corromper devido a motivos externos, sendo as quedas consecutivas de energia a mais comum, ocasionando um erro que pode impedir sua inicialização correta. A solução desse problema é o *upload* de um novo *firmware* na flash do *FortiGate*.

Para realizar essa atividade, é necessário um cabo de *Console*, concebido por uma ponta sendo um conector *DB9* conectado a um computador na porta serial e do outro lado um *RJ45* conectado ao *Firewall FortiGate* na porta *console*, além de um *software* de terminal, o qual será visto com mais detalhes em 3.1.1.

O acesso à tela de manutenção se dá no momento do *boot* (inicialização) do *FortiGate*, portanto é necessário reiniciar o *FortiGate*. Esse processo de reinicialização pode ser físico (desligar o *FortiGate* usando o botão de *power* ou removendo o cabo de alimentação) ou lógico, por meio do comando *execute reboot* via *CLI* ou na *GUI* em *Dashboard* > *System Resources*, como mostra a imagem 1.3.

OBS: Quando realizamos o *upload* de um *firmware* via *TFTP*, todas as configurações padrões do *FortiOS* são restauradas, sendo assim, todas as configurações, sejam elas de *Firewall*, segurança, autenticação entre outras, serão perdidas.

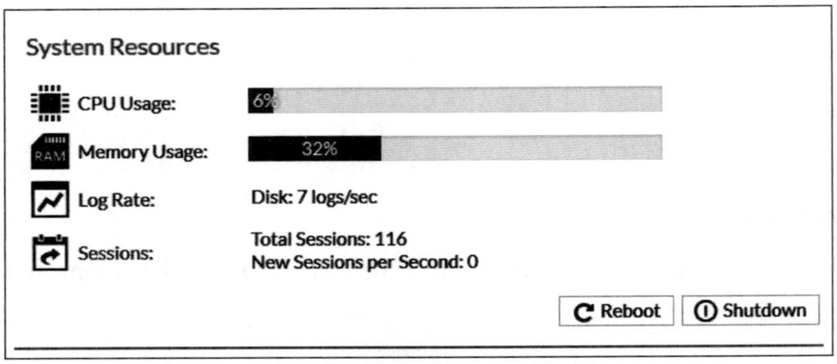

Figura 1.3: Opção de Reboot e Shutdown.

Abaixo podemos ver a saída no *Putty* dos dados recebidos via cabo de *console* no momento de um *boot* do equipamento :

```
FortiGate-100D (17:36-08.07.2014)
Ver:05000006
Serial number:FG100D3F1F884607
RAM activation
CPU(00:000106ca bfebfbff): MP initialization
CPU(01:000106ca bfebfbff): MP initialization
CPU(02:000106ca bfebfbff): MP initialization
CPU(03:000106ca bfebfbff): MP initialization
Total RAM: 4096MB
Enabling cache...Done.
Scanning PCI bus...Done.
Allocating PCI resources...Done.
Enabling PCI resources...Done.
Zeroing IRQ settings...Done.
Verifying PIRQ tables...Done.
Boot up, boot device capacity: 15272MB.
Press any key to display configuration menu...
....
```

Como podemos ver na ultima linha acima, temos a opção de acessar o *menu* de *boot* para realizarmos

atividades de manutenção do *Firmware*.
Ao pressionarmos qualquer tecla durante esse processo, temos as seguintes opções:

```
[C]:  Configure TFTP parameters.
[R]:  Review TFTP parameters.
[T]:  Initiate TFTP firmware transfer.
[F]:  Format boot device.
[B]:  Boot with backup firmware and set as default.
[I]:  System information.
[Q]:  Quit menu and continue to boot.
[H]:  Display this list of options.

Enter C,R,T,F,B,I,Q,or H:
```

Para realizarmos o *upload* de *Firmware* via *TFTP*, é necessário um servidor de *TFTP*, como o *TFTPD32*[20] e o *firmware* específico para o modelo do *FortiGate*, o qual pode ser obtido pelo site *http://support.fortinet.com*. O processo do *upload* inicia-se com o *boot* do *Firewall* e pressionando qualquer tecla para entrar no *Menu* do *boot*.

```
Press any key to display configuration menu...
....
```

Ao entrarmos no menu, temos as seguintes opções :

```
[C]:  Configure TFTP parameters.
[R]:  Review TFTP parameters.
[T]:  Initiate TFTP firmware transfer.
[F]:  Format boot device.
[B]:  Boot with backup firmware and set as default.
[I]:  System information.
[Q]:  Quit menu and continue to boot.
[H]:  Display this list of options.
```

Vamos selecionar a opção **R** *(Review TFTP parameters)* para listar as configurações padrões do *TFTP*, como vemos a seguir :

```
Image download port:     MGMT
DHCP status:             disabled
Local VLAN ID:           none
Local IP address:        192.168.1.1
Local subnet mask:       255.255.255.0
```

```
Local gateway:           192.168.1.254
TFTP server IP address: 192.168.1.100
Firmware file name:      image.out
```

Podemos ver que as opções mais relevantes são:

- Interface de comunicação com o TFTP Server:
  MGMT
- Endereço local do Firewall:
  192.168.1.1
- Endereço que podemos utilizar para o Servidor:
  192.168.1.100
- Nome do arquivo do firmware:
  image.out

Podemos utilizar as opções ou alterá-las, pressionando **C** *(Configure TFTP parameters)* do menu anterior.

Utilizando as configurações padrões, temos que configurar o *IP* na máquina local que será utilizada para executar o servidor de *TFTP* com o *IP 192.168.1.100*, substituímos o nome do *firmware* que foi realizado *download* para *image.out*, conectamos um cabo de rede entre a porta informada pela opção **R** (que neste caso foi a *MGMT*) e o computador que estará executando o servidor de *TFTP*. O próximo passo é a configuração do servidor de *TFTP* que estamos utilizando e setar o diretório onde está o *firmware* e a interface de rede local que ele deve escutar as conexões, como mostra a imagem 1.4.

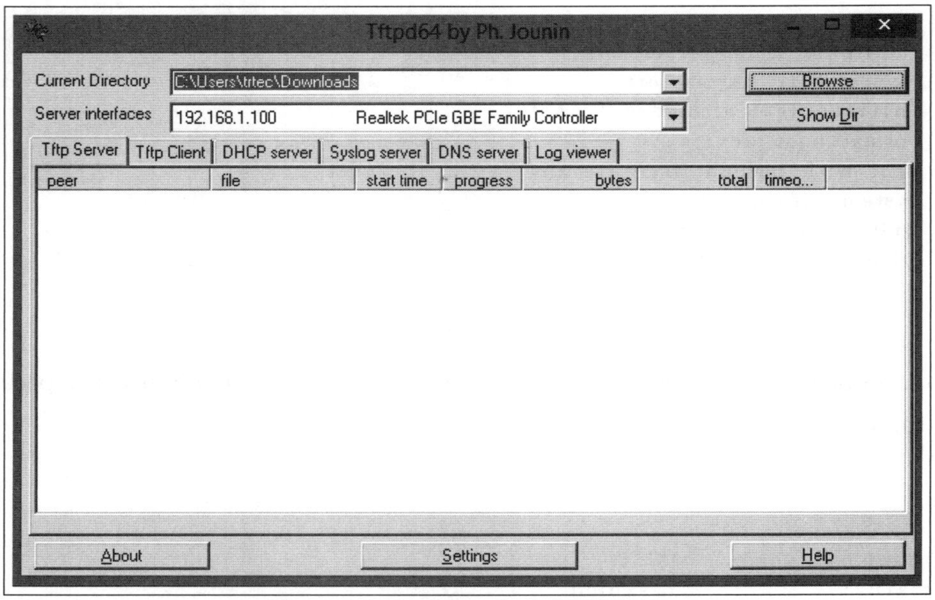

Figura 1.4: Configuração do TFTPD32.

Já podemos iniciar o processo de *upload* do *firmware* via *TFTP* selecionando a opção **T** *(Initiate TFTP firmware transfer)*. É possível acompanhar o processo de *upload* tanto via *console* do *Putty* quanto na tela do *TFTPD32* como mostram as imagens 1.5 e 1.6.

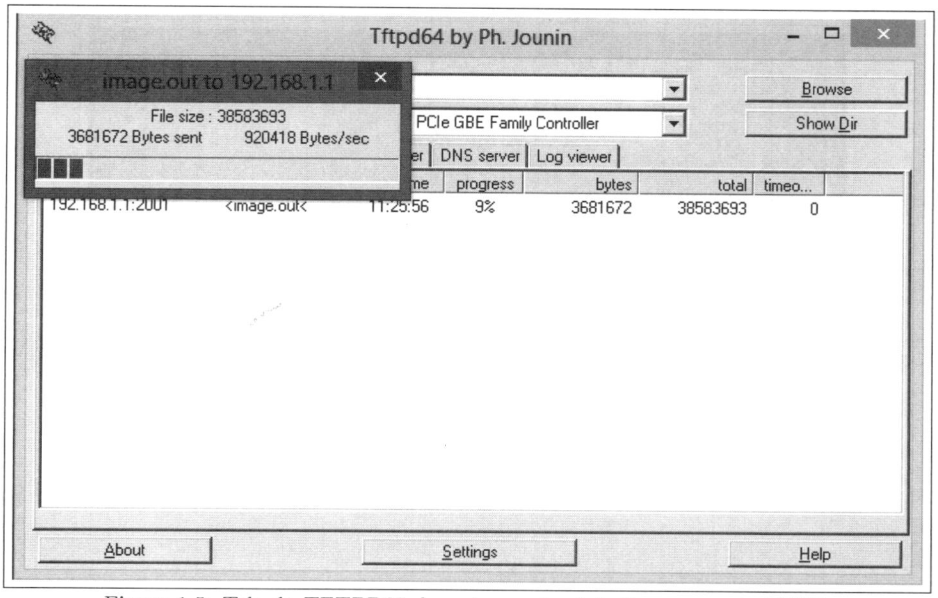

Figura 1.5: Tela do TFTPD32 durante o upload do firmeware via TFTP.

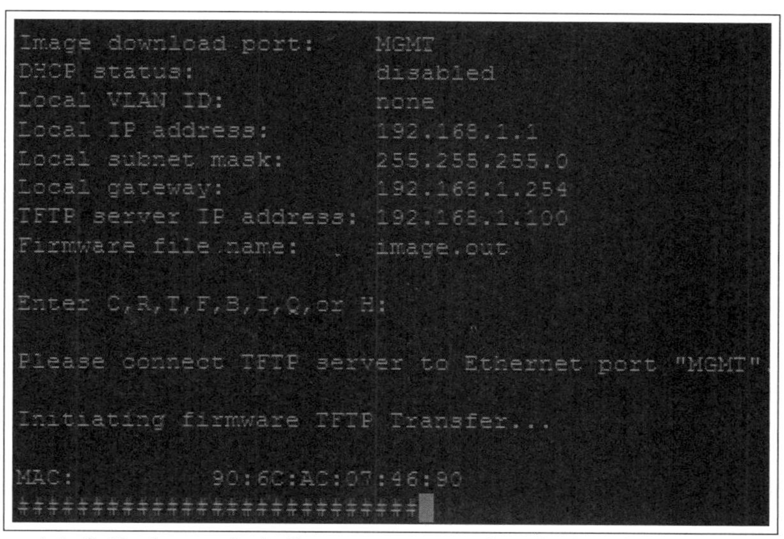

Figura 1.6: Saída da console do Putty no momento do upload do firmware via TFTP.

Após o *upload* do *firmware*, será questionado qual ação desejamos realizar:

1. Default firmware (D): Definir esse novo *firmware* como padrão
2. Backup firmware (B): Definir como Backup.

3. Run image without saving (R): Executar o *firmware*, porém sem salvá-lo na *flash* (como um *livecd*).

Para substituir o *firmware default* do *Firewall*, selecionamos a opção **D**, como mostra a imagem 1.7.

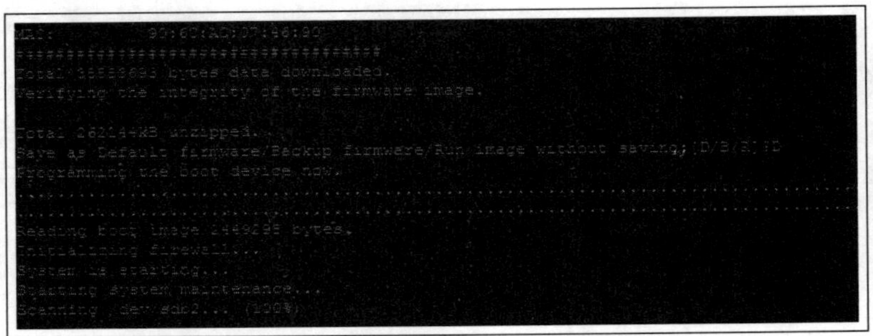

Figura 1.7: Selecionando a opção D para salvar o novo Firmware como default.

Se tudo ocorrer com sucesso após o processo de *boot*, o *FortiGate* iniciará utilizando o novo *firmware* como padrão.

Diagnóstico

O Menu apresentado durante o *boot* tem, além das opções *C, R, T, F, B I, Q, H*, também a opção **D**, que entra no *menu* de *Debug* oculto:

```
Enter C,R,T,F,B,I ,Q,or H: D

dr:          Disable onboard RAM.
rt:          Start RAM test .
offc:        Turn off cache.
onc:         Turn on cache.
lpci:        List all PCI devices.
spci:        Set PCI configuration registers.
clk:         Display real time clock.
q:           Quit debug mode.
h:           Display this command list .
:
```

Onde temos mais opções para *debugar* problemas relacionados ao *hardwares*, como teste de *RAM* da opção **rt**.

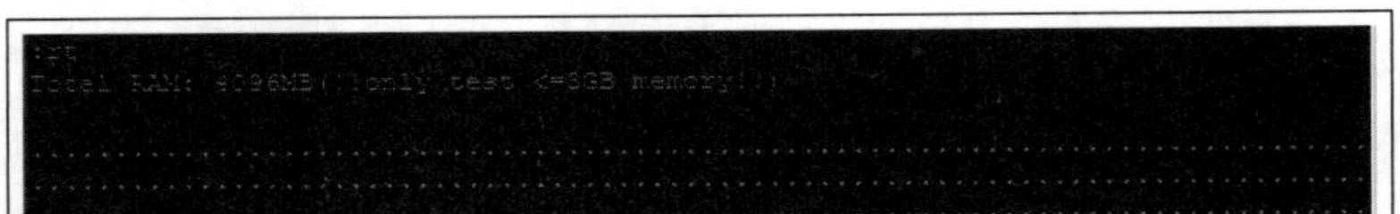

Figura 1.8: Teste de RAM do menu debug.

1.3 Hardware

A *Fortinet* iníciou a venda do *FortiGate* como um *appliance* físico. Como até hoje não se pode realizar o upgrade dos itens do *hardware* fechado, como *CPU*, Memória ou Disco *(flash)*, nos dias atuais temos a possibilidade de aquisição de um *Virtual Appliance* [33].

Os *FortiGates* em modo *appliance* são dotados de *Hardware* tais como *CPU*, Memória, Disco, Placa de redes, *ASICs (FortiASICs)*, entre outros *hardwares* necessários para realizar suas operações.

1.3.1 CPU

A *CPU* Genérica do *FortiGate* é utilizada por diversas *features* do *FortiOS*, sendo responsável por processar as tarefas do *WEB Filter, Antivírus, DLP, console web (Graphical user interfaces (GUI))* entre outros módulos.

Diagnóstico

get hardware cpu

diagnose hardware sysinfo cpu

Os tipos e modelos de processadores podem variar entre recipientes de *FortiGate*, sendo utilizados alguns comandos na *CLI* para verificação deste *hardware*, por meio dos comandos *get hardware cpu* ou *diagnose hardware sysinfo cpu*, abaixo temos o exemplo de uma saída do comando em um *FortiGate 100D*.

```
# get hardware cpu
processor       : 0
vendor_id       : GenuineIntel
cpu family      : 6
model           : 12
model name      :           Intel(R) Atom(TM) CPU D525   @ 1.80GHz
stepping        : 10
cpu MHz         : 1800.033
cache size      : 0 KB
physical id     : 1701736296
siblings        : 1
fpu             : yes
fpu_exception   : yes
cpuid level     : 10
wp              : yes
flags           : fpu vme de pse tsc msr pae mce cx8 apic sep mtrr pge
mca cmov pat pse36
clflush dts acpi mmx fxsr sse sse2 ss ht tm pbe syscall nx lm pni
monitor ds-cpl tm2 cmpxchg16b
bogomips        : 3591.37
clflush size    : 64
power management:

processor       : 1
...
```

```
processor       : 2
...
processor       : 3
...
```

Com a saída deste comando, podemos observar que o processador é um *Intel Atom D525* [19] que tem 4 núcleos.

1.3.2 Memória

get hardware memory

diagnose hardware sysinfo memory

Assim como a *CPU*, a memória do *FortiGate* é fixa, não permitindo um *upgrade*.
Podemos analisar o total e a quantidade em uso de memória utilizando o comando *get hardware memory* ou *diagnose hardware sysinfo memory*, tendo a seguinte saída:

```
# get hardware memory
MemTotal:            2051308 kB
MemFree:             1173640 kB
Buffers:                4900 kB
Cached:               385284 kB
Shmem:                266300 kB
SwapCached:                0 kB
Active:               429484 kB
Inactive:             301196 kB
Active(anon):         377588 kB
Inactive(anon):       229216 kB
Active(file):          51896 kB
Inactive(file):        71980 kB
Unevictable:               0 kB
Mlocked:                   0 kB
SwapTotal:                 0 kB
SwapFree:                  0 kB
Dirty:                     0 kB
Writeback:                 0 kB
AnonPages:            340496 kB
Mapped:               111376 kB
Shmem:                266308 kB
Slab:                  33544 kB
SReclaimable:           7876 kB
SUnreclaim:            25668 kB
KernelStack:             760 kB
PageTables:            13940 kB
NFS_Unstable:              0 kB
Bounce:                    0 kB
WritebackTmp:              0 kB
CommitLimit:         1025652 kB
Committed_AS:        3992788 kB
VmallocTotal:    34359738367 kB
```

```
VmallocUsed:        56916 kB
VmallocChunk:       34359679707 kB
DirectMap4k:        4096 kB
DirectMap2M:        2093056 kB
```

Conserve Mode

Os *Appliances FortiGates* são compostos por uma quantidade de memória que varia entre os seus modelos, porém essa quantidade de memória é fixa, portanto é limitada no *hardware*. O *Converse Mode* é uma forma de o sistema operacional *FortiOS* se precaver de uma exaustão de memória que pode culminar em seu travamento.
O *FortiOS* entra em modo de conservação após o consumo de memória alcançar *80%* da sua utilização e sai após cair para *70%* ou menos do seu uso.

Diagnóstico

get system performance status

get system performance top

diag sys top

O *FortiOS* possui alguns comandos para diagnósticos voltados à análise da performance e utilização dos recursos de *hardware*, como o comando *get system performance status*, um entre vários que podem ser executados via *CLI* para executar essa análise.

```
# get system performance status
CPU states: 0% user 30% system 0% nice 70% idle 0% iowait 0% irq 0% softirq
CPU0 states: 0% user 0% system 0% nice 100% idle 0% iowait 0% irq 0% softirq
CPU1 states: 0% user 0% system 0% nice 100% idle 0% iowait 0% irq 0% softirq
Memory states: 43% used
Average network usage: 101 kbps in 1 minute, 84 kbps in 10 minutes, 151 kbps
in 30 minutes
Average sessions: 2048 sessions in 1 minute, 2041 sessions in 10 minutes,
2041 sessions in 30 minutes
Average session setup rate: 20 sessions per second in last 1 minute, 17
 sessions
per second in last 10 minutes, 18 sessions per second in last 30 minutes
Virus caught: 0 total in 1 minute
IPS attacks blocked: 0 total in 1 minute
Uptime: 0 days, 2 hours, 6 minutes
```

Em posse dos dados vistos com os comandos anteriores, podemos verificar se a *CPU* ou memória está com um alto consumo, porém esses comandos não trazem as informações de quais *daemons*/processos estão com um elevado consumo; conseguimos obter essa informação por meio dos *get system performance top* e/ou *diagnose sys top-summary*, que apresentam informações sobre os processos e dados de uso da *CPU* e Memória utilizadas pelos *Daemons*.

```
# get system performance top
Run Time:  0 days, 2 hours and 42 minutes
0U, 0N, 0S, 100I, 0WA, 0HI, 0SI, 0ST; 2003T, 1130F
pyfcgid        344     S       0.9    1.5
httpsd         258     R       0.5    1.4
vmtoolsd       180     S       0.1    0.3
ipsengine      248     S <     0.0    3.8
miglogd        174     S       0.0    3.6
ipsengine      249     S <     0.0    2.8
dnsproxy       219     S       0.0    1.9
reportd        196     S       0.0    1.8
pyfcgid        340     S       0.0    1.8
scanunitd      199     S <     0.0    1.5
httpsd         247     S       0.0    1.4
scanunitd      335     S <     0.0    1.4
scanunitd      336     S <     0.0    1.4
updated        202     S       0.0    1.3
pyfcgid        342     S       0.0    1.0
pyfcgid        343     S       0.0    1.0
cmdbsvr        123     S       0.0    1.0
forticron      190     S       0.0    1.0
ipshelper      212     S <     0.0    0.9
httpsd         176     S       0.0    0.9
```

Com o auxílio do comando *diag sys top*, podemos obter as mesmas informações porém executadas seguido de 3 parâmetros na seguinte ordem *<tempo de atualização>* *<quantidades de processos>* *<quantidades de atualizações antes de sair>*, conforme o exemplo abaixo:

```
# diag sys top 3 5 3
```

O comando executado mostrará na console a cada 3 segundos, 5 processos e após 3 atualizações será finalizado.

A separação das informações dá-se via tabulação, sendo que as colunas seguem a seguinte ordem da esquerda para direita:

Processo, PID, Flag, CPU e Memória.

Podendo a *flag* ser:

- S *sleep*
- Z *zombie*
- R *running*
- D *Disk sleep*

Podemos ainda passar ao comando 2 parâmetros em ordem, o primeiro se refere ao tempo de atualização da lista de processo e o segundo à quantidade dos itens listados, sendo que os valores *defaults* são respectivamente *5* e *20*.

Exemplo:

```
# get system performance top 3 30
Run Time:  0 days, 5 hours and 54 minutes
0U, 0N, 0S, 100I, 0WA, 0HI, 0SI, 0ST; 2003T, 1145F
reportd          196      S        1.1      1.8
newcli           435      R        0.3      0.5
miglogd          174      S        0.0      3.6
ipsengine        248      S <      0.0      2.8
ipsengine        249      S <      0.0      2.8
dnsproxy         219      S        0.0      1.9
pyfcgid          426      S        0.0      1.8
scanunitd        199      S <      0.0      1.5
wad              247      S        0.0      1.4
httpsd           258      R        0.5      1.4
scanunitd        403      S <      0.0      1.4
scanunitd        404      S <      0.0      1.4
updated          202      S        0.0      1.3
pyfcgid          428      S        0.0      1.0
pyfcgid          429      S        0.0      1.0
pyfcgid          430      S        0.0      1.0
cmdbsvr          123      S        0.0      1.0
forticron        190      S        0.0      1.0
ipshelper        212      S <      0.0      0.9
httpsd           176      S        0.0      0.9
newcli           434      S        0.0      0.8
wad                       201      S        0.0      0.7
miglogd          239      S        0.0      0.6
initXXXXXXXXXXX  1        S        0.0      0.5
fgfmd            396      S        0.0      0.5
cw_acd           222      S        0.0      0.5
httpsd           246      S        0.0      0.5
urlfilter        209      S        0.0      0.4
forticldd        191      S        0.0      0.4
authd                     192      S        0.0      0.4
```

Analisando o processo *httpsd* (responsável pela *GUI*), temos a seguinte linha:

```
httpsd       258      R      0.5      1.4
```

Na primeira coluna temos o nome do processo ***httpsd***, seguido pelo *ID* do mesmo *258*, após esse o estado *R* e as últimas duas colunas são o uso de *CPU* do processo *0.5* e o consumo de memória *1.4*.

Temos a possibilidade de interagir com o comando pressionando:

- 'q' para sair.
- 'm' para dispor por uso de memória.

- 'p' para ordenar por uso de CPU.

diagnose sys kill

Para finalizar(matar) um processo que esteja com alto uso de recurso, seja ele *CPU* ou memória, podemos utilizar o comando *diagnose sys kill*, seguido por dois parâmetros em ordem, primeiro é o sinal (signal) seguido pelo *PID* do processo que pode ser obtido com o comando anterior.

Signal

Os sinais são números inteiros de 1 a *32*, deste modo podemos finalizar (matar) o processo *miglogd* de *ID 176* com qualquer *signal*, no entanto o sinal *11* envia a saída da ação ao *log* do *crashlog*. A seguinte linha de comando na *CLI* finaliza o processo de *ID 176* :

```
diagnose sys kill 11 176
```

OBS: Após essa ação, o processo será iniciado novamente de forma automática pelo *FortiOS* com outro *PID*.

```
# get system performance top
Run Time:  0 days, 7 hours and 59 minutes
0U, 0N, 0S, 100I, 0WA, 0HI, 0SI, 0ST; 2003T, 1159F
miglogd        534       S        0.0      3.4
```

diagnose debug crashlog read

Após a execução do comando *kill*, não é apresentada nenhuma saída*(output)*, sendo assim, para termos acesso a informações sobre o procedimento, utilizamos o comando *diagnose debug crashlog read* para ver os *logs* de *crash* do *FortiOS*.

```
19: 2016-09-14 09:37:13 <00061> application httpsd
20: 2016-09-14 09:37:13 <00061> *** signal 11 (Segmentation fault) received ***
21: 2016-09-14 09:37:13 <00061> Register dump:
22: 2016-09-14 09:37:13 <00061> EAX: fffffffc   EBX: 00000000   ECX:
00000000
EDX: 00000000
23: 2016-09-14 09:37:13 <00061> ESI: 00000000   EDI: bffff5a0   EBP: bffff7b8
ESP: bffff48c
24: 2016-09-14 09:37:13 <00061> EIP: 40001012   EFLAGS: 00000246
25: 2016-09-14 09:37:13 <00061> CS: 0073   DS: 007b   ES: 007b   FS: 0000   GS:
0033   SS: 007b
26: 2016-09-14 09:37:13 <00061> Trap: 00000000   Error: 00000000   OldMask:
0000                                                                    0000
27: 2016-09-14 09:37:13 <00061> ESP/signal: bffff48c   CR2: 00000000
```

```
28: 2016-09-14 09:37:13 <00061> Backtrace:
29: 2016-09-14 09:37:13 <00061> [0x40001012] => /fortidev4/lib/ld-linux.so.2 li
boffset 00001012
30: 2016-09-14 09:37:13 <00061> [0x4018cf5d] => ../lib/libc.so.6 (__select+0x000
0002d) liboffset
31: 2016-09-14 09:37:13 000e1f5d
32: 2016-09-14 09:37:13 <00061> [0x08574406] => /bin/httpsd
33: 2016-09-14 09:37:13 <00061> [0x08075b16] => /bin/httpsd
34: 2016-09-14 09:37:13 <00061> [0x08075649] => /bin/httpsd
35: 2016-09-14 09:37:13 <00061> [0x08073d67] => /bin/httpsd
36: 2016-09-14 09:37:13 <00061> [0x08075355] => /bin/httpsd
37: 2016-09-14 09:37:13 <00061> [0x080736ad] => /bin/httpsd
38: 2016-09-14 09:37:13 <00061> [0x400c43e5] => ../lib/libc.so.6 (__libc_start_m
ain+0x000000f5)
39: 2016-09-14 09:37:13 liboffset 000193e5
40: 2016-09-14 09:37:13 <00061> [0x08073731] => /bin/httpsd
41: 2016-09-14 09:37:13 the killed daemon is /bin/httpsd: status=0xb
```

diag sys top-summary

Os comandos anteriores apresentam o consumo de recurso individual por processo, podemos ter mais de uma instância do mesmo *daemon* sendo executado, desta forma, o comando *diag sys top-summary* traz as informações sumarizadas. Também podemos utilizar os parâmetros:

- -n

  Número de linhas (processos).
- -i

  Intervalo de atualização em segundos.
- -s

  Organiza a lista, por padrão, a ordem é pela coluna de consumo de *CPU*, podemos organizar por memória com a opção *-s mem*

Abaixo, vemos o comando para listar *15* processos com intervalo de *5* segundos organizando pelo consumo de memória:

```
diag sys top-summary "-n 15 -i 5 -s mem"

CPU [||||||||||||||||||||                    ] 50.0%
Mem [|||||||||||||||||||||                   ] 53.0%   707M/1315M
Processes: 15 (running=1 sleeping=98)

PID      RSS    CPU% ^MEM%   FDS     TIME+   NAME
* 993     50M    0.0  3.8    12   00:03.21   pyfcgid [x4]
127      35M    0.0  2.7    15   02:35.00   reportd
152      28M    0.0  2.1    28   00:27.60   dnsproxy
122      28M    0.0  2.1    22   00:31.51   forticron
113      27M    0.0  2.1    15   00:12.30   httpsd [x4]
135      26M    0.0  2.0    13   00:17.50   updated
94       26M    0.0  2.0    13   00:09.49   cmdbsvr
142      25M    0.0  2.0    12   00:00.22   sshd [x4]
```

```
111     22M   0.0  1.7   51  00:39.19  miglogd [x2]
118     21M   0.0  1.6   38  00:15.26  ipsmonitor [x2]
132     14M   0.0  1.1   55  00:14.37  wad [x3]
818     12M   0.0  0.9   15  00:01.00  fgfmd
157     12M   0.0  0.9   23  00:08.90  cw_acd
123      9M   0.0  0.7   15  00:08.58  forticldd
124      9M   0.0  0.7   36  00:02.82  authd [x3]
```

fnsysctl

O *FortiOS* dispõe do comando oculto *fnsysctl*, que podemos utilizar para ter acesso a alguns binários diretamente no *shell* do *FortiOS*. Mediante a este comando, podemos ver conteúdos de arquivos no sistema e/ou executar programas como o caso do *killall, ls, cat* entre outros.

Por meio do comando anterior, podemos verificar que existem 4 processos de *httpsd* sendo executados ao mesmo tempo, para finalizarmos os 4 processos necessitamos localizar os 4 *PID* e matar os processos um a um, por intermédio do comando *diag sys kill* seguido do *PID*, no entanto, podemos utilizar a *tool fnsysctl* para termos acesso ao *killall* que será responsável por matar os processos que estiverem rodando com o nome indicado ao comando, como o exemplo a linha abaixo mata todos os processos que têm o nome *httpsd*:

```
# fnsysctl killall httpsd
```

1.3.3 DISK

diagnose hardware deviceinfo disk

Alguns dos modelos de *FortiGate* possuem discos, sendo utilizados por algumas tarefas do *FortiOS* como *Web Cache, Log*, relatórios *(reports)*, arquivos de quarentena e banco de dados e outras. Para verificar se o *FortiGate* possui um disco, utilizamos o comando *diagnose hardware deviceinfo disk*

```
# diagnose hardware deviceinfo disk

Device S0          29.8 GB      ref: 0          ATA SanDisk SSD U100 (SSD) [HDD]
partition 1        29.8 GB      ref: 1          label: 526338932DDB8BC5
[ dev: /dev/sda1  major: 8  minor: 1  free: 21705MB  mounted: Y ]
Device S*           1.9 GB      ref: n/a        FORTINET 67_V060324_002 (USB) [BOOT]
partition 1        256.0 MB     ref: n/a                 label:
[ dev: /dev/sdb1  major: 8  minor: 17  free: 218MB  mounted: Y ]
partition 2        256.0 MB     ref: n/a                 label:
[ dev: /dev/sdb2  major: 8  minor: 18  free: 218MB  mounted: N ]
partition 3         14.4 GB     ref: n/a                 label:
[ dev: /dev/sdb3  major: 8  minor: 19  free: 14249MB  mounted: Y ]
Total available disks: 1
Max SSD disks: 1  Host floor: 0
```

Diagnóstico

execute formatlogdisk

Podemos apagar esses dados realizando a formatação *(format)* do disco utilizando o comando *execute formatlogdisk* .

```
# execute formatlogdisk
Log disk is /dev/sdb.
Formatting this storage will erase all data on it, including
logs, quarantine files;
and require the unit to reboot.
Do you want to continue? (y/n)
```

1.3.4 Interface

diagnose hardware deviceinfo nic

get hardware nic

A quantidade de portas físicas nos *FortiGates* podem variar entre os vários modelos de *Firewall*. Para listar todas as *interfaces* via *CLI*, aplicamos o comando ***diagnose hardware deviceinfo nic*** ou ***get hardware nic*** .

```
# get hardware nic
The following NICs are available:
internal1
internal10
internal11
internal12
internal13
internal14
internal2
internal3
internal4
internal5
internal6
internal7
internal8
internal9
wan1
wan2
```

Diagnóstico

Para obtermos informações sobre uma *interface* específica, utilizamos o mesmo comando, inserindo em último parâmetro o nome da *interface*.

```
# get hardware nic wan1
Description             Intel(R) PRO/1000 Network Connection
Driver_Name             e1000e
Driver_Version          1.3.10a-NAPI
PCI_Vendor              8086
PCI_Device_ID           10d3
PCI_Subsystem_Vendor            8086
PCI_Subsystem_ID        0000
PCI_Revision_ID         0000
PCI_Bus                 5
PCI_Slot                0
MAC_Type                4
PCI_Bus_Type            PCI-E
PCI_Bus_Speed           2.5Gb/s
PCI_Bus_Width           Width x1
IRQ                     16
System_Device_Name      wan1
Current_HWaddr          08:5b:0e:29:63:da
Permanent_HWaddr        08:5b:0e:29:63:da
Link                    up
Speed                   1000
Duplex                  full
FlowControl             current:3/requested:3
Rx_Packets              214863482
Tx_Packets              183855450
Rx_Bytes                204624841011
Tx_Bytes                55417594488
Rx_Errors               0
Tx_Errors               0
Rx_Dropped              0
Tx_Dropped              0
Multicast               5009
Collisions              0
Rx_Length_Errors        0
Rx_Over_Errors          0
Rx_CRC_Errors           0
Rx_Frame_Errors         0
Rx_FIFO_Errors          0
Rx_Missed_Errors        0
Tx_Aborted_Errors       0
Tx_Carrier_Errors       0
Tx_FIFO_Errors          0
Tx_Heartbeat_Errors     0
Tx_Window_Errors        0
Tx_Single_Collision_Frames      0
Tx_Multiple_Collision_Frames    0
Tx_Deferred             0
Rx_Frame_Too_Longs      0
Rx_Frame_Too_Shorts     0
Rx_Align_Errors         0
```

```
Rx_Flow_Control_XON 0
Rx_Flow_Control_XOFF          0
Tx_Flow_Control_XON 0
Tx_Flow_Control_XOFF          0
Rx_Control_Unknown_Opcodes    0
Rx_CSum_Offload_Good          214112815
Rx_CSum_Offload_Errors        17
PHY_Media_Type      1
max_frame_size      1518
CTRL                18100248
RCTL                04008012
STATUS              00080783
TXCW                00000000
RXCW                0c000000
avd/ctrl                0000/0000
```

Este comando apresenta dezenas de informações sobre a interface, inclusive modo de operação, velocidade, *Tx_erros, Rx_erros e Rx_CRC_Errors,* Endereço físico *(MAC)*, entre outros.

```
Permanent_HWaddr    08:5b:0e:29:63:da
Speed               1000
Duplex              full
Rx_Errors           0
Tx_Errors           0
Rx_CRC_Errors       0
Collisions          0
```

1.3.5 FortiASICs

FortiASICs[24] são *chips*(processadores) desenvolvidos pela *Fortinet* através da tecnologia dos *ASICs* para realizar a aceleração e o *offload* da *CPU* central (remover a carga) de determinadas funções de segurança tais como antivírus, criptografia e descriptografia, detecção de ataques *offload* de sessões, entre outras atividades.
Os modelos de *FortiASICs* apresentados nesta literatura são divididos em *2* classes:

- CP
- NP

CP

O processador *Content Processor (CP)*, sendo a sua versão mais atual o *CP9*, é responsável por realizar o *offload* das funções abaixo, mas não limitando-se a elas:

- Gerador de números aleatórios.

- *ARC4* em *compliance* com *RC4*.
- Criptografia e Descriptografia dos algorítimos *DES/3DES/AES*.
- Aceleração do *matching* de assinaturas de *IPS*.
- Processar *IPsec* e *SSL/TLS* protocolos.

O *CP* utiliza a linguagem criada pela própria *Fortinet* denominada *CPRL*[35] *(content pattern recognition language)* para receber as assinaturas e detectar entre os tráfegos coletados se correspondem aos parâmetros das assinaturas.

O primeiro modelo de *FortiASIC Content Processor* disponível foi o *CP-1*[18] inserido nos *hardwares FortiGates* da *Serie 50* com *throughput* de *64 MB* e chegando em *1 GB* no modelo *FortiGate 2000*. A imagem 1.9 representa a conexão do *CP* conectando a Memória, *CPU* e *interface* de rede.

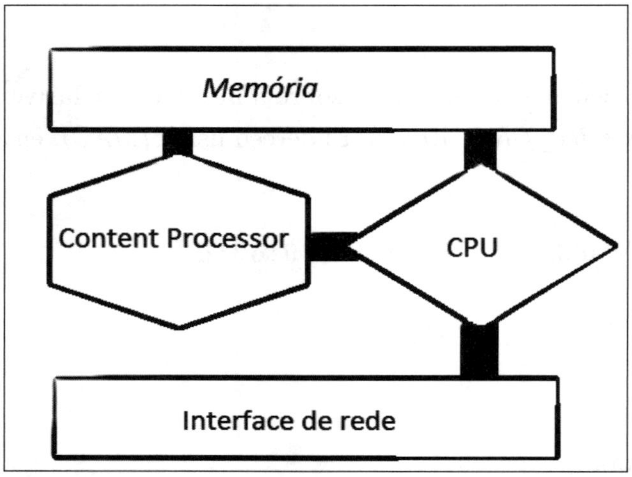

Figura 1.9: Conexão do CP à memória, CPU central e Interfaces de Rede.

Diagnóstico

get hardware status

Podemos verificar qual modelo do *CP* consta em determinados modelos de *FortiGate* por meio do comando *get hardware status* .

```
get hardware status
Model name: FortiGate-3240C
ASIC version: CP8
ASIC SRAM: 64M
CPU: Intel(R) Xeon(R) CPU           E5620  @ 2.40GHz
Number of CPUs: 16
RAM: 10851 MB
Compact Flash: 7669 MB /dev/sdb
Hard disk: 57241 MB /dev/sda
USB Flash: not available
Network Card chipset: Broadcom 570x Tigon3 Ethernet Adapter (rev.0x5717100)
Network Card chipset: FortiASIC NP4 Adapter (rev.1)
```

Durante diagnósticos, podemos ter a necessidade de desabilitar o *Content Processor*, o que pode ser efetuado diretamente nas políticas de *Firewall policy*.

- IPv4

```
config firewall policy
edit 100
set auto-asic-offload disable
end
```

- Multicast

```
config firewall multicast-policy
edit 100
set auto-asic-offload disable
end
```

- IPv6

```
config firewall policy6
edit 100
set auto-asic-offload disable
end
```

- Local-in Policy

```
config firewall local-in-policy
edit 100
set auto-asic-offload disable
end
```

- Local-in Policy6

```
config firewall local-in-policy6
edit 100
set auto-asic-offload disable
end
```

A linha que contém a entrada *edit 100* refere-se ao *ID* da política que pode ser obtido tando via *CLI* como na *GUI*.

OBS: Ao desabilitar o *CP offload*, também desabilitamos o *NP offload*.

Com o objetivo de tornar mais específicos os filtros dos pacotes que serão ou não processados *(offload)* pelo *FortiAISC*, é elegível desabilitá-la nas configurações do *IPS*.

```
config ips global
set cp-accel-mode none
end
```

NP

Network Processor é encarregado de realizar o processamento do *flow* do tráfego, transferindo essa tarefa para si, oque resulta no alto desempenho (velocidade) no tratamento e encaminhamento deste fluxo, a ação de *bypass* da *CPU* central no tratamento dos pacotes é denominada de *fast-path*, [2] o qual é executado pelo *NP*. O modelo mais atual durante a produção deste material é o *NP6*, que compreende as *features* de:

- *Offloading IPv4.*
- *Offloading IPv6.*
- *IPsec encryption.*
- Processamento do tráfego de *Multicast.*
- Processamento do tráfego *CAPWAP.*

Porém, esse processo não pode ser realizado em todos os pacotes/sessões, para tanto o *Fast-Path* requer:

- Tráfego *IPv4* e *IPv6*
- *NAT 64* e *NAT 46*
- Tráfego, *TCP, ICMP, SCTP e UDP*
- *IPsec encryption/decryption*
- *Link aggregation (802.3ad)*
- *CAPWAP*
- *Traffic Shaping*
- *Tráfego Multicast*
- *Anomaly-based intrusion prevention*
- *Syn proxying*
- *VDOM-Link (inter-vdom traffic)*

Para maiores detalhes sugiro, a leitura do documento *Hardware Acceleration da Fortinet* [9].

O fluxo dos pacotes que são acelerados seguem um *flow* diferente de um pacote não encaminhado para *Fast-path*.

1. Ao ser iniciada, uma sessão é tratada pela *CPU* genérica do *firewall*.
2. É verificado pelo *FortiOS* se a sessão corresponde aos requerimentos mínimos para o *Fast-path*, se sim são enviadas ao *NP* a *session Key* ou *IPsec security association (SA)* informações de configurações de *firewall* para o processador que será responsável pelo tratamento dessa sessão.
3. O *Network Processor* continua a verificar os próximos pacotes a procura de correspondência *(match)* com a *session key*, se a relação for positiva o *NP* realiza a ação baseada nas informações recebidas da *CPU* central e envia o pacote resultante desta ação.

   Essas tarefas sendo realizadas pelo *NP* libera a *CPU* do custo destas ações, diminuindo assim a quantidade de pacotes que ela é responsável por processar, liberando-a para outras tarefas. Se a proteção de *IPS* de anomalia estiver ligada para realizar a aceleração das checagem de anomalias, o *CP* compara os valores com os *threshold* e decide se permite *(accept)* ou nega *(drop)* o pacote.

NP Flow

A imagem 1.10 apresenta o *Flow* do processamento realizado pelo *FortiASIC NP*.

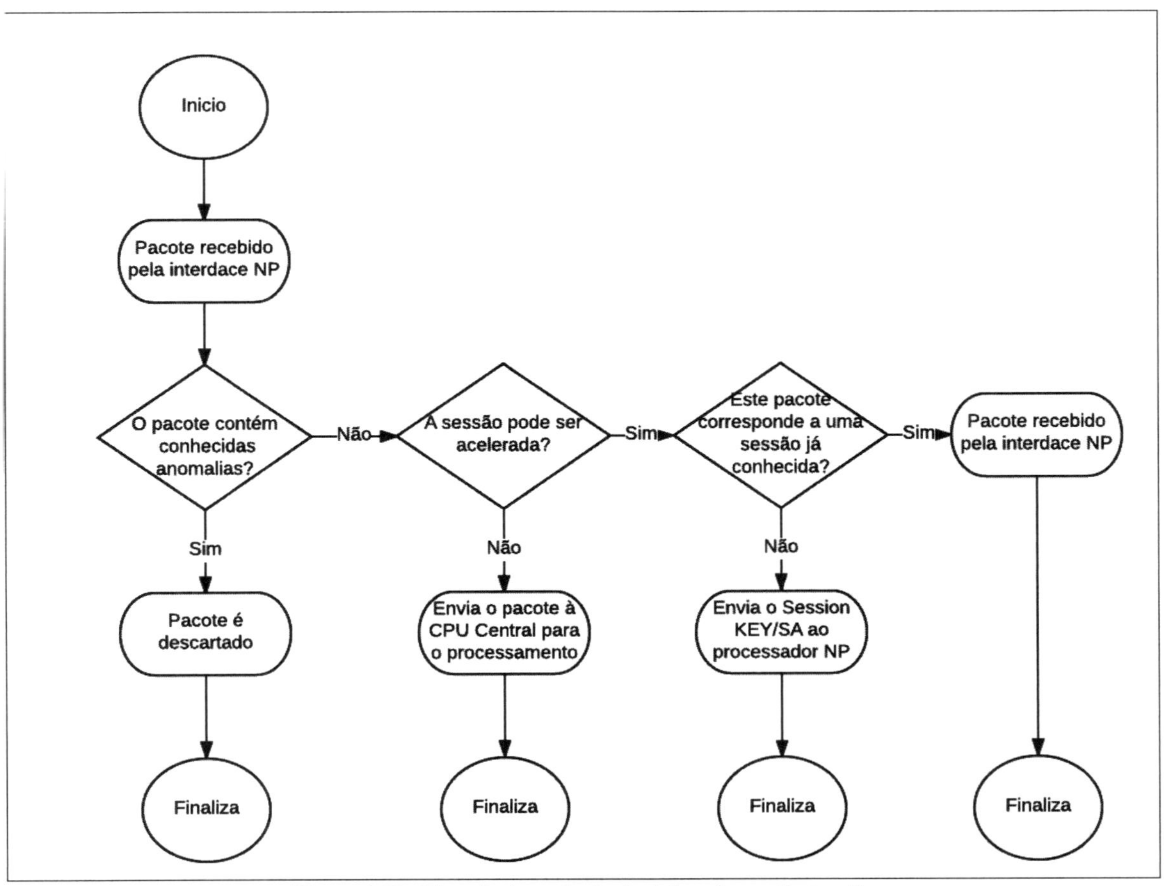

Figura 1.10: Flow da tomada de decisão sobre o Fast-path.

Se não for encontrada uma *session Key*, *SA*, ou se o pacote não contiver os requerimentos para ser acelerado, não será enviado ao *NP* e sim à *CPU* central para ser processado.

Diagnóstico

get hardware npu <model> list

Podemos utilizar o comando *diagnose npu <model> list* para listar os *NP NP1, NP2* ou *NP4*.

diagnose npu np6 port-list

Podemos utilizar o comando *diagnose npu np6 port-list* para verificar a versão do *NP6* no *FortiGate*, a saída abaixo é de um *FortiGate 400D*:

```
# diagnose npu np6 port-list
Chip XAUI Ports Max Cross-chip
Speed offloading
------ ---- ------- ----- ----------
np6_0 0
1 port10 1G Yes
1 port9 1G Yes
1 port12 1G Yes
1 port11 1G Yes
1 port14 1G Yes
1 port13 1G Yes
1 port16 1G Yes
1 port15 1G Yes
1 port5 1G Yes
1 port7 1G Yes
1 port8 1G Yes
1 port6 1G Yes
1 port3 1G Yes
1 port4 1G Yes
1 port1 1G Yes
1 port2 1G Yes
------ ---- ------- ----- ----------
```

set fastpath disable

Assim como em alguns diagnósticos do *CP*, temos a necessidade de desabilitar o *offloading* do *fast-path*, ação a qual pode ser tomada pelo comando *set fastpath disable* dentro das configurações no *NP6*.

```
config system np6
  set fastpath disable
end
```

A imagem 1.11 apresenta a conexão do Processador *NP* à *CPU* Central e à *interface* de rede.

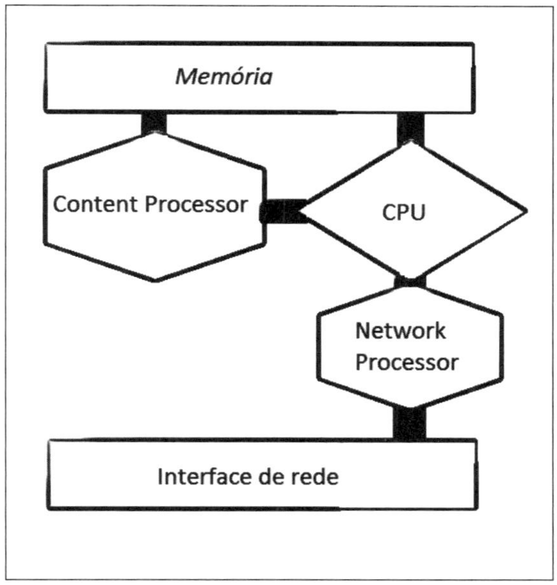

Figura 1.11: Conexão do NP com a CPU e interface.

1.3.6 Diagnóstico de Hardware

Hardware Quick Inspection Packag (HQIP)

HQIP executa o diagnóstico de *hardware* afim de detectar problemas em produtos da *Fortinet*. Nas versões antecessoras do *FortiOS* 5.4, tínhamos um *firmware* específico para cada modelo de *hardware* e até mesmo para modelos idênticos, porém de revisões de diferentes.

Diagnóstico

diagnose hardware test

O *FortiOS* 5.4 trouxe para alguns modelos (todos os modelos "E"dos *FortiGates* além do *300* e *500* da linha *D*) de *hardwares* embutidos em seu pacote o comando *diagnose hardware test* , o qual é utilizado para realizar o *HQIP* sem a necessidade de um *firmware* específico para tal, realizando 13 subtestes (disponível apenas para versões em *applainces*):

- *bios*
  Realizada o teste de BIOS.
- *system*
  Testes relacionados ao sistema.
- *suite*
  Executa o teste completo do *HQIP*.
- *setting*
  Setar parâmetros do teste.
- *info*
  Mostra as informações sobre os parâmetros.

- *usb*
  Testes relacionados a *USB*.
- *button*
  Testa os botões (se disponíveis).
- *cpu*
  Realiza o teste na *CPU*.
- *memory*
  Executa o teste da memória.
- *network*
  Testes relacionados a rede *(interfaces)*.
- *disk*
  Teste de disco.
- *led - perform LED related tests.*
  Testes dos leds.
- *wifi*
  Testes relacionados ao *WIFI* (se disponível).

Capítulo 2

Firewall

Um *Firewall*[30] é um dispositivo de segurança de rede que concede ou rejeita o acesso a fluxos de dados entre zonas confiáveis ou não. O *firewall* impõe controles de acesso por meio de um modelo permissivo, o qual força que apenas o tráfego definido na política seja autorizado na rede. Todos os outros tráfegos que não são explicitamente consentido serão negados (conhecido como *implicit deny*).

O módulo de *firewall* é o *core* do *FortiGate*, no qual aplicamos nossas políticas de fluxos de dados, segurança (*IPS, WEB Filter*, Antivírus, DLP e demais *profiles*), autenticação, *logs*, entre outros recursos que fazem partes da nossa política de acesso.

2.1 Tipos de Firewall

Em 1988 nascia o primeiro *firewall* desenvolvido pela *Digital Equipment Corporation (DEC)*, um dispositivo de segurança que controla o tráfego em uma rede no intuito de bloquear possíveis ameaças. Os *firewalls* passaram por grandes evoluções e atualmente podemos subdividi-los em duas categorias:

2.1.1 Stateless

Stateless[30] são *Firewalls* que analisam os pacotes um por um, independente dos seus antecessores, deste modo, não executa o rastreamento da conexão. Por exemplo, um *firewall Stateless* analisará os pacotes a procura do *IP* de origem, *IP* de destino, Porta de destino e outros valores estáticos.
Esse tipo de *firewall* normalmente é referenciado como Filtro de pacotes *(Packet Filters)*.

Por padrão, o modelo de operação do *Firewall* no *FortiOS* é *Stateful*, porém em determinadas topologias se faz necessário que o *FortiGate* não realize a inspeção *Stateful* da sessão, dentre vários cenários, o mais comum é que em determinadas topologias nem todos os pacotes podem ser encaminhados ao mesmo equipamento, assim é possível que o primeiro pacote *SYN* de um *tree-way handshake*[26] passe pelo *firewall FortiGate*, todavia os demais podem seguir um caminho diferente, o que neste caso é chamado de roteamento assimétrico, como mostrado na imagem 2.1.

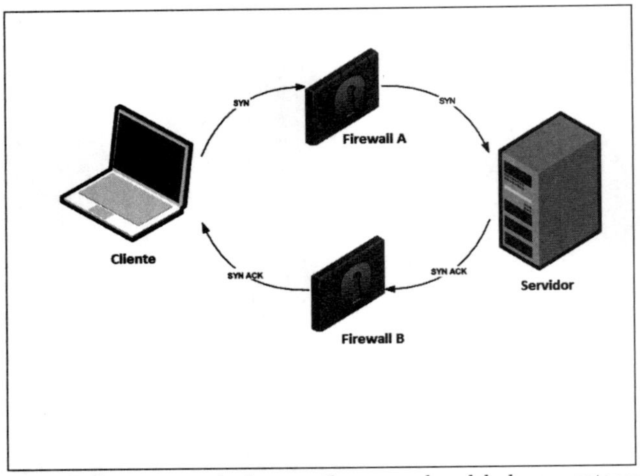

Figura 2.1: Demostração de uma topologia com three-way handshake em roteamento assimétrico.

Diagnóstico

set asymroute enable

Para habilitar o roteamento assimétrico e consequentemente tornar o *FortiGate* um *firewall Stateless*, utilizamos o comando *set asymroute enable* dentro da configuração *config system settings*.

```
config system settings
set asymroute enable
end
```

OBS: Quando o *asymetric route* é habilitado, ele diminui a eficácia das proteções de *IPS* e o *antivírus*, tornando-os menos ineficazes para o tráfego assimétrico, já que nem todos os pacotes necessários para a correta análise e consequentemente *match* em uma assinatura podem não passar no mesmo *Firewall*.

2.1.2 Stateful

Um *Firewall stateful*[30] tem a capacidade de manter o controle do fluxo de uma sessão; por exemplo: um *Firewall Stateful* analisando um pacote *ACK* verifica o Protocolo, *IP* de origem, *IP* de destino, porta de origem, porta de destino e dados dentro do payload (corpo do pacote) a fim de verificar em sua tabela a existência de uma sessão que corresponda com esses dados, com o intuito de decidir se permite ou não a sua passagem.

A decisão de permitir, negar ou logar o pacote é baseada nos dados encontrados no primeiro pacote, neste exemplo é verificado se este pacote *(ACK)* faz parte de uma sessão já existente (ja que se trada de um pacote *ACK* e não um *SYN* (início de sessão para *TCP*)), se o primeiro pacote for um *SYN* e existir uma política que o permita, é montada uma entrada na tabela de sessões com os dados citados acima entre outras informações. Quando o primeiro pacote é aceito, uma nova sessão é adicionada à tabela e os demais pacotes serão permitidos sem serem inspecionados.

Diagnóstico

diagnose sys session list

Para listar a tabela de sessões que está localiza na memória do *FortiOS*, executamos o seguinte comando *diagnose sys session list* na *CLI*.

```
# diagnose sys session list
...
session info: proto=17 proto_state=01 duration=39 expire=81
timeout=0 flags=00000000 sockflag=00000000 sockport=0 av_idx=0 use=3
origin-shaper=
reply-shaper=
per_ip_shaper=
ha_id=0 policy_dir=0 tunnel=/
state=log may_dirty none
statistic(bytes/packets/allow_err): org=91/1/1 reply=94/1/1 tuples=2
orgin->sink: org pre->post, reply pre->post dev=11->63/63->11
gwy=189.46.251.176/10.0.1.120
hook=post dir=org act=snat 10.0.1.120:47514->191.140.196.40:161
(186.130.53.160:47514)
hook=pre dir=reply act=dnat 191.140.196.40:161->186.130.53.160:47514
(10.0.1.120:47514)
src_mac=00:0c:29:a5:33:64
misc=0 policy_id=2 auth_info=0 chk_client_info=0 vd=0
serial=03c06802 tos=ff/ff ips_view=0 app_list=0 app=0
dd_type=0 dd_mode=0
...
```

2.2 Engine

O *FortiOS* trabalha em dois métodos de inspeção denominados:

- Proxy-Based
- Flow-Based

Existem aspectos de segurança e performance que diferem entre si nestes métodos, tornando a escolha de qual usar mais complexa que simplesmente performance.

As *features* de segurança que suportam *Proxy-Based* (Antivírus, *DLP, Anti-spam, Web Filter*) suportam também o modo de inspeção *Flow-Based*, porém o inverso não ocorre, como é o caso das funções de *IPS* e *Application Control*, as quais suportam apenas o modo *Flow-Based*.

2.2.1 Proxy-Based Engine

Proxy-Based é o método de inspeção o qual, como o próprio nome diz, baseia-se em *Proxys*, que escutam os serviços de *IMAP, POP, SMTP, HTTP* (*HTTPS*, se habilitado na política *SSL Inspection*, é escutado pelo *DEEP Scan* e após a decriptação é enviado ao *proxy HTTP*), *NNTP, SIP* e *FTP*, este método de inspeção tem uma maior acurácia e mais opções de configurações quando comparado com *Flow-Based*, contudo um maior uso de recursos do *hardware*.

Esse método de inspeção verifica múltiplos pacotes que são enviados a um *buffer* para que seja realizado o remonte (reassemble) dos pacotes para o arquivo original, dessa forma envia aos *daemons* habilitados (Antivírus, *DLP, WEB Filter, Anti-spam* ou outros) para análise efetiva de todo o conteúdo.

Diagnóstico

O processo de *Proxy-Based* requer um maior consumo de memória para realizar o *buffer* dos dados trafegados, por padrão o tamanho máximo dos arquivos que serão armazenados em um *buffer* é de *10 MBytes* (para a análise pelo antivírus), por padrão arquivos maiores são repassados diretamente ao destinatário sem serem analisados por ele (mas, pode ser analisado pelos demais *daemons*), esse valor pode ser alterado via *CLI* como será visto posteriormente em 8.3, o valor limite para análise pode variar entre os modelos do *FortiGate*, limitando-se a *10%* do valor total de memória do *hardware*, que podemos verificar com o comando apresentado no item 1.3.2.

A quantidade de conexões que podem ser tratadas simultaneamente pelos *proxys* também é limitada pela quantidade de memória disponível no *FortiGate* que é pré-alocada pelo *FortiOS*. Podemos verificar o limite por meio do comando *diagnose test application <nome do proxy> 4* .
Exemplo: *diagnose test application http 4*' .

```
# diag test application http 4
HTTP Common
Current Connections                          421/95168

HTTP Stat
Bytes sent                                517608265 (kb)
Bytes received                            529144777 (kb)
Error Count (alloc)                               0
Error Count (accept)                              0
Error Count (bind)                                0
Error Count (connect)                             0
Error Count (socket)                              0
Error Count (read)                          1278194
Error Count (write)                              43
Error Count (retry)                           27283
Error Count (poll)                                0
Error Count (scan reset)                        539
Error Count (urlfilter wait)                  71491
```

```
Last Error                                        104
IPC sent count                                      0
IPC connect succeed count                           0
IPC sent error count                                0
IPC connect error count                             0
IPC timeout count                                   0
SSL SNI zero length                                 0
SSL SNI invalid list entry                          0
SSL SNI too long                                    0
Resigned certs cache: now 8  max 184  total 22404
Loaded CA certs: now 2  max 1  total 4
Loaded server certs: now 1  max 3  total 36
Web responses clean                           1165232
Web responses scan errors                       17540
Web responses detected                       18411124
Web responses infected with worms                   0
Web responses infected with viruses                59
Web responses infected with susp                    0
Web responses file blocked                          0
Web responses file exempt                           0
Web responses bannedword detected                   0
Web requests oversize pass                       4354
Web requests oversize block                         0
Switching protocols bypass                      20629
Switching protocols block                           0
Last Server Scan errors                           102
URL  requests exempt                            16122
URL  requests blocked                            6272
URL  requests passed                                0
URL  requests submit error                          0
URL  requests rating error                          0
URL  requests rating block                     531854
URL  requests rating allow                   27526134
URL  requests infected with worms                   0
Web  requests detected                         639994
Web  requests file blocked                          0
Web  requests file exempt                           0
POST requests clean                                 3
POST requests scan errors                           0
POST requests infected with viruses                 0
POST requests infected with susp                    0
POST requests file blocked                          0
POST requests bannedword detected                   0
POST requests oversize pass                        23
POST requests oversize block                        0
Web request  backlog drop                           0
Web response backlog drop                           0

...
```

Na linha *Current Connections*

```
Current Connections                                    421/95168
```

Temos dois valores separados por /, ***quantidade em uso/quantidade máxima*** de conexões concorrentes, sendo este valor compartilhado com todos os proxy e não para cada um dos módulos. No exemplo acima, temos 421 conexões em uso de 95168 que podem ser tratadas simultaneamente.

2.2.2 Flow-Based

Na inspeção Flow-Based, não ocorre a ***bufferização*** dos pacotes (com exceção do módulo de antivírus em ***Flow***), são analisados na ordem em que chegam ao ***Firewall*** sem a necessidade de aguardar o completo *download*, e temos vantagens e desvantagem a serem analisadas. O processo de *Flow-based* é mais rápido, no entanto a probabilidade de falsos negativos são maiores quando comparadas às do *Proxy-Based.*

A peça chave na análise de *Flow-Based* é a *Engine* de *IPS* utilizada para analisar uma pequena porção de dados a procura de correspondência com as assinaturas disponíveis.

IPS

O módulo de *IPS* é divido em dois subtipos, *IPS* de Assinatura e *IPS* de Anomalia:

- Assinatura:
  São regras utilizadas para identificar uma atividade invasiva. O sensor verifica os pacotes comparando-os com as assinaturas, deste modo identificando os ataques.

  Diagnóstico

  get ips rule

  A lista de assinaturas pode ser obtida via *CLI* por intermédio do comando *get ips rule*

```
# get ips rule
== [ Teardrop ]
name: Teardrop
== [ NNTP.XHDR.Range.Overflow ]
name: NNTP.XHDR.Range.Overflow
== [ IGMP.IPv4.Option.DoS ]
name: IGMP.IPv4.Option.DoS
== [ OpenBSD.IPv6.Fragment.Buffer.Overflow ]
name: OpenBSD.IPv6.Fragment.Buffer.Overflow
== [ Snort.TCP.SACK.Option.DoS ]
name: Snort.TCP.SACK.Option.DoS
== [ TCP.Split.Handshake ]
name: TCP.Split.Handshake
== [ DNS.Server.Label.Buffer.Overflow ]
name: DNS.Server.Label.Buffer.Overflow
...
```

get ips session

Por meio do comando *get ips session*, é possível obter informações sobre a quantidade de sessões e memória disponível e em uso pelo *IPS Engine*.

```
# get ips session

SYSTEM:
memory capacity              1250M
memory used                  56M
recent pps\bps               629\2258K
session in-use               2852
TCP:  in-use\active\total    1805\1602\4483682
UDP:  in-use\active\total    1047\1047\2022811
ICMP: in-use\active\total    0\0\571
IP:   in-use\active\total    0\0\98
```

- Anomalia:

O *IPS* de anomalia(*DoS*) tem o seu core em *thresholds* que determinam se a atividade da rede é normal ou anormal, comparando os valores dos pacotes/sessões com os pré-estabelecidos.

Diagnóstico

diagnose ips anomaly list

É possível listar todos os contadores em tempo real que estão na tabela do *DoS* com o comando *diagnose ips anomaly list*.

```
# diagnose ips anomaly list
list nids meter:
id=udp_flood            IP=10.0.0.1 dos_id=1 exp=435 pps=1 freq=1
id=udp_src_session      IP=10.0.0.5 dos_id=1 exp=4590 pps=0 freq=0
id=udp_dst_session      IP=200.160.0.8 dos_id=1 exp=3266 pps=0 freq=1
id=udp_dst_session      IP=10.0.0.15 dos_id=1 exp=2985 pps=0 freq=23
id=tcp_src_session      IP=10.0.0.15 dos_id=1 exp=3758 pps=0 freq=1
id=udp_src_session      IP=10.0.0.15 dos_id=1 exp=5994 pps=0 freq=33
id=udp_scan             IP=10.0.0.16 dos_id=1 exp=1000 pps=8 freq=8
id=tcp_src_session      IP=10.0.0.16 dos_id=1 exp=1891 pps=0 freq=0
id=udp_src_session      IP=10.0.0.16 dos_id=1 exp=6000 pps=0 freq=80
id=udp_src_session      IP=10.0.0.17 dos_id=1 exp=4093 pps=0 freq=1
id=tcp_src_session      IP=10.0.0.17 dos_id=1 exp=114 pps=0 freq=0
id=udp_scan             IP=10.0.0.75 dos_id=1 exp=999 pps=28 freq=59
id=tcp_src_session      IP=10.0.0.75 dos_id=1 exp=4618 pps=0 freq=2
id=udp_src_session      IP=10.0.0.75 dos_id=1 exp=5999 pps=0 freq=8
id=tcp_src_session      IP=10.0.0.81 dos_id=1 exp=4378 pps=0 freq=2
id=udp_src_session      IP=10.0.0.81 dos_id=1 exp=4364 pps=0 freq=3
id=udp_scan             IP=10.0.0.83 dos_id=1 exp=401 pps=0 freq=2
id=udp_src_session      IP=10.0.0.83 dos_id=1 exp=5403 pps=0 freq=1
id=udp_scan             IP=10.0.0.88 dos_id=1 exp=971 pps=2 freq=2
...
```

Flow-Based Antivírus

A partir da versão 5.2, a *Fortinet* alterou a forma de trabalho do Antivírus em modo *Flow*, nas versões anteriores os pacotes eram analisados de forma separada à procura de ameaças, atualmente os pacotes são enviados a um *cache* antes de serem entregue ao usuário final, porém o último pacote do arquivo é retido e não enviado ao *usuário*, para ser remetido ao *cache* e ser analisado em conjunto com os outros que foram armazenados anteriormente pelo módulo de Antivírus, igualando a eficácia da análise com a do *Proxy-Based*. Se o arquivo contiver um código malicioso, o último pacote não é entregue ao destinatário, sendo bloqueado e um *reset* é enviado à sessão; sem o último pacote, o arquivo não pode ser remontado pelo destinatário, gerando um erro no download, como podemos ver na imagem 2.2.

Figura 2.2: Erro ao tentar baixar pela primeira vez o arquivo com um conteúdo malicioso pelo browser Firefox.

Os últimos arquivos que foram detectados contendo códigos maliciosos são colocados em uma lista e, quando o conteúdo for solicitado pelo usuário novamente, será bloqueado sem uma nova análise, como mostra a imagem 2.3.

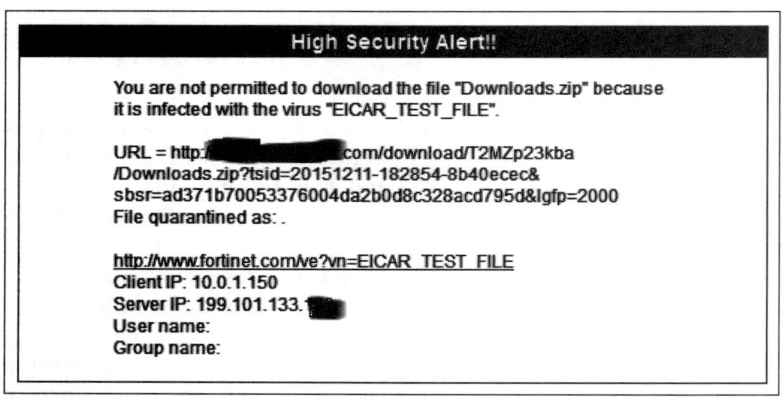

Figura 2.3: Erro ao tentar baixar novamente o mesmo arquivo apresentado na imagem 2.2.

Diagnóstico

diagnose ips debug enable av

diagnose debug enable

diagnose ips av cache list

diagnose ips debug disable av

Com o auxílio dos comandos *diagnose ips debug enable av* seguido pelo comando *diagnose debug enable* e *diagnose ips av cache list*, podemos verificar a lista de arquivos sendo escaneados e que já estão na lista de bloqueados. O primeiro comando habilita o *debug* para o módulo de antivírus em modo *flow* e o segundo habilita o *output* dos *debugs* no sistema, enquanto que o último lista os arquivos que já foram bloqueados e estão em *cache*.

```
# diagnose ips debug enable av
# diagnose debug enable
# diagnose ips av cache list

pid: 134 >>>
ID: 4e945684 protocol: http host: 17(4sha) url: 115(-8b4) virus: EICAR_TEST_FILE
age: 100 (secs)
```

OBS: Após a análise devemos desabilitar os *debugs*, e para isso utilizamos os comando *diagnose ips debug disable av*, *diagnose debug reset* e *diagnose debug disable*.

2.3 Network Address Translation (NAT)

O *Network Address Translation* [7] nasceu da exaustão de *IPs* no range de *IPv4* em seus primórdios. A solução foi a reutilização de endereços *IP* (não roteáveis pela Internet, classes *A*, *B* e *C* [6]) dentro das redes internas, os quais não são globalmente únicos. Eles são reutilizados em outros domínios, resolvendo assim o problema de esgotamento de endereços a curto prazo. A nível mundial, os ranges de *IP* exclusivos (válidos) são distribuídos pelos órgãos competentes. O *NAT* permite a uma rede privada acessar a internet de forma transparente e o acesso às máquinas locais (internas) a partir da internet.

Com o advento do *IPv6*, o problema de endereçamentos disponíveis é resolvido, no entanto, durante a transição os dois protocolos devem ter interoperabilidade, para tanto é utilizado o *NAT64* e *DNS64* para comunicação de uma rede *IPv6* com uma em *IPv4* e *NAT46* e *DNS46* em uma rede utilizando o *IPv4* para comunicação com uma rede com *IPv6*. Diferente do que muitos acham, o *IPv6* tem sim a possibilidade de *NAT* para *IPv6* conhecido com o *NAT66* e documentado pela RFC6296 [34], normalmente utilizado para ocultar os *IPs* da rede interna. Essa combinação de ambos *IPv4* e *IPv6* nativa em um mesmo equipamento é conhecido como *dual stack*, como o*FortiOS*.

2.3.1 Source Network Address Translation (SNAT)

SNAT é a tradução do endereço *IP* de origem de um pacote quando sai do *Firewall*. *Source NAT* é utilizado para permitir que os *hosts* com endereços de *IPs* privados possam acessar a internet, por exemplo: um computador com o *IP 10.10.10.10* necessita acessar o site *www.google.com*, desta forma é indispensável que, ao sair pela *interface* conectada à internet, o pacote tenha o seu *IP* de origem alterado para um *IP* válido, por exemplo para *200.200.200.200*, pois o endereço *10.10.10.10* não é roteável pela internet.

Exitem dois métodos para realizar configuração do *SNAT* no *FortiOS*;

- *NAT in Firewall Policy*
- *Central NAT Table*

NAT in Firewall Policy

Habilitamos o *SNAT* na configuração da política, que por padrão utilizava o *IP* da *interface* de saída do pacote denominado *Use Outgoing Interface Address*, no entanto podemos utilizar um *IP* diferente configurando e habilitando a opção *Use Dynamic IP Pool*. A configuração do *SNAT* na política pode ser feita via *WEB* como mostra a imagem 2.4.

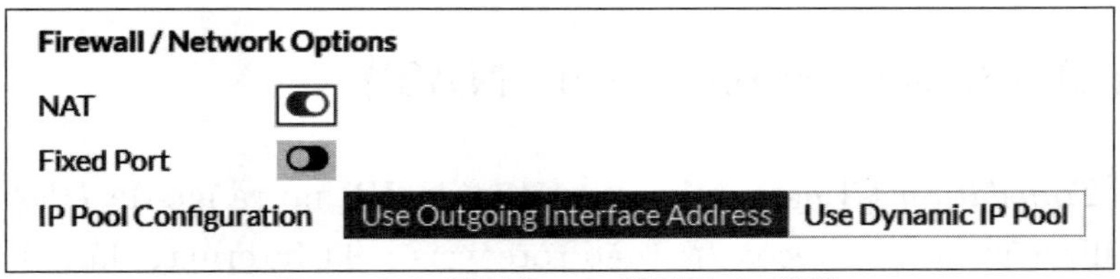

Figura 2.4: Habilitando SNAT via GUI.

Ou pelo comando na *CLI* apresentado a abaixo:

```
config firewall policy
edit 100
set nat enable
end
```

- *IP Pool*

  É configurado com os *IPs* que desejamos utilizar, tanto no *SNAT* por *Policy* quanto *Central NAT Table* utilizando um simples *IP* ou ranges de *IPs*. Esta configuração se dá via *GUI* em *Policy & Objects > IPv4 Policy >IP Pools*, como demonstrado na imagem 2.5.

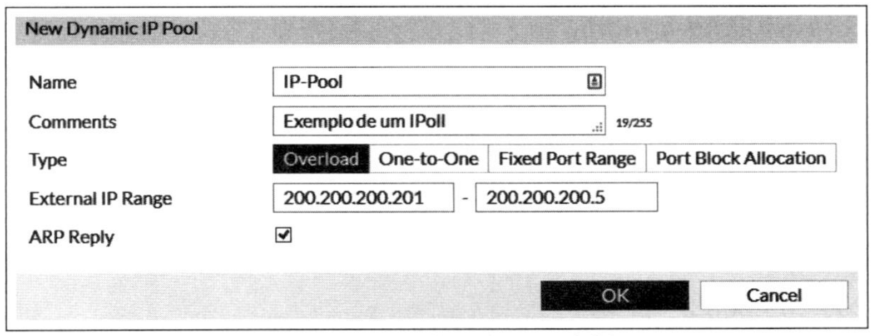

Figura 2.5: Habilitando IP POOL.

Há 4 opções em *Dynamic IP Pool*:

1. **Overload**
   É a opção padrão do *IPPOOL*, permite que múltiplos *IPs* internos utilizem um ou mais *IPs* de *NAT*.
2. **One-to-One**
   Um endereço interno é mapeado para um *IP* do *IP Pool*.
3. **Fixed Port Range**
   O *FortiOS* pode alterar a porta de origem em uma conexão quando habilitado o *SNAT* com *PAT* (2.3.1), esta opção diz ao *FortiOS* para manter a porta de *SNAT* igual à porta originada pelo cliente.
4. **Port Block Allocation**
   Neste caso, utilizamos quando queremos alocar um bloco de portas para os *IPs* dos usuários de um *Pool*.

A utilização de um *IP Pool* com um range de *IPs* no *SNAT* permite 3 cenários:

1. O *IP Pool* tem o mesmo número de endereços que os *IPs* (de origem) que o utilizam:
   Neste caso, será utilizado um *IP* do *Pool* para cada *IP* de origem.
   Exemplo:
   Temos 6 *IPs* de origem e 6 *IPs* do *IP Pool*
   Origem SNAT
   10.10.10.1 -> 200.200.200.1
   10.10.10.2 -> 200.200.200.2
   10.10.10.3 -> 200.200.200.3
   10.10.10.4 -> 200.200.200.4
   10.10.10.5 -> 200.200.200.5
   10.10.10.6 -> 200.200.200.6

2. O número de *IPs* de origem é maior que a quantidade de *IPs* do *IP Pool*:
   Nessa situação, o *FortiOS* iniciará o uso dos *IPs* do range de *IP Pool*, entregando um a cada *IP* de origem até o *Pool* se esgotar, quando isso ocorrer ele voltará ao primeiro *IP* do *pool* e

reiniciará o processo *(wrap-around)*.
Exemplo:
Temos 2 *IPs* no *IP Pool* e 6 *IPs* de origem.

Origem	SNAT
10.10.10.1 ->	200.200.200.1
10.10.10.2 ->	200.200.200.2
10.10.10.3 ->	200.200.200.1
10.10.10.4 ->	200.200.200.2
10.10.10.5 ->	200.200.200.1
10.10.10.6 ->	200.200.200.2

3. O número de *IPs* de origem é menor que a quantidade de *IPs* disponíveis no *IP Pool*:
Para essa configuração, o *FortiGate* entregará um *IP* do *Pool* para cada *IP* de origem e os demais *IPs* do *Pool* não serão utilizados.
Exemplo:
Temos 4 *IPs* no *Pool* e 2 *IPs* de Origem.

Origem	SNAT
10.10.10.1 ->	200.200.200.1
10.10.10.2 ->	200.200.200.2
Sem uso ->	200.200.200.3
Sem uso ->	200.200.200.4

diagnose firewall ippool-all stats

Para visualizarmos a utilização dos *IP Pools*, o *FortiOS* disponibiliza o comando *diagnose firewall ippool-all stats* que lista as sessões *TCPs* e *UDPs* que estão consumindo os *NATs*.

```
diagnose firewall ippool-all stats
vdom:root owns 2 ippool(s)
name: NAT-SAIDA
type: overload
startip: 99.10.10.7
endip: 99.10.10.7
total ses: 5
tcp ses: 1
udp ses: 4
other ses: 0

name: Teste-Central-NAT-Table
type: overload
startip: 200.200.200.200
endip: 200.200.200.201
```

```
total ses: 0
tcp ses: 0
udp ses: 0
other ses: 0
```

Port address translation (PAT)

Quando utilizamos o *SNAT*, o *FortiOS* automaticamente habilita o *PAT*, o qual realiza a tradução da porta de origem escolhida pelo dispositivo que originou a conexão para uma porta definida pelo *FortiOS*, evitando assim um possível conflito com dois dispositivos utilizando a mesma porta de origem para o mesmo *IP* e porta de destino. O *PAT* não se utiliza de todas as portas disponíveis dos protocolos *TCP* e *UDP*; são utilizadas apenas *32.768* portas (das *65.535* disponíveis para cada protocolo). Deste modo não podemos ter mais de *32.768* sessões *TCPs* ou *UDPs* para o mesmo *IP* e porta de destino se estivermos utilizando apenas um IP para executar o *SNAT*, caso contrário teremos uma exaustão de *NAT*.

Central NAT Table

O Central *NAT Table* permite uma maior granularidade de opções e configurações do *SNAT*. As regras do *Central NAT Table* são processadas de cima para baixo *(top-down)*.
Neste é obrigatório o uso do *IP Pools* (2.3.1) contendo os *IPs* que serão utilizados para realizar o *SNAT*.

Habilitarmos o *Central NAT Table* via *CLI* com o seguintes comandos:

```
config system settings
  set central-nat enable
end
```

Após habilitado, é possível realizar a configuração em *Policy & Objects > Central SNAT*, como demonstrado na figura 2.6.

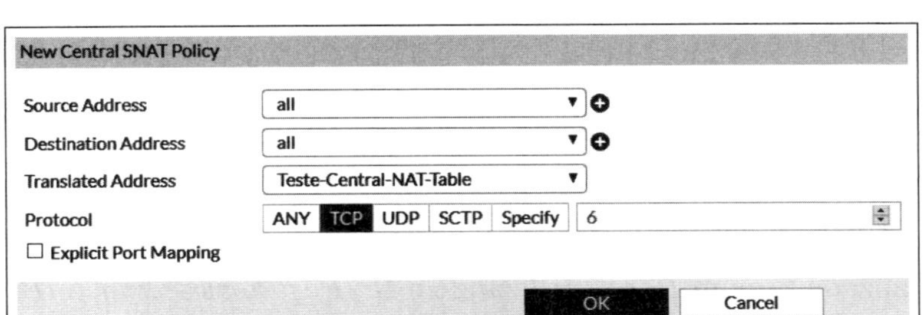

Figura 2.6: Configurando Central NAT Table.

Diagnóstico

Para a visualização da tabela de *NAT* via *GUI*, podemos utilizar o *FortiView* em *FortiView > All Sessions* no qual adicionamos a coluna de *Nat Source* para visualizarmos o *IP* que está sendo utilizado pelo *SNAT*, como a imagem 2.7 mostra.

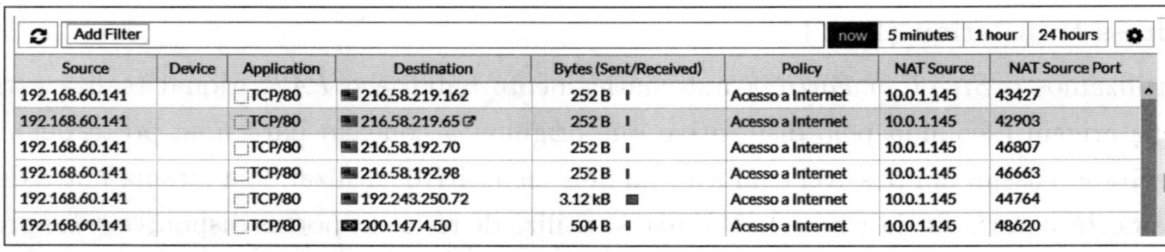

Source	Device	Application	Destination	Bytes (Sent/Received)	Policy	NAT Source	NAT Source Port
192.168.60.141		TCP/80	216.58.219.162	252 B	Acesso a Internet	10.0.1.145	43427
192.168.60.141		TCP/80	216.58.219.65	252 B	Acesso a Internet	10.0.1.145	42903
192.168.60.141		TCP/80	216.58.192.70	252 B	Acesso a Internet	10.0.1.145	46807
192.168.60.141		TCP/80	216.58.192.98	252 B	Acesso a Internet	10.0.1.145	46663
192.168.60.141		TCP/80	192.243.250.72	3.12 kB	Acesso a Internet	10.0.1.145	44764
192.168.60.141		TCP/80	200.147.4.50	504 B	Acesso a Internet	10.0.1.145	48620

Figura 2.7: FortiView All Session com a coluna de Source NAT.

Podemos ver na imagem 2.7 os pacotes com a origem do *IP 192.168.60.141* sofrerem o *SNAT* para o *IP 10.0.1.145* antes de deixarem o Firewall.

get system session list

É possível obter a mesma informação via *CLI*, por meio do comando *get system session list*, o qual, ao executado, gera a saída:

```
# get system session list
PROTO   EXPIRE  SOURCE               SOURCE-NAT           DESTINATION          DESTINATION-NAT
tcp     113     192.168.60.141:35572 10.0.1.145:35572 200.147.166.108:80 -
tcp     3501    192.168.60.141:55737 10.0.1.145:55737 207.109.111.48:80 -
tcp     3501    192.168.60.141:59815 10.0.1.145:59815 74.201.141.151:80 -
tcp     3560    192.168.60.141:55214 10.0.1.145:55214 31.13.73.36:443  -
tcp     3502    192.168.60.141:60057 10.0.1.145:60057 216.58.219.66:80 -
tcp     82      192.168.60.141:56738 10.0.1.145:56738 200.147.166.107:80 -
```

2.3.2 Destination Network Address Translation (DNAT) | Virtual IP (VIP)

1-to-1

A configuração de *DNAT* do *FortiGate* conhecida como *VIP* é a responsável por realizar a tradução de um *IP* de destino para outro pré-configurado. Essa ação é realizada antes do módulo de *Firewall*, assim sendo possível realizar o *match* correto na política do *FortiGate*.

A ação do *DNAT* é realizada por um *IP* ou, utilizando o *IP/Port Forwarding*, o *IP* pode ser configurado em uma *interface* ou qualquer *IP* do *Pool* disponível pela operadora, sem o *Port Forwarding* habilitado, o *DNAT* é executado por *IP*, exemplo:

IP Externo (*IP* de Destino): *200.200.200.210*

IP Interno (*IP* de Tradução): *192.168.1.10*

Qualquer tráfego direcionado ao *IP* de destino *200.200.200.210* será traduzido e encaminhado ao *IP* *192.168.1.10* para qualquer porta e/ou protocolo.

Port Forwarding Com o *Port Forwarding*, é possível especificar o protocolo e/ou porta que desejamos realizar a tradução, no entanto ,os protocolos disponíveis são apenas 4:

- TCP
  Temos a opção de setar a porta ou o range de portas (*1-65.535*).
- UDP
  Equivalente ao *TCP* porém para o protocolo *UDP*.
- SCTP
  Equivalente ao *TCP* porém para o protocolo *SCTP*.
- ICMP
  O protocolo *ICMP* não se utiliza de portas e sim de tipos de mensagens, definidas na *RFC792*[27].

Essa configuração pode ser realizada via *GUI* como, demonstra a imagem 2.8.

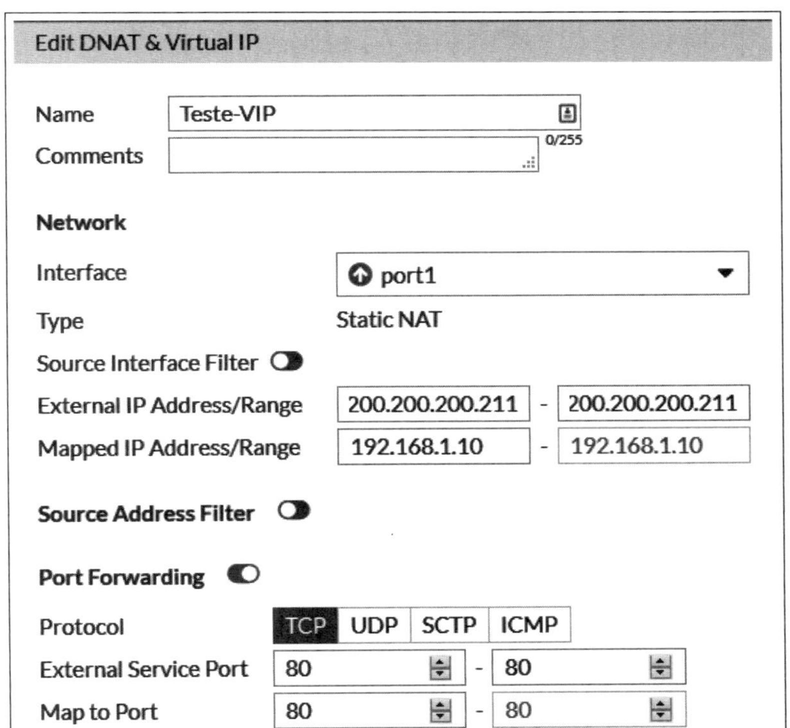

Figura 2.8: Configuração do VIP.

A configuração por intermédio *CLI* se dá via os comandos:

```
config firewall vip
 edit "Teste-VIP"
  set extip 200.200.200.211
  set extintf "port1"
  set portforward enable
  set mappedip "192.168.1.10"
  set extport 80
  set mappedport 80
 next
end
```

OBS: Quando temos um *VIP 1-to-1* sem o *Port Forward* o *FortiOS* utiliza-se o *IP* definido no *VIP* para executar o *SNAT* não mais utilizando o *IP* da *interface* do *firewall.*

Após a configuração do *VIP*, devemos configurar uma política de *Firewall* que terá como destino o próprio *Virtual IP*, como a imagem 2.9 apresenta:

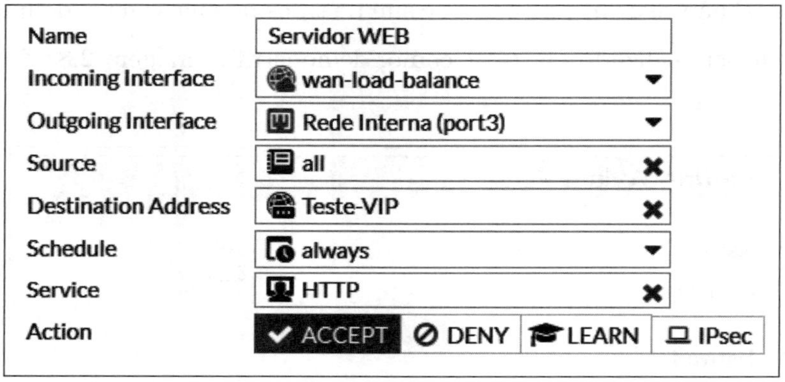

Figura 2.9: Configuração da Firewall policy para o VIP.

Server Load-Balance

É possível executar o *DNAT* de *one-to-many* no *FortiOS* com o intuito de balancear o tráfego entre servidores. Essa configuração proporciona alta disponibilidade e desempenho dos serviços balanceados. O balanceamento é o ato de redirecionar o tráfego que chega na rede para um endereço entre *hosts* em *cluster* ou não, assim, se um dos nós falhar ou estiver *offline*, o tráfego é redirecionado a outro servidor disponível. As conexões existentes com um *host* que se tornou indisponível podem ser perdidas a depender da configuração entre os nós do *cluster*, mas os serviços permanecem disponíveis. Na prática esse comportamento é transparente ao usuário final.

Virtual Server

Na criação do *Virtual Server*, devemos definir os seguintes parâmetros:

- Name
  Nome do Server Balance.

- Type

  Tipo de serviço a ser balanceado.

  - HTTP
  - TCP
  - UDP
  - IP
  - HTTPS
  - IMAPS
  - POPS
  - SMTPS
  - SSL

- Interface

  Interface que responderá às requisições do *Virtual Server.*

- Virtual Server IP

  IP externo que será requisitado.

- Virtual Server Port

  Porta que será requisitada na conexão.

- Load Balance Method

  Os métodos de balanceamento são:

  - Source IP Hash

    O balanceamento é realizado entre todos os nós do *cluster*, porém a persistência é realizada via *hash* do *IP* de origem.

  - Round Robin

    Divide os dados balanceando por igual, baseando-se apenas nas novas conexões sem contabilizar as sessões já existentes nos servidores.

  - Weighted

    Executa o balanceamento baseado no peso de cada servidor Real (o peso é definido na configuração do *real server*).

  - First Alive

    Envia todas as sessões a um único servidor (o primeiro na ordem de criação) e envia aos demais apenas se este não responder.

  - Least RTT

    Balanceia as sessões para o menor *RTT (least round trip time)* definido pelo *PING* do *Health Check.*

  - Least Session

    O balanceamento ocorre baseando-se no servidor com menor quantidade de sessões simultâneas.

  - HTTP Host

    Analisa o cabeçalho *HTTP* à procura do *HTTP Host* para enviar ao servidores que tenham o mesmo host configurado.

- Persistence

  A persistência da sessão pode se basear em:
  - HTTP Cookie

    Persistência baseada no cookie.
  - SSL Session ID

    Se baseia no *ID* da sessão do *SSL* para realizar a persistência.
- HTTP Multiplexing

  Concatena várias requisições *HTTP* em uma única sessão *TCP* diminuindo assim a carga sobre o servidor.
  - Preserve Client IP

    Quando habilitamos a opção *HTTP Multiplexing* o *IP* de origem da conexão passa a ser o do FortiGate, após habilitar o *HTTP Multiplexing*, todas as conexões com destino ao servidores passam a utilizar o *IP* da *interface* de saída do pacote. Em alguns casos, é necessário que a aplicação tenha acesso ao endereço de origem da conexão, para tanto habilitamos o *Preserve Client IP*, deste modo o *FortiOS* envia via *Header X-Forwarded-For* contendo o IP que originou a conexão, para que a aplicação possa tratar essa informação.
- SSL Offloading

  O *SSL Offloading* permite remover a função de encriptação do servidor para o *FortiGate* permitindo, além da economia de recurso do servidor ter um único ponto de controle dos certificados de *Web Server* da empresa.
- Certificate

  Certificados disponíveis para utilização no *SSL Offloading*.
- Health Check

  Configuração dos *Health Check* para a validação dos servidores reais.

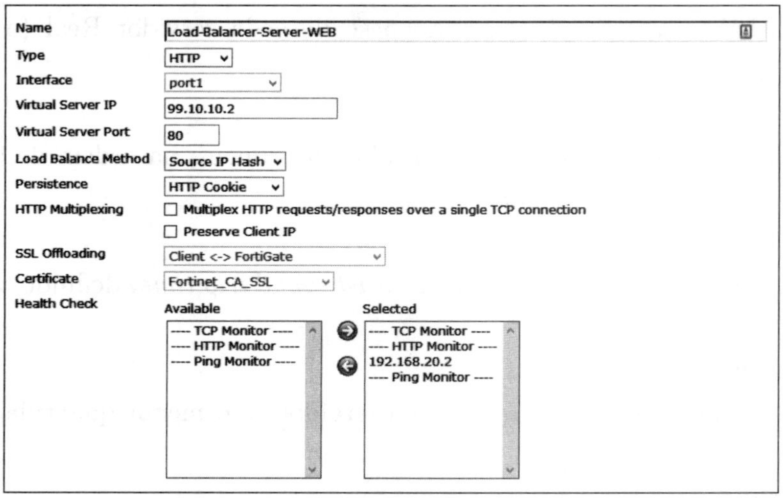

Figura 2.10: Configuração do Load Balancer

Real Server

Em *Real Server*, configuramos os *IPs* dos servidores reais que serão utilizados para fazerem parte do *pool* de membros do balanceamento.

- Virtual Server
  Selecionamos o *LoadBalancer* que fará parte o servidor.
- IP Address
  Endereço *IP* do servidor real.
- Port
  Porta que o servidor escutará.
- Weight
  Peso para ser utilizado no método de balanceamento baseado em *Weight*.
- Max Connections
  Podemos informar qual é o numero máximo de conexões que o servidor deve receber.
- HTTP Host
  Informação do endereço do *host* para ser utilizado no balanceamento pelo método *HTTP Host*.
- Mode
  - Active
    Informa que o servidor está ativo e pronto para o uso.
  - Standby
    Define que o servidor não pode ser utilizado, a não ser que o servidor do mesmo *pool* que estiver como *ACTIVE* deixar de responder aos *health Check*.
  - Disable
    Desativa o servidor para não ser usado no balanceamento.

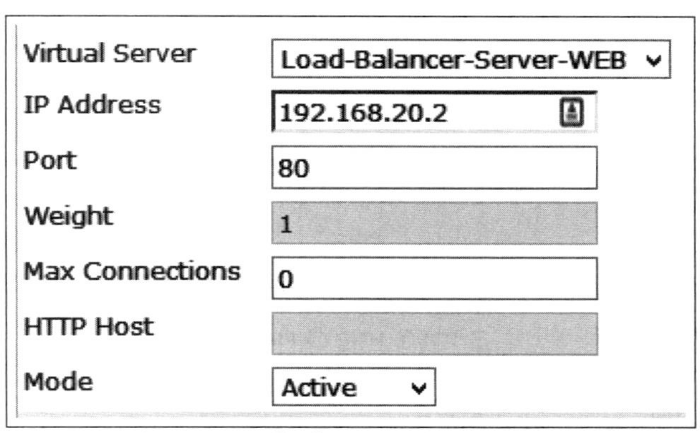

Figura 2.11: Configuração do Real Server

Health Check

O *Health Check* realiza a análise do estado do servidor/serviço para definir se o *FortiOS* encaminhará conexões a esses servidores.

- Name

  Nome do Servidor.
- Type

  Tipo de serviço .
  - TCP

    Verifica se a porta está aberta e se o servidor responde a requisições, enviando um pacote *SYN* e aguardando pela resposta do *SYN - ACK*.
    - Port

      Porta que o servidor real está escutando, podendo ser diferente da porta do Load Balancer.
    - Interval

      Intervalo entre as consultas do estados.
    - Timeout

      Tempo de aguardo antes de considerar que a conexão não foi concluída.
    - Retry

      Quantidades de tentativas antes de considerar a queda do serviço.
  - HTTP
    - URL

      Endereço da URL a ser acessada para validação do uso do servidor.
    - Matched Content

      Conteúdo a ser procurado no retorno da URL para validação de seu estado.
  - PING
    - Interval

      Intervalo entre as consultas do *Health Check*.
    - Timeout

      Tempo de espera antes de considerar que a conexão não foi concluída.
    - Retry

      Quantidades de tentativas antes de considerar a queda do serviço.

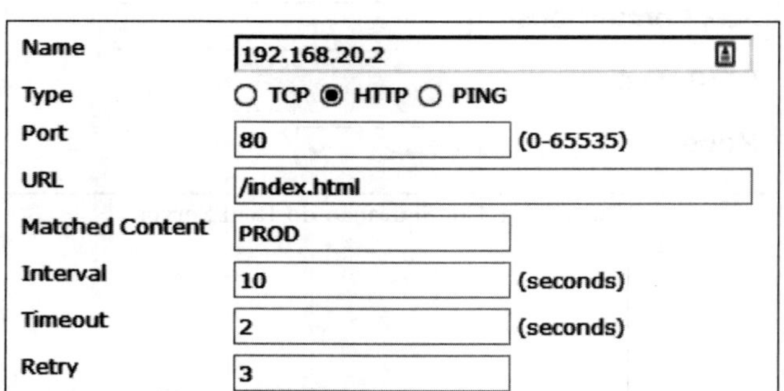

Figura 2.12: Configuração do Health Check para HTTP

OBS: Os estados dos servidores podem ser checados em *Monitor > Load Balance Monitor*

Virtual Server	Real Server	Health Status	Mode	Monitor Events	Active Sessions	RTT(ms)	Bytes Processed	Graceful Stop/Start
99.10.10.2:80	192.168.20.2:80	O	Active	1	0	<1	0 B	Stop

Figura 2.13: Estados dos Health Check.

Diagnóstico

OBS: No momento em que configuramos um *VIP*, mesmo sem termos configurado uma política para tal, o *FortiOS* já responde com um *ARP Reply* as requisições de *MAC Address (ARP Request)* do protocolo *ARP*[25] informando o *MAC Address* da interface do *firewall* que está configurando o *VIP* ou o *Real Server*.

diagnose sniffer packet port1 'arp'

Como podemos constatar com o comando abaixo:

```
# diagnose sniffer packet port1 "arp"
interfaces=[port1]
filters=[arp]
14.742003 arp who-has 192.168.60.136 tell 192.168.60.1
14.742020 arp reply 192.168.60.136 is-at 0:c:29:75:60:3f
```

O comando acima realiza um *sniffer* na *interface port1* filtrando apenas os pacotes do protocolo *ARP*.

Para visualizar a tabela do *DNAT* utilizamos as mesmas formas apresentadas para *SNAT* demonstradas anteriormente em 2.3.2.

Abaixo podemos ver a saída do comando *get system session list* após a configuração do *VIP* e do estabelecimento de uma sessão:

```
# get system session list
PROTO   EXPIRE  SOURCE                  SOURCE-NAT   DESTINATION        DESTINATION-NAT
tcp     18      77.238.113.129:50552    -            90.11.42.164:993   10.0.0.38:80
tcp     3       77.238.113.129:50554    -            90.11.42.164:993   10.0.0.38:443
tcp     3       77.238.113.129:50556    -            90.11.42.164:993   10.0.0.38:80
tcp     3599    77.238.113.129:50558    -            90.11.42.164:993   10.0.0.38:443
```

2.4 Policy

Todo e qualquer tráfego que passe pelo *Firewall* deve necessariamente ter uma política que o permita, caso contrario ele será negado (com exceção de interfaces em uma mesma zona, vide 4.2), a essa ação se dá o nome de *implicit deny* (bloquear por implícito ou padrão). Esse bloqueio é realizado pela política de *ID 0* que é localizada como sendo a última *policy* da matriz, apresentada pela imagem 2.14.
Isto posto podemos criar nossa estratégia de segurança com base nas políticas, permitindo apenas o que é essencial para o funcionamento e segurança.

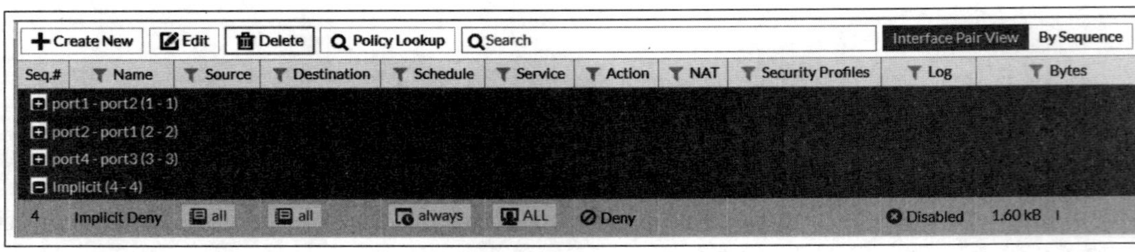

Figura 2.14: Regra de Implicit Deny.

O *Firewall policy* é o centro das configurações de segurança do *FortiOS*, a maioria das configurações de defesa terão como destino final uma política de *Firewall* para que possam ser habilitadas no fluxo de dados que é tratado pela política. Outro ponto fundamental é a ordem das políticas, o *FortiOS* trabalha com a leitura das regras em modo *Top-Down* (de cima para baixo) à procura da regra que seja correspondente aos parâmetros do tráfego *(match).*

2.4.1 Policy Order

No momento em que um pacote chega ao *Firewall*, ele é analisado com o intuito de obter as informações de *IP* de Origem, *IP* de Destino e Porta de destino. Do sistema são capturados os dados da *interface* de entrada, *interface* de saída que deverá ser usada para enviá-lo (com base na tabela de roteamento), assim como a hora do sistema. Fundamentado nestas informações é realizada a pesquisa (*policy lookup*) de uma política que corresponda aos parâmetros coletados do pacote assim como do sistema, se localizado uma *policy* que atende aos 6 requisitos, a pesquisa é concluída, pois apenas uma política pode se empenhar no tratamento do tráfego, sendo assim é aplicada a ação da política que correspondeu aos parâmetros, seja *Allow* ou *Deny* (Permitir ou Negar), caso contrário o pacote será tratado pela política de *Implicit Deny.*
Essa análise segue a seguinte ordem:

1. *Interface* de entrada
2. *IP* de Origem, e, se disponível, o usuário e/ou dispositivo *(Device)*
3. *IP* de destino
4. *Interface* de saída
5. Porta de destino

6. A hora do sistema no momento em que o pacote chega ao *Firewall* (para *match* com o *schedule*)

A política de *implicit deny* é configurada com as seguintes opções:

- *Incoming Interface: any*
- *Source Address: any*
- *Outgoing Interface: any*
- *Destination Address: any*
- *Action: DENY*

Nesta política não é possível que sejam alterados os parâmetros, com exceção da opção de habilitar o *log* (que por padrão é desabilitado) do tráfego que foi considerado como violado (correspondeu à política). Como é demonstrado na imagem 2.15.

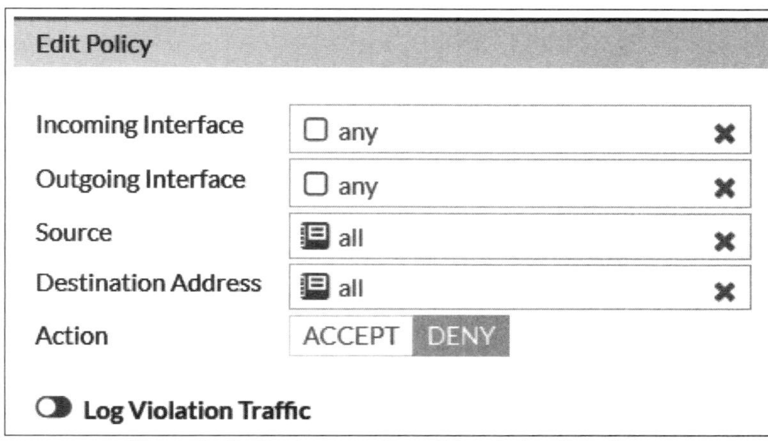

Figura 2.15: Parâmetros da política de implicit deny.

Policy ID

Quando criadas via *GUI*, as políticas automática e sequencialmente recebem um número que permanece com a política até sua remoção, desta forma, se tivermos 6 políticas criadas pela *interface WEB (GUI)*, teremos os *IDs* em sequência de *1* a *6*, se deletarmos a política de *ID 6* e criarmos uma nova, essa por sua vez terá o *ID* número *6*, já que o *ID* mais alto no momento da criação desta nova política era *5*, portanto, para definir o *ID* desta nova *policy*, se utiliza a fórmula do *ID* de maior valor mais um:

ID Novo=(*ID* de maior valor + 1)

Se deletarmos não a política de último *ID*, mas sim a de *ID* intermediário, por exemplo a de *ID 3*, esse identificador nunca mais será utilizado automaticamente pelo *FortiOS*, já que neste exemplo ele não é o de valor mais alto quando criamos uma nova política, no entanto, podemos setar o *ID* de uma *policy* quando a criamos via *CLI* com o comando *edit "ID da política"*

Exemplo para criar uma política com o *ID 3* via *CLI*:

```
config firewall policy
edit 3
set name "Acesso a Internet"
set srcintf "port1"
set dstintf "port2"
set srcaddr "all"
set dstaddr "all"
set action accept
set schedule "always"
set service "ALL"
set nat enable
next
end
```

O comando *edit* é utilizado não só para edição de uma política, como também para sua criação. Quando executamos o comando *edit* seguido pelo *ID*, o *FortiOS* verifica se o *ID* utilizado é existente, caso positivo ele é usado para a edição, se falso ele será usado para a criação da *policy* (isso é válido para outros comandos que se utilizem do *edit* para inserir uma nova entrada) .
Para a confecção de uma política via *CLI* que obtenha seu *ID* de forma automática assim como é o caso da *GUI*, utilizamos o comando *edit* seguido pelo número *0*, como demonstrado abaixo:

```
config firewall policy
edit 0
set name "Acesso a Internet"
set srcintf "port1"
set dstintf "port2"
set srcaddr "all"
set dstaddr "all"
set action accept
set schedule "always"
set service "ALL"
set nat enable
next
end
```

Quando visualizamos a matriz de políticas via *GUI*, a coluna do *ID* não é apresentada de forma padrão, para adicioná-la devemos clicar sobre o nome de uma das colunas com o botão direito do mouse e na lista que será apresentada selecionar o *ID* na lista de *Available Columns*, como demostrada na imagem 2.16.

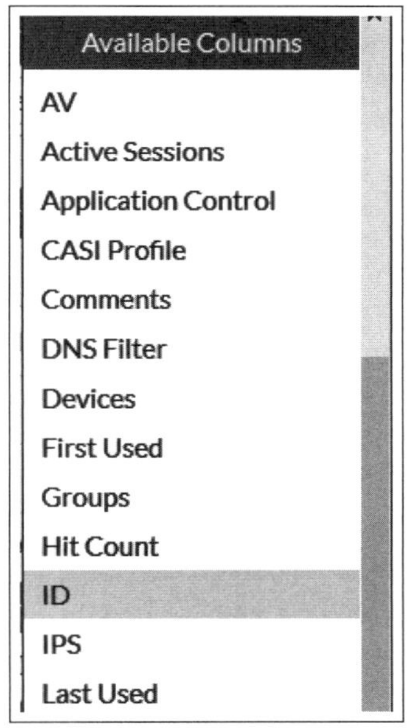

Figura 2.16: Seleção da coluna Policy ID na GUI.

Após adicionarmos a coluna, podemos visualizá-la na matriz de políticas como mostra a imagem 2.17.

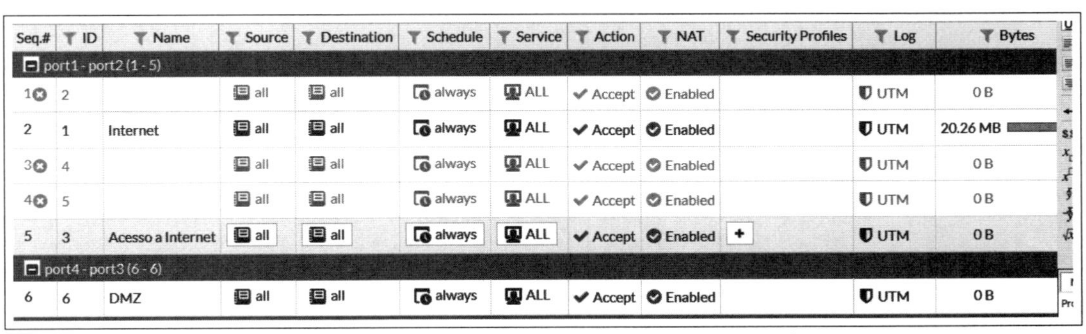

Seq.#	ID	Name	Source	Destination	Schedule	Service	Action	NAT	Security Profiles	Log	Bytes
port1 - port2 (1 - 5)											
1	2		all	all	always	ALL	Accept	Enabled		UTM	0 B
2	1	Internet	all	all	always	ALL	Accept	Enabled		UTM	20.26 MB
3	4		all	all	always	ALL	Accept	Enabled		UTM	0 B
4	5		all	all	always	ALL	Accept	Enabled		UTM	0 B
5	3	Acesso a Internet	all	all	always	ALL	Accept	Enabled	+	UTM	0 B
port4 - port3 (6 - 6)											
6	6	DMZ	all	all	always	ALL	Accept	Enabled		UTM	0 B

Figura 2.17: Visualização do ID da política na matriz.

Sequência

A leitura das políticas no *FortiOS* sendo *top-down* é muito importante a ordem em que as *policies* são mantidas na matriz. Todas as novas políticas criadas são colocadas como a última da matriz de regras (apenas a frente da *implicit deny* que é fixa como a última da lista).

Deste modo, devemos sempre nos atentar à ordem em que as *policies* são lidas pelo *FortiOS*, essa sequência é determinada pela coluna *Seq.#*, que podemos visualizar em *Policy & Objects > IPv4 Policy*, como demonstrado na imagem 2.18.

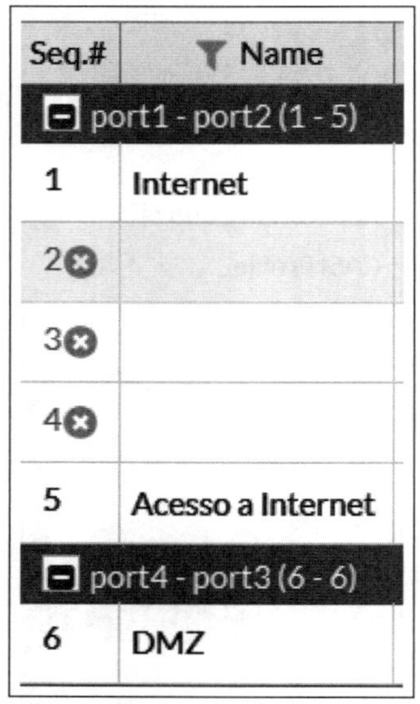

Figura 2.18: Coluna de Sequência da matriz de políticas.

Move

A sequência é variável e não fixa, como é o caso da *Policy ID*, podendo ser alterada via *GUI* simplesmente clicando sobre o número de sequência da política e arrastando até a posição desejada. Este processo também está disponível via *CLI* por meio do comando *move* dentro da configuração de políticas.

O comando *move* tem a seguinte sintaxe:
move <ID da política a ser movida> *after/before* <ID da política a qual deve ser o ponto de referência>

Exemplo de reordenação da matriz movendo a política de ID 2 para após a policy de ID 4:

```
# config firewall policy
# move 2 after 4
# end
```

Diagnóstico

get firewall policy

Via *GUI*, podemos ver a sequência das políticas de forma numerada, já via *CLI* as temos listadas pelo seu *ID* na ordem de sua sequência de cima para baixo. Obtemos essa informação por meio do comando *get firewall policy*, como podemos ver abaixo:

```
# get firewall policy
== [ 2 ]
```

```
policyid: 2
== [ 1 ]
policyid: 1
== [ 4 ]
policyid: 4
== [ 5 ]
policyid: 5
== [ 6 ]
policyid: 6
== [ 7 ]
policyid: 7
== [ 3 ]
policyid: 3
```

Precedência

Com base nestas informações a boa prática de configuração da matriz de políticas pode seguir uma simples regra: As mais específicas (com os filtros mais específicos) devem preceder as mais genéricas (com os filtros mais abrangentes).
Exemplo de uma matriz com duas regras:

1.
   Name: Regra Genérica
   Incoming Interface: port1
   Outgoing Interface: port2
   Source: all
   Destination Address: all
   Schedule: always
   Service: HTTP
   Action: Deny

2.
   Name: Regra Específica
   Incoming Interface: port1
   Outgoing Interface: port2
   Source: 192.168.60.141
   Destination Address: update.microsoft.com
   Schedule: always
   Service: HTTP
   Action: Accept

Leitura das regras

A primeira trata os pacotes que entram pela interface da porta 1 do *FortiGate* e que tenham como origem qualquer *IP*, com o serviço *HTTP* e qualquer endereço de destino, porém que sejam roteados pela interface de porta 2, esse tráfego será bloqueado já que a ação da política é *Deny* (Negar). A

segunda regra se refere aos pacotes que vierem da Porta 1, assim como a anterior, mas com origem o *IP 192.168.60.141* e com o destino sendo *update.microsoft.com*, porém apenas se o serviço for *HTTP* (porta 80 do protocolo *TCP*) e que forem roteados pela *interface* porta 2 serão aceitos, devido à ação desta política ser *Accept* (permitir).
Podemos ver na imagem 2.19 como é apresentada essa matriz no *FortiGate*.

Seq.#	ID	Name	Source	Destination	Schedule	Service	Action
port1 - port2 (1 - 2)							
1	1	Regra Generica	all	all	always	HTTP	Deny
2	2	Regra Especifica	192.168.60.141	update.microsoft.com	always	HTTP	Accept
Implicit (3 - 3)							
3	0	Implicit Deny	all	all	always	ALL	Deny

Figura 2.19: Matriz de políticas com 2 policies

No entanto, devido à ordem das políticas, nunca será permitido o acesso ao destino *update.microsoft.com* a partir de qualquer endereço de origem que tente acessá-lo com o serviço *HTTP*, mesmo com a política de *ID 2* configurada e habilitada, visto que qualquer tráfego seja qual for o destino, e a conexão solicitada ao serviço *HTTP* terá como regra de tratamento a de *ID 1*, pois, como visto em 2.4.1, apenas uma regra trata o tráfego.

A imagem 2.20 demonstra a tentativa de acesso a partir do endereço *192.168.60.141*

```
root@livro:~# curl update.microsoft.com
curl: (7) couldn't connect to host
```

Figura 2.20: Teste de acesso a partir do endereço 192.168.60.141

Podemos confirmar que a política que realiza o bloqueio é a de *ID 1*, visualizando os *logs* de *Forward Traffic* em *Log & Report > Forward Traffic*, como demonstrado pela imagem 2.21.

#	@	Date/Time	Source	Destination	Application Name	Result	Policy
5		11:36:34	192.168.60.141	65.55.50.190 (update.microsoft.com)	Microsoft-Web	Deny: policy violation	Regra Generica

Figura 2.21: Log de bloqueio pela política de *ID 1* (Regra Genérica) na tentativa de acesso ao endereço *update.microsoft.com* do endereço de origem *192.168.60.135*.

Para permitir o acesso, basta alterarmos a ordem da política como demonstrado na imagem 2.22.

Seq.#	ID	Name	Source	Destination	Schedule	Service	Action
port1 - port2 (1 - 3)							
1	2	Regra Especifica	192.168.60.141	update.microsoft.com	always	HTTP	✔ Accept
2	1	Regra Generica	all	all	always	HTTP	⊘ Deny

Figura 2.22: Matriz de políticas com a de ID 2 (Regra Especifica) antes da de ID 1 (Regra Genérica)

Assim, repetindo o acesso a partir do endereço de origem *192.168.60.141*, temos o resultado positivo no acesso, como pode ser visto no *log* apresentado pela imagem 2.23.

#	@	Date/Time	Source	Destination	Application Name	Result	Policy
1		11:54:48	192.168.60.141	191.232.80.55 (update.microsoft.com)	Microsoft-Web	404 B / 850 B	Regra Especifica

Figura 2.23: Log de permissão pela política de *ID 2* (Regra Especifica) no acesso ao endereço *update.microsoft.com* a partir do endereço de origem *192.168.60.135*.

Portanto, é fundamental a preocupação com a ordem das políticas para um bom desempenho e funcionamento da nossa matriz de políticas.

2.5 Objects

Todas as configurações aplicadas em uma política são baseadas em objetos que devem ser criados e associados a ela. Este modelo permite que um objeto seja usado infinitamente em várias configurações e, quando for necessário modificá-lo, esta alteração é aplicada em todos os locais que o referência de forma automática simplificando o processo de manutenção do ambiente.

Há 4 objetos obrigatórios para a configuração de uma política. São eles:

1. Source Addres
   Endereço/Usuário*Device* de origem do pacote.
2. Destination Address
   Endereço de destino.
3. Schedule
   Período em que a regra vai ser habilitada.
4. Service
   Protocolo/Porta de destino do pacote.

2.5.1 Address

O *Address* determina o endereço *IP* do pacote, podendo ser de origem ou destino, esse dado é obtido pelo *FortiOS* dos *headers* do pacote *IP*.

```
0                   1                   2                   3
0 1 2 3 4 5 6 7 8 9 0 1 2 3 4 5 6 7 8 9 0 1 2 3 4 5 6 7 8 9 0 1
-----------------------------------------------------------------
|Version|  IHL  |Type of Service|          Total Length         |
-----------------------------------------------------------------
|         Identification        |Flags|      Fragment Offset    |
-----------------------------------------------------------------
|  Time to Live |    Protocol   |         Header Checksum       |
-----------------------------------------------------------------
|                       Source Address                          |
-----------------------------------------------------------------
|                    Destination Address                        |
-----------------------------------------------------------------
|                    Options                    |    Padding    |
-----------------------------------------------------------------
```

Figura 2.24: Internet Datagram Header IPv4 RFC791.

```
-----------------------------------------------------------------
|Version| Traffic Class |           Flow Label                  |
-----------------------------------------------------------------
|         Payload Length        |  Next Header  |   Hop Limit   |
-----------------------------------------------------------------
|                                                               |
-                                                               -
|                                                               |
-                         Source Address                        -
|                                                               |
-                                                               -
|                                                               |
-----------------------------------------------------------------
|                                                               |
-                                                               -
|                                                               |
-                      Destination Address                      -
|                                                               |
-                                                               -
|                                                               |
-----------------------------------------------------------------
```

Figura 2.25: Internet Datagram Header IPv6 RFC2460.

A configuração do *Address* fica localizada em *Policy & Objects* > *Addresses*, onde é possível criar novos objetos ou editar os já existentes.

A imagem 2.26 apresenta a criação de um objeto de *IPv4*.

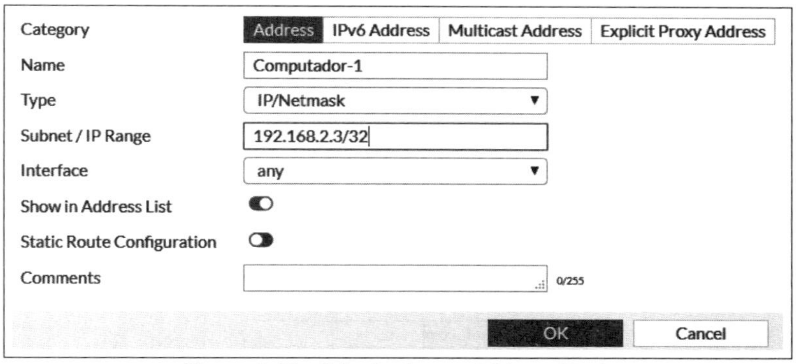

Figura 2.26: Criação de um Address IPv4.

Classificamos os *Address* em 3 categorias que são divididas em subcategorias:

- **Policy Address**
  - **Fully Qualified Domain Name (FQDN)**

    Address do tipo *FQDN* representam os endereços de *IP* traduzidos pelo *DNS* tornando-o dinâmico, pois o *IP* pode ser alterado no serviço de *DNS*, alteração que por sua vez refletirá diretamente nas políticas do *FortiGate*.

    Os servidores de *DNS* utilizados pelo *FortiOS* para essa função são configurados em *Network > DNS*.

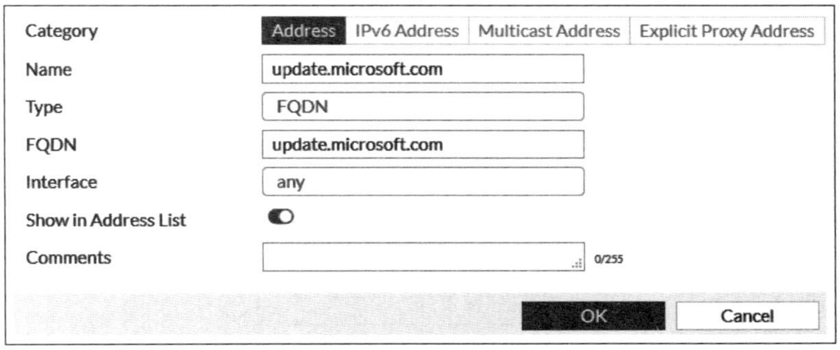

Figura 2.27: Address do tipo FQDN.

  - **Wildcard FQDN**

    Os endereços de FQDN podem variar entre os endereços e serviços que representam, por exemplo: o site principal da Microsoft tem seu endereço de FQDN como sendo *www.microsoft.com.* mas outros serviços/páginas podem estar em endereços distintos como o updatem em seu *FQDN* como *http://update.microsoft.com.*

    Para representar os dois endereços e outros, podemos utilizar um coringa, representação a qual no *address* se dá utilizando um ***, como em **.microsoft.com.*

OBS: Address de Wildcard FQND não podem ser utilizados em políticas de Firewall como Source ou Destinantion Address somente de *Proxy* explícito ou em regras de camada 7.

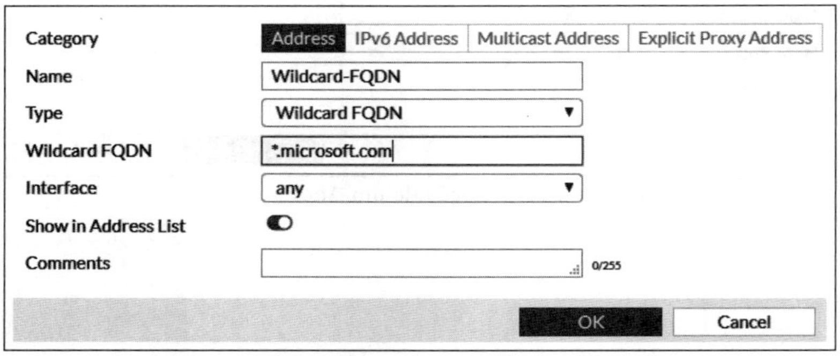

Figura 2.28: Address do tipo WildcardFQDN.

- **Geography based address**
  Os endereços geográficos representam os países onde esses IPs são utilizados, deste modo é possível a liberação de endereços baseados em sua localização física.

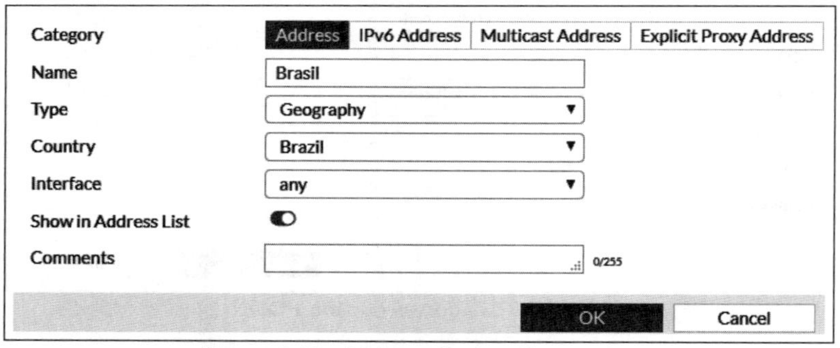

Figura 2.29: Address do tipo Geography.

- **IP/Netmask (IPv4 ou IPv6)**
  Endereços de IP/Netmask representam blocos de endereços utilizando máscaras para realizar o cálculo de objetos dentro de um bloco, no qual são separadas as partes correspondentes da rede, subredes e os hosts [1].

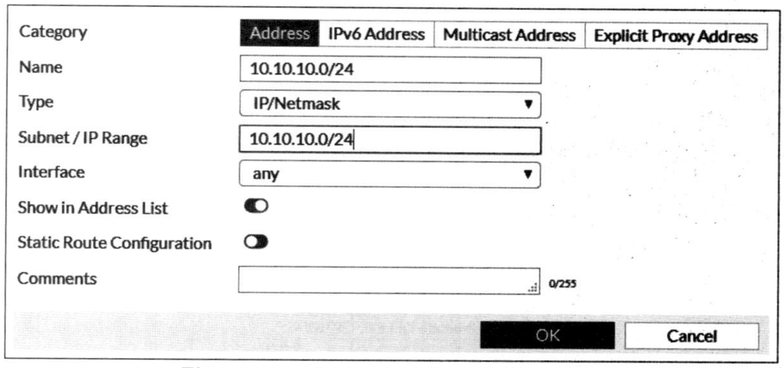

Figura 2.30: Address do tipo IP/Netmask.

- **IP Range (IPv4 ou IPv6)**

  Ranges de endereços IP são representados em sequencia para FortiOS, separados por um hífen.

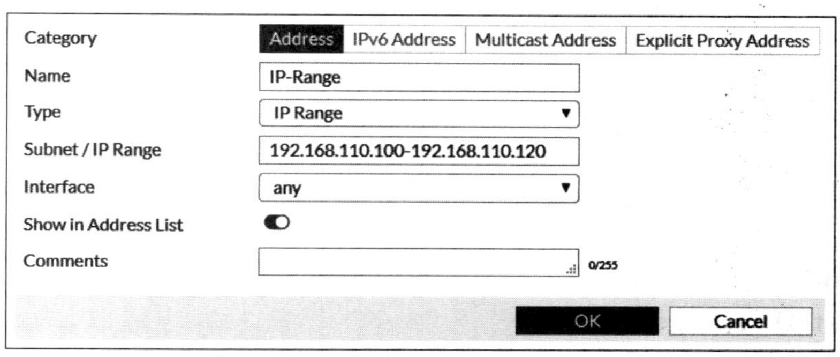

Figura 2.31: Address do tipo IP Range.

- **Explicity Proxy Address**

  São endereços utilizados nas políticas de *Proxy* explicito.

  - **URL Patterm**

    URL solicitada do destino.
  - **Host Regex Match**

    Regex do *HOST* do destino.
  - **URL Category**

    Categoria da *URL* solicitada.
  - **HTTP Method**

    Método *HTTP(PUT, GET, LIST, DELETE, POST entre outros)* utilizado pelo cliente.
  - **User Agent**

    User Agent do *Browser* do cliente.
  - **HTTP Header**

    Cabeçalho *HTTP* enviado pelo cliente.

- **Advanced (Source)**

  Combinação das opções disponíveis para o cliente.

- **Advanced (Destination)**

  Combinação das opções disponíveis para o destino.

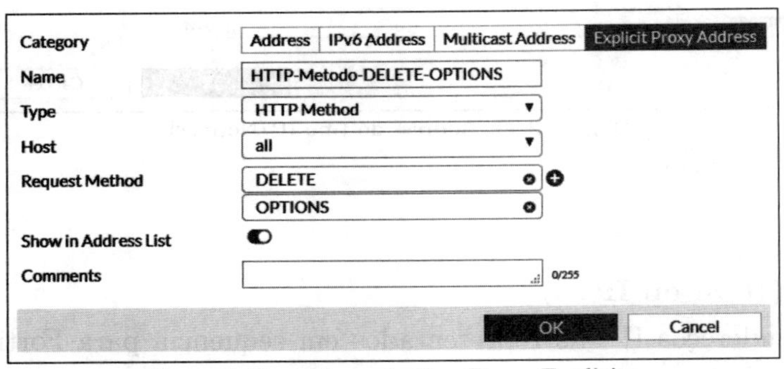

Figura 2.32: Address do tipo Proxy Explicito.

- **Multicast Addres**
  - **Multicast IP Range**

    Multicast IP Range é um range de *IP* de multicast em sequência separado por um hífen.

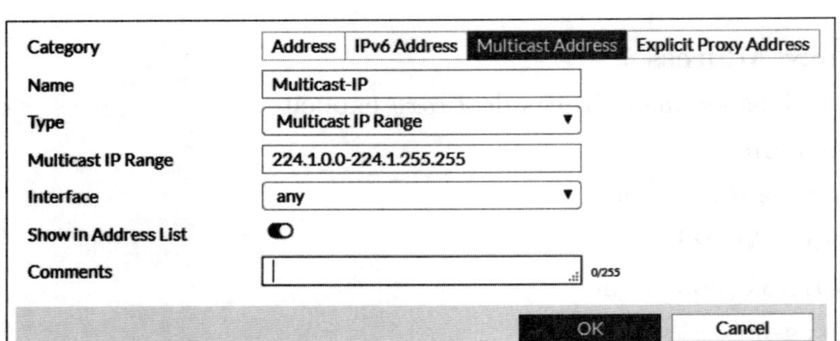

Figura 2.33: Address do tipo Multicast IP Range.

  - **Broadcast Subnet**

    Broadcast de *Multicast Address* para uma *subnet*.

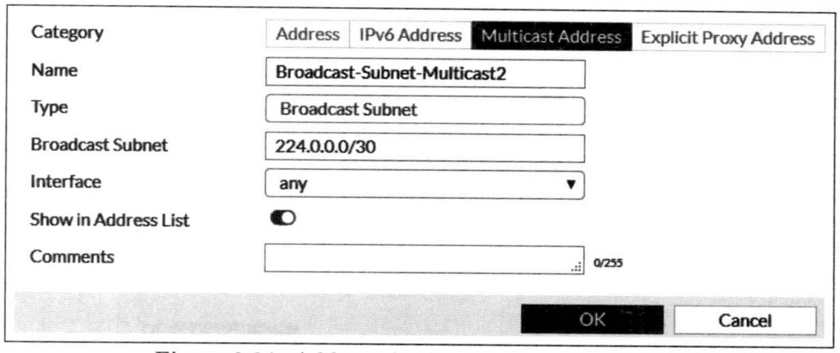

Figura 2.34: Address do tipo Multicast IP Range.

Diagnóstico

diagnose firewall fqdn list

Por meio do comando *diagnose firewall fqdn list* podemos obter a lista de endereços de *FQDN* associados a seus respectivos *IPs*.

```
FGT-Livro # diagnose firewall fqdn list
List all FQDN:
softwareupdate.vmware.com: ID(27) REF(1) ADDR(23.74.51.51) ADDR(23.0.83.51)
www.terra.com.br: ID(32) REF(1) ADDR(200.192.176.65)
ADDR(208.84.244.116)
auth.gfx.ms: ID(51) REF(1) ADDR(23.49.136.70)
swscan.apple.com: ID(60) REF(1) ADDR(17.164.1.22)
play.google.com: ID(206) REF(1) ADDR(173.194.46.32)
ADDR(173.194.46.33) ADDR(173.194.46.34)
ADDR(173.194.46.35) ADDR(173.194.46.36)
ADDR(173.194.46.37) ADDR(173.194.46.38)
autoupdate.opera.com: ID(238) REF(1) ADDR(91.203.99.18)
update.microsoft.com: ID(244) REF(2) ADDR(65.55.50.157) ADDR(134.170.58.221)
```

2.5.2 Address Group

A opção de associar múltiplos objetos em um grupo no *FortiOS* é conhecida como *Address Group*. Essa opção permite o gerenciamento mais simplificado dos objetos em *Policy*, facilitando a adição, subtração e alteração de objetos à política sem a necessidade de editá-la diretamente, apenas alterando os membros do grupo.

Address Group permite também a agregação de subtipos de *Address* em um mesmo grupo.

A criação de um *Address Group* se dá via *Policy & Objects > Addresses > Create New > Address Group*, como mostra a imagem 2.35.

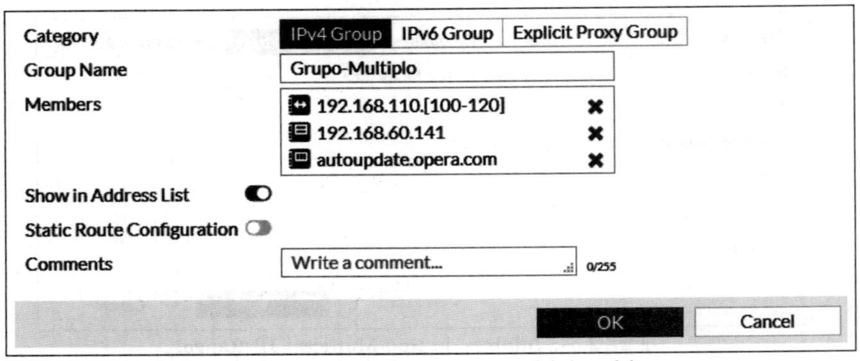

Figura 2.35: Adress Group com múltiplos objetos.

2.5.3 Schedule

O *Schedule* gerencia os horários em que as políticas são ativadas ou aplicadas em um determinado fluxo de dados.
Estes são criados em *Policy & Objects > Schedules > Create New > Schedule.*
Os *Schedule* são divididos em dois tipos:

- Recurring
  São executados de forma recorrente dentro de horários em determinado dia ou todos os dias em determinados horários.

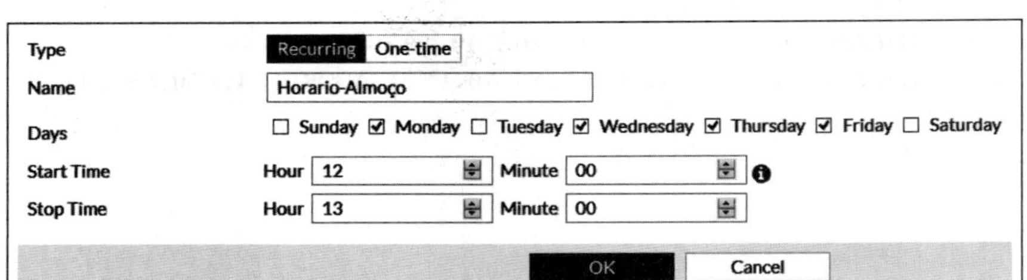

Figura 2.36: Schedule recorrente de segunda a sexta das 12:00 as 13:00.

- One-Time
  Este tipo de *Schedule* permite que uma política seja ativada e permaneça assim durante o período de validade; fora deste período, seja antes ou depois, a política não é ativada, sendo aplicada apenas uma vez não sendo recorrente como no caso anterior.
  A imagem 2.37 apresenta um *Schedule* do tipo *One-time.*

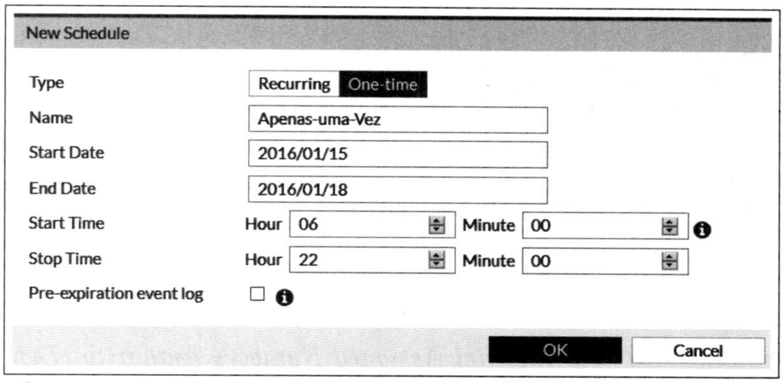

Figura 2.37: Schedule One-time que será valido apenas em 15 de Janeiro de 2016 das 06:00 horas até o dia 18 de Janeiro do mesmo ano às 22:00 horas.

Diagnóstico

set schedule-timeout

OBS: Quando configuramos um *schedule* específico em uma política, como é apresentado pela imagem 2.36, após o horário final do *schedule*, as sessões estabelecidas por essa política não são finalizadas, apenas as novas sessões não são permitidas, contudo as sessões remanescentes podem permanecer no *firewall* por horas ou até mesmo dias desde que não sejam finalizadas pelo aplicativo e que continuem a enviar dados, muitas das aplicações *web 2.0* trabalham desta forma, como é o caso do *Facebook* ou *Whatsapp*. Para que as sessões estabelecidas pela política que contenham o *Schedule* sejam finalizadas no momento em que o horário final seja alcançado, habilitamos dentro da política a opção *schedule-timeout* via CLI, como abaixo:

```
config firewall policy
 edit 5
  set srcintf "port1"
  set dstintf "port2"
  set srcaddr "all"
  set dstaddr "all"
  set action accept
  set status disable
  set schedule "Horario-Almoco"
  set schedule-timeout enable
  set service "ALL"
  set logtraffic all
  set comments "Regra Especifica"
  set nat enable
 next
end
```

2.5.4 Service

O *Service* referencia a porta de destino do pacote, os *headers* dos protocolos dentro dos pacotes; para os protocolos de *TCP, UDP* e *SCTP* o range é de *1* até *65.535.* Essas portas são utilizadas para distinguir entre diferentes serviços que são executados por meio dos protocolos de transporte como *UDP, TCP, SCTP* entre outros.

Alguns serviços têm sua porta padrão amplamente conhecida, como é o caso do *HTTP*, a qual utiliza a porta *80*, *SSH* a porta *22*, *FTP* a porta *21*; esses e outros serviços (assim como sua porta) são documentados e disponibilizados pela *Internet Assigned Numbers Authority (IANA)* [17].

O *FortiOS* tem vários serviços pré-configurados, mas podemos criar novos em *Policy & Objects > Services > Create New.*

Os *Services são subdivididos em dois tipos:*

- Firewall:
  Serviços do tipo *Firewall* são utilizados pelas políticas de *Firewall* do *FortiOS.*

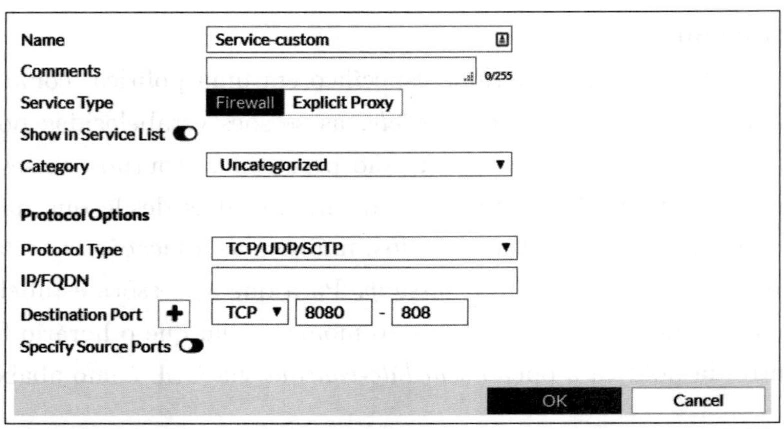

Figura 2.38: Service Customizado utilizando a porta 8080 do protocolo TCP.

- Explicit Proxy:
  Serviços específicos para o uso nas políticas de *Explicit Proxy Policy.* Por padrão, as políticas de *Explicit Proxy* têm o serviço setado como sendo o *webproxy*, sendo possível realizar a alteração deste serviço apenas via *CLI*, com o comando *set service* dentro da configuração da política. Abaixo podemos ver a alteração de um serviço em uma política.

```
config firewall explicit-proxy-policy
 edit 1
  set service "Explicit-Proxy"
 next
end
```

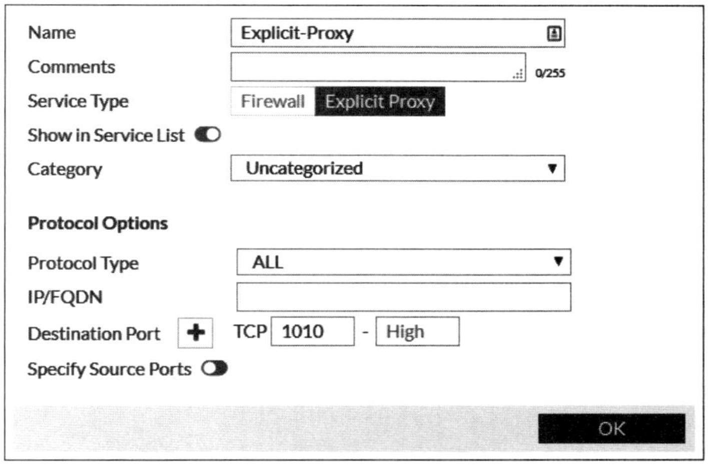

Figura 2.39: Service Explicit Proxy customizado utilizando a porta 1010 do protocolo TCP.

Category

Os *Services* podem ser agrupados em categorias, o que facilita a sua identificação e gerenciamento.

IP/FQDN

Por meio da opção *IP/FQDN*, podemos definir um endereço de *IP* ou *FQDN* ao *Service*, obrigando que o endereço de destino do pacote que corresponda a uma política utilizando-o, seja o mesmo endereço setado no *Service*.

Exemplo:

Se configurarmos um *Service* com a porta 80 e setarmos o endereço *www.uol.com.br* no campo *IP/FQDN* como apresentado pela imagem 2.40 e configurarmos uma política utilizando-o, mesmo com o *Destination Address* sendo *all*, o pacote só será permitido pela política se o destino for o *http://www.uol.com.br*, qualquer outro destino será negado.

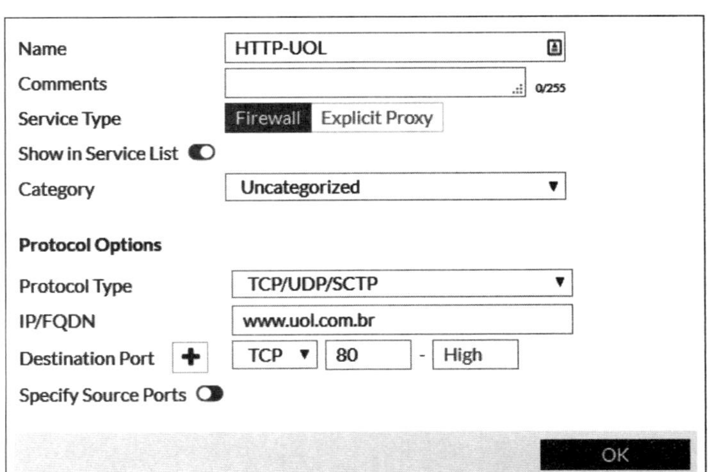

Figura 2.40: Service com destino à porta 80 é o host www.uol.com.br.

Capítulo 3

Administração

3.1 Acesso Administrativo ao Firewall FortiGate

O Acesso ao *FortiGate* para administração normalmente é feito via *Console GUI (Grafic User Interface)* e *CLI (Command Line Interface)*, porém existem outros meios de acesso, tais como, *Serial Console, FortiManager, SNMP e FortiExplorer.*
Esses métodos de acesso são definidos na *interface* de conexão ao *Firewall* pelo parâmetro *Administrative Access*. A *interface MGMT* em um *FortiGate 100D* tem os acessos administrativos habilitados, *HTTPS*, *PING*, *HTTP* e *FMG-Access*, como é apresentado na imagem 3.1.

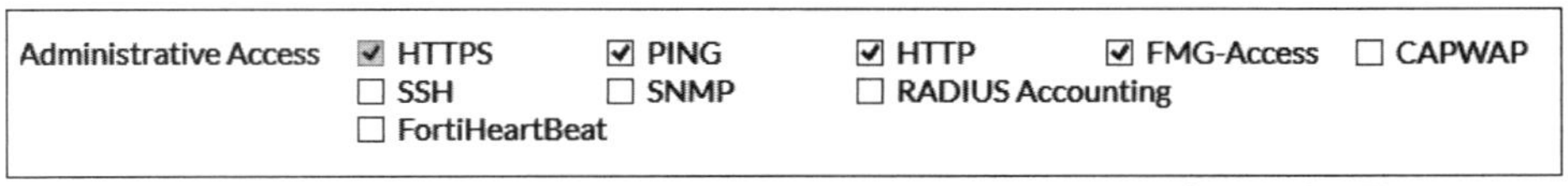

Figura 3.1: Configuração de acessos administrativos da interface MGMT.

3.1.1 Cabo de Console

A maioria dos modelos de *FortiGate* em *appliance* fornecem uma porta de *Console* que pode ser utilizada com o auxílio de um cabo *RS-232 (DB9)* para *RJ45*, sendo a porta *DB9* conectada em uma *interface* Serial do computador e a ponta *RJ45* ao *Appliance* para acesso ao *CLI* do *FortiOS.*
A pinagem deste cabo pode ser vista na imagem 3.2 e representada pela tabela 3.1.

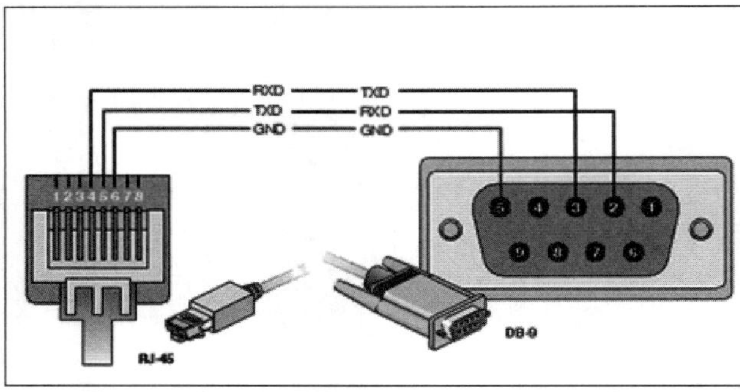

Figura 3.2: Pinagem do cabo DB9 para RJ45 compatível com o FortiGate

RJ45	Function	DB9
5	Negativo	5
3	RX	2
2	TX	3

Tabela 3.1: Pinagem do Cabo e console

Para acesso utilizando um cabo de console, é necessário o auxílio de um aplicativo de Terminal como o *HyperTerminal* [15] ou o *Putty* [32]. A imagem 3.3 apresenta a configuração do *PUTTY* a *console.*

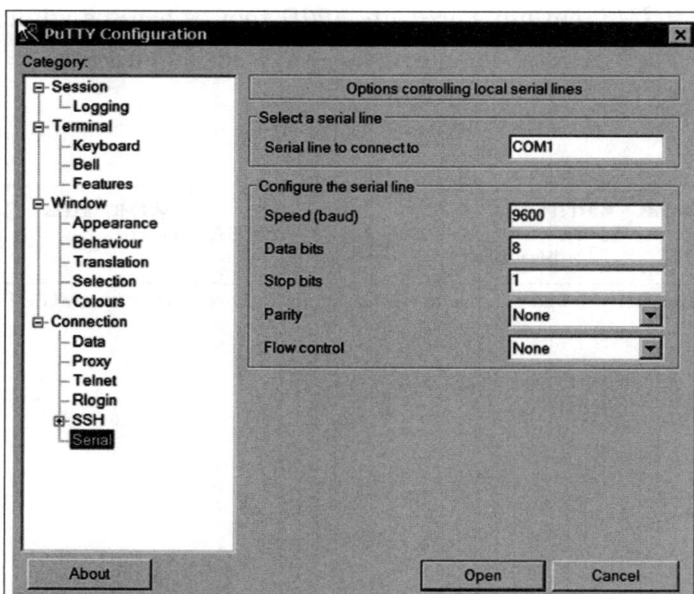

Figura 3.3: Configuração do Putty para acesso ao FortiGate via console

Diagnóstico

Os parâmetros de acesso apresentados podem ser alterados diretamente no *FortiOS* via *CLI* incluindo a opção para desabilitar o acesso via *Console*. Abaixo podemos ver a configuração padrão da *console*:

```
config system console
 set mode line
 set baudrate 9600
 set output more
 set login enable
end
```

Para desabilitar, basta setar a opção *login* como *disable*, como apresentado:

```
config system console
 set login disable
end
```

3.1.2 FortiExplorer

FortiExplorer é um software desenvolvido pela *Fortinet* que permite a conexão com o *FortiGate* por meio de uma interface *USB MGMT* (para os *hardwares* que a possuem) conectada ao seu computador, desta forma ele provê uma conexão ao *FortiOS* via *Setup Wizard, CLI manager, WEB-Based manager* entre outras opções.

O *FortiExplorer* pode ser usado também como uma ferramenta para gerenciamento de versões de *Firmwares* para vários dispositivos em conjunto com as ferramentas apresentadas anteriormente, ele também contém uma função de *watermarker* que é utilizada para aplicar *watermark* (marca d'água) em documentos confidenciais podendo ser utilizado para filtros do *DLP* que veremos em 8.9.

Atualmente, o *FortiExplorer* está disponível para os sistemas operacionais *Windows, Mac OS* e *IOS*. A imagem 3.4 apresenta a tela inicial do *software* quando conectado a um *FortiGate*.

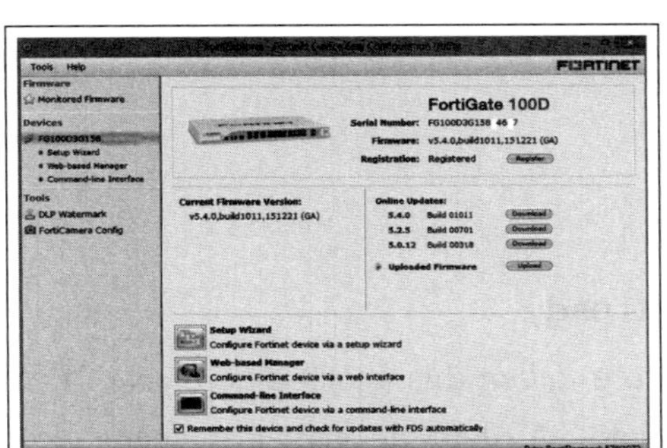

Figura 3.4: Tela inicial do FortiExplorer conectado a um FortiGate 100D

3.1.3 Graphical User Interface (GUI)

A *Interface Web* de gerenciamento do *FortiOS*, também chamada de *GUI*, é utilizada para a administração gráfica das configurações do *FortiGate*. Esse acesso realizado via *console WEB* utiliza-se do protocolo *HTTP* no qual é mais seguro o uso do *HTTP* sobre *SSL* ou *TLS* via *HTTPS*. Por padrão, a porta utilizada pela *GUI* é a *443*, podendo ser alterada em *System > Settings > HTTPS Port*, como apresentado na imagem 3.5.

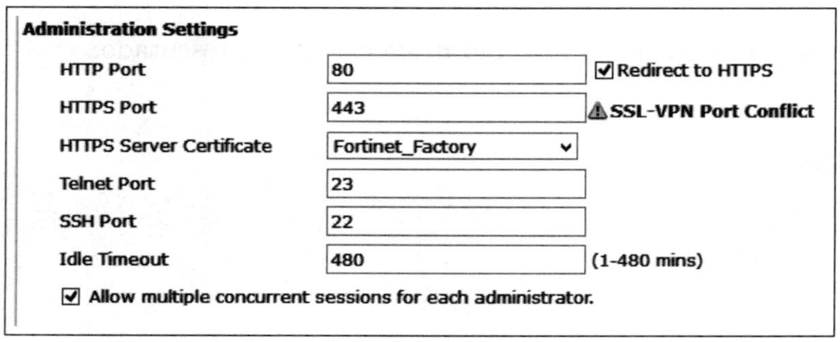

Figura 3.5: Opções de configurações de acesso ao firewall.

Ou via *CLI* por meio do comando *set admin-sport* dentro das configurações globais, como apresentado abaixo:

```
config system global
 set admin-sport 443
end
```

A *GUI* é a forma de acesso e gerenciamento mais comum no dia a dia da operação do *Firewall*. Nela temos acesso não só a configurações, mas também aos dados e informações de utilização de regras, recursos de *Hardwares*, *logs*, consumo e uso das *interfaces* de rede entre outras centenas de informações e opções.

Diagnóstico

diagnose debug application httpsd

Podemos realizar o monitoramento e *debug* das ações da *console WEB* via o comando *diagnose debug application httpsd* seguido da opção *-1* além de ativar o *debug* do *FortiOS* por meio do comando *diagnose debug enable.*

Abaixo podemos ver a saída informada após a utilização destes dois comandos:

```
# diagnose debug application httpsd -1
# diagnose debug enable

[httpsd 2230 - 1452537113] ap_invoke_handler[571] -- new request (handler='fastcgi-script',
uri='/p/system/dns/', method='POST')
[httpsd 2230 - 1452537113] ap_invoke_handler[575] -- User-Agent: Mozilla/5.0
(Windows NT 6.3; WOW64; rv:43.0) Gecko/20100101 Firefox/43.0
[httpsd 2230 - 1452537113] ap_invoke_handler[578] --
Source: 192.168.60.1:57649 Destination: 192.168.60.135:443
[httpsd 2425 - 1452537113] aps_init_process_vdom[1223] --
\\ initialized process vdom to 'root' (cookie='root')
[httpsd 2425 - 1452537113] api_set_cmdb_attr[1538] -- 'primary': '208.91.112.53'
[httpsd 2425 - 1452537113] api_set_cmdb_attr[1538] -- 'secondary': '208.91.112.52'
[httpsd 2425 - 1452537113] api_set_cmdb_attr[1538] -- 'domain': ''
[httpsd 2425 - 1452537113] api_set_cmdb_attr[1538] -- 'ip6-primary': '::'
[httpsd 2425 - 1452537113] api_set_cmdb_attr[1538] -- 'ip6-secondary': '::'
[httpsd 2425 - 1452537113] api_set_cmdb_attr[1538] -- 'dns-cache-limit': '5000'
[httpsd 2425 - 1452537113] api_set_cmdb_attr[1538] -- 'dns-cache-ttl': '1800'
[httpsd 2425 - 1452537113] api_set_cmdb_attr[1538] -- 'cache-notfound-responses': 'disable'
[httpsd 2425 - 1452537113] api_set_cmdb_attr[1538] -- 'source-ip': '0.0.0.0'
[httpsd 2425 - 1452537113] cmdb_save_with_children[162] -- appended main node (nret=0,
is_new=0)
[httpsd 2230 - 1452537113] ap_invoke_handler[594] -- request completed
(handler='fastcgi-script' result==0)
```

OBS: Após o uso dos comandos de diagnósticos, devemos desabilitá-los para que não sejam consumidos recursos desnecessários do *hardware*. Para tanto utilizamos os comandos *diagnose debug reset* e o *diagnose debug disable*.

O comando *diagnose debug reset* desabilita os *daemons* individuais, enquanto o *diagnose debug disable* desabilita o *debug global* no *FortiOS*.

```
# diagnose debug disable
# diagnose debug  reset
```

3.1.4 Command Line Interface (CLI)

A *CLI* é a *console* baseada em comandos do *FortiOS*, podendo ser acessada via *softwares* para terminais com clientes de *Telnet, SSH* e *Console*. O acesso *SSH* por padrão se dá por meio da porta *TCP 22* já o *Telnet* por meio da porta *TCP 23*.

A *console* de linha de comando do *FortiGate* é composta por seus próprios comandos, podendo ser utilizados para realizar diagnósticos ou configurações.

Abaixo é apresentada uma breve lista dos principais comandos utilizados na *CLI*:

- config

  O comando *config* permite acessar uma tabela.

  Exemplo:

  config system interface

  Acessa as configurações de *interface*.

- edit

  Habilita a edição de um campo dentro da tabela.

  Exemplo:

  config system interface

  edit port1

  Acessa o campo *port1* dentro da tabela .

- set

  Permite informar um valor a um item específico.

  Exemplo:

  config system interface

  edit port1

  set speed 100full

  Configura o item *speed* como *100full duplex* da *interface*.

- next

  Salva e sobe um nível.

  Exemplo:

  config system interface

  edit port1

  set speed 100full

  next

  Salva e volta ao nível de campo.

- end

  Salva e sai, voltando para o nível principal (raiz).

  Exemplo:

  config system interface

  edit port1

  set speed 100full

  next

  end

  Salva e retorna a raiz.

- abort
  Sai sem salvar e volta para a raiz.
  Exemplo:
  config system interface
  edit port1
  set speed 100full
  abort

- exit
  Exemplo:
  config system interface
  edit port1
  set speed 100full
  next
  end
  exit
  Finaliza e fecha o terminal.

- show
  Permite a visualização das configurações já modificadas do campo.
  Exemplo:
  config system interface
  edit port1
  show
  Exibe as configurações da port1.

- get
  Permite a visualização de todos os itens de um campo.
  Exemplo:
  config system interface
  edit port1
  get
  Exibe todas as configurações disponíveis da *interface port1.*

- ?
  Interrogação nos permite verificar quais são as próximas opções após um comando.
  Exemplo:
  config system ?
  Exibe uma lista de opções de tabelas em system.

- TAB
  Completa um comando. Exemplo:
  exec+TAB Completa o comando exec como sendo execute.

OBS: O *FortiOS* também realiza a interpretação dos comandos em formato curto, por exemplo, queremos realizar o comando *diagnose sys session list* para listar todas as sessões em memória no *FortiOS*, podemos executar o comando da seguinte forma: *diag sys session lis*. Vemos que no comando anterior o parâmetro *session* não foi encurtado, pois existem dois comandos, o *session* e o *session6*, sendo assim o *FortiOS* não consegue interpretar qual comando você deseja utilizar, isto é válido para qualquer comando que tenha sintaxes semelhantes.

diagnose debug cli

Podemos verificar o resultado de uma configuração realizada via *GUI* e transportada para comandos da *CLI* por meio do comando de *debug diagnose debug cli*, fazendo com que toda a configuração aplicada via *GUI* seja convertida e mostrada na console de *CLI*. Dessa forma, podemos verificar qual saída é gerada quando uma determinada ação é realizada na *console WEB*. Para ativarmos esse *debug*, basta digitarmos o comando *diagnose debug cli* seguido do *verbose 5* além de ativar o *debug* no *FortiOS* com o comando *diagnose debug enable*, como mostrado abaixo:

```
# diagnose debug cli 5
# diagnose debug enable
```

Após habilitarmos os comandos acima apresentados na *CLI*, retornamos a *console WEB* e realizamos uma ação, como a criação de uma política ou rota, a seguir podemos voltar à *CLI* e verificar a saída gerada pelo debug. O exemplo abaixo, demonstra a criação de uma rota estática via *WEB* e seu equivalente gerado pelo debug na *CLI*:
A imagem 3.6 demonstra a criação da rota estática via GUI.

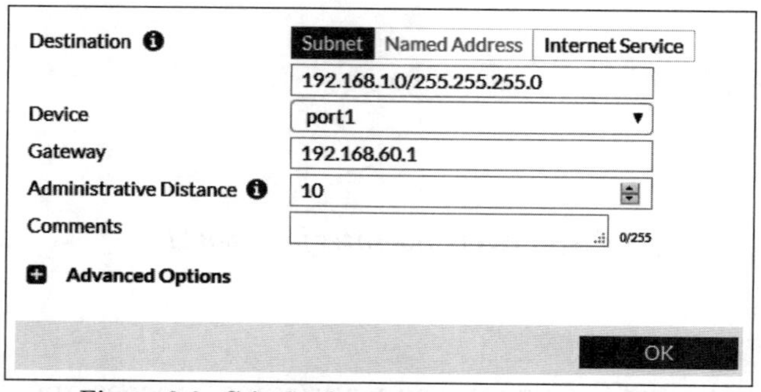

Figura 3.6: Criação de uma rota estática via GUI.

Abaixo temos a saída do debug de CLI:

```
# diagnose debug cli 5
# diagnose debug enable
# 0: config router static
0: edit 0
0: set dst 192.168.1.0 255.255.255.0
0: set gateway 192.168.60.1
0: set device "port1"
0: end
```

3.2 Administrando o FortiGate

No primeiro acesso ao *FortiGate*, não é obrigatório o uso do cabo de console ou *USB*, pois maioria dos modelos de *firewalls FortiGate* tem em seu conjunto de *interfaces* uma porta *ethernet* de gerenciamento com o nome de *MGMT* (alguns modelos mais de uma). Tal porta possui um endereço de *IP* configurado de fábrica *(default)*: *192.168.1.99*, o qual pode se encontrar na *port1* mesmo naqueles *hardwares* que não a possuem ou em equipamentos que tenham as *interfaces* internas como *switch* em qualquer porta deste *switch*. Para acesso ao *FortiGate* via rede *ethernet*, basta colocar na *interface* de rede de seu computador qualquer *IP* do range de *192.168.1.1* até *192.168.1.254* com exceção do *IP 192.168.1.99* que é o *IP* da *interface* do *FortiGate* ou configurar a *interface* como *DHCP*, plugar um cabo entre o computador e o *FortiGate* então acessá-lo via *HTTPS* no endereço *https://192.168.1.99* e ou *SSH admin@192.168.1.99*.
A imagem 3.7 demonstra o endereço no *browser*.

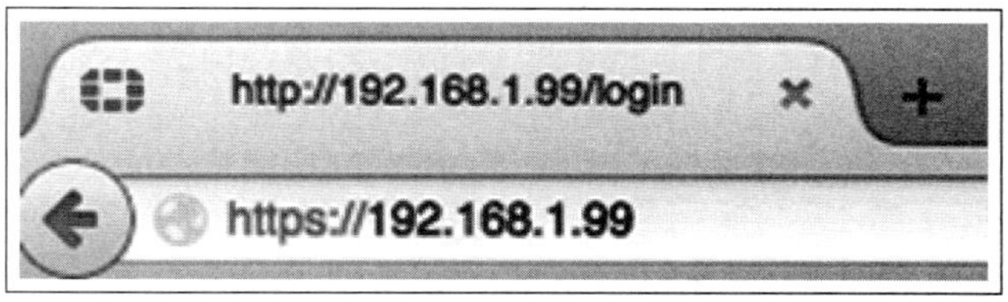

Figura 3.7: Endereço padrão do FortiGate no Browser.

O usuário de acesso administrativo que vem por padrão no *FortiOS* é o *admin* que não possui senha, portanto, para o primeiro acesso ao *Firewall*, entramos com o usuário *admin* no campo *User Name* e deixamos o campo de *Password* em branco.
Como demonstra a imagem 3.8.

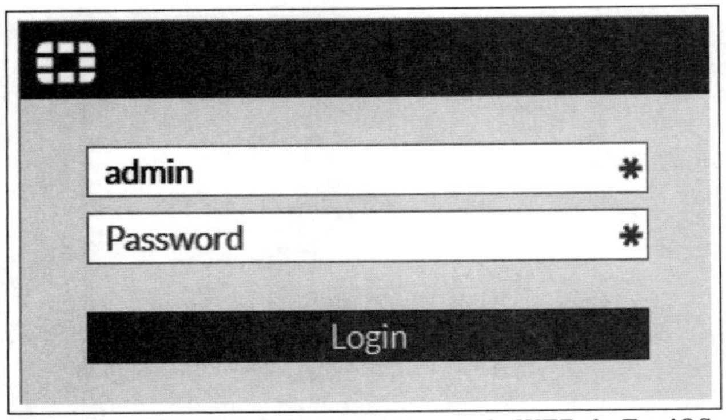

Figura 3.8: Tela de autenticação do console WEB do FortiOS.

Após o processo de autenticação, somos redirecionados para a página de *Dashboard*, onde temos várias informações sobre o uso de recursos do *hardware*.

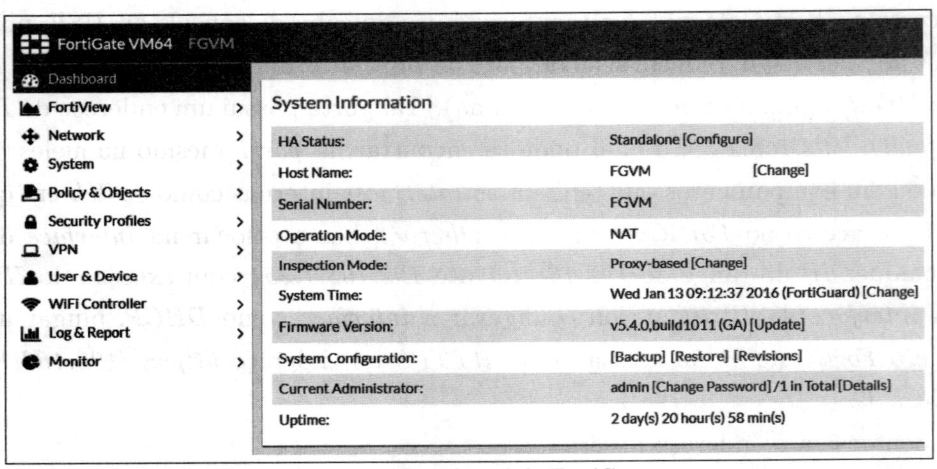

Figura 3.9: Dashboard do FortiGate.

3.2.1 Dashboard

A tela de *Dashboard* nos fornece informações úteis para o gerenciamento do *FortiOS* apresentadas em blocos chamados de *Widget*, os quais podemos adicionar, remover ou modificar, alterações estas que não são globais, mas por usuários de administração, permitindo que cada usuário acrescente ou modifique-os conforme a sua necessidade.

Widgets

System Information:

- *HA Status*

  Apresenta o modo de operação do *HA*, o qual é o *link* para acesso às configurações.

- *Host Name*
  Informa o *hostname* configurado no *FortiGate* (O *hostname* padrão do *FortiOS* é o Serial do *FortiGate*) e o link para modificação.
- *Serial Number*
  Fornece o número do *Serial* do *FortiGate.*
- *Operation Mode*
  Indica o modo de operação corrente (*NAT* ou Transparente).
- *Inspection Mode*
  Mostra o modo de inspeção utilizado na *VDOM* atual e a opção de alteração.
- *System Time*
  Esta linha, além de apresentar a hora atual do FortiOS, também fornece o link para alteração do horário e do *Time Zone*, assim como a configuração do servidores de *NTP.*
- *Firmware Version*
  Indica a versão atual do *FortiOS* com um *link* para a tela de *upgrade/downgrade* do *Firmware.*
- *System Configuration*
  Fornece os *links* de *Backup, Restore* e *Revisions* do arquivo de configuração.
- *Current Administrator*
  Apresenta detalhes sobre os usuários administradores logados no sistema, assim como a possibilidade de alteração da senha.
- *Uptime*
  Informa há quanto tempo o *FortiOS* está operando ininterruptamente *(UP Time).*

A imagem 3.10 apresenta o *Widget System Information.*

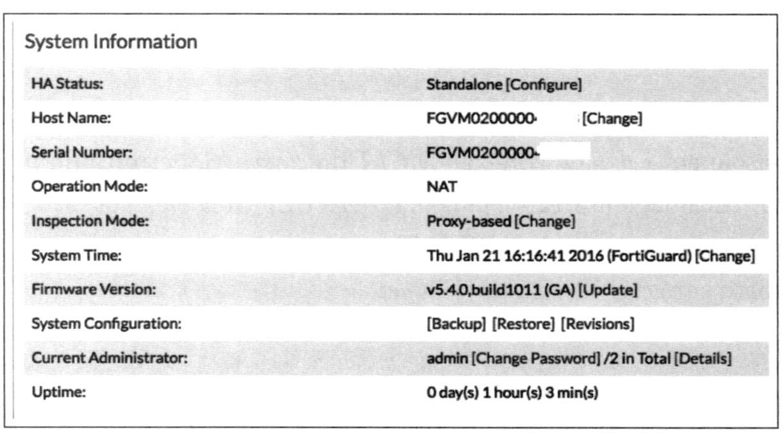

Figura 3.10: Widget System Information.

License Information:

- *Support Contract*
  Traz informações sobre o usuário utilizado no registro do equipamento.

- *FortiGuard*
  Informa sobre os *status* das licenças do *FortiGuard*.
- *FortiCloud*
  Apresenta o registro no *FortiCloud*.
- *FortiSandbox*
  Indica o *status* da comunicação/configuração com o *FortiSandbox*.
- *FortiClient*
  Apresenta a quantidade de licenças utilizadas/disponíveis para o *FortiClient*.
- *FortiToken Mobile*
  Demonstra a quantidade de licenças utilizadas/disponíveis para o *FortiToken*.

A imagem 3.11 ilustra o *WidgetLicense Information*.

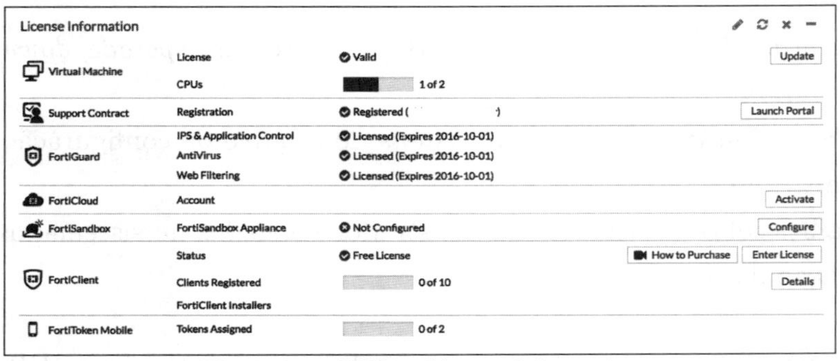

Figura 3.11: Widget License Information

CLI Console:

- *CLI Console*
  Simula uma console em *GUI* de conexão a *CLI* do *FortiOS*, permitindo interagir via *GUI* diretamente na *CLI*. Na imagem 3.12, vemos o *WidgetCLI Console*.
  OBS: Podemos destacar o *Widget CLI Console* do *Dashboard* clicando sobre o *link Detach* localizado na parte superior direita do *Widget*.

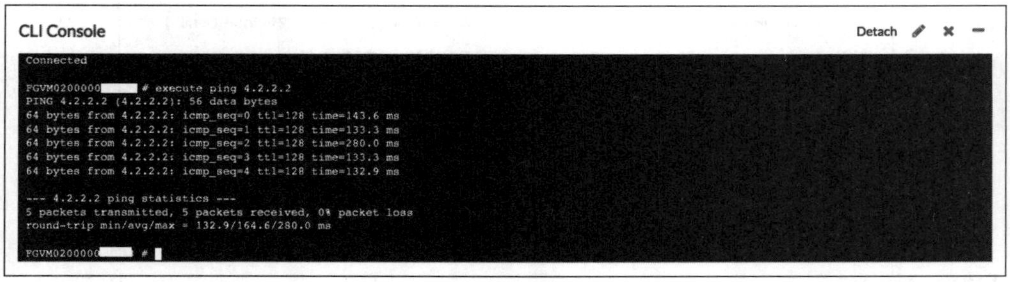

Figura 3.12: Widget CLI Console.

System Resources:

- *CPU Usage*
  Fornece a porcentagem de uso da *CPU* genérica do *FortiGate*.
- *Memory Usage*
  Apresenta os dados sobre o uso da memória pelo *FortiOS*.
- *Log Rate*
  Informa sobre a quantidade de *logs* por segundo no Disco (se disponível).
- *Sessions*
  Demonstra a quantidade de sessões ativas e a média de novas sessões por segundo.
  A imagem 3.13 apresenta o *WidgetSystem Resources*.

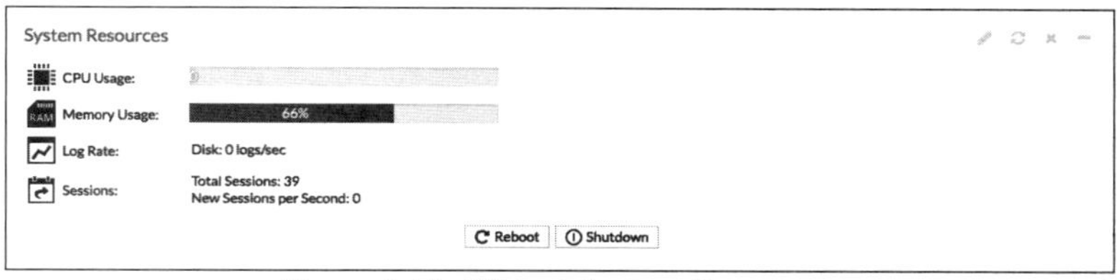

Figura 3.13: Widget System Resources.

Alert Message Console:

- *Alert Message Console*
  Apresenta mensagens diretas e importantes sobre erros ou problemas no *FortiOS*.
  A imagem 3.13 mostra o *WidgetAlert Message Console*.

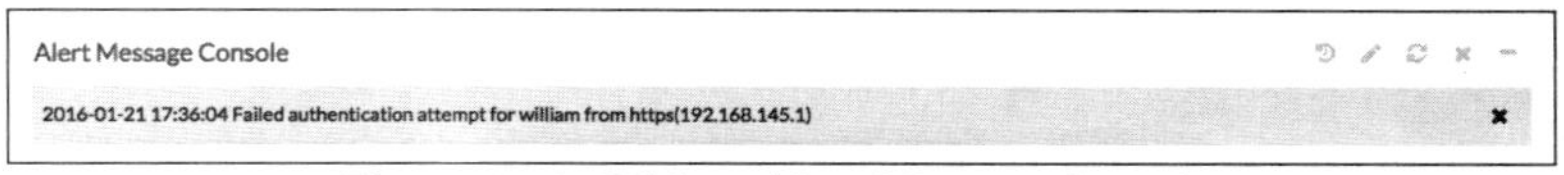

Figura 3.14: Widget Alert Message Console.

Interface History:

- *Interface History*
  Fornece o *status* sobre a utilização da *interface* a qual está monitorando. Adicionando mais um *Widget* deste tipo, é possível monitorar mais de uma interface.
  OBS: As informações sobre o uso da *interface* começam a ser coletadas a partir do momento da sua adição ao *Dashboard*.
  A imagem 3.15 mostra *WidgetInterface History* com os dados de utilização da port1.

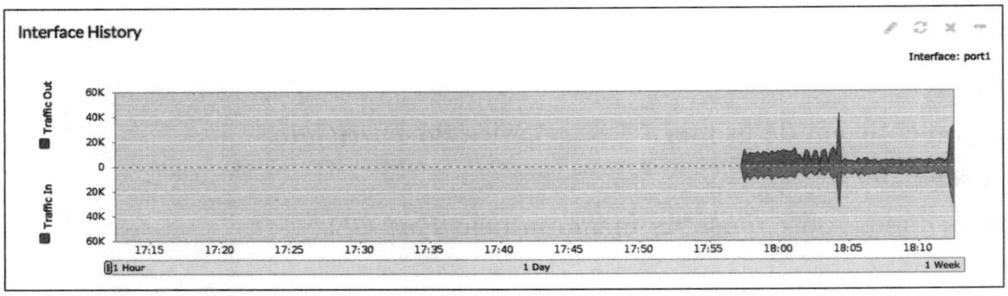

Figura 3.15: Widget Interface History configurado para monitorar a port1

Para adicionarmos novos *Widgets* ou *resetar* o *Dashboard*, utilizamos os botões *+Add Widget* e *Reset Dashboard* localizados no rodapé do *Dashboard*.

A imagem 3.16 mostra as opções quando acessado o *+Add Widget*.

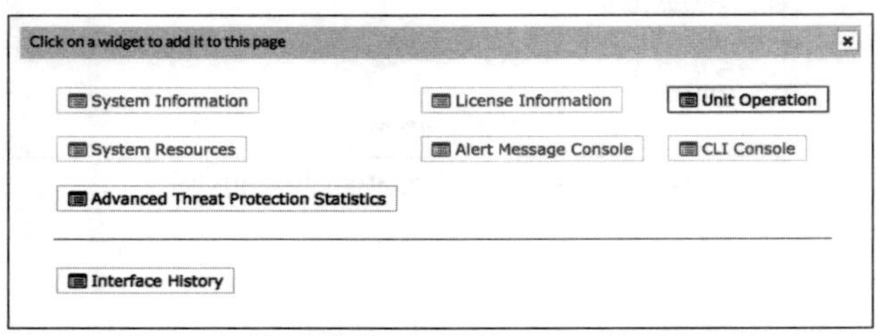

Figura 3.16: Adição de Widgets ao Dashboard.

Os *Widgets* podem ser customizados de diferentes modos; para tanto, utilizamos a opção de *edit*, a qual é simbolizada por um ícone de um lápis na parte superior do *Widget*, como mostram as imagens 3.17 e 3.18.

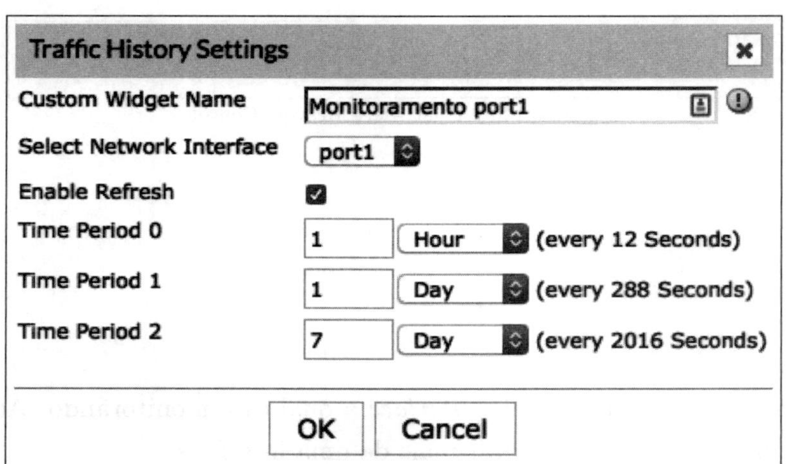

Figura 3.17: Edição do Widget Interface History.

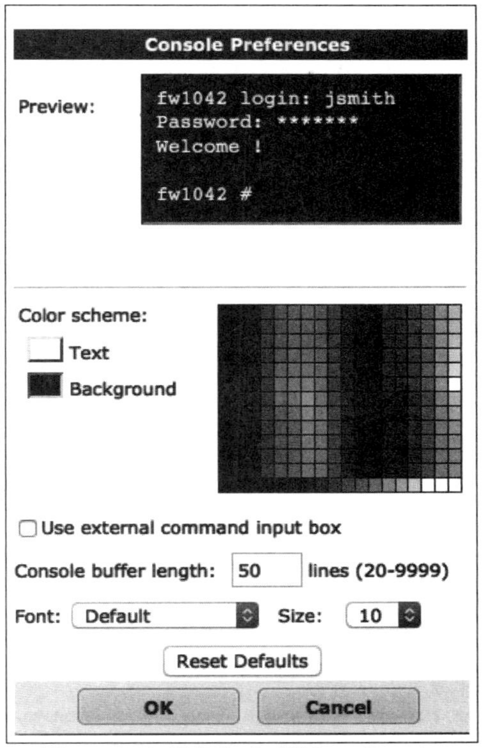

Figura 3.18: Edição do Widget Console.

3.2.2 FortiView

A partir da versão 5.2, a *Fortinet*, criou o *FortiView*, ele é responsável por analisar os ***logs*** e apresentá-los em gráficos realizando a inteligência de agrupar informações que já estavam contidas nos ***logs***, facilitando assim sua análise e permitindo uma ação rápida pelo administrador com base nessas informações. A versão 5.4 trouxe várias melhorias no *FortiView*, incluindo informações por ***interface***, *Countries*, *Traffic Shaping*, *Threat Map*, *Bandwitdh* (consumo de banda) entre outras.

Os dados são apresentados em grupos que são subagregados em colunas:

Sources

O *FortiView Sources* agrupa os dados de *logs* baseados na origem, a configuração de visualização padrão da coluna contém as informações de:
Source, *Device*, *Bytes*, *Session*, *Bandwidth* (consumo de banda).

Source	Device	Bytes (Sent/Received)	Sessions	Bandwidth
192.168.60.140		30.05 MB	1	8.51 Mbps

Figura 3.19: FortiView Sources.

Destinations

O *FortiView Destinations* permite a visualização das informações fundamentadas no destino, com as informações de:
Destination, *Destination Interface*, *Application*, *Bytes*, *Sessions*, *Bandwidth*.

Destination	Destination Interface	Application	Bytes (Sent/Received)	Sessions	Bandwidth
www.uol.com.br (200.221.2.45)	port2	TCP/80	1.12 MB	4	2.90 Mbps
www.terra.com.br (208.84.244.116)	port2	TCP/80	135.59 kB	1	439.17 kbps

Figura 3.20: FortiView Destinations.

Interfaces

Em *FortiView Interfaces*, os dados apresentados são:
Source Interface, *Bytes*, *Session*, *Bandwidth*.

Source Interface	Bytes (Sent/Received)	Sessions	Bandwidth
port1	443.47 kB	2	1.48 Mbps

Figura 3.21: FortiView Interfaces.

Policies

O *FortiView Policies* contém as seguintes colunas:
Policy, *Source Interface*, *Destination Interface*, *Bytes*, *Sessions*, *Bandwidth*.

Policy	Source Interface	Destination Interface	Bytes (Sent/Received)	Sessions	Bandwidth
Regra Generica	port1	port2	450.28 kB	8	1.01 Mbps

Figura 3.22: FortiView Policies.

Countries

Em *FortiView Coutries*, são mostradas as colunas:
Country, *Bytes*, *Session*, *Bandwidth*.

Country	Bytes (Sent/Received)	Sessions	Bandwidth
Brazil	1.11 MB	3	3.08 Mbps
United States	328.87 kB	2	1.06 Mbps

Figura 3.23: FortiView Coutries.

WiFi Clients

O *FortiView WiFi Clients* apresenta as informações dos usuários conectados ao *FortiAP* mostrando as informações:
Device, Source, Source SSID, Bytes, Sessions.

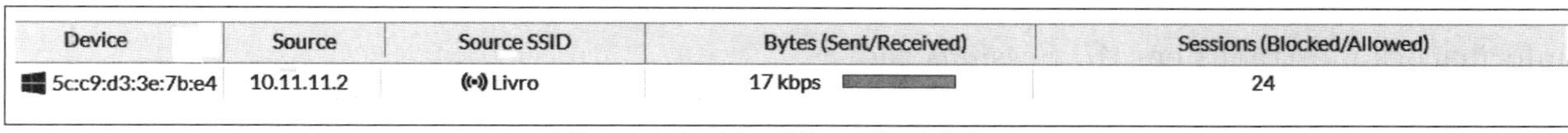

Figura 3.24: FortiView WiFI Clients.

Device Topology

São apresentadas as informações sobre a topologia e em quais portas estão conectados os *Devices.*

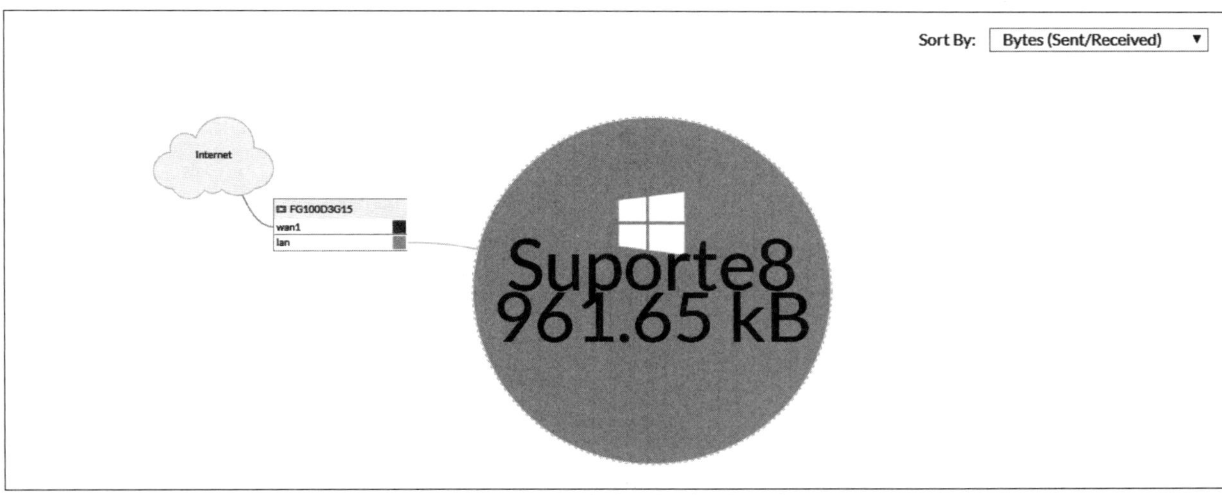

Figura 3.25: FortiView Device Topology.

OBS: Para o funcionamento correto do *FortiView Device Topology*, é necessário habilitar o *Device Detection* em *Network > Interfaces > edite as interfaces que estão conectados os usuários > Device Detection.*

Traffic Shaping

No *FortiView Traffic Shaping*, as colunas apresentadas são:
Shapers, Bytes, Session, Bandwidth, Dropped Bytes.

Shaper	Bytes (Sent/Received)	Sessions	Bandwidth	Dropped Bytes
high-priority	1.09 MB	3	3.86 Mbps	7.18 kB
guarantee-100kbps	262.02 kB	2	1.39 Mbps	0 B

Figura 3.26: FortiView Traffic Shaping.

All Sessions

As informações mostradas em *All Sessions* são:
Source, Device, Application, Destination, Bytes, Policy, NAT Source, NAT Source Port, NAT Destination.

Source	Device	Application	Destination	Bytes (Sent/Received)	Policy	NAT Source	NAT Source Port	NAT Destination
192.168.60.1		TCP/22	192.168.60.135	105.42 kB	Local In			
192.168.60.140		TCP/80	200.147.67.142	366.34 kB	Regra Generica	10.0.3.244	48148	
192.168.60.140		TCP/80	200.147.67.142	33.92 kB	Regra Generica	10.0.3.244	48152	
10.0.3.244		UDP/53	208.91.112.52	43.82 kB	Local In			
10.0.3.244		UDP/53	208.91.112.53	16.44 kB	Local In			
10.0.3.244		UDP/53	208.91.112.52	535 B	Local In			
192.168.60.140		TCP/80	200.147.67.142	363.65 kB	Regra Generica	10.0.3.244	48149	
192.168.60.1		TCP/443	192.168.60.135	9.22 kB	Local In			
192.168.60.135		UDP/53	192.168.60.2	19.14 kB	Local In			
192.168.60.140		TCP/80	200.147.67.142	362.61 kB	Regra Generica	10.0.3.244	48150	
192.168.60.140		TCP/80	200.147.67.142	367.70 kB	Regra Generica	10.0.3.244	48146	
192.168.60.140		TCP/80	200.147.67.142	363.61 kB	Regra Generica	10.0.3.244	48151	
192.168.60.140		TCP/80	200.147.67.142	363.65 kB	Regra Generica	10.0.3.244	48147	

Figura 3.27: FortiView All Sessions.

Applications

O *FortiView Applications* mostra os dados de:
Application, Category, Risk, Bytes, Session, Bandwidth.

Application	Category	Risk	Bytes (Sent/Received)	Sessions	Bandwidth
HTTP.BROWSER	Web.Client		318.55 kB	2	1.15 Mbps
UDP/53	Unknown		121.66 kB	6	1.90 kbps
TCP/22	Unknown		120.92 kB	1	56 bps
RDP	Remote.Access		68.72 kB	1	216.45 kbps
HTTP.BROWSER_Firefox	Web.Client		47.38 kB	11	0 bps
Twitter	Social.Media		33.26 kB	1	0 bps
TCP/443	Unknown		32.35 kB	1	4.49 kbps
Facebook	Social.Media		20.43 kB	1	64 bps
UDP/547	Unknown		4.61 kB	3	32 bps
TCP/21	Unknown		543 B	1	264 bps
TCP/80	Unknown		172 B	1	368 bps
UDP/123	Unknown		76 B	1	0 bps

Figura 3.28: FortiView Applications.

OBS: Para obter as informações no *FortiView Applications* é necessário que as políticas que permitem o fluxo de dados tenham configurado em *Security Profiles* o perfil e *APP Control* para logar as informações sobre as aplicações.

Cloud Applications

O *FortiView Cloud Applications* apresenta as colunas:

Application, Category, Risk, Login IDs, Bytes, Session, Files, Videos Played.

Application	Category	Risk	Login IDs	Bytes (Sent/Received)	Sessions (Blocked/Allowed)	Files (Up/Down)	Videos Played
Google.Search	General.Interest		1	0 B	3		

Figura 3.29: FortiView Cloud Applications.

OBS: Para obter as informações completas no *FortiView Cloud Applications*, é necessário que as políticas que permitam o fluxo de dados tenham configurados em *Security Profiles* o perfil de *Cloud Application Security Inspection (CASI)* e o perfil de *SSL/SSH Inspection* como *Deep Inspection* para *Logar* as informações que trafegam sobre o *SSL*.

Web Sites

São mostradas no *FortiView Web Sites* as colunas:

Domain, Category, Bytes, Session, Bandwidth.

Domain	Category	Bytes (Sent/Received)	Sessions	Bandwidth
uol.com.br	Search Engines and Portals	1.85 MB	6	6.26 Mbps
dynad.net	Advertising	31.39 kB	3	62.58 kbps
terra.com.br	Search Engines and Portals	24.39 kB	1	0 bps
symcd.com	Information Technology	5.39 kB	2	8.62 kbps
google.com	Search Engines and Portals	4.63 kB	2	8.76 kbps
tailtarget.com	Business	4.21 kB	2	18.46 kbps
scorecardresearch.com	Advertising	1.13 kB	1	1.26 kbps
imguol.com	Advertising	1.04 kB	1	2.13 kbps

Figura 3.30: FortiView Web Sites.

OBS: Para obter as informações sobre os sites acessados no *FortiView Web Sites*, é mandatório que as políticas que permitam o fluxo de dados tenham configurado em *Security Profiles* o perfil de *Web Filter* para capturar as informações dos sites acessados.

Threats

O *FortiView Threats* apresenta as informações de:

Threat, Category, Bytes, Threat Level, Threat Score, Score.

Threat	Category	Threat Level	Threat Score (Blocked/Allowed)	Sessions (Blocked/Allowed)
Failed Connection Attempts	Failed Connection Attempts	Low	290	58
fei.pro-market.net	Malicious Websites	Critical	55	1

Figura 3.31: FortiView Threat.

Threats Map

No *FortiView Threats Map* são apresentas as informações de Ataques coletadas pelo *IPS/IDS* assim como a sua origem em um Mapa Mundial:

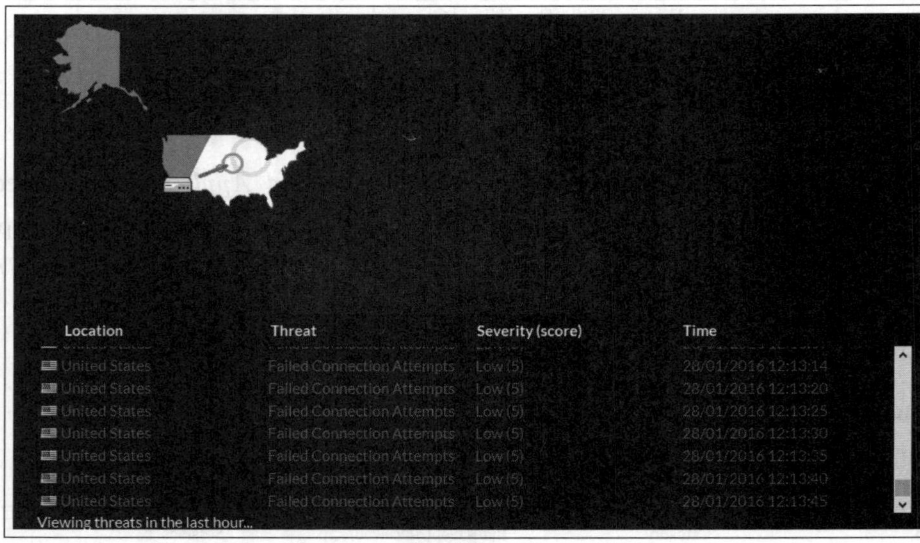

Figura 3.32: FortiView Threat MAP.

OBS: Para obter as informações sobre as tentativas de ataques, é necessário que as políticas de permissão de acessos externos a recursos internos tenham o *Security Profile* de *IPS* para coleta destas informações.

Failed Authentication

Em *FortiView Failed Authentication*, temos as informações sobre:
User, *Source*, *Login Type*, *Destination*, *Failed Attempts.*

User	Source	Login Type	Destination	Failed Attempts
ad min	192.168.60.1	Admin	HTTPS(192.168.60.135 - port1)	1

Figura 3.33: FortiView Failed Authentication.

System Events

As informações em *FortiView System Events* são:
Event Name, *Severity*, *Events.*

Event Name (Description)	Severity	Events
FortiGate update failed		14
Outdated report files deleted		4
FortiGuard webfilter reachable		3
FortiGuard webfilter unreachable		3
Configuration changed		2
Memory log full over final warning level		2
Memory log full over second warning level		2
Admin login failed		1

Figura 3.34: FortiView System Events.

Admin Logins

Em *Admin Logins*, temos as informações sobre os logins e ações:

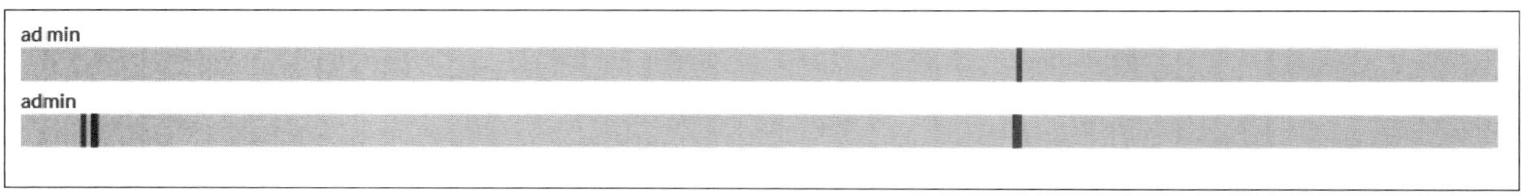

Figura 3.35: FortiView Admin Logins.

VPN

O *FortiView VPN* permite a visualização das informações de:
User, *Connections*, *Last Connection Time*, *VPN Type*, *Bytes*, *Duration*.

User	Connections	Last Connection Time	VPN Type	Bytes (Sent/Received)	Duration
william	1	28/01/2016 15:06:18	ssl	0 B	32s

Figura 3.36: FortiView VPN.

É possível adicionar outras colunas na visualização de cada *FortiView*, mas as colunas disponíveis podem variar entre os *FortiViews*. A imagem 3.37 apresenta as colunas disponíveis no *FortiView Source*.

Para adicioná-las, basta clicar com o botão direito sobre uma coluna já disponível e selecionar no menu que será apresentado.

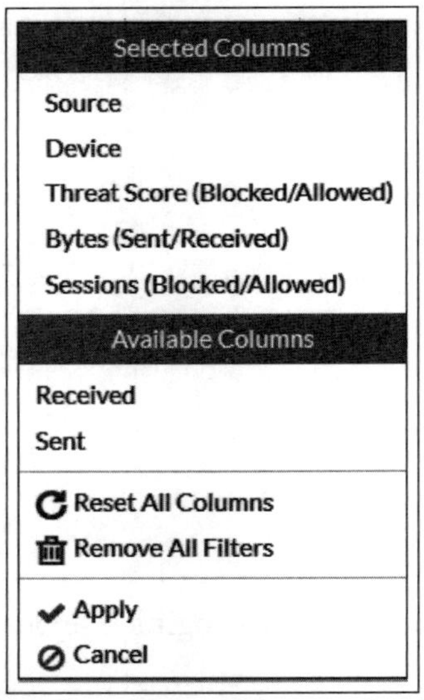

Figura 3.37: Visualização das colunas disponíveis para visualização no FortiView Source.

Diagnóstico

show log disk setting

Para que todas as opções do *FortiView* estejam disponíveis no *FortiOS*, é necessário que o *FortiGate* tenha disco para o armazenamento das informações nos *logs* e posterior análise por essa *Feature*, sendo assim, o *log* de disco deve estar habilitado. Os *FortiGates* que têm disco já vêm com o log habilitado por *default*, mas podemos checar essa configuração via *CLI* com o comando *show log disk setting*, como apresentado abaixo:

```
# show log disk setting
config log disk setting
 set status enable
end
```

3.2.3 Administrators

Administrators são usuários de acesso ao *FortiOS* para realizar o gerenciamento do sistema. O usuário padrão que vem pré-configurado é o *admin* sem senha. Por esta opção é possível adicionar um novo usuário e setar privilégios distintos entre os administradores por meio do *Admin Profiles*.

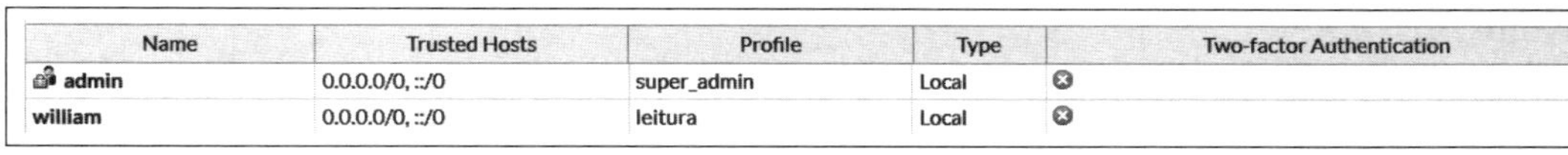

Name	Trusted Hosts	Profile	Type	Two-factor Authentication
admin	0.0.0.0/0, ::/0	super_admin	Local	
william	0.0.0.0/0, ::/0	leitura	Local	

Figura 3.38: Usuários Administradores.

Admin Profiles

Permite a criação de perfis para granularidade de acessos permitindo ou negando acesso a determinadas opções de configurações ou visualização.

Em *Admin Profiles*, não é possível setar especificamente a regra que um determinado administrador pode acessar, mas é possível dizer se o usuário terá permissão de visualização, modificação ou se não terá nenhuma autorização sobre o módulo.

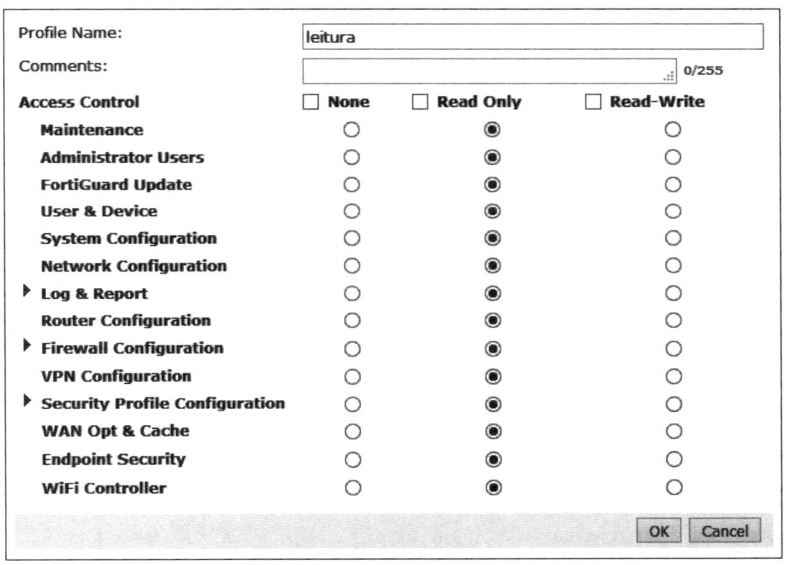

Figura 3.39: Profile de permissões de administração.

Settings

Em *Settings*, temos as configurações de conexões ao *FortiOS*, assim como comunicação com outros produtos da *Fortinet*, como o *FortiCloud* e o *FortiManager* por meio da opção *Central Management*.

- Central Management
  - FortiManager
    Habilita a comunicação do *FortiGate* ao *FortiManager*.
  - FortiCloud
    Permite a comunicação do *FortiOS* com o serviço do *FortiCloud*.

  - None
    Desabilita as opções acima.
- Administration Settings
  - HTTP Port
    Porta de comunicação do protocolo *HTTP*.
  - HTTPS Port
    Porta de comunicação do protocolo *HTTPS*.
  - HTTPS Server Certificate
    Certificado utilizado pela FortiOS para comunicação *SSL/TLS*.
  - Telnet Port
    Porta de comunicação do protocolo *telnet*.
  - SSH Port
    Porta de comunicação do *SSH*.
  - Idle Timeout
    Tempo decorrido de inatividade para que o usuário seja desconectado.
  - Allow multiple concurrent sessions for each administrator
    Permite múltiplas sessões do mesmo usuário de administração.
- Enable Password Policy
  Habilita o política de definição para senha dos usuários de administração.
  - Minimum Length
    Tamanho mínimo da senha.
  - Must Contain at Least
    Determina a complexidade da senha.
  - Apply Password Policy to
    Define onde deve ser aplicada a política de senha.
  - Enable Password Expiration
    Força a alteração da senha em um período predeterminado.
- View Settings
  - Language
    Define o idioma do *FortiOS*.
  - Lines Per Page
    Permite escolher a quantidade de linhas por página.
  - Theme
    Configuração de temas para a *GUI*.

Criação de um Usuário Admin

Durante a criação de um usuário administrador (*System* > *Administrators* > *Create New*), temos as opções:

- User Name
  Nome do usuário.

- Password
  Senha do usuário.
- Confirm Password
  Confirmação da senha.
- Comments
  Comentários.
- Types
  - Local User
    - Match a user on a remote server group
      Permite a vinculação de um usuário administrador a um servidor remoto na qual se encontra a senha, como um servidor *LDAP* ou *Radius*, por exemplo.
      OBS: Quando habilitamos esta opção, o campo *Password* é alterado para *Backup Password*, a qual será utilizada apenas em caso de o servidor remoto não responder às requisições do *FortiOS*.
    - Match all user in a remote server group
      Quando selecionamos a opção *Match all user in a remote server group*, temos a permissão de, além da senha (como no caso anterior), o usuário também esteja remoto no servidor, permitindo assim que tenhamos vários usuários de administração em um grupo do *LDAP* em um único perfil do *FortiGate*.
      OBS: Essa opção requer que sejam configuradas antes a comunicação com o servidor remoto e a criação de um grupo local no *Firewall* vinculado a um grupo do servidor remoto.
- Administrator Profile
- Security
  - Two-factor Authentication
    Permite o uso do *FortiToken* (*token* físico ou *mobile* da *Fortinet*) para um duplo fator de autenticação.
  - Restrict login to trusted hosts
    Restringe a autenticação de um usuário a determinados *IP/s* ou rede/s.
  - Restrict admin to guest account provisioning only
    Limita o usuário administrador a acessar apenas o portal de administração de usuários *Guests*.

3.2.4 Lab 1 - Criação de usuário de administração vinculado a um servidor LDAP

Neste laboratório será, executada a configuração de um grupo do servidor *Active Directory (AD)* da *Microsoft* via *LDAP*, para realizar o acesso ao perfil de *super-admin* ao *FortiOS*.

OBS: Não será apresentada neste laboratório a configuração de comunicação com o servidor *LDAP*, pois será apresentada em 7.2.

Informações sobre o nosso domínio:

- Domínio:
  livro.dominio.local
- Grupo do AD:
  FGT-ADMINS
- Usuário no Domínio para logon no FortiGate:
  livro

O Primeiro passo é a criação do grupo de autenticação em *User & Device > User Groups > Create New* (o nome do grupo não precisa ser o mesmo do grupo no *AD*, porém será utilizado aqui para facilitar a visualização por parte dos leitores), selecionamos o *Type Firewall* e, em *Remote Groups*, selecionamos o servidor *LDAP* (configuração criada em 7.2) como a imagem 3.40, clicamos em *Add Selected* e finalizamos a configuração. Podemos ver o resultado na imagem 3.41.

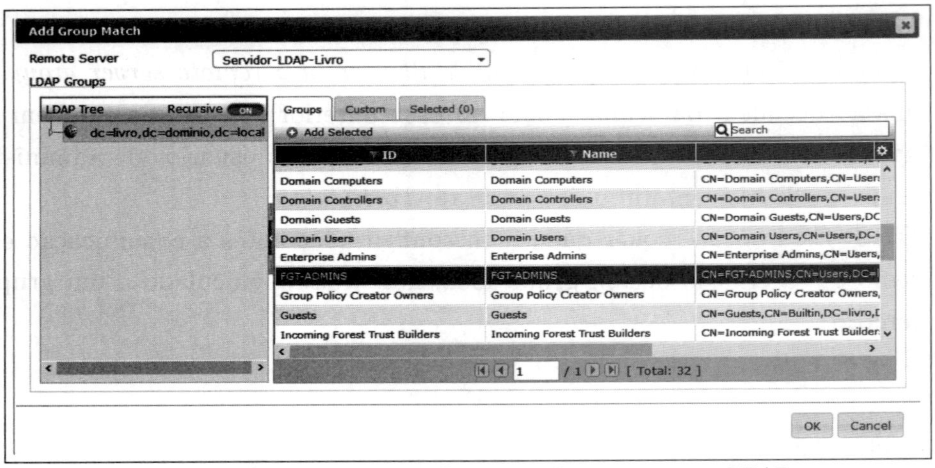

Figura 3.40: Grupo de Firewall em conexão remota com o LDAP.

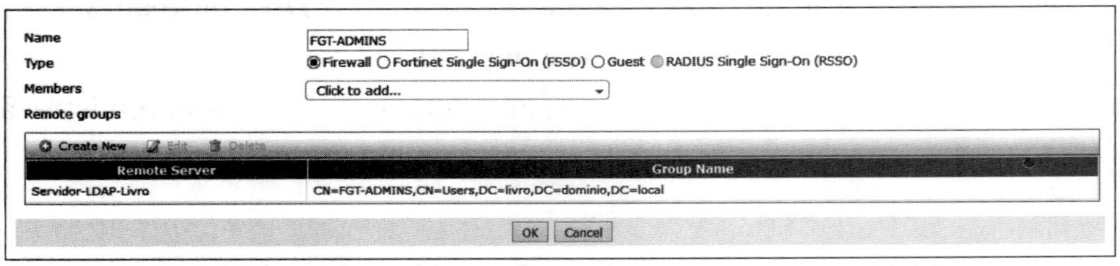

Figura 3.41: Grupo de Firewall em conexão remota com o LDAP.

Com o grupo criado, podemos iniciar o processo de vinculação aos usuários de administração em *System > Administrators > Create New.*

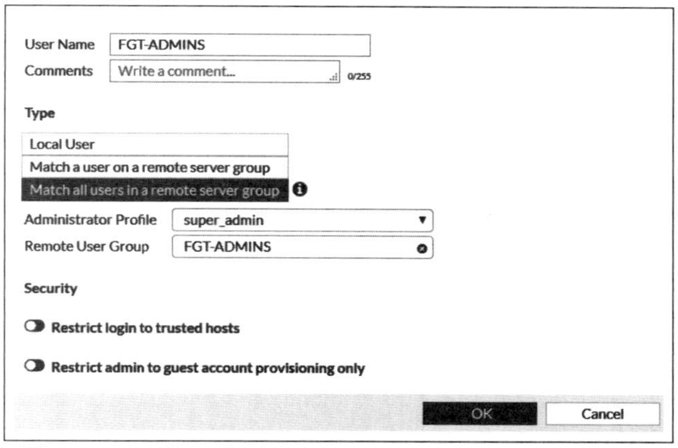

Figura 3.42: Usuário de administração vinculado ao LDAP.

Após essa configuração, é possível realizar o logon no *FortiGate* utilizando um usuário do *AD* que pertencer ao grupo *FGT-ADMINS* no *AD*.

Figura 3.43: Listando os membros do grupo FGT-ADMINS no AD.

Scripts das Configurações do servidor *LDAP*, Grupo e Usuário de Administração.

```
config user ldap
 edit "Servidor-LDAP-Livro"
  set server "192.168.60.143"
  set cnid "sAMAccountName"
  set dn "dc=livro,dc=dominio,dc=local"
  set type regular
  set username "usrsrvldap@livro.dominio.local"
  set password senha-usuario-usrsrvldap
 next
end
config user group
 edit "FGT-ADMINS"
  set member "Servidor-LDAP-Livro"
  config match
   edit 1
    set server-name "Servidor-LDAP-Livro"
    set group-name "CN=FGT-ADMINS,CN=Users,DC=livro,DC=dominio,DC=local"
   next
  end
 next
end
config system admin
```

```
 edit "FGT-ADMINS"
  set remote-auth enable
  set accprofile "super_admin"
  set vdom "root"
  set wildcard enable
  set remote-group "FGT-ADMINS"
 next
end
```

Diagnóstico

get system info admin status

show system admin

Após o logon no *FortiGate* com o usuário do *AD*, podemos listar os usuários logados no sistema via *get system info admin status* e, utilizando o comando *show system admin*, listar os usuários administrativos criados no *FortiOS*.

```
login as: livro
livro@192.168.60.135's password:
FGT-Livro # get system info admin status
Index  User name  Login type  From
Logged in users: 1
USERNAME         TYPE    FROM            TIME
livro            ssh     192.168.60.1    Fri Jan 29 12:11:37 2016


FGT-Livro # show system admin
config system admin
 edit "admin"
  set accprofile "super_admin"
  set vdom "root"
 next
 edit "william"
  set accprofile "leitura"
  set vdom "root"
  set password ENC SH2JsuzffAXnXKDXul0rj+E2TfHPlnM21jUCw6PuzFjCBonJo9PT3aa
Zt8dOJY=
 next
 edit "FGT-ADMINS"
  set remote-auth enable
  set accprofile "super_admin"
  set vdom "root"
  set wildcard enable
  set remote-group "FGT-ADMINS"
 next
end
```

Podemos notar que o usuário *livro* está conectado via *SSH* no *Firewall*, porém ele não é listado quando executamos o comando *show system admin*, uma vez que o usuário *livro* está associado ao grupo *FGT-ADMINS* no *AD*.

3.2.5 Recuperação da senha do usuário admin

Em caso de perda da senha do *FortiGate*, é possível logar com um usuário de manutenção para alterar a senha do administrador, porém esse acesso se dá apenas via *console* com o cabo de *console* (3.1.1), que nos obriga a ter acesso físico ao equipamento (para *FortiGates* em *VMs*, é utilizado o utilitário de *console* do *Host* da *VM* em questão). Esse processo requer que o *Firewall* seja reinicializado (reboot); este usuário de manutenção fica ativo alguns segundos após o *boot*. O usuário disponível no *FortiOS* para esse processo é o *maintainer*, seu *password* é composto pelas letras *bcpb* + o *serial do equipamento*, tendo esse último que respeitar os caracteres em maiúsculos e minúsculos.

Diagnóstico

maintainer

Exemplo da senha para acesso com o usuário *maintainer* para um *FortiGate* de serial *FGT76D3G7000098* e *reset* da senha do usuário *admin*:
Serial: FGT76D3G7000098
Usuário: maintainer
Senha: bcpbFGT76D3G7000098

Após o *boot* e o *logon* será, exibida a *shell* do *CLI* permitindo alterar a senha do usuário *admin* ou qualquer outro com os seguintes comandos:

```
config system admin
 edit admin
  set password 123456
end
```

OBS: Para outros usuários, altere a linha *edit admin* para *edit <nome do usuário>* .

Podemos desabilitar a possibilidade de logon do usuário *maintainer* via os comandos:

```
config system global
 set admin-maintainer disable
end
```

Após desabilitar, depois do processo de *boot* é exibida a mensagem:

```
*** PASSWORD RECOVERY FUNCTIONALITY IS DISABLED ***
```

Se mesmo assim for realizada uma tentativa de autenticação com o usuário *maintainer*, é exibida a seguinte mensagem:

```
*** Please contact the person(s) or company responsible for managing this device ***
```

3.2.6 SNMP

Simple Network Management Protocol (SNMP) é um protocolo de comunicação para gerenciamento e monitoramento de ativos de rede, o *FortiOS* suporta as versões *v1, v2c* e *v3*, apenas em modo **Read Only** (leitura).
Para o uso do *SNMP*, a *Fortinet* disponibiliza a *Management Information Base (MIB)*, cujo o *download* pode ser feito diretamente do *FortiGate* em *System > SNMP > FortiGate SNMP MIB*

- SNMP Agent
  Habilita o monitoramento do *SNMP* no *FortiOS*.
- Description
  Descrição da configuração.
- Location
  Localização do equipamento.
- Contact
  Contato.

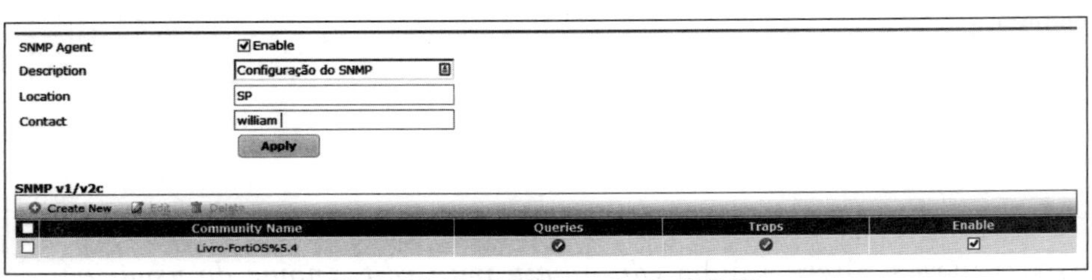

Figura 3.44: Configuração do SNMP.

- SNMP v1/v2c
  - Community Name
    Na versão *v1/v2c*, funciona como uma senha, para responder apenas a *queries* que contiverem a *Community Name* correta.
  - Hosts
    Permite definir os *IPs* e/ou Redes que são permitidos a enviar *queries* e receber *traps SNMP*

do *firewall*. Podemos também definir a interface na qual estão conectados esses ***hosts***.

– Queries

Define a porta usada para comunicação

– Traps

Configura a porta utilizada para o envio de *traps*.

– SNMP Events

Permite escolher quais eventos serão enviados ao servidor de *SNMP* via ***traps***.

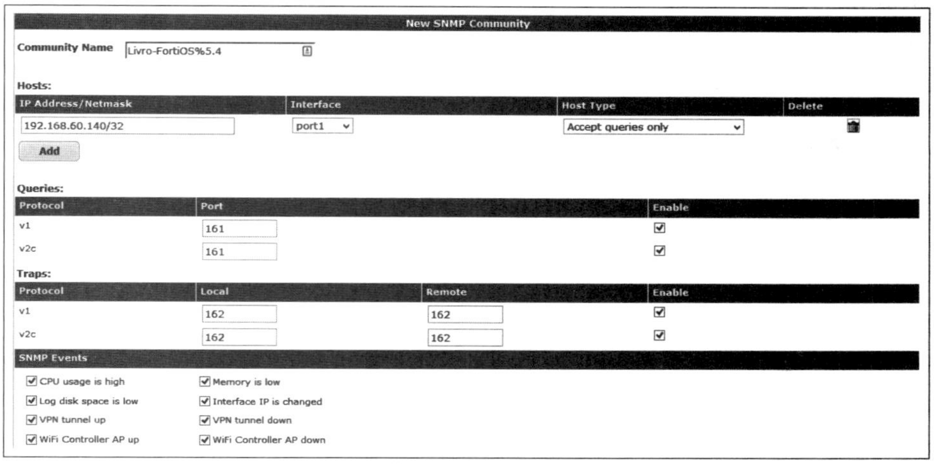

Figura 3.45: Configuração da Community SNMP.

- SNMP v3

  Quando comparada com as versões anteriores, a SNMP v3 traz várias novas melhorias de segurança, pois trouxe *Autenticação (MD5 e SHA1)* e *Criptografia (DES, AES e AES256)*, melhorando esse quesito substancialmente.

  – User Name

  Nome de usuário utilizado para a autenticação (quando utilizamos o ***Security Level "No Authentication, No Private"***, funciona como a *community* da versões anteriores).

  – Security Level

  ∗ No Authentication, No Private

  Sem autenticação e criptografia.

  ∗ Authentication, No Private

  Com autenticação, mas sem criptografia.

  · Authentication Algorithm

  Algorítimo de autenticação (MD5 ou SHA1).

  · Password

  Senha usada na autenticação.

  ∗ Authentication, Private

  Com Autenticação e criptografia.

- Private Algorithm
  Algorítimo de criptografia (DES, AES ou AES256).
- Password
  Chave usada para a criptografia das mensagens.

– Notification Host
  Host utilizado para o envio de *TRAPs*.
– Enable Query
  Habilita as *queries SNMP*.
– Events
  Eventos enviados via *TRAPs*.

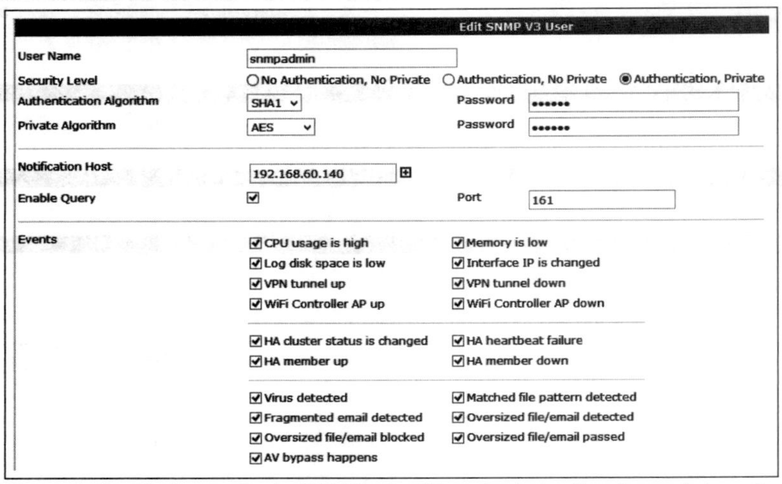

Figura 3.46: Configuração do SNMP v3 utilizando Autenticação e criptografia.

OBS: Para o funcionamento das *queries SNMP*, é mandatório que a *interface* de rede a qual será o destino das *queries* tenha em *Administrative Access* a opção *SNMP* habilitada, para que o *FortiOS* responda às *queries*.

3.2.7 Lab 2 - Configuração de SNMP v3 no FortiOS

Vamos configurar o *SNMP v3* utilizando a autenticação e criptografia; para isso vamos iniciar autorizando a *interface* de destino das nossas *queries*, que neste exemplo será a *port1* em *Network > Interfaces > port1 > Administrative Access* e marcando a opção *SNMP*.

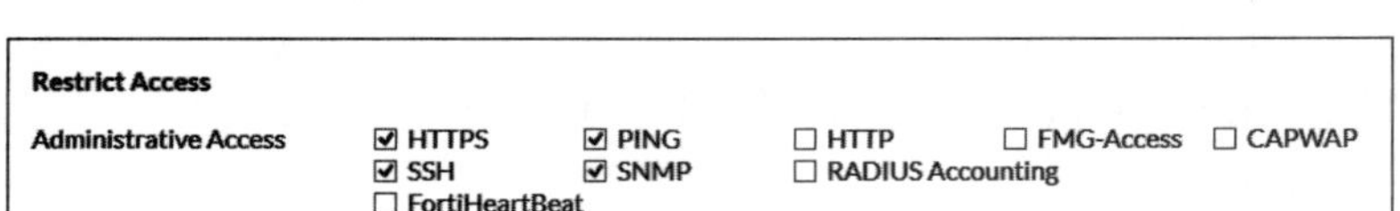

Figura 3.47: Configuração da interface port1 para permitir queries SNMP.

Podemos agora realizar a configuração dos parâmetros de *SNMP* em *System > SNMP* habilitando a opção *SNMP Agent*, as demais opção são opcionais.

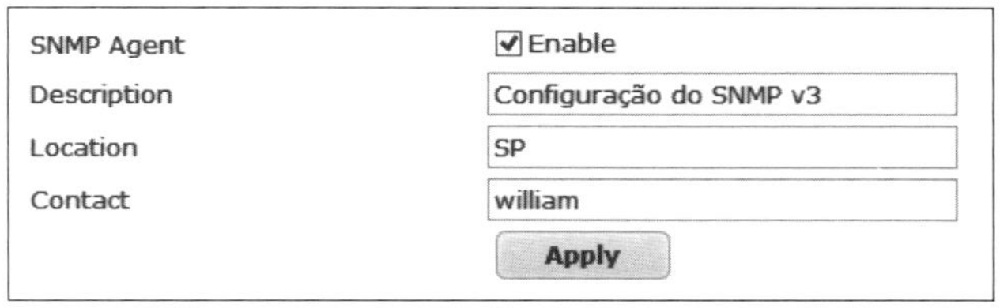

Figura 3.48: Habilitando a Feature SNMP.

Por fim, configuraremos o *SNMP v3* utilizando em *User Name* o nome *snmpadmin* e o *Security Level* sendo *Authentication, Private.*

Para autenticação, vamos usar o algorítimo *SHA1*; para isso setamos em *Authentication Algorithm* o *SHA1*, o qual utilizaremos na criptografia *AES*, simplesmente escolhendo-o em *Private Algorithm.* Para as *Passwords*, utilizamos *LivroFortiOS* em autenticação *(Authentication Algorithm)* e *PRIVLivroFortiOS* em criptografia *(Private Algorithm)*.

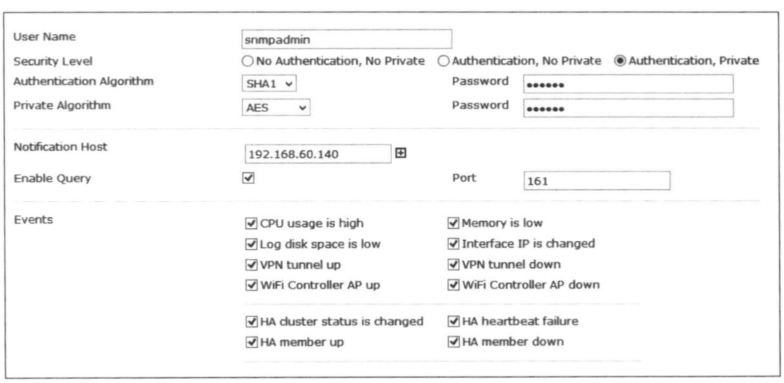

Figura 3.49: Configuração do SNMPv3.

Podemos confirmar o resultado utilizando a *tool snmpget* disponível para a maioria das distribuições *Linux*. A imagem 3.50 apresenta o teste realizado em um *Debian 7*, obtendo com a *OID 3.6.1.4.1.12356.101.13.2.1.1.4.1* o consumo de memória em porcentagem (41%) do *FortiOS*.

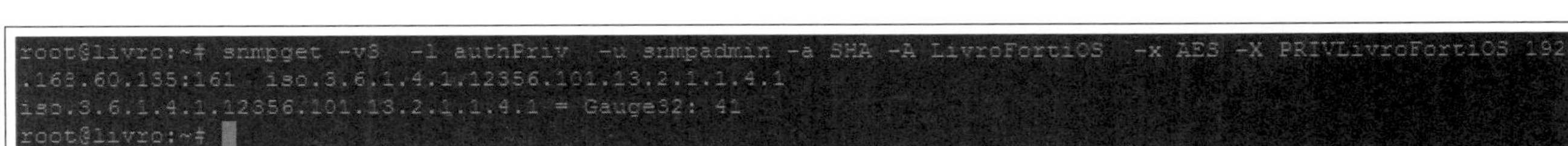

Figura 3.50: Configuração do SNMPv3.

Scripts das Configurações de SNMP na Interface port1 e SNMP v3.

```
config system interface
 edit "port1"
  set allowaccess ping https ssh snmp
end
config system snmp sysinfo
 set status enable
 set description "Configuracao do SNMP"
 set contact-info "william"
 set location "SP"
end
config system snmp user
 edit "snmpadmin"
  set notify-hosts 192.168.60.140
  set security-level auth-priv
  set auth-pwd LivroFortiOS
  set priv-pwd PRIVLivroFortiOS
 next
end
```

Diagnóstico

diagnose debug application snmpd

diagnose debug enable

Para realizar o *troubleshooting* de problemas relacionados às *queries SNMP*, utilizamos o comando *diagnose debug application snmpd* com a opção *-1* em conjunto com o *diagnose debug enable*, habilitando assim o *debug* do *daemon SNMP*.

```
# diagnose debug application snmpd -1
# diagnose debug enable
snmpd: <msg> 163 bytes 192.168.60.140:25555 -> 192.168.60.135/192.168.60.135:161 (itf 3.3)
snmpd: snmp_v3_recv_parse(53): packet (163 left)
snmpd: snmp_v3_recv_parse(): version: 3 (157 left)
snmpd: snmp_v3_recv_parse(): msgGlobalData (138 left)
snmpd: data [(17) (02 04 0d ef fc 76 02 03 00 ff e3 04 01 07 02 01 03 )(.....v...........)]
snmpd: snmp_v3_recv_parse(): msgFlags: 0x07
snmpd: snmp_usm_recv_parse(): packet (138 left)
snmpd: snmp_usm_recv_parse(): msgSecurityParameters: sz=71 left=65
snmpd: snmp_usm_secparams_parse(): msgSecurityParameters: sz=69 left=0
snmpd: data [(69) (04 15 80 00 30 44 04 46 47 56 4d 30 32 30 30 30 30 30 34
36 33 36 37 02 04 56 a1 23 f8 02 03 03 39 c2 04 09 73 6e 6d 70 61 64 6d 69
6e 04 0c 50 88 4d 88 f2 72 65 29 11 c7 da 9c 04 08 18 13 14 7f 7c 01 ad 90
)(....0D.FGVM020..V.#....9...snmpadmin..P.M..re)..........|...)]
snmpd: snmp_usm_secparams_parse(): msgUserName: snmpadmin (24 left)
snmpd: snmp_usm_recv_parse(755): Message authentication or checking failed! user=snmpadmin
errno=-44
snmpd: _snmp_v3_recv(): v3 recv parse failed. errno=-44 (USM authentication failure)
snmpd: </msg> 0
```

A penúltima linha apresenta o erro *USM authentication failure* informando o erro de autenticação.

Agora vamos verificar a conexão com a senha de autenticação correta, porém com a chave de criptografia (*Private Algorithm*) incorreta.

```
# diagnose debug application snmpd -1
# diagnose debug enable
...
snmpd: snmp_usm_scopedpdu_decrypt(): decrypted scopedPDU (63) :-
snmpd: data [(63) (2f 53 24 db c0 ae c6 eb ef 0b be 39 b1 c0 45 d2 e9 09 96
6b 03 39 ce 23 3f c2 93 37 c5 52 50 16 8d 6a 62 23 df fa 22 2d d2 f4 1b 71
2f f1 b7 e7 78 08 f6 c4 e4 e6 ac b4 61 c6 03 31 02 3b c5
)(/S$........9..E....k.9.#?..7.RP..jb#.."-...q/...x.......a..1.;.)]
snmpd: _snmp_v3_recv(): v3 recv parse failed. errno=-48 (USM decryption error)
snmpd: </msg> 0
```

Na mesma linha do exemplo anterior, notamos a mensagem *USM decryption error* informando o erro na chave enviada ao *FortiOS* para a *query SNMP*.

OBS: Não esqueça de desabilitar os *debugs* com os comandos:

```
# diagnose debug disable

# diagnose debug  reset
```

3.2.8 Replacement Messages

Em *Replacement Messages*, realizamos a alteração das mensagens de bloqueios e alertas gerados pelo *FortiOS* aos usuários, assim como o *upload* de imagens ao *Firewall* que serão usadas nas telas. As mensagens são editadas utilizando *tags HTMLs*. Essas alterações podem ser feitas em *System > Replacement Messages > Edite a Mensagem*.

No código *HTML* da página, existem variáveis que contêm informações dinâmicas, como a *URL* de bloqueio ou o nome do arquivo bloqueado pelo módulo de antivírus. Abaixo segue a lista destas variáveis:

- %%APPCAT%%
  Categoria da aplicação.
- %%APPID%%
  ID da Aplicação no *FortiOS*.
- %%APPNAME%%
  Nome da aplicação.
- %%AP_IP%%
  IP do *FortiAP*.
- %%AP_MAC%%
  MAC do *FortiAP*.
- %%AUTHORITY%%

Certificate Authority.

- %%AUTH_POST_URL%%
  URL de autenticação via método *HTTP Post.*
- %%CATEGORY%%
  Categoria da *URL.*
- %%CN%%
  CN do certificado.
- %%COMMENT%%
  Comentário.
- %%COMPANY%%
  Empresa cadastrada no usuário convidado.
- %%CONTENTTYPE%%
  Tipo do conteúdo apresentado.
- %%CPAUTH_INTF%%
  Nome da interface utilizada no *Captive Portal* para a autenticação.
- %%CPAUTH_SSID%%
  SSDI do *Captive Porta* utilizado na autenticação.
- %%CRITICAL_EVENT%%
  Mensagem correspondente a um evento do *alert mail.*
- %%DEST_IP%%
  IP de destino.
- %%DEVICE_TYPE%%
  Tipo do *device.*
- %%DST_ADDR_LABEL%%
  URL do destino.
- %%DURATION%%
  Duração do acesso no perfil de *WEB Filter.*
- %%EC_FGT_IP%%
  Descrição do range de *IP.*
- %%EMAIL%%
  E-mail do usuário convidado.
- %%EMAIL_CREDENTIALS%%
  E-mail utilizado como credencial do usuário visitante.
- %%EMAIL_FROM%%
  E-mail de origem do qual foi detectado/removido um arquivo pelo antivírus.
- %%EMAIL_TO%%
  E-mail de destino do qual foi detectado/removido um arquivo pelo antivírus.
- %%END_VALID%%
  Data de expiração do certificado.
- %%EXPIRE%%
  Tempo até a credencial de acesso expirar.
- %%EXPIREDAYS%%
  Números de dias que faltam para o usuário alterar a sua senha.
- %%FAILED_MESSAGE%%
  Mensagem de erro.
- %%FEATURE_BLOCK_REASONS%%
  Motivo da mensagem de boqueio.
- %%FGT_HOSTNAME%%
  Hostname do *FortiGate.*
- %%FILE%%
  Arquivo bloqueado .
- %%FORTIGUARD_WF%%
  Mostra o nome do perfil de *Web Filter.*
- %%FORTINET%%
  Mostra no nome da *Fortinet.*
- %%GROUPNAME%%
  Nome do grupo do usuário autenticado.
- %%HOSTNAME%%
  Hostname da *URL* solicitada.
- %%HTTP_ERR_CODE%%
  Código de erro *HTTP.*
- %%HTTP_ERR_DESC%%
  Descrição do erro *HTTP.*
- %%IMAGE:logo_fnet%%
  Variável da imagem;
- %%LAST_FAILED_LOGIN%%
  Último *login* com falha do usuário.
- %%LAST_SUCCESSFUL_LOGIN%%
  Último *login* com sucesso do usuário.
- %%LINK%%
  Link de *download* do *FortiClient endpoint.*

- %%MMS_HASH_CHECKSUM%%
  Checksum do *HASH MMS.*
- %%MMS_RECIPIENT%%
  Destinatório do *MMS.*
- %%MMS_SENDER%%
  Remetente do *MMS.*
- %%MMS_SUBJECT%%
  Assunto do *MMS.*
- %%MMS_THRESH%%
  Treshold do *MMS.*
- %%MOBILEPHONE%%
  Número do Celular.
- %%NEW_BUILD_AVAILABLE%%
  Nova versão do *FortiOS* disponível.
- %%NIDS_EVENT%%
  Alerta sobre eventos do *Network IDS.*
- %%NUM_MSG%%
  Número da mensagem.
- %%OVERRIDE%%
  Link para *Override* da categoria no *FortiGuard.*
- %%PASSWORD%%
  Campo de entrada para autenticação.
- %%POLICY_ID%%
  ID da política.
- %%POLICY_UUID%%
  Universally Unique Identified (UUID) da política.
- %%PORTAL_ADDR%%
  Endereço do Portal.
- %%PRINT_CREDENTIALS%%
  Imprime as credenciais do usuário convidado quando criado pelo portal *guest.*
- %%PROTOCOL%%
  Protocolo utilizado.
- %%QUARFILENAME%%
  Arquivo enviado à quarentena.
- %%QUESTION%%
  Solicitação de permissão para continuar.
- %%QUOTA_INFO%%
  Informações sobre a quota de *traffic shapping.*
- %%RATING_METHOD%%
  Método de *Ratting* configurado no *web filter.*
- %%SERVICE%%
  Serviço utilizado.
- %%SOURCE_IP%%
  IP de origem.
- %%SPONSOR%%
  Responsável pelo usuário *guest* da rede *wifi.*
- %%SSL_HIDDEN%%
  Campo utilizado no portal de *VPN SSL.*
- %%SSL_LOGIN%%
  Campo de autenticação do portal de *VPN SSL.*
- %%SSL_LOGIN_ANYWAY%%
  Solicitação de permissão para continuar do portal *SSL.*
- %%SSL_LOGIN_CANCEL%%
  Opção de cancelar no portal *SSL.*
- %%SSL_OPTIONS%%
  A *Tag* que contém informações sobre dados da conexão SSL
- %%SSL_RESPONSIVE_EXPAND%%
  Tag que permite expandir os *Headers* de um *device.*
- %%SSL_STATUS_INFO%%
  Informações sobre o tempo de conexão e *bytes* recebidos e enviados pela conexão de *VPN SSL.*
- %%START_VALID%%
  Informações sobre a data de início de um certificado.
- %%SUBJECT%%
  Assunto de e-mail.
- %%TIMEOUT%%
  Timeout de autenticação.
- %%URL%%
  URL do site bloqueado.
- %%URLFILTER_ERROR%%

Mensagem de erro do *URL FILTER*.

- %%URLFILTER_ERROR_DETAIL %%
  Detalhes de erro do *URL FILTER*.
- %%USERID%%
  Opção de seleção de um usuário gerado automaticamente ou campo para a entrada do usuário.
- %%USERNAME%%
  Campo de entrada do usuário.
- %%USER_IP%%
  IP do usuário.
- %%USER_MAC%%
  MAC do usuário se disponível.
- %%VIRUS%%
  Nome do vírus detectado pelo antivírus.
- %%VIRUS_REF_URL%%
  URL de referência sobre o vírus detectado.
- %%WAF_DESC%%
  Descrição sobre a assinatura do *Web Application Firewall (WAF)*.
- %%WAF_SIG_ID%%
  ID da assinatura do *WAF*.

Upload de imagens

Para realizar o *UPloads* das imagens ao *FortiOS*, devem ser respeitadas algumas condições, como o tamanho máximo de *24KB*, apenas os tipos *GIF, JPEG, TIFF* e *PNG* de imagens são aceitos. O *upload* é feito em *System > Replacement Messages > Manage Images > Create New* selecionando um nome em *Name* para a imagem, o tipo de imagem em *Content Type* e finalizando selecionando a imagem via a opção *Upload*.

Figura 3.51: Upload da imagem em Replacement Message.

Para adicionar a imagem nova a uma mensagem, adicionamos a variável *%%IMAGE:NOME-DA-IMAGEM%%*, no caso do exemplo acima, a variável é *%%IMAGE:Cadeado%%*.

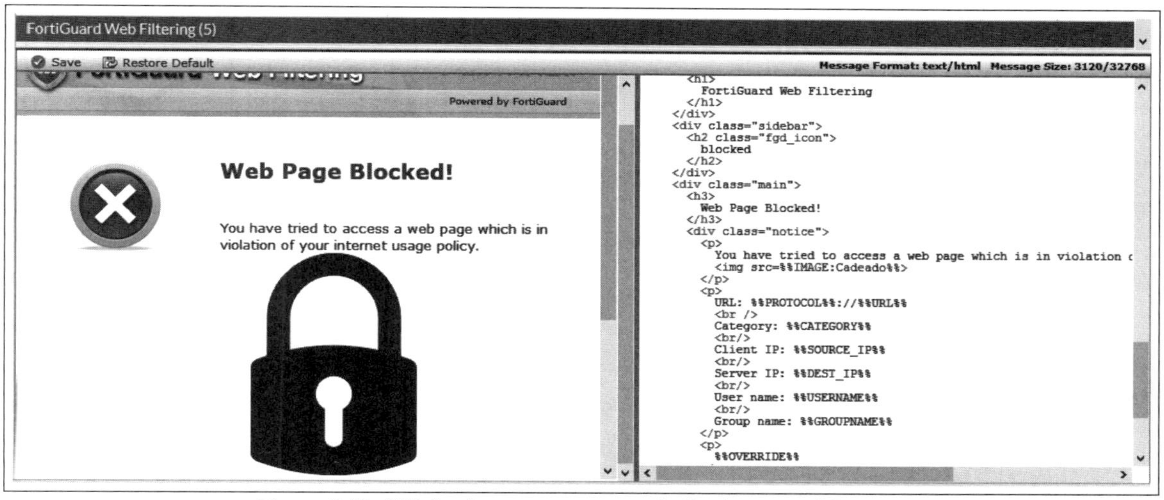

Figura 3.52: Edição de uma mensagem do Replacement Message.

Diagnóstico

set block-notification

Por padrão, uma política de *Firewall* de *deny* não emite mensagem de bloqueio ao usuários (não confundir aqui com uma política de WEB Filter), o pacote simplesmente é negado sem a emissão de informação ao usuário, o *browser* apenas informa *timeout* de conexão.

Para que seja enviada ao usuário uma mensagem de bloqueio, utilizamos a opção *set block-notification enable* dentro da política, via *CLI*.

O exemplo abaixo mostra como habilitar essa opção em uma política:

```
config firewall policy
 edit 2
  set name "Regra bloq ao serv 192.168.60.140"
  set srcintf "port1"
  set dstintf "port2"
  set srcaddr "all"
  set dstaddr "192.168.60.140"
  set schedule "always"
  set service "HTTP"
  set logtraffic all
  set block-notification enable
 next
end
```

Figura 3.53: Mensagem de bloqueio realizada pela política de ID 2.

3.2.9 FortiGuard

Em *FortiGuard*, visualizamos o *status* das licenças, o e-mail utilizado no registro, as versões das vacinas de *IPS/IDS*, Antivírus e *Botnet*, assim como as versões de suas *engines*.
Neste menu, é possível realizar a configuração de *Schedule* para checagem de atualizações das assinaturas, o tempo de cache do *Web Filter* e *Antispam*, bem como a porta de comunicação com os servidores do *FortiGuard*.

License Information

- FortiCare Support
  - Launch Portal Acessa o portal de suporte da *Fortinet*.
- IPS & Application Control
  - Upload Package

    Permite o *upload* manual das assinaturas de *IPS* e *APP Control* obtidos no site de suporte.
- AntiVirus
  - Upload Package

    Permite o *upload* manual das assinaturas de Antivírus obtidas no site de suporte.
- Botnet Definitions
  - View List

    Visualiza os *IPs*, portas, protocolos e nomes das *Botnet* categorizadas pelo *FortiGuard*.
- SSL-VPN Package
  - Upload Package

    Permite o *Upload* do *SSL VPN Package*.

AntiVirus & IPS Updates

- Accept push updates

  Configura a permissão aos serviços do *FortiGuard* para receber via *push* as atualizações.
- Use override push

  É utilizado quando temos um *FortiGate* atrás de outro equipamento realizando NAT.

- Scheduled Updates
  Configura o intervalo de checagem das atualizações nos serviços da *FortiGuard*.
- Improve IPS quality
  Habilita o *FortiOS* a enviar características de ataques ao *FortiGuard*.
- Use extended IPS signature package
  Habilita um conjunto maior de assinatura de *IPS*, que em alguns modelos vem desabilitado por padrão devido a um maior consumo de recurso.
- Update AV & IPS Definitions
  Realiza a checagem de novas atualizações de *IPS* e Antivírus.

Filtering

- Web Filter Cache
  Define o tempo, o qual é individual por entrada, que as entradas de *Web Filter* ficam em *Cache*.
- Clear Web Filter Cache
  Executa a remoção de todas as entradas de *web filter* do *cache*.
- Anti-Spam Cache
  Determina o tempo em que as entradas de *IPs, URLs* e Emails utilizadas pelos *spammers* ficam em *cache*.
- FortiGuard Filtering Port
  Especifica a porta utilizada para conexão com os servidores da *ForitGuard*.
- Filtering Services Availability
  Apresenta o último *status* sobre a comunicação com os serviços da *FortiGuard* além da opção de realizar uma nova checagem.
- Request re-evaluation of a URL's category
  Disponibiliza o link para verificar a categoria de uma determinada *URL*.
- Override FortiGuard Servers
  Os servidores da *FortiGuard* podem ser substituídos por um *FortiManager*.

OBS: As licenças de *Web Filter* só são checadas automaticamente quando temos alguma política com um *perfil de Web Filter*.

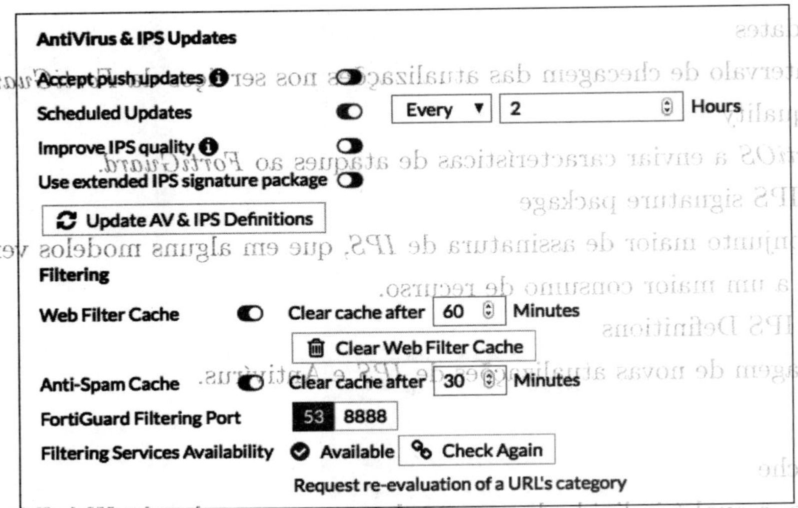

Figura 3.54: Menu FortiGuard.

Diagnóstico

diagnose debug application update

diagnose debug update

execute update-now

Com o comando *diagnose debug application update* seguido pela opção *-1*, habilitamos o *debug* do *daemon* responsável pelo *update* dos módulos de *IPS* e Antivírus.

É possível forçar o *update* da atualização dos módulos de antivírus e *IPS* pelo comando *exec update-now*.

```
# diagnose debug application update -1
# diagnose debug enable
# execute update-now
doInstallUpdatePackage[1092]-full found obj AVDB
doInstallUpdatePackage[1105]-Updating obj AVDB
installUpdateObject[346]-Step 1:Unpack obj 2, Total=1, cur=0
installUpdateObject[369]-Step 2:Prepare temp file for obj 2
installUpdObjRest[768]-Step 5:Backup /data2/vir->/tmp/update.backup
installUpdObjRest[782]-Step 6:Copy new object /tmp/updarVg7K->/data2/vir
installUpdObjRest[867]-Step 7:Validate object
installUpdObjRest[891]-Step 8:Re-initialize using new obj file
installUpdObjRest[903]-Step 9:Delete backup /tmp/update.backup
installUpdateObject[346]-Step 1:Unpack obj 3, Total=1, cur=0
installUpdateObject[369]-Step 2:Prepare temp file for obj 3
installUpdObjRest[717]-Step 3:Signal parent not to respawn
installUpdObjRest[727]-Step 4:Kill daemon(s)
installUpdObjRest[768]-Step 5:Backup /etc/idsbot.rules->/tmp/update.backup
installUpdObjRest[782]-Step 6:Copy new object /tmp/updFZmkx1->/etc/idsbot.rules
installUpdObjRest[867]-Step 7:Validate object
installUpdObjRest[891]-Step 8:Re-initialize using new obj file
installUpdObjRest[903]-Step 9:Delete backup /tmp/update.backup
```

3.2.10 Cooperative Security Fabric

Esta configuração permite realizar o *Offload* de algumas funções para dispositivos mais especializados da *Fortinet*, como no caso da função de *WAF*, a qual podemos realizar no *FortiGate*, porém pode ser transferida ao *FortiWEB* que contém muito mais opções de configurações.

Para comunicação com o *FortiWeb, FortiCache* e *FortiMail*, é utilizado o protocolo *WCCP* [4]. Além de receber dados de sensores como *FortiGate, FortiAnalyzer, FortiClient, FortiSandbox, FortiAP, FortiSwitch, e FortiClient Enterprise Management Server (EMS)*, com o intuito de detectar comportamentos maliciosos.

- Group name
  Nome para o grupo.
- Group password
  Senha do grupo.
- Connect to upstream FortiGate
  - FortiGate IP
    IP da *inteface* do dispositivo, no qual a telemetria esta habilitada.
  - FortiTelemetry port
    Porta que será usada para escutar as conexões.
- HTTP Service
  - Device Type
    * FortiCahe
      O *FortiCache* é o produto da *Fortinet* responsável por realizar o serviço de cache, *web filter* entre outras funções de segurança.
    * FortiWeb
      O *FortiWeb* é o *Web Application Firewall* da *Fortinet*, o qual realiza a função de proteção de aplicações *WEB* contra ataques.
  - Authentication
    Permite realizar a autenticação da comunicação com os servidores de *Offload*.

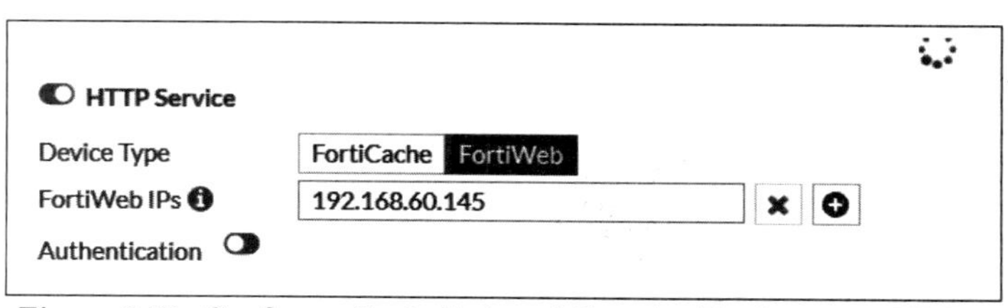

Figura 3.55: Configuração do External Security Devices para HTTP.

Além da configuração do *IP* do dispositivo em *System* > *External Security Devices* > *HTTP Service*, é necessário configurar a regra e o *profile* para que encaminhe os pacotes. No caso do *FortiWeb* temos dois passos:

1. Profile

   Em ***Web Application Firewall*** devemos marcar a opção *Inspection Device* como sendo *External* em ***Security Profiles > Web Application Firewall > Edite o profile >*** *Inspection Device* marque como *External.*

2. Policy

   Em *Policy*, a opção *WCCP* deve estar habilitada, além do profile de *Web Application Firewall* configurado no passo *1.*

   Para habilitar a configuração do *WCCP* na política, utilizamos o seguinte comando via *CLI*:

```
config firewall policy
 edit <ID da Policy>
  set wccp enable
 next
end
```

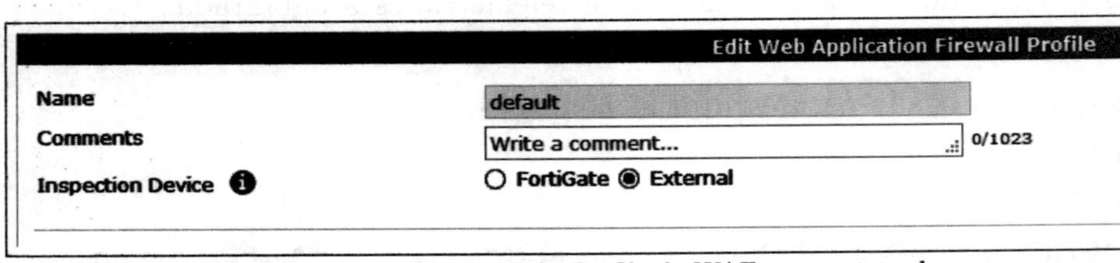

Figura 3.56: Configuração do Profile de WAF para external.

Para as configurações de cache, temos, além da configuração do *IP* em *System > External Security Devices > HTTP Service* que habilitar o *Web Cache* na política que permite o tráfego, como apresentado abaixo:

```
config firewall policy
 edit <ID da politica>
  set webcache enable
 next
end
```

- SMTP Service - FortiMail

  A configuração do *Offload* do *SMTP* tem como destino o *FortiMail* e segue basicamente os mesmos passos do *FortiWeb*, temos que configurar o servidor em *System > External Security Devices > SMTP*, habilitar a opção *External* em *Security Profiles > Anti-Spam >* ***editar o profile > Inspection Device > marcar a opção External*** e por fim habilitar na política a opção de *WCCP* via CLI.

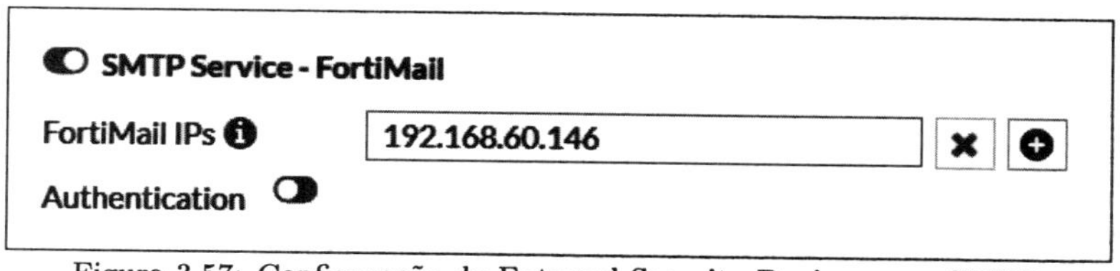

Figura 3.57: Configuração do External Security Devices para SMTP.

- Sandbox Inspection
  - FortiSandbox type
    - FortiSandbox type
      Permite a escolha entre um *FortiSandbox* local ou o *FortiSandbox* na Cloud do *FortiGuard.*
    - Server | FortiCloud account
      IP do *FortiSandbox* ou a conta de e-mail utilizada para conexão ao *FortiCloud.*

  Para que sejam enviados os arquivos ao *Sandbox*, seja este local ou em *Cloud*, é necessário habilitar no *profile* de antivírus a opção em *Security Profiles > Antivírus > Edite o profile > Send Files to FortiSandbox Cloud for Inspection / Send Files to FortiSandbox Appliance for Inspection.*

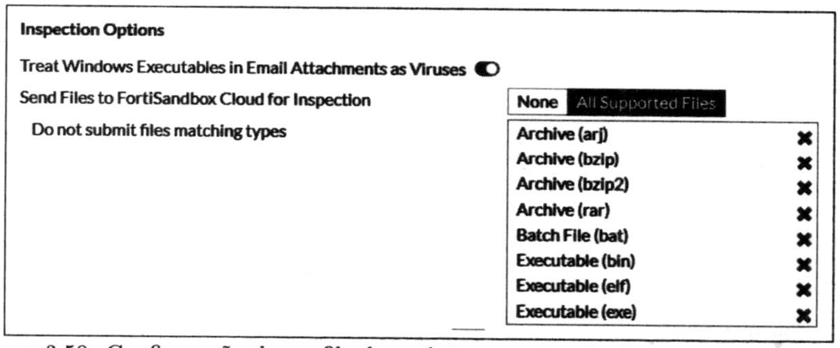

Figura 3.58: Configuração do profile de antivírus para envio de arquivos ao Sandbox.

3.2.11 Advanced

Em *Advanced*, há algumas opções avançadas das configurações do *FortiOS.*

- E-mail Service
  Permite configurar um servidor de e-mail para o envio de alertas via o protocolo *SMTP.*

  - Use Custom E-mail Server
    - SMTP Server
      Endereço de *IP* ou *FQDN* do servidor de e-mails.
    - Port

Porta que o servidor escuta o protocolo *SMTP/s*

* Default Reply To

  E-mail de destino dos alertas (opcional, pois pode ser setado em *Log & Report > Alert E-mail*).
* Authentication

  Habilita a opção de autenticação se for necessário.
* Security Mode

  Protocolo de comunicação
  - None

    Sem criptografia.
  - SMTPS

    Utiliza o SSL ou TLS para criptografia.
  - STARTTLS

    Força uma conexão insegura a usar uma conexão segura, podendo ser *SSL* ou *TLS*.

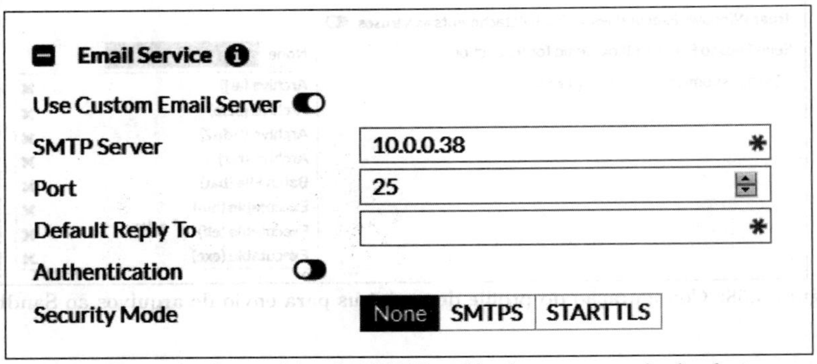

Figura 3.59: Configuração do servidor de SMTP utilizado para o envio de alertas por e-mail.

Além da configuração do servidor, é mandatória a configuração dos endereços de origem e destino, como também o intervalo de envio e os tipos de alertas em *Log & Report >Alert E-mail*, a imagem 3.60 apresenta um exemplo desta configuração.

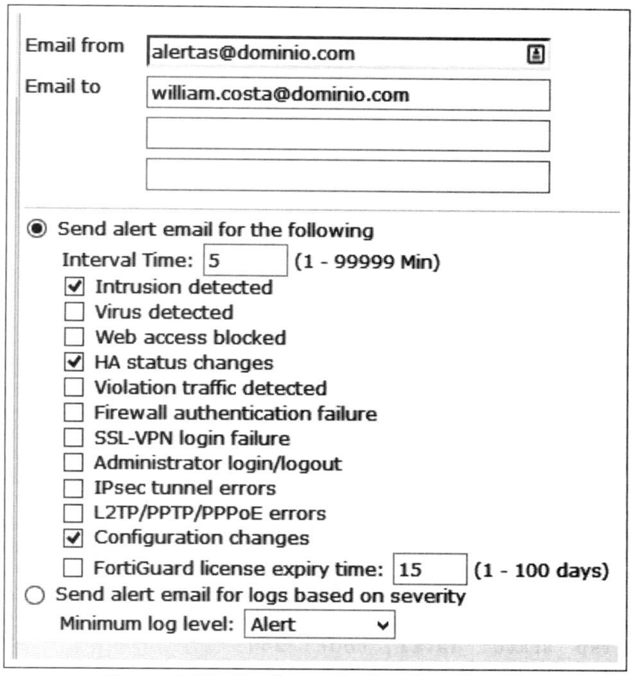

Figura 3.60: Configuração do Alert E-mail.

Diagnóstico
diagnose debug application alertmail
diagnose debug enable
diagnose log alertmail test

Pelo comando de *debug diagnose debug application alertmail -1*, podemos realizar o diagnóstico da comunicação com o servidor de e-mail. Para que não tenhamos que ficar aguardando um evento para o *debug*, vamos utilizar o comando *diagnose log alertmail test*, responsável por gerar um alerta que será enviado por e-mail.

```
# diagnose debug application alertmail -1

# diagnose debug enable

# diagnose log alertmail test

# Arrived msg(type 4, 91 bytes):Alert Mail Test
Message body (log level = 1):
1st Line
2nd Line
(2016-02-03 12:08:27)

mail_info:
from:10.0.0.38   user:william.costa@dominio.com
mail_info:
reverse path:william.costa@dominio.com
```

```
user name:william.costa
to[0]:william.costa@dominio.com
to[1]:
to[2]:
<==_init_mail_info
create session
resolve 10.0.0.38 to 1 IP
==> send mail
connecting to 10.0.0.38 port 25
send mail 0x5645cc0 session 0x5645790
session: 0x5645790, rsp_state: greeting, code: 220
session: 0x5645790, rsp_state: ehlo, code: 250
session: 0x5645790, rsp_state: mail, code: 250
session: 0x5645790, rsp_state: rcpt, code: 250
session: 0x5645790, rsp_state: data, code: 354
=== send: Alert Mail Test
Message body (log level = 1):
1st Line
2nd Line
(2016-02-03 12:08:27)

session: 0x5645790, rsp_state: data2, code: 250
session: 0x5645790, rsp_state: quit, code: 221
session finined
_session_on_destroy
<== send mail success, m = 0x5645cc0 s = 0x5645790
```

No destinatário, recebemos a seguinte mensagem:

```
Alert Mail Test
Message body (log level = 1):
1st Line
2nd Line
(2016-02-03 12:08:27)
```

- Configuration Scripts
  Permite a execução de *scripts* no *FortiOS*, os quais não mais são que comandos de configuração. O exemplo abaixo é um *script* para criação de objetos de *Address*:

```
config firewall address
 edit 1.114.0.39/32
  set subnet 1.114.0.39/32
 next
 edit 1.114.1.143/32
  set subnet 1.114.1.143/32
 next
  edit 1.114.11.138/32
```

```
 set subnet 1.114.11.138/32
 next
  edit 1.114.11.5/32
 set subnet 1.114.11.5/32
 next
end
```

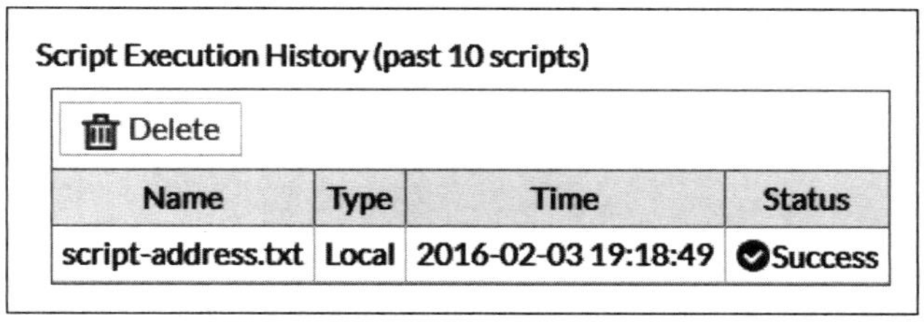

Figura 3.61: Execução de Script.

Auto-Script

O *FortiOS* permite a execução de *scripts* que podem ser agendados e repetidos, sendo possível criar *scripts* para realizar milhares de ações que facilitam o dia a dia da administração do *FortiGate.*

Essa configuração inicialmente é realizada via *CLI.* Veja abaixo um exemplo do *script* para realizar um simples *ping* para o endereço 4.2.2.2 .

```
config system auto-script
 edit "ping-4.2.2.2"
  set interval 3
  set repeat 2
  set start manual
  set script "execute ping 4.2.2.2"
 next
end
```

execute auto-script start

O exemplo acima, a cada 3 segundos *(interval = 3)* e se repetindo por duas vezes *(repeat 2)* após o início manual *(start manual)*, realiza um *ping* para o endereço *4.2.2.2* (execute ping 4.2.2.2). Para que esse *auto-script* seja iniciado, executamos o comando *execute auto-script start* seguido pelo nome do *auto-script*, para nosso exemplo do *auto-script ping-4.2.2.2*, o comando de *start* é : *execute auto-script start ping-4.2.2.2.*

- Compliance

 O *Compliance* realiza uma análise agendada das configurações do *FortiGate* para verificação dos requerimentos do *PCI DSS* [23].

- Run a series of compliance checks
  Habilita a checagem diária do *compliance.*
- Daily Schedule
  Define o horário de início do *compliance.*

Os Logs gerados por essa análise são armazenados em *Log & Report > Compliance Events*

- USB Auto-Instal

Com a ajuda de um *pendrive*, é possível carregar um *firmware* e/ou um arquivo de configuração após um *boot.* Para que essa ação seja realizada, os arquivos devem respeitar os nomes pré-estabelecidos: para o arquivo de imagem, o nome *default* é *image.out*, já para o arquivo de configuração o nome é *fgt_system.conf*, esse nomes podem ser alterados, melhorando assim a segurança dessa *feature.*

A ordem da checagem dos arquivos no *pendrive* é primeiro o *firmware* e depois o arquivo de *backup*; a leitura da *USB* só é iniciada após *boot* completo do *FortiOS* (isso significa que se o *FortiGate* não conseguir realizar o *boot*, também não lerá o pendrive).

O *Firmware* só é carregado para o *FortiGate* se este for mais novo que o atual, já para o arquivo de configuração basta apenas que este seja diferente do atual, sem se importar com a data.

Diagnóstico

auto-install-config disable

auto-install-image disable

O *FortiOS* nos permite desabilitar tanto a opção de *auto-install* do *firmware* quanto do arquivo de configuração, a qual se faz via *CLI* com os seguintes comandos:

```
config system auto-install
 set auto-install-config disable
 set auto-install-image disable
end
```

- Detect Configuration
  Nome do Arquivo de configuração.
- Detect Firmware
  Nome do *Fimware* a ser carregado.

- Debug Logs

Em *Debug Logs*, obtemos um arquivo de *logs* contendo informações relevantes.

- Download Debug Logs
  Link para *download* do arquivo.

3.2.12 Backup

O backup do *FortiOS* nada mais é que todos os comandos necessários para realizar a configuração do equipamento (se não for utilizada a opção de criptografar o backup), cujo resultado será um arquivo

em texto claro com todos os comandos, o qual pode ser alterado com uma certa facilidade para quem tem familiaridade com a *CLI* do *FortiOS*.
O *Backup* via *GUI* é realizado em *Dashboard > System Information > System Configuration > Backup*
.

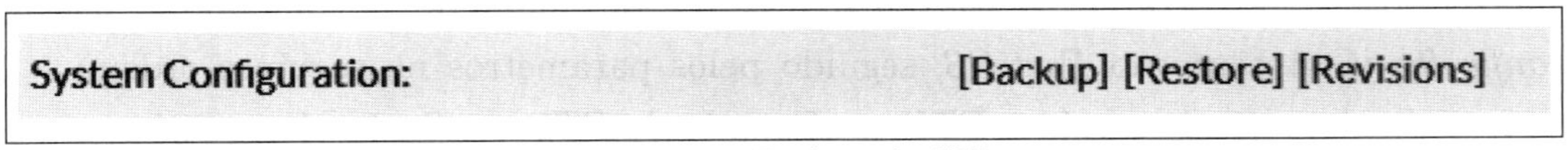

Figura 3.62: Backup via GUI.

Onde temos a opção de enviar o *backup* a um *pendrive* plugado na *USB* do *FortiGate* ou *download* para o PC, assim como a opção de criptografá-lo.

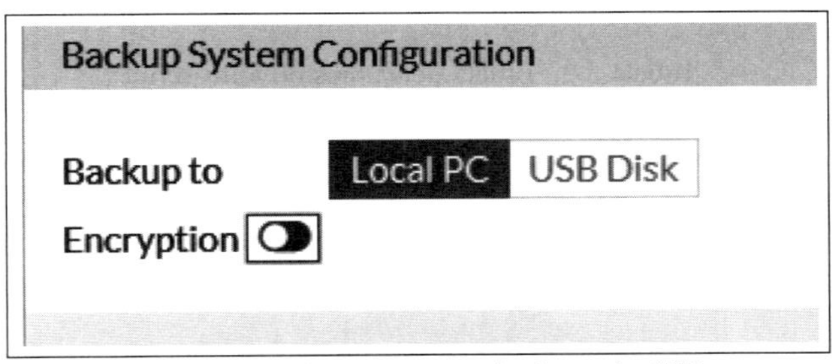

Figura 3.63: Opções para o backup via GUI.

Abaixo, podemos ver o cabeçalho do arquivo de backup gerado pelo *FortiOS*:

```
#config-version=FGVM64-5.04-FW-build1011-151221:opmode=0:vdom=0:user=admin
#conf_file_ver=0
#buildno=1011
#global_vdom=1
```

Deste modo, podemos realizar as alterações necessárias e executar o *restore* do *backup*, até mesmo alterar um *backup* de um modelo de *hardware* e restaurar em outro, bastando apenas alterar o cabeçalho e as interfaces, não só em *config system interface*, mas em todos os locais que elas forem referenciadas. Por padrão, o ato de restaurar o backup provoca um *boot* no sistema, comportamento tal que pode ser alterado, modificando o parâmetro *reboot-upon-config-restore* de *enable* para *disable*, conforme o exemplo abaixo:

```
config system global
 set reboot-upon-config-restore disable
end
```

3.2.13 Lab 3 - Configurando um Backup automático via Auto-Script para um Servidor FTP

Neste laboratório, vamos configurar um *backup* automático que será executado a cada 24 horas e enviado a um servidor *FTP*. A tarefá de *backup* será de responsabilidade do comando de *backup execute backup config ftp* já presente no *FortiOS*, seguido pelos parâmetros na seguinte ordem: <Nome do arquivo para upload> <IP do servidor FTP> <Usuário do FTP> <Senha do usuário para o FTP> .
Exemplo:
execute backup config ftp config.cfg 192.168.60.140 william senha123
Vamos configurar o nosso *auto-script* com os parâmetros:

Tabela 3.2: Tabela de valores do auto-script

Parâmetro	Valor	Descrição
interval	86400	Intervalo de execução
repeat	0	repetições (zero significa recorrente)
start	auto	executado de forma automática
script	exec backup config ftp config.cfg 192.168.60.140 william senha123	comando executado

Via *CLI*, executamos os seguintes comandos:

```
config system auto-script
 edit "backup-ftp"
  set interval 86400
  set repeat 0
  set start auto
  set script "execute backup config ftp config.cfg 192.168.60.140 william senha123"
 next
end
```

Diagnóstico

execute auto-script status

execute auto-script result

Assim que finalizamos a criação do nosso *script*, ele é executado de forma automática, não necessitando iniciá-lo com o comando *execute auto-script start backup-ftp*. Para checarmos se o *script* está em execução, utilizamos o comando *execute auto-script status*

```
# execute auto-script statu
backup-ftp <— running, size: 1.0K
```

Para obtermos um relatório sobre a execução do comando utilizamos, *execute auto-script result* seguido pelo nome do *auto-script*.

```
# execute auto-script result backup-ftp
Script backup-ftp output:
########## script name: backup-ftp ##########

========= #1, 2016-02-03 17:19:05 =========
$  execute backup config ftp config.cfg 192.168.60.140 william senha123

Please wait...

Connect to ftp server 192.168.60.140 ...
Send config file to ftp server OK.
Setting timestamp
FGT-Livro # execute auto-script
backup      backup
delete      Delete output of executed scripts.
result      Display output of executed scripts.
start       Start script.
status      List of scripts currently running or executed.
stop        Stop script.
stopall     Stop all scripts currently running.
```

A imagem 3.64 apresenta o arquivo no servidor de *FTP*, comprovando o sucesso do *backup*.

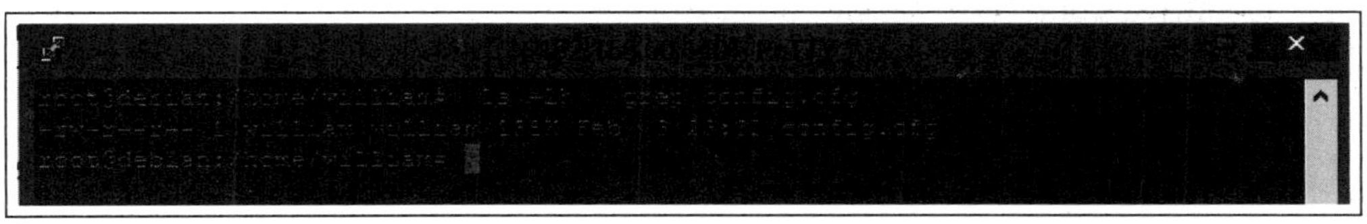

Figura 3.64: Listagem do arquivo config.cfg no servidor de FTP.

Além da opção de *status* e *result*, o comando *check-backup-ftp* tem as opções:

```
backup      backup
delete      Delete output of executed scripts.
result      Display output of executed scripts.
start       Start script.
status      List of scripts currently running or executed.
stop        Stop script.
stopall     Stop all scripts currently running
```

3.2.14 Feature Select

Algumas opções de configurações ou de informações não são habilitadas por padrão no *FortiOS*, e, para as habilitarmos, utilizamos a opção *Feature Select* localizada em *System* > *Feature Select*, onde podemos customizar as *Features* que ficaram disponíveis via *GUI* ou selecionar os padrões disponíveis no *FortiOS*. Essas opções estão visíveis na imagem 3.65.

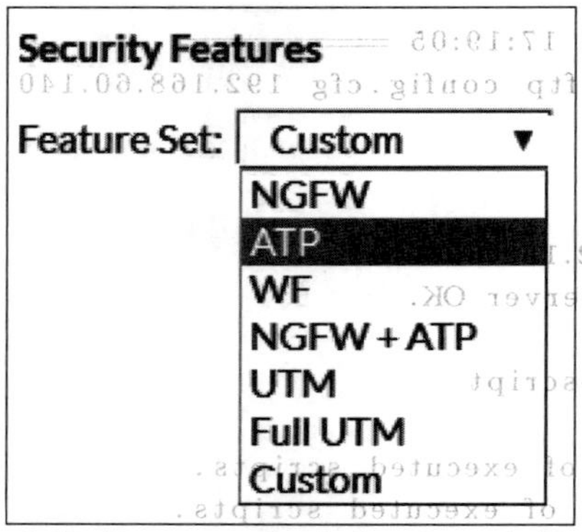

Figura 3.65: Features pré-selecionadas pelo FortiOS.

OBS: Remover a função de *Feature Select* não desabilita a *feature*, apenas remove da *console WEB* a possibilidade de edição e configuração, mantendo via *CLI* a opção de alteração e/ou criação. Todas as políticas que já tenham o módulo habilitado permanecem inalteradas.
Exemplo, se uma política contiver o profile de Antivírus em *Security Profiles* e essa opção for removida em *System >Feature Select* na console web, não será mais possível a visualização e edição desta configuração, porém via *CLI* as opções permanecem sem alteração.

Certificates

O menu *Certificates* oferece a centralização dos certificados utilizados pelo *FortiOS*, com as possibilidades de gerar um *request* de certificado, importar um certificado, realizar *downloads* dos certificados entre outras.
O certificado *Fortinet_ Factor* é utilizado no *HTTPS* da *interface WEB*, já o *Fortinet_ CA_ SSLProxy* é utilizado pela *engine* de *SSL Inspection* para o trabalho de inspeção do tráfego *SSL (HTTPS, POPS, IMAPS, SMTPS, FTPS).*

Capítulo 4

Network

O *Network* concentra as configurações de redes do *FortiOS*, como roteamento estático, roteamento dinâmico, balanceamento de link, *DNS*, entre outras opções.

4.1 Interfaces

As interfaces do *FortiGate* variam entre *interfaces* físicas *(WAN1, PORT1, MGMT,...)* e *interfaces* virtuais *(VLAN, VPN, Loopback*, entre outras), a quantidade de portas físicas é limitada pelo *hardware*, variando entre os modelos, já as virtuais são limitadas por *software*. Podemos obter este valor e outros via *CLI* com o auxílio do comando *print tablesize* ou pelo *link* [12].
As *interfaces* são muito relevantes no contexto de segurança, já que são a base das políticas de *Firewall* no *FortiOS*.
As configurações das interfaces ficam alocadas em *Network > Interfaces*, assim podemos criar novas *interfaces* último ou editar as *interfaces* físicas.
Na configuração da *interface*, temos as seguintes opções:

- Interface Name
  Nome da *Inteface* e *MAC Address* (se disponível).
- Alias
  Apelido da *interface* (não é possível alteração do nome da *interface*).
- Link Status Estado da *interface.*
- Type
  Tipo da *interface* podendo ser *VLAN,802.3ad Aggregate, Redundant Interface, Loopback Interface, Software Switch, WiFi SSID.*
- Role
  Papel da *Interface* na topologia da rede local, o tipo *role* afeta as opções e *features* disponíveis na configuração da mesma.
- Address
  Endereço da *interface/mode* de endereçamento.

- Addressing mode
  * Manual
    Modo de configuração manual do *IP* na *interface.*
    · IP/Network Mask
    IP e máscara da rede.
    · IPv6 Addressing mode
    Modo de configuração do IP.
  * DHCP
    Configura *interface* para receber o endereço *IP* via protocolo *DHCP.*
    -Status
    Informa o estado da conexão.
    -Obtained IP/Netmask Informa o *IP* obtido via *DHCP.*
    -Expiry Date
    Calcula o *Lease Time* recebido pelo *DHCP* e informa quando vai expirar o endereço.
    -Acquired DNS
    Apresenta o *DNS* que foi recebido do protocolo *DHCP.*
    -Retrieve default gateway from server
    Adiciona o *gateway* recebido na tabela de roteamento do *FortiOS.*
    -Distance
    Define a distância que será adicionada ao *gateway* na tabela de roteamento.
    -Override internal DNS
    Sobrescreve os servidores de *DNS* configurado em *Network > DNS* pelos recebidos via *DHCP.*
    OBS: Essa alteração é apenas em memória não sobrescrevendo os *IPs* nos campos apresentados na configuração de *DNS.*
  * One-Arm Sniffer
    Permite que a interface trabalhe em modo promíscuo para realizar o *sniffer* dos dados que passarem ao seu alcance (em *Layer 2*) nesta *interface.*
    OBS: O nome das *intefaces* no *FortiOS* é limitado a **15** caracteres para toda e qualquer *interface*, seja ela lógica ou física.

Diagnóstico

get system interface physical

As *interfaces* físicas disponíveis no *FortiGate* podem ser listadas utilizando o comando *get system interface physical* em conjunto com as informações do estado e negociação.

```
# get system interface physical
== [onboard]
==[port1]
```

```
mode: static
ip: 99.10.10.2 255.255.255.248
ipv6: ::/0
status: up
speed: 1000Mbps (Duplex: full)
==[port2]
mode: static
ip: 99.10.11.2 255.255.255.248
ipv6: ::/0
status: up
speed: 1000Mbps (Duplex: full)
==[port3]
mode: static
ip: 192.168.20.1 255.255.255.0
ipv6: ::/0
status: up
speed: 1000Mbps (Duplex: full)
==[port4]
mode: static
ip: 192.168.60.135 255.255.255.0
ipv6: ::/0
status: up
speed: 1000Mbps (Duplex: full)
```

diagnose debug application dhcpc
diagnose debug enable
execute interface dhcpclient-renew

Para realizarmos o *debug* do *daemon* de *DHCP Client*, é utilizado o comando *diagnose debug application dhcp -1* para habilitar o *debug*. Por meio do comando *execute interface dhcpclient-renew* seguido do nome da *interface* forçamos a solicitação de um novo endereço *IP* via *DHCP* a *interface*.

```
# diagnose debug application dhcpc -1
# diagnose debug enable
# execute interface dhcpclient-renew port1

renewing dhcp lease on port1
update dhcpcd
unregister timer:0x5d298a0
Unregistered timer func=0x614060 arg=0x5d2b630 name=bind_lease ->state_renewing
register timer func=0x613c40 arg=0x5d2b630 name=intfs_changed ->state_reboot
Allocate a new timer
Registered timer 0x5d298a0 will expiry in 0 secs
timer 0x5d298a0 expired, take action
state reboot.
make request
make dhcp message, code=3
Insert option(255), len(0)
Insert option(53), len(1)
Insert max message len (1458)
```

```
Insert option(57), len(2)
Insert client ID
Insert option(61), len(7)
Insert requested address (943CA8C0)
Insert option(50), len(4)
Insert requested options
Insert option(55), len(9)
Insert hostname
Insert option(12), len(9)
Insert class ID option
Insert option(60), len(14)
get_dhcp_msg_len, 297
too small, extend to 548
Sending request!
Send a packet out.
add hw header
set dst hw addr as: FF:FF:FF:FF:FF:FF
src hw addr: 00:0C:29:75:60:3F
add ip udp header
dhcpcd_send_packet,270:result:590, ifinde:3
unregister timer:0x5d298a0
register timer func=0x6142f0 arg=0x5d2b630 name=send_request ->
send_request
Sending arpcheck!
bind lease
unregister timer:0x5d2f970
register timer func=0x614060 arg=0x5d2b630 name=bind_lease ->
state_renewing
Allocate a new timer
Registered timer 0x5d29970 will expiry in 896 secs
config interface:port1
config interface ip:943CA8C0
Config interface netmask: 00FFFFFF
Config interface broadcast: FF3CA8C0
config interface default gateway:023CA8C0
config interface dns1:023CA8C0
make arp inform
Broadcasting ARPOP_REPLY for 192.168.60.148 to make it valid
```

* Dedicated to FortiAP

Determina que a *interface* será dedicada ao *FortiAP*, *access point* da *Fortinet*.

OBS: A configuração de *Addressing mode* em modo *PPPoE* é habilitada via *CLI*:

```
config system interface
 edit <nome da interface>
  set mode pppoe
  set defaultgw enable
  set username usuario
  set password senha
 next
end
```

Diagnóstico

diagnose debug application pppoed

diagnose debug enable

Podemos realizar o diagnóstico da comunicação da conexão *PPPoE* via comando *diagnose debug application pppoed -1* e sempre habilitando o *debug* no *FortiOS* com o comando *diagnose debug enable.* Abaixo é apresentada a saída de *debug* para esse comando.

```
# pppoed_main()-589: Start PPPoE interface port1
pppoed_main()-592: PID of port1 is 1665
parameters passed to pppd:
pppd 0 pppoed port1 noipdefault noauth default-asyncmap defaultroute
hide-password nodetach mtu 1492 mru 1492 noaccomp noccp nobsdcomp
nodeflate nopcomp novj novjccomp user teste lcp-echo-interval 5
lcp-echo-failure 3 sync
plugin /bin/pppoe.so refuse-chap    pppoe_retry_time 1 pppoe_padt_time 1
pppoe_srv_name  pppoe_ac_name  pppoe_sock2parent 10 port1 ipunnumbered
0.0.0.0 idle 0 unnumbered-negotiate enable
child_exit()-482: A child process exits
pppoed_main()-643: PID 1665 exit
pppoed_main()-650: Interface port1 exit
pppoed_main()-589: Start PPPoE interface port1
pppoed_main()-592: PID of port1 is 1673
```

- Restrict Access

  Configura as permissões de acesso ao *FortiGate* pela interface em questão.
  - Administrative Access

    Quais protocolos de gerenciamento serão permitidos para comunicação com o *FortiOS* para *IPv4*.
  - IPv6 Administrative Access

    O mesmo que o anterior só que para versão *IPv6*.
- DHCP Server

  Configura o *FortiGate* para ser um Servidor DHCP nesta interface.
  - Address Range

    Range de *IP* que será distribuído.
  - Netmask

    Máscara de rede.
  - Default Gateway

    Define o *IP* do *Default Gateway* que será entregue.
  - DNS Server

    Servidor de *DNS* entregue.
  - Advanced...
    * Mode

      Define se a configuração do *DHCP* será como *Server* ou *Relay*.

    * NTP Server

      Define o Servidor de *Network Time Protocol.*

    * Time Zone

      Especifica o *Time zone.*

    * Next Bootstrap Server

      Configura o servidor de *Bootstrap* enviado aos clientes.

    * Additional DHCP Options

      Permite a configuração de *Options* do *DHCP* enviado aos clientes.

    * MAC Reservation + Access Control

      Realiza a reserva de *IP* a um *MAC Address* e define quais *MAC address* podem receber *IP* via *DHCP.*

    * Type

      Define se a configuração de *DHCP* será *Regular* ou para *VPN IPsec.*

  - Networked Devices

    * Device Detection

      Habilita a *interface* a analisar o tráfego à procura de identificar os dispositivos que estão no mesmo *Layer 2* que *Firewall.*

      · Active Scanning

        Executa o *Scan* ativo à procura dos dispositivos.

    O dispositivos identificados ficam listados em *User & Device > Device List.*

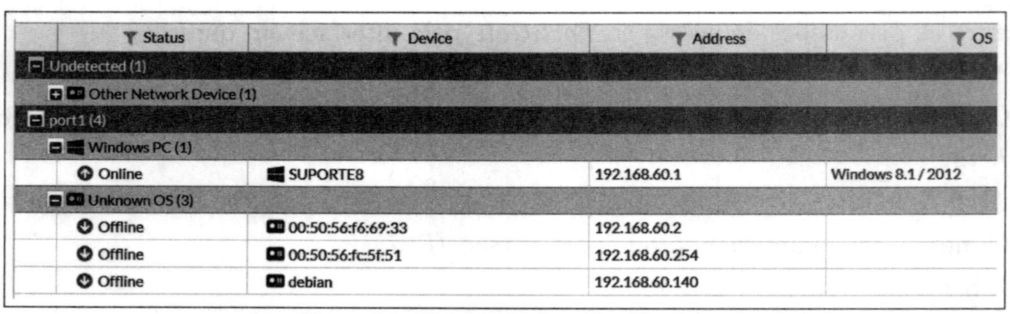

Figura 4.1: Lista de devices identificados.

  - Admission Control

    Ativa o *Captive Portal* na *interface* para realizar autenticação dos usuários.

  - Miscellaneous

    * Scan Outgoing Connections to Botnet Sites

      Monitora todas as comunicações dos *hosts* realizadas nesta *interface* à procura de conexões com os *IPs* utilizados em *botnets*, com a opção de monitorar e/ou bloquear esses tráfegos. Nos logs destas atividades são armazenados logs de *AntiVirus* em *Log & Report > AntiVirus.*

#	@	Date/Time	Service	Source	File Name	Virus/Botnet	User	Details	Action
1		10:14:20		192.168.60.140		Kelihos		host: 190.19.154.8	blocked
2		10:14:13		192.168.60.140		Kelihos		host: 37.99.42.165	blocked
3		10:14:12		192.168.60.140		Kelihos		host: 190.19.154.8	blocked
4		10:14:08		192.168.60.140		Kelihos		host: 190.19.154.8	blocked

Figura 4.2: Logs da comunicação de Hosts com Botnets.

* Enable Explicit Web Proxy
  Habilita a *interface* do *FortiGate* a escutar e responder a requisições de *Proxy* explícito. A porta que será escutada é determinada pela configuração em *Network > Explicit Proxy > HTTP Port*.

– Secondary IP Address
  Habilita a configuração de um *IP* secundário na *interface*.

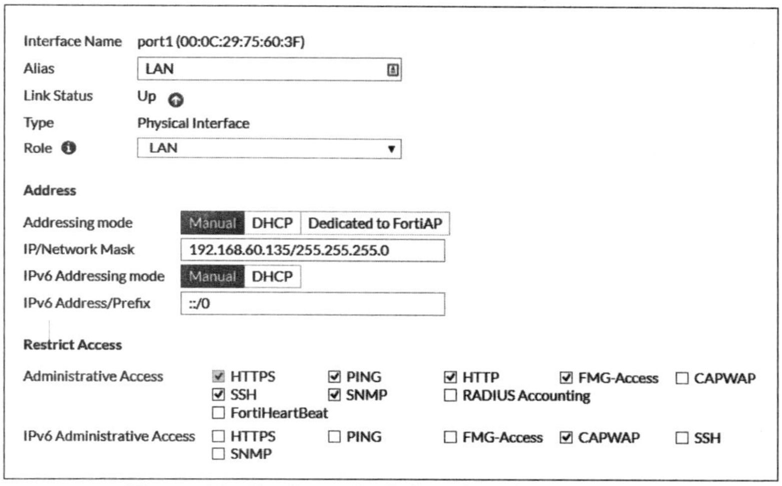

Figura 4.3: Configuração da interface de nome port1.

4.1.1 VLANs

A *VLAN* se utiliza do protocolo *802.1Q* para criar redes virtuais sobre uma rede *ethernet*, cujos quadros são marcados com *tags* (*ID* da *VLAN*) para diferenciar-se das demais. O *802.1Q* não encapsula o *frame* e sim, adiciona ao quadro os dados entre os campos *Source MAC Address* e *EtherType/length*. Para esse novo campo, são alocados *4 Bytes* (*32 bits*), *16 bits* para o *ID* (*Tag protocol identifier (TPID)*) e os outros *16 bits* para o *Tag control information (TCI)*.
As *VLANs* agregam segurança, restringindo o *frame* à *VLAN* à qual pertence. Com as *VLANs*, podemos ter melhorias na infraestrutura já que diminuem o domínio de *broadcast* nas redes. No *FortiOS* a criação de *VLANs* está disponível em *Network > Interfaces > Create New*.

Create New VLAN

- Interface Name
  Nome da *interface* limitando-se a 15 caracteres.
- Type
  Definimos a *interface* como sendo *VLAN.*
- Interface
  Interface física em que será criada a *VLAN.*
- VLAN ID
  ID da *VLAN* Range de *1* a *4094.*
- Role
  Papel da *Interface.*

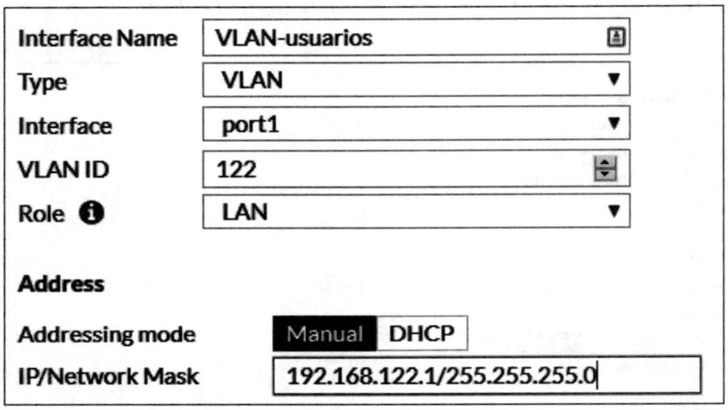

Figura 4.4: Criação de uma nova VLAN.

4.1.2 Virtual Wire Pair

Virtual Wire Pair cria uma camada *layer 2* entre duas *interfaces* (como ocorre com as *interfaces* quando o *Firewall* opera em modo transparente). Os dados que passam sobre essas portas não podem ser direcionados a nenhuma *interface* além das do par, o tráfego de outras *interfaces* também não podem ser direcionados ao par por meio do *FortiOS.*

Para permitir o tráfego entre essas *interfaces*, é necessário que, além de criarmos a *interface* e *Virtual Wire Pair* em *Network > Interface > Create New > Virtual Wire Pair*, criemos a política de *Virtual Wire Pair Policy* em *Policy & Objects > IPv4 Virtual Wire Pair Policy.*

É possível analisar e controlar o tráfego que flui por esse par de *interface* da mesma forma que ocorre em *interfaces* em modo NAT, aplicando filtros de *Web, Antivírus, IPS, APP Control*, entre outros módulos de segurança.

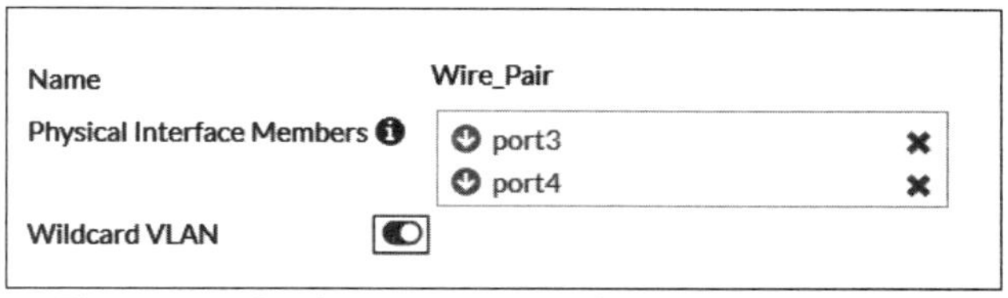

Figura 4.5: Configuração da interface Virtual Wire Pair.

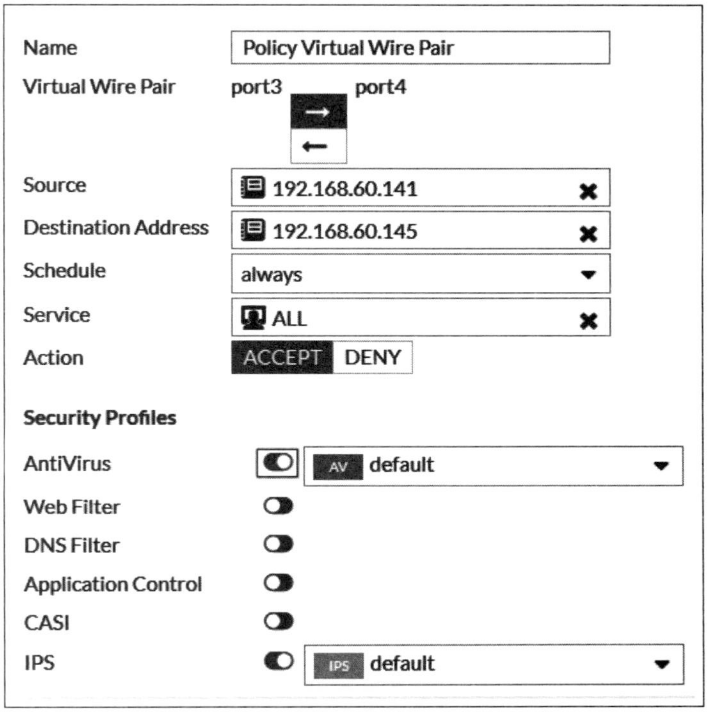

Figura 4.6: Política de Virtual Wire Pair.

4.2 Zone

A configuração de agrupamento de *interfaces* em um grupo é conhecida como *Zone* (zona) no *FortiOS*. Esse agrupamento só fica visível nas configurações de políticas, as demais configurações, como roteamento, VIP e outras não são apresentadas, somente as *interfaces* reais.

É possível agrupar *interfaces* de tipos diferentes em uma mesma configuração, como uma *interface* de *VPN, VLAN,* Física e outras em uma mesma zona. A comunicação entre os membros da zona não é permitida por *default.* Para permitir essa comunicação, temos duas opções, desabilitar a opção *Block intra-zone traffic* dentro da configuração da zona ou a configuração de uma política de *Firewall* que tenha como *interface* de origem e de destino a própria zona. A criação de uma zona fica disponível em *Network > Interface > Create New > Zone.*

Normalmente, são utilizadas as *Zones* para agrupar *interfaces* que tenham um mesmo papel, como interfaces de *VPNs* com Filiais, *Vlans* de usuários, entre outras.

Figura 4.7: Configuração de Zone.

OBS: No momento de criação da Zona, são apresentadas apenas as *interfaces* que não estão em uso nas políticas, não é permitido a adição de uma *interface* em uma zona se esta por sua vez esta sendo utilizada explicitamente em uma política de *Firewall* .

4.2.1 Lab 4 - Configuração das interfaces de rede e servidor de DHCP

Neste laboratório, serão configuradas 3 *interfaces* de rede, sendo duas para *link* de *internet* e uma para a *LAN*.

A imagem 4.8 apresenta a topologia lógica simples para ilustrar as conexões e *IPs* das *interfaces* do *FortiGate*.

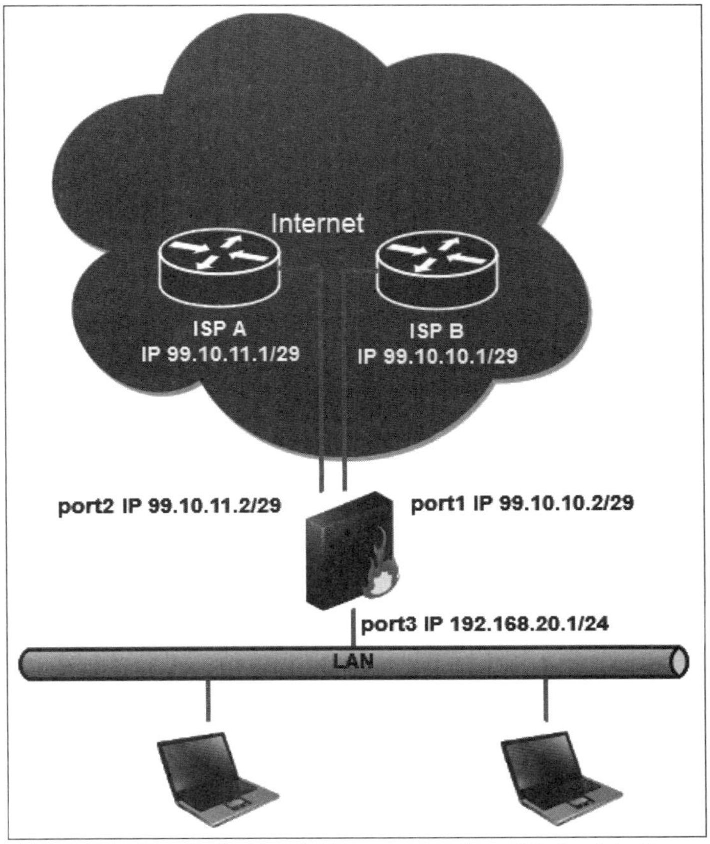

Figura 4.8: Topologia para ilustrar as conexões e IPs das interfaces.

Iniciamos com a configuração das *interfaces* do *FortiGate* via *GUI*, localizada em *Network > Interfaces > port3*, esta *interface* será configurada com o *IP 192.168.20.1* e máscara de rede *255.255.255.0 (\24)* permitindo o acesso administrativo nos protocolos de *HTTPS, SSH, PING*.

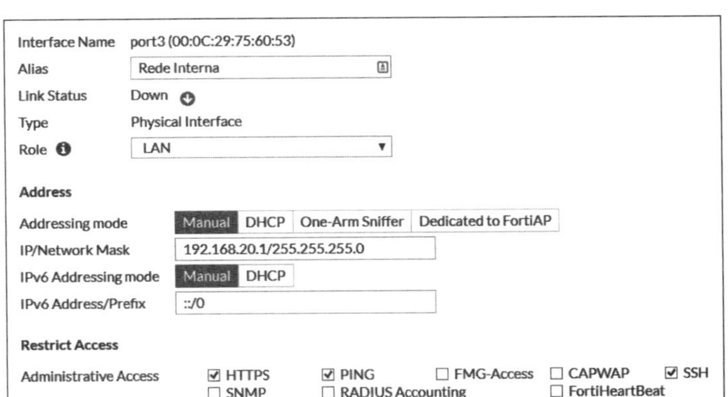

Figura 4.9: Configuração do endereçamento da interface port3.

Antes de iniciar a configuração das demais *interfaces*, podemos configurar o servidor *DHCP* para entregar *IPs* para a rede *LAN*. Essa configuração fica dentro da *interface* em *DHCP Server*.

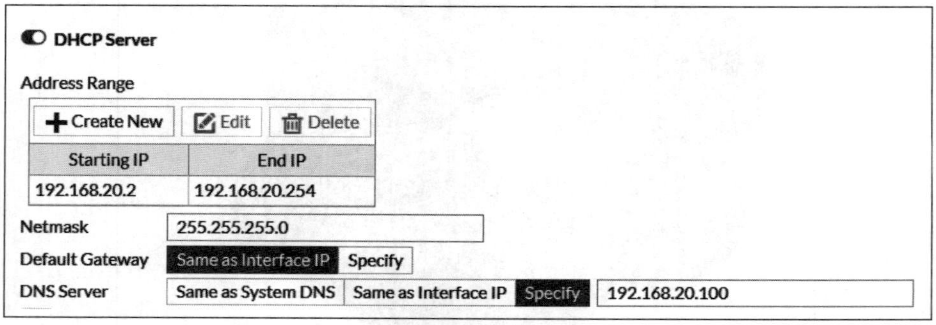

Figura 4.10: Configuração do servidor DHCP.

Em *Monitor > DHCP Monitor*, são mostrados endereços de *IPs* em uso pelos *hosts* clientes.

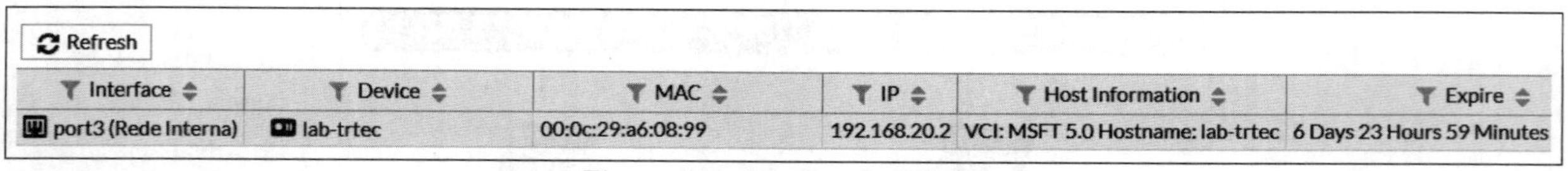

Figura 4.11: Monitor de DHCP.

Diagnóstico

diagnose debug application dhcps

Para visualizar o *debug* do *daemon* de *DHCP Server*, utilizamos o comando *diagnose debug application dhcps -1* e *diag deb en*. Abaixo podemos ver a saída destes comandos após a solicitação realizada por um cliente via os comandos de *release* e *renew*.

```
# diagnose debug application dhcps -1
# diagnose debug  enable

FGT-Livro # [debug]calling handler[port3]
[debug]locate_network prhtype(1) pihtype(1)
[note]DHCPRELEASE of 192.168.20.2 from 00:0c:29:a6:08:99 via port3 (found)
[debug]deled ip 192.168.20.2 mac 00:0c:29:a6:08:99 in vd root
[warn]start dumping leases

[warn]finished dumping dynamic ipmacs
[warn]finished dumping all leases
[debug]Start dumping IP address range:
[debug]IP Range from 192.168.20.2 to 192.168.20.254
[warn]got an interrupt
config[debug]calling handler[port3]
[debug]locate_network prhtype(1) pihtype(1)
```

```
[debug]find_lease(): packet contains preferred client IP, cip.s_addr is 192.168.20.2
[debug]search through all subnets to find an ip lease (192.168.20.2)
[debug]Start dumping IP address range:
[debug]IP Range from 192.168.20.3 to 192.168.20.254
[debug]found a new lease of ip 192.168.20.2
[debug]find_lease(): leaving function with lease set
[debug]find_lease(): the lease's IP is 192.168.20.2
[debug]htyp packet 1, htype hw_addr 0
[note]DHCPDISCOVER from 00:0c:29:a6:08:99 via port3(ethernet)
[debug]added ip 192.168.20.2 mac 00:0c:29:a6:08:99 in vd root
[debug]packet length 300
[debug]op = 1  htype = 1  hlen = 6  hops = 0
[debug]xid = 91c0e142  secs = 0  flags = 0
[debug]ciaddr = 0.0.0.0
[debug]yiaddr = 0.0.0.0
[debug]siaddr = 0.0.0.0
[debug]giaddr = 0.0.0.0
[debug]chaddr = 00:0c:29:a6:08:99
[debug]filename =
[debug]server_name =
[debug]  host-name = "lab-trtec"
[debug]  vendor-encapsulated-options = dc:0
[debug]  dhcp-requested-address = 192.168.20.2
[debug]  dhcp-message-type = 1
[debug]  dhcp-parameter-request-list = 1,15,3,6,44,46,47,31,33,249,43
[debug]  dhcp-class-identifier = "MSFT 5.0"
[debug]  dhcp-client-identifier = 1:0:c:29:a6:8:99
[debug]  option-116 = 1
```

Com a *LAN* já configurada, podemos iniciar a configuração das *interfaces* que serão utilizadas para as *WANs*, neste laboratório utilizamos a *port1* e *port2* que receberam os *IPs 99.10.10.2/29* e *99.10.11.2/29* respectivamente.
A imagem 4.12 ilustra a configuração.

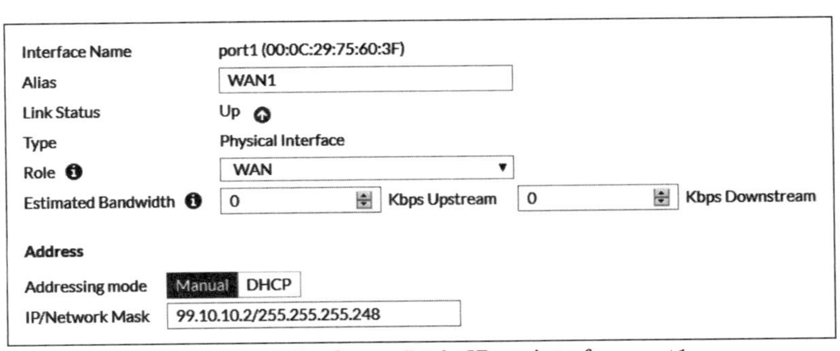

Figura 4.12: Configuração de IP na interface port1.

Agora basta repetir o processo para *port2* com o *IP 99.10.11.2/29*.

Physical (4)				
	port1 (WAN1)	99.10.10.2 255.255.255.248	Physical	PING
	port2 (WAN2)	99.10.11.2 255.255.255.248	Physical	PING
	port3 (Rede Interna)	192.168.20.1 255.255.255.0	Physical	PING HTTPS SSH
	port4 (Gerencia)	192.168.60.135 255.255.255.0	Physical	PING HTTPS SSH

Figura 4.13: Resultado final da configuração dos IPs nas interfaces.

Scripts da configuração das Interfaces e Servidor DHCP.

```
config system interface
 edit "port1"
  set ip 99.10.10.2 255.255.255.248
  set allowaccess ping
  set alias "WAN1"
  set role wan
 next
 edit "port2"
  set ip 99.10.11.2 255.255.255.248
  set allowaccess ping
  set alias "WAN2"
  set role wan
 next
 edit "port3"
  set ip 192.168.20.1 255.255.255.0
  set allowaccess ping https ssh
  set alias "Rede Interna"
  set role lan
 next
 edit "port4"
  set ip 192.168.60.135 255.255.255.0
  set allowaccess ping https ssh
  set alias "Gerencia"
 next
end
config system dhcp server
 edit 1
  set default-gateway 192.168.20.1
  set netmask 255.255.255.0
  set interface "port3"
  config ip-range
   edit 1
    set start-ip 192.168.20.2
    set end-ip 192.168.20.254
   next
  end
  set timezone-option default
  set dns-server1 192.168.20.100
 next
end
```

4.3 DNS

O *FortiOS* utiliza os servidores de *DNS* para resolução de nomes utilizados por diversas funções, como exemplo, o *FortiGuard* e os endereços do tipo *FQDN*, portanto os servidores *DNSs* configurados em *Network > DNS* devem ser capazes de realizar a resolução de nomes internos e externos.

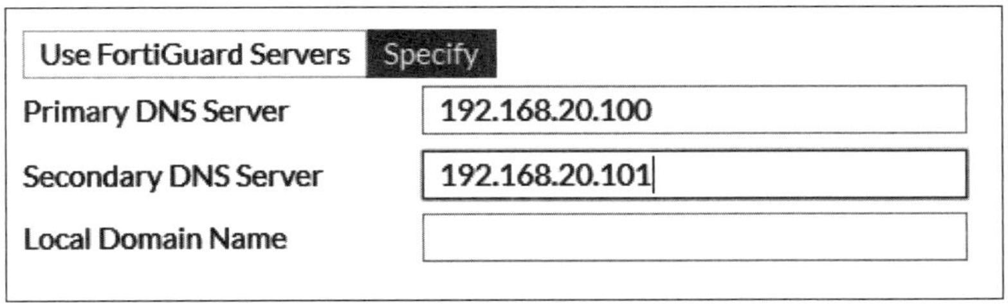

Figura 4.14: Configuração dos servidores de DNS.

A *Fortinet*, via *FortiGuard*, disponibiliza um serviço de *Dynamic DNS* que podemos utilizar para *links* de Internet com *IP* dinâmico muito utilizados no Brasil. Essa configuração está disponível via *CLI*, porém, apesar de estar disponível em versões anteriores, o *FortiOS* 5.4, trouxe a opção de não utilizar o *IP* da *interface* e sim o *IP* de saída para *Internet*.
Abaixo temos um exemplo da configuração:

```
config system ddns
 edit 1
  set ddns-server FortiGuardDDNS
  set ddns-domain "livro54.fortiddns.com"
  set use-public-ip enable
  set monitor-interface "port1"
 next
end
```

A opção *set use-public-ip enable* determina ao *FortiGuard* que utilize o *IP* público em vez do da *interface*.
Abaixo é apresentada a configuração do *FortiGuard DDNS*, o *IP* configurado na *port1* e por fim um *ping* com destino ao *FQDN livro54.fortiddns.com*.

```
# show system ddns
config system ddns
 edit 1
  set ddns-server FortiGuardDDNS
  set ddns-domain "livro54.fortiddns.com"
  set use-public-ip enable
  set monitor-interface "port1"
 next
```

```
end

# show system interface port1
config system interface
  edit "port1"
    set vdom "root"
    set ip 10.10.10.1 255.255.255.0
    set allowaccess ping
    set type physical
    set alias "WAN1"
    set role wan
    set snmp-index 1
  next
end

# execute ping livro54.fortiddns.com
PING livro54.fortiddns.com (191.181.15.51): 56 data bytes
64 bytes from 191.181.15.51: icmp_seq=0 ttl=127 time=3.1 ms
64 bytes from 191.181.15.51: icmp_seq=1 ttl=127 time=2.6 ms
64 bytes from 191.181.15.51: icmp_seq=2 ttl=127 time=2.6 ms
64 bytes from 191.181.15.51: icmp_seq=3 ttl=127 time=5.5 ms
64 bytes from 191.181.15.51: icmp_seq=4 ttl=127 time=3.8 ms

--- livro.fortiddns.com ping statistics ---
5 packets transmitted, 5 packets received, 0% packet loss
round-trip min/avg/max = 2.6/3.5/5.5 ms
```

Diagnóstico

diagnose debug application ddnscd

Para executarmos o *debug* do módulo de *DDNS*, utilizamos o comando *diagnose debug application ddnscd -1* habilitá-lo. Abaixo podemos ver a saída deste comando:

```
#diagnose debug  application ddnscd -1
# diagnose debug  enable
1454854398: Updating interface information
DDNS id:1, server:FortiGuardDDNS, domain:livro54.fortiddns.com, active intf:port1
Add ddns entry (intf:port1 server:FortiGuardDDNS, domain:livro54.fortiddns.com,
interface ip:99.10.10.2, use public ip)

1454854398: Start to update FortiGuardDDNS (livro54.fortiddns.com)
1454854398: next wait timeout 10 seconds
fgd_ddns_connect()-702: SSL connecting
fgd_ddns_ssl_connect()-646: ssl_res=1
fgd_ddns_ssl_connect()-646: ssl_res=1
fgd_ddns_ssl_connect()-646: ssl_res=0
fgd_ddns_fcp_exchange()-811: Sending FCPC=Protocol=3.4|SerialNumber=FGVM0200000|
Firmware=FGVM64-FW-5.04-1011|Command=DDNSUpdate|DomainName=livro54.fortiddns.com|
Address=Automatic
fgt_unpack_fcpr()-562: Unpacked obj: Protocol=3.4|SerialNumber=DDNS-R710-VM-01|
ResponseStatus=1|Command=DDNSUpdate|DomainName=livro54.fortiddns.com|
Address=191.181.15.51
```

```
fgd_ddns_fcp_exchange()-842: Recvd FCPR=Protocol=3.4|SerialNumber=DDNS-R710-VM-01|
ResponseStatus=1|Command=DDNSUpdate|
DomainName=livro54.fortiddns.com|Address=191.181.15.51
fgd_ddns_extract_fcpr_rcode()-413: code=1
fgd_ddns_extract_fcpr_bound_ip()-443: Bound ip=191.181.15.51
1454854400: Succeed to update FortiGuardDDNS
(livro54.fortiddns.com ==> 191.181.15.51)
1454854400: next wait timeout 10 seconds
```

4.4 WAN Link LoadBalancer (LLB)

A função de *WAN LLB* tem a tarefa de agregar os *links* de Internet em uma única *interface* virtual, facilitando o gerenciamento das políticas de *Firewall* e aumentando a resiliência no quesito conectividade, pois, além de agregar os *links*, essa configuração também permite definir métodos de balanceamentos utilizados.

- WAN LLB
  São definidas as *interfaces* que farão parte do *WAN LLB.*
- Load Balancing Algorithm
  Estabelece o método de balanceamento utilizado pelo *WAN LLB.*
  - Volume
    O método utilizado por essa função se baseia em pesos definidos nas *interfaces*, executando o balanceamento proporcional ao valor de cada *interface.*
  - Sessions
    Este modo de balanceamento é similar ao *Volume*, mas trabalha com sessões e não com tráfego.
  - Spillover
    Em *Spillover*, informamos valores de *Threshold* para cada *interface.* O *FortiOS* inicia a utilização pelo link de menor valor e, quando essa quantia é alcançada as sessões subsequentes serão encaminhadas ao próximo *link.*
  - Source-Destination IP
    Realiza o balanceamento baseado na combinação de *IP* de origem e destino.
  - Source IP
    O *Source IP* se baseia no *IP* de origem para realizar o balanceamento.
- WAN Links Usage
  Apresenta a utilização dos *link*s baseado no método de balanceamento.

OBS: O Balanceamento do *FortiOS* é baseado em sessão e não em pacotes, isto garante que pacotes da mesma sessão não sejam transferidos por duas *interfaces* diferentes, o que pode causar problemas de conexões no servidores de destino, no entanto, esse modo de trabalho não permite o balanceamento de forma exata ao cálculo. Por exemplo se colocarmos o balanceamento por peso sendo *1* para uma *interface* e *1* para a segunda, veremos que os *links* não ficam sempre com a mesma utilização, pois uma sessão pode utilizar mais banda que outra, dependendo da ação sendo executada.

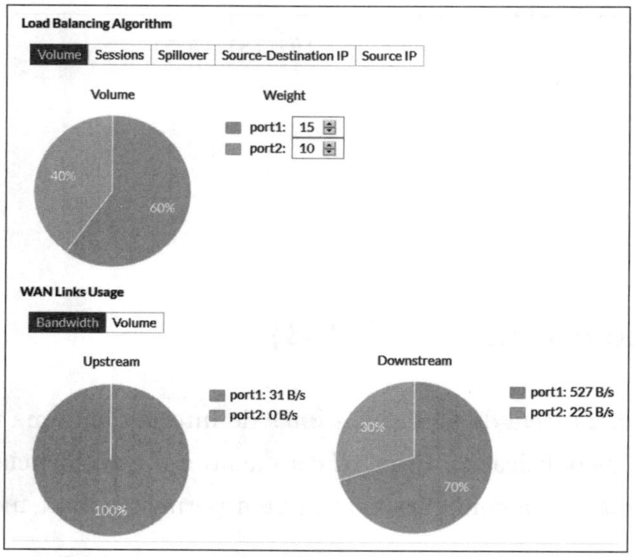

Figura 4.15: Configuração e utilização do balanceamento baseado por volume.

4.4.1 WAN Status Check

Em *WAN Status Check*, podemos executar a configuração para teste e análise dos estados dos *links*, garantindo assim que os links estejam operacionais ou não, removendo o link da tabela de roteamento do *kernel* em caso de queda.

- Name
  Nome para o *Status Check*.
- Protocol
  Protocolo de teste, podendo ser *ICMP (PING)* ou *HTTP*.
- Server
  IP do servidor que será utilizado como base para os testes.
- Link Status
  - Timeout
    Tempo de espera até considerar falha a comunicação do teste.
  - Failures before inactive
    Quantidade de falhas seguidas para considerar queda do *link*.
  - Restore link after
    Quantidade de resultados positivos dos testes após uma falha para considerar que o *link* foi restabelecido.
  - Actions when Inactive
    Ação a ser executada quando o link estiver inativo.

        * Update static route
          Habilita a alteração da tabela de roteamento.

Diagnóstico

diag sys link-monitor vwl-health-check-status

Podemos utilizar o comando *diag sys link-monitor vwl-health-check-status* seguido pelo nome do *WAN Status Check* para analisar o seu estado.

```
diag sys link-monitor vwl-health-check-status GoogleHTTP
Health Check(GoogleHTTP):
Member(1), Interface(port1): state(up) latency(174.28), jitter(80.86), packet-loss(0.00)
Health Check(GoogleHTTP):
Member(2), Interface(port2): state(up) latency(163.47), jitter(77.50), packet-loss(0.00)
```

4.4.2 WAN LLB Rules

Podemos definir regras para a saída de um determinado tráfego baseando-nos em parâmetros estáticos e dinâmicos. Essas regras são prioritárias sobre o balanceamento.

- Name
  Nome da Regra.
- Source
  Origem do pacote podendo ser:
  - Source Address
    IP de origem .
  - User Group
    Grupo de autenticação.
- Destination
  O destino pode ser *IP* ou *Internet Service* (Serviços/Aplicações categorizados pela *Fortinet*).
  - Address
    * Destination Address
      IP de destino.
    * Protocol Number
      Define o protocolo utilizado no filtro dos pacotes.
  - Internet Service
    * Internet Service
      Serviços e aplicações categorizados pelo *FortiGuard*.
- Outgoing Interfaces
  Define a ação quando a regra tem correspondência com o tráfego.
  - Interface Members

∗ Interface Members
· ALL
- Status Check
Define o *Health Check* para essa rule.
- Quality criteria
Permite escolher qual método será utilizado para definir a qualidade do *link*.
O *link* de melhor qualidade será utilizado para rotear o pacote.
· Specify
- Interface
Determina a *interface* na qual será roteado o pacote.

OBS: Após a configuração do *WAN Link Load Balance*, se faz necessária a criação de uma rota *default* com a *interface* de roteamento sendo a *WAN LLB* conforme a imagem 4.16 ilustra.

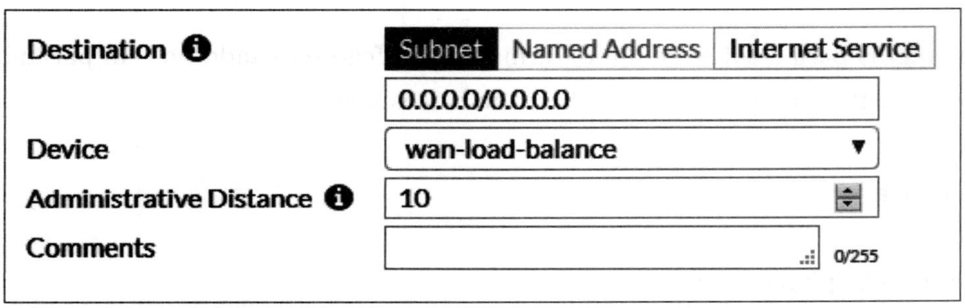

Figura 4.16: Configuração da rota default para WAN LLB.

4.4.3 Lab 5 - Configuração do WAN Link Load Balance | WAN Status Check | WAN LLB Rules

Neste laboratório, será apresentada a configuração do *WAN LLB* para dois *links* de internet localizados nas *interfaces port1* e *port2*. Os *IPs* das *interfaces* já foram configurados no Laboratório anterior (4.2.1).
Iniciamos a configuração em *Network* > *WAN LBB* adicionando as interface *port1* e *port2*.

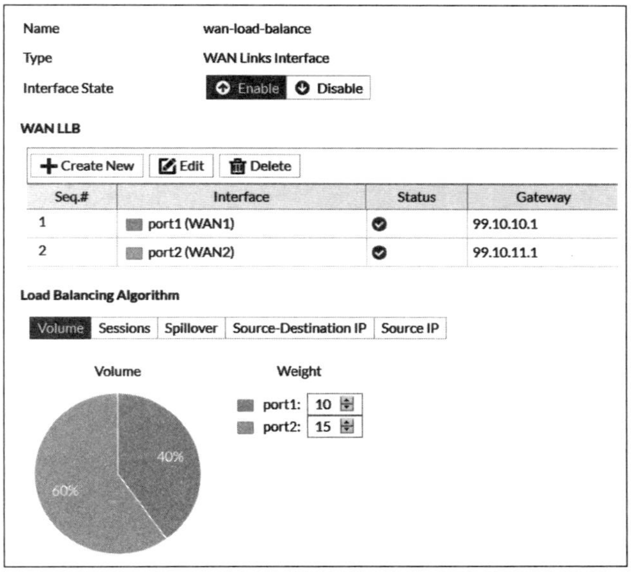

Figura 4.17: Configuração do WAN LLB com dois links de internet.

Com o nosso *WAN LLB* já criado, podemos configurar o *WAN Status Check* em *Network > WAN Status Check > Create New*, configurando para os endereços de destino como a imagem 4.18 apresenta e repetindo para o *IP 64.233.185.99*.

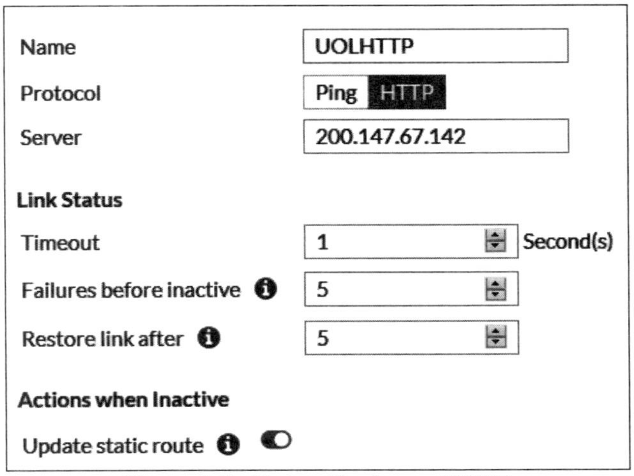

Figura 4.18: Status Check para HTTP.

Para finalizarmos, executamos o mesmo processo da imagem 4.18, alternando de *HTTP* para PING para os destinos *200.192.176.65* e *31.13.73.36*.

Name	Detect Server	Packet Loss	Latency	Jitter	Failure Threshold	Recovery Threshold
TerraPing	200.192.176.65	port1: 0.00 % port2: 0.00 %	port1: 22.29 ms port2: 24.06 ms	port1: 73.86 ms port2: 74.00 ms	5	5
UOLHTTP	http://200.147.67.142/	port1: 0.00 % port2: 0.00 %	port1: 68.49 ms port2: 69.08 ms	port1: 229.21 ms port2: 215.41 ms	5	5
GoogleHTTP	http://64.233.185.99/	port1: 0.00 % port2: 0.00 %	port1: 162.70 ms port2: 154.76 ms	port1: 114.66 ms port2: 90.86 ms	5	5
FacebookPing	31.13.73.36	port1: 0.00 % port2: 0.00 %	port1: 183.75 ms port2: 183.47 ms	port1: 118.67 ms port2: 118.83 ms	5	5

Figura 4.19: Resultado final da configuração.

Será criada uma política de *WAN LLB Rules* para direcionar o tráfego com destino ao *Sales Forces WEB* para o *link* de menor latência baseado em um dos *Status Check*, em *Network* >*WAN LLB Rules* > *Create New.*

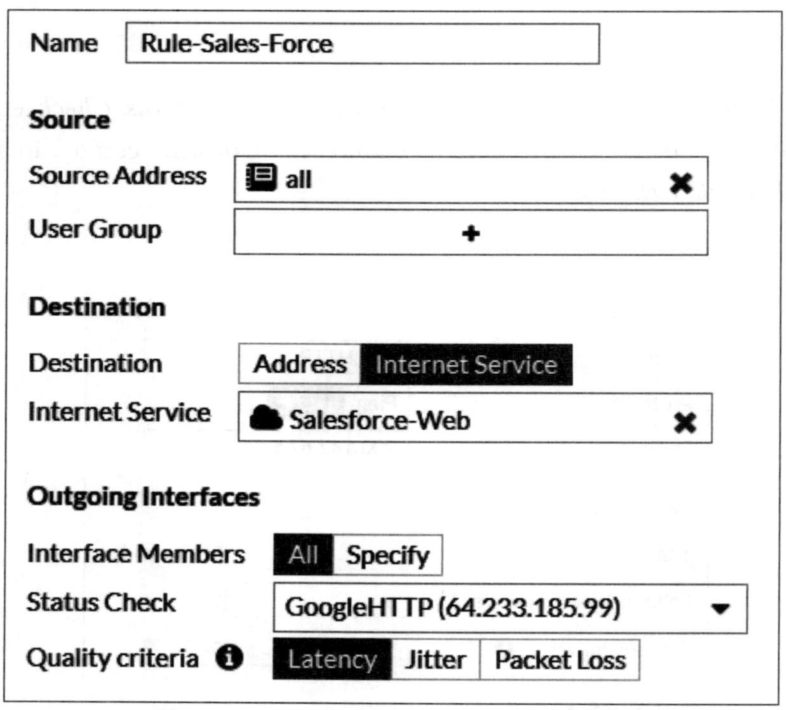

Figura 4.20: Configuração do WAN LLB Rules.

Para finalizar, criaremos a rota *Default*, que terá sua *interface* de roteamento como sendo a *WAN LLB*, em *NetWork* > *Route* > *Static* > *Create New.*

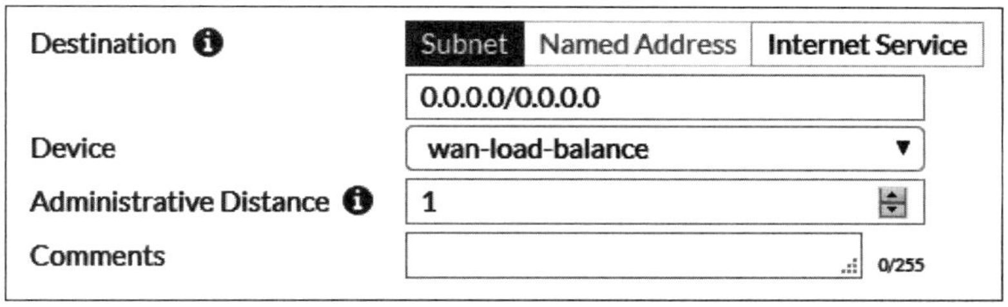

Figura 4.21: Configuração da rota default para a interface WAN LLB.

4.4.4 Scripts das Configurações de WAN Link Load Balance | WAN Status Check | WAN LLB Rules | Route Static Default.

```
config system virtual-wan-link
 set status enable
 set load-balance-mode measured-volume-based
 config members
  edit 1
   set interface "port1"
   set gateway 99.10.10.1
   set volume-ratio 10
  next
  edit 2
   set interface "port2"
   set gateway 99.10.11.1
   set volume-ratio 15
  next
 end
 config health-check
  edit "TerraPing"
   set server "200.192.176.65"
  next
  edit "UOLHTTP"
   set server "200.147.67.142"
   set protocol http
  next
  edit "GoogleHTTP"
   set server "64.233.185.99"
   set protocol http
  next
  edit "FacebookPing"
   set server "31.13.73.36"
  next
 end
 config service
  edit "Rule-Sales-Force"
   set mode auto
   set quality-link 1
   set src "all"
   set internet-service enable
   set internet-service-id 655361
```

```
    set health-check "GoogleHTTP"
  next
 end
end
config router static
 edit 1
  set distance 1
  set virtual-wan-link enable
 next
end
```

4.4.5 Monitorando o tráfego de rede | Sniffer

A ferramenta do *FortiOS* para a captura dos pacotes que passam por uma *interface* do *FortiGate* é conhecida como *Sniffer*.

Com o auxílio do *sniffer*, monitoramos uma determinada comunicação para verificar as portas que são utilizadas ou os *IPs* utilizados na comunicação de uma aplicação. O *Sniffer* do *FortiOS* tem a mesma sintaxe de filtro do *TCPDUMP*; portanto, muitos dos filtros utilizados nele podem ser empregados no *Sniffer* do *FortiOS*.

O *Sniffer* se inicia com o uso do comando estático *diagnose sniffer packet* após temos os filtros, *verbose*, quantidade de pacotes (opcional) e a opção de formatação do *timestamp* (opcional) como no exemplo abaixo:

```
diag sniffer packet <interface> <filtros> <verbose> <quant. de pacotes> <timestamp>
```

Após o comando *diagnose sniffer packet* temos, as opções de:

- Interface

  É possível adicionar o nome da *interface* do tipo Física ou virtual (*VPN*, *VLAN*, etc...). Também temos a opção de filtrar todas as *intefaces* ao mesmo tempo adicionando a opção *any* exemplo:

  ```
  # diagnose sniffer packet any
  interfaces=[any]
  filters=[none]
  0.477457 99.10.10.2.3342 -> 208.91.113.240.514: syn 3100175503
  0.477728 192.168.60.135.22 -> 192.168.60.1.50787: psh 3089831540 ack 478073530
  ```

  Realizado o filtro em qualquer interface.

- Filtros

  Para os filtros, podemos utilizar as opções:

- Port

  Porta do protocolo na camada 4, exemplo:

```
# diagnose sniffer packet port1 "port 80"
interfaces=[port1]
filters=[port 80]
2.411225 99.10.10.2.19474 -> 64.233.185.99.80: psh 3964521147 ack 89923416
2.411892 64.233.185.99.80 -> 99.10.10.2.19474: ack 3964521293
2.564560 64.233.185.99.80 -> 99.10.10.2.19474: psh 89923416 ack 3964521293
```

  Filtra os pacotes da *interface port1* com a porta *80*, seja destino ou origem.

- Proto

  Número do protocolo padrão definido pela *IANA* [17], exemplo:

```
# diagnose sniffer packet port3 "proto 1"
interfaces=[port3]
filters=[proto 1]
6.450698 192.168.20.2 -> 4.2.2.2: icmp: echo request
6.623709 4.2.2.2 -> 192.168.20.2: icmp: echo reply
```

  Executa o filtro dos pacotes da *port3* que sejam *ICMP*.

- SRC

  Define o filtro como origem, exemplo:

```
# diagnose sniffer packet port1 "src port 80"
interfaces=[port1]
filters=[src port 80]
1.083708 64.233.185.99.80 -> 99.10.10.2.19474: ack 3964524505
1.231693 64.233.185.99.80 -> 99.10.10.2.19474: psh 89935296 ack 3964524505
```

  Seleciona apenas os pacotes da *interface port1* que tenham a porta 80 como origem.

- DST

  Define o filtro como sendo destino, exemplo:

```
# diagnose sniffer packet port1 "dst port 80"
interfaces=[port1]
filters=[dst port 80]
2.002216 99.10.10.2.19474 -> 64.233.185.99.80: psh 3964526987 ack 89945016
2.151838 99.10.10.2.19474 -> 64.233.185.99.80: ack 89945556
```

- Host

  Informa o IP a ser filtrado, exemplo:

```
# diagnose sniffer packet any "host 8.8.8.8"
interfaces=[any]
filters=[host 8.8.8.8]
15.638055 192.168.20.2 -> 8.8.8.8: icmp: echo request
15.638136 99.10.10.2 -> 8.8.8.8: icmp: echo request
```

  Filtra e apresenta os pacotes de qualquer *interface* que tenham como endereço de destino ou origem o *IP 8.8.8.8.*

- Net

  Define o filtro de endereço para uma rede, exemplo:

```
# diagnose sniffer packet port3 "net 8.8.8.8/30"
interfaces=[port3]
filters=[net 8.8.8.8/30]
4.000459 192.168.20.2 -> 8.8.8.9: icmp: echo request
5.009975 192.168.20.2 -> 8.8.8.9: icmp: echo request
```

  Habilita o filtro para os pacotes da *interface port3* que tenha no *Header* seja destino ou origem algum *IP* da rede *8.8.8.8/30.*

- Nome do protocolo

  Alguns protocolos podem ser definidos por nome, como *arp, ip, esp, udp, ether e tcp* exemplo:

```
# diagnose sniffer packet any "arp"
interfaces=[any]
filters=[arp]
5.331030 arp who-has 99.10.11.2 tell 99.10.11.1
5.331044 arp reply 99.10.11.2 is-at 0:c:29:75:60:49
```

  Permite filtrar os pacotes de qualquer *interface* do protocolo *ARP.*

- Verbose

  Define quais informações sobre o pacote serão exibidas, o *verbose* vai de 1 a 6.

  1. Apresenta o cabeçalho dos pacotes.
  2. Apresenta o cabeçalho e dados de *IP* dos pacotes.
  3. Apresenta o cabeçalho e dados de *Ethernet* dos pacotes.
  4. Apresenta o cabeçalho dos pacotes com o nome da *interface.*
  5. Apresenta o cabeçalho e dados do *IP* dos pacotes com nome da *interface.*

6. Apresenta o cabeçalho e dados de *Ethernet* dos pacotes com nome da *interface*, exemplo:

```
# diagnose sniffer packet port3 "net 8.8.8.8/30" 6
interfaces=[port3]
filters=[net 8.8.8.8/30]
18.724702 port3 -- 192.168.20.2 -> 8.8.8.8: icmp: echo request
0x0000   000c 2975 6053 000c 29bf b8c8 0800 4500      ..)u`S..).....E.
0x0010   0054 f2d1 4000 4001 631d c0a8 1402 0808      .T..@.@.c.......
0x0020   0808 0800 a4cb 2b6f 0001 5cfa 8f54 4272      ......+o..\..TBr
0x0030   0e00 0809 0a0b 0c0d 0e0f 1011 1213 1415      ................
0x0040   1617 1819 1a1b 1c1d 1e1f 2021 2223 2425      ...........!"#$%
0x0050   2627 2829 2a2b 2c2d 2e2f 3031 3233 3435      &'()*+,-./012345
0x0060   3637                                         67
```

Filtra os pacotes da *interface port3* com destino à rede *8.8.8.8/30* com o *verbose 6*, que apresenta o cabeçalho e dados de *ethernet* dos pacotes além da *interface*.

- Quantidade de pacotes
  Quantidades de pacote a serem capturados, exemplo:

```
# diagnose sniffer packet port1 none 4 2
interfaces=[port1]
filters=[none]
0.542609 port1 -- 192.162.20.100.137 -> 192.162.20.255.137: udp 50
0.576696 port1 -- 99.10.10.2.62090 -> 208.91.112.52.53: udp 29
```

Executa a captura dos pacotes da *interface port1* sem filtro, apresentando o nome da *interface* para os 2 primeiros pacotes depois finaliza a captura.

- timestamp
  Apresenta o horário em que o pacote foi capturado, podendo ser utilizadas as opções **"a"**, para apresentar no formato de *Absolute Timestamp* no padrão *UTC*, e o **"l"** que apresenta no padrão da hora local configurado no *FortiOS*.
  Exemplo Absolute Timestamp :

```
# diagnose sniffer packet any "host 4.2.2.2" 4 100 a
interfaces=[any]
filters=[host 4.2.2.2]
2016-02-26 16:47:48.991252 port3 in 192.168.20.2 -> 4.2.2.2: icmp: echo request
2016-02-26 16:47:48.991351 port1 out 99.10.10.2 -> 4.2.2.2: icmp: echo request
2016-02-26 16:47:49.142774 port1 in 4.2.2.2 -> 99.10.10.2: icmp: echo reply
2016-02-26 16:47:49.142821 port3 out 4.2.2.2 -> 192.168.20.2: icmp: echo reply
```

O filtro é executado para pacotes em qualquer *interface* com origem ou destino ao *IP 4.2.2.2* apresentando os nomes das *interfaces*, capturando 100 pacotes e exibindo o *timestamp* em formato *UTC*.

Exemplo Local *Timestamp*:

```
# diagnose sniffer packet any "host 4.2.2.2" 4 100 l
interfaces=[any]
filters=[host 4.2.2.2]
2016-02-26 13:47:56.794714 port3 in 192.168.20.2 -> 4.2.2.2: icmp: echo request
2016-02-26 13:47:56.794806 port1 out 99.10.10.2 -> 4.2.2.2: icmp: echo request
2016-02-26 13:47:56.967453 port1 in 4.2.2.2 -> 99.10.10.2: icmp: echo reply
2016-02-26 13:47:56.967502 port3 out 4.2.2.2 -> 192.168.20.2: icmp: echo reply
```

O filtro é executado como o anterior, no entanto apresentando o *timestamp* em formato Local.

Operadores Lógicos

O uso de operadores lógicos potencializa os filtros para o *sniffer*, permitindo assim analisar vários dados e concatenar os parâmetros para o resultado.

- or | (||)
  Operador 'Ou'
- and | (&&)
  Operador 'E'
- not | (!)
  Operador 'Não'
- = | (==)
  Operador 'Igual'
- !=
  Operador 'Diferente'
- >
  Operador 'Maior'
- <
  Operador 'Menor'
- >=
  Operador 'Maior ou Igual'
- <=
  Operador 'Menor ou Igual'

4.4.6 Lab 6 - Sniffer - Escovando bits.

O *Sniffer* nos permite realizar a inspeção do pacote praticamente com uma lupa, não limitando-se aos filtros apresentados acima. Podemos analisar um *byte* ou mesmo até um *bit* específico do pacote nas camadas dos protocolos.

A imagem 4.22 apresenta o *header* do protocolo *IP* na sua versão 4 com seus campos e *Bytes*. Podemos ver que o campo correspondente ao armazenamento do valor da *TTL* do pacote *IP* está no *9º byte*, porém, como a contagem se inicia em *0*, temos o *byte* de número *8*, sendo assim, se quisermos capturar os pacotes que tenham o *TTL* com valor superior a *200*, utilizamos o filtro *"ip[8]>200"*, para testes executamos um simples *ping* com o *TTL* superior a *200*, como é apresentado a seguir: *ping -t 200 4.2.2.2* .

```
william@debian:~# ping -t 201 4.2.2.2
PING 4.2.2.2 (4.2.2.2) 56(84) bytes of data.

# diagnose sniffer packet any "ip[8]>200"
interfaces=[any]
filters=[ip[8]>200]
53.792797 192.168.20.2 -> 4.2.2.2: icmp: echo request
797.574369 99.10.10.2 -> 4.2.2.2: icmp: echo request
```

IPv4 Header

	0		1		2		3	
0	Ver	IHL	TOS		Total Length			
	4	5	0	0	0	0	3	a
4	IP Identification				Flags		Offset	
	1	d	4	a	4	0	0	0
8	TTL		Protocol		Checksum			
	4	0	1	1	d	1	3	a
12	Source Address							
	c	0	0	0	0	2	0	2
16	Destination Address							
	c	0	0	0	0	2	0	1
20	Options (optional)							

Figura 4.22: Header IPV4 com os seus campos.

Apesar de ser mais fácil realizar o filtro do *IP* de destino *200.221.2.45* simplesmente com o comando *'dst host 200.221.2.45'*, por motivos de aprendizados executaremos o filtro diretamente nos *bytes* do campo destinado ao *"Destination Address"* no *header* do *IPv4*, o início do campo se encontra a partir do décimo sétimo *byte* e é composto por *4 bytes* com o valores em hexadecimais, portanto, nosso filtro para o *IP* informado será *"ip[16:4]=0xC8DD022D"*, que obtém os 4 *bytes* a partir do byte de número *17* e compara com o valor do *IP* em *hexadecimal*.

```
william@debian:~# ping www.uol.com.br
PING homeuol.ipv6uol.com.br (200.221.2.45) 56(84) bytes of data.
64 bytes from home.uol.com.br (200.221.2.45): icmp_req=1 ttl=126 time=21.1 ms

# diagnose sniffer packet any "ip[16:4]=0xC8DD022D"
interfaces=[any]
filters=[ip[16:4]=0xC8DD022D]
8.994663 192.168.20.2 -> 200.221.2.45: icmp: echo request
```

Vamos subir uma camada no nosso filtro e analisar os pacotes na camada 4 com o auxílio da imagem 4.23 onde apresenta os campos e *bytes* do *header TCP*.

Capturaremos os pacotes com determinadas *flags* do protocolo *TCP*. Abaixo seguem as *flags* e seu valor:

Final (Fin) = 1

Sync (Syn) = 2

Reset (Rst) = 4

Push = 8

Acknowledgement (ack) = 16

Urgent (Urg) = 32

O campo que contém a informação da *Flag TCP* se encontra no décimo quarto *byte*, portanto, para realizarmos o filtro da *flag ack*, utilizamos *"tcp[13]=16"*. É possível realizar o filtro de mais de uma *flag*, como é o caso de pacotes com a *flag SYN* e *ACK*, bastando assim apenas somar os valores das *flags*, que no nosso exemplo seria *2(SYN)+16(ACK) = 18*, deste modo, o nosso filtro para pacotes contendo as *flags SYN* e *ACK* seria *tcp[13]=18.*

```
william@debian:~# telnet www.uol.com.br 80
Trying 200.221.2.45...
Connected to homeuol.ipv6uol.com.br.
Escape character is '^]'.
# diagnose sniffer packet any "tcp[13]=18"
interfaces=[any]
filters=[tcp[13]=18]
6.483280 200.221.2.45.80 -> 99.10.11.2.39111: syn 1012020791 ack 1634253441
```

TCP

	0		1		2		3	
0	Source Port				Dest. Port			
	0	4	0	1	0	0	5	0
4	Sequence Number							
	a	0	3	b	e	f	1	1
8	Acknowledgement Number							
	0	4	e	a	3	5	e	1
12	HL	R	Flags		Window Size			
	5	0	1	2	3	a	1	6
16	Checksum				Urgent Pointer			
	5	2	3	4	0	0	0	0
20	Options (up to 40 bytes)							

Figura 4.23: Header TCP com os seus campos.

Com a utilização dos operadores lógicos nos filtros, podemos criar uma lógica para obtenção dos dados. Vamos criar um filtro para capturar os pacotes de *three-way handshake* utilizando o operador lógico *or*, assim o nosso filtro é *(tcp[13]=2 || tcp[13]=18 || tcp[13]=16)*.
O exemplo abaixo captura os pacotes com origem ou destino ao *IP 200.221.2.45* que contenham as *flags SYN* ou *SYN/ACK* ou *ACK* utilizadas durante o *three-way handshake*.

```
diagnose sniffer packet port3 "host  200.221.2.45 && (tcp[13]=2 ||tcp[13]=18||tcp[13]=16)"
interfaces=[port3]
filters=[host  200.221.2.45 && (tcp[13]=2 || tcp[13]=18 || tcp[13]=16)]
6.037655 192.168.20.2.39116 -> 200.221.2.45.80: syn 294498572
6.064907 200.221.2.45.80 -> 192.168.20.2.39116: syn 786893326 ack 294498573
6.065158 192.168.20.2.39116 -> 200.221.2.45.80: ack 786893327
```

4.5 Roteamento

As rotas estáticas ou dinâmicas são armazenadas em uma tabela de roteamento, a qual é analisada à procura da melhor rota para um determinado destino, a qual, para um pacote, normalmente é a que tem menor distância ao próximo *hop (gateway)*.
A tabela de roteamento não é só utilizada para encaminhamento de pacotes, ela também é utilizada para análise de segurança, como é o caso do *Reverse Path Forwarding (RPF)* [4.5.3].

4.5.1 Static Routes

As rotas estáticas no *FortiOS* podem ser criadas e gerenciadas via *GUI* em *Network > Static Routes.* No momento da criação de uma rota estática, temos as seguintes opções :

- Destination
  - Subnet

    Endereço *IP/MASK* de destino.
  - Named Address

    Possibilita a opção do uso de um objeto de *firewall address/Address Group.*

    OBS: O *Address* e/ou *Address Group* só serão apresentados na opção *Named Address* se for habilitada a opção *allow-routing* via *CLI.* Abaixo podemos ver os comandos para habilitar essa opção em *Address* e *Group*:

```
config firewall address
 edit <nome do objeto>
  set allow-routing enable
 next
end
config firewall addrgrp
 edit <nome do objeto>
  set allow-routing enable
 next
end
```

  - Internet Service

    Serviços/Aplicações categorizados pela *Fortinet* que podem ser utilizados no roteamento estático.
- Device

  Interface utilizada para o encaminhamento do pacote.
- Gateway

  Gateway utilizado para o envio do pacotes.
- Administrative Distance

  Distância administrativa para o cálculo da rota com valor de *1* a *255.*
- Comments

  Campo de comentário.
- Advanced Options
  - Priority

    Prioridade utilizada no cálculo da rota com valor de *0* a *4294967295.*

Administrative Distance | Priority

Os valores de *Distance* e *Priority* são utilizados para definição da melhor rota para o encaminhamento, seguindo algumas regras:

- Distance
  O *Distance* é um valor administrativo utilizado no cálculo da definição da melhor rota para um pacote, quando temos duas rotas para o mesmo destino, mas com *gateways* diferentes. O valor definido em *Distance* é utilizado para escolha do próximo *hop* em duas situações:
  - Com valores diferentes:
    O Menor valor será utilizado, exemplo: se temos duas rotas iguais, porém uma com distância *11* e outra com o valor *10*, a de valor *10* será a primária.
  - Com valores iguais:
    Neste caso, se não for configurada a prioridade ou se os valores forem iguais, o *FortiOS* vai utilizar o *Equal-Cost Multi-Path (ECMP)* [16], que roteia os pacotes entre rotas diferentes de igual custo.
- Priority
  A prioridade é utilizada para definir o link a ser usado quando temos rotas iguais e queremos definir uma melhor rota. O *Priority* só é analisado em caso de rotas com distâncias iguais, pois o *Distance* tem precedência sobre a *Priority*. Temos 4 situações:
  1. Distâncias iguais e prioridades iguais:
     Neste caso, será utilizado o *ECMP* para realizar a escolha da rota.
  2. Distâncias diferentes e prioridades iguais:
     A distância de menor valor será utilizada já que esta tem preferência sobre a prioridade.
  3. Distâncias diferentes e prioridades diferentes:
     Mesmo caso do item anterior, devido à preferência da distância
  4. Distâncias iguais, mas prioridades diferentes:
     A prioridade de menor valor será a primária.

4.5.2 ECMP

ECMP é responsável pelo encaminhamento de pacotes quando temos mais de um caminho para o mesmo destino. No *FortiOS* isso ocorre quando temos duas rotas com o mesmo destino e de valores iguais entre elas para distância e prioridade, sendo assim, o algorítimo do *ECMP* fica responsável por escolher o melhor caminho.

Diagnóstico

set v4-ecmp-mode

O Balanceamento realizado pelo *ECMP* conta com 4 métodos na versão 5.4 do *FortiOS*, configurado via *CLI* com os comandos:

```
config system settings
```

```
 set v4-ecmp-mode <metodo de balanceamento>
end
```

OBS: O comando acima só está disponível se o *Wan Link LoadBalacer* estiver desativado.

Os métodos são:

1. source-ip-based

   Baseia-se no *IP* de origem para definir o próximo *hop*.

2. weight-based

   O próximo *hop* é definido pelo peso configurado nas *interfaces* via *CLI* com o auxílio dos comandos:

```
config system interface
 edit <nome da interface>
  set weight <valor do peso de 1 a 255>
 next
end
```

3. usage-based

   Usage se baseia no valor do *treshold* do *Spillover*. Podendo ser setados no *treshold* valores do *Download* e *Upload* via *CLI*:

```
config system interface
 edit <nome da interface>
  set spillover-threshold < valor download de 0 - 16776000 kbps>
  set ingress-spillover-threshold  < valor upload de 0 - 16776000 kbps>
 next
end
```

4. source-dest-ip-based

   Baseia-se em ambos os *IPs* de origem e destino para escolha do próximo *hop*.

OBS: A configuração via *CLI* do *ECMP* não estará disponível se o *WAN LLB* estiver habilitado.

ECMP Route Cache

Quando uma rota é selecionada pelo *ECMP*, o sistema coloca-a em um cache, deste modo, todas as sessões novas para o mesmo endereço de destino saem pela mesma rota (o intuito deste modo de operação é a performance) se mantendo assim até que todas as sessões para aquele destino sejam finalizadas.

Diagnóstico

diagnose ip rtcache list

Para listarmos as entradas deste cache, utilizamos o comando ***diagnose ip rtcache list.***

```
# diagnose ip rtcache list

family=02 tab=254 vf=0 type=02 tos=0 flag=84000200
192.168.60.1@11(port4)->192.168.60.135@13(root) gwy=0.0.0.0 prefsrc=192.168.60.135
ci: ref=1 lastused=0 expire=0 err=00000000 used=13 br=0 pmtu=16436
family=02 tab=254 vf=0 type=01 tos=0 flag=00000200
200.221.2.45@0->192.168.20.2@9(port3) gwy=0.0.0.0 prefsrc=0.0.0.0
ci: ref=0 lastused=111 expire=0 err=00000000 used=21 br=0 pmtu=1500
family=02 tab=254 vf=0 type=01 tos=0 flag=00000200
4.2.2.2@3(port1)->192.168.20.2@9(port3) gwy=0.0.0.0 prefsrc=99.10.10.2
ci: ref=5 lastused=6 expire=0 err=00000000 used=5 br=0 pmtu=1500
```

Para obter a tabela de roteamento do *FortiOS*, utilizamos a *GUI* em *Monitor > Routing Monitor*.

Type	Subtype	Network	Gateway	Interface
Static		0.0.0.0/0	99.10.11.1	port2 (WAN2)
Static		0.0.0.0/0	99.10.10.1	port1 (WAN1)
Connected		99.10.10.0/29	0.0.0.0	port1 (WAN1)
Connected		99.10.11.0/29	0.0.0.0	port2 (WAN2)
Connected		192.168.20.0/24	0.0.0.0	port3 (Rede Interna)
Connected		192.168.60.0/24	0.0.0.0	port4 (Gerencia)
Connected		192.168.122.0/24	0.0.0.0	VLAN-usuarios

Figura 4.24: Tabela de roteamento apresentada na GUI.

Diagnóstico

get router info routing-table all

get router info kernel

Para termos acesso à mesma informação da tabela de roteamento via *CLI*, utilizamos o comando *get router info routing-table all*, como vemos abaixo:

```
# get router info routing-table all
Codes: K - kernel, C - connected, S - static, R - RIP, B - BGP
O - OSPF, IA - OSPF inter area
N1 - OSPF NSSA external type 1, N2 - OSPF NSSA external type 2
E1 - OSPF external type 1, E2 - OSPF external type 2
i - IS-IS, L1 - IS-IS level-1, L2 - IS-IS level-2, ia - IS-IS inter area
* - candidate default

S*      0.0.0.0/0 [1/0] via 99.10.11.1, port2, [0/41]
[1/0] via 99.10.10.1, port1, [0/25]
```

```
C       99.10.10.0/29 is directly connected, port1
C       99.10.11.0/29 is directly connected, port2
C       192.168.20.0/24 is directly connected, port3
C       192.168.60.0/24 is directly connected, port4
C       192.168.122.0/24 is directly connected, VLAN-usuarios
```

Via *CLI*, obtemos a tabela de roteamento diretamente do *Kernel* do sistema com auxílio do comando *get router info kernel.*

```
tab=255 vf=0 scope=253 type=3 proto=2 prio=0 0.0.0.0/0.0.0.0/0->99.10.10.0/32
pref=99.10.10.2 gwy=0.0.0.0 dev=3(port1)
tab=255 vf=0 scope=254 type=2 proto=2 prio=0 0.0.0.0/0.0.0.0/0->99.10.10.2/32
pref=99.10.10.2 gwy=0.0.0.0 dev=3(port1)
tab=255 vf=0 scope=253 type=3 proto=2 prio=0 0.0.0.0/0.0.0.0/0->99.10.10.7/32
pref=99.10.10.2 gwy=0.0.0.0 dev=3(port1)
tab=255 vf=0 scope=253 type=3 proto=2 prio=0 0.0.0.0/0.0.0.0/0->99.10.11.0/32
pref=99.10.11.2 gwy=0.0.0.0 dev=4(port2)
tab=255 vf=0 scope=254 type=2 proto=2 prio=0 0.0.0.0/0.0.0.0/0->99.10.11.2/32
pref=99.10.11.2 gwy=0.0.0.0 dev=4(port2)
...
```

4.5.3 Reverse Path Forwarding (RPF) | Antispoof

Quando um pacote chega ao *FortiOS*, é analisado e verificado se a *interface* de entrada do pacote, corresponde à informação que existe na tabela de roteamento. Essa função tem o intuito de proteger contra ataques de *Spoofing*, por exemplo:

Um pacote tem seu *IP* de origem *192.168.60.100* na tabela de roteamento do *FortiOS*. Esse *IP* é roteado pela *interface port2*, no entanto esse pacote entrou pela *interface port3*, por padrão ele será bloqueado, pois se trata de um pacote que deveria ter sua *interface* de entrada como sendo a *port2*.

Diagnóstico

set log-invalid-packet enable

Por padrão, o *FortiOS* não gera entrada nos *log* para esse tipo de bloqueio, assim podemos obter a informação de bloqueio via *debug* de *flow* [apresentado em 6.4] ou habilitando o *log* de pacotes violados com o comando *set log-invalid-packet enable*, como apresentado abaixo:

```
config log setting
 set log-invalid-packet enable
end
```

A imagem 4.25 apresenta o *log* gerado em *Log & Report > Forward Traffic* pelo bloqueio.

#	1	Action	Deny: policy violation
Date/Time	02-07 22:11	Destination	192.168.20.100
Destination Country	Reserved	Destination Interface	unknown-0
Duration	0	Level	
Log ID	6	Message	reverse path check fail, drop
Policy	0	Policy Type	policy
Protocol	icmp	Protocol Number	1
Received Bytes	0	Sent Bytes	0
Sent Packets	0	Service	PING
Session ID	1135745	Source	192.168.60.100
Source Country	Reserved	Source Interface	port3
Sub Type	forward	Timestamp	07/02/2016 22:11:44
Tran Display	noop	Virtual Domain	root

Figura 4.25: Log gerado pelo bloqueio realizado pelo Anti-Spoof.

4.5.4 Policy Routes

O módulo de *Policy Route* tem uma gama muito maior de opções para realizar a correspondência de um pacote, diferentemente do roteamento estático que se baseia apenas no *IP*/Rede de destino.
Com o auxílio das políticas de roteamento, podemos forçar que um determinado tráfego seja roteado por uma *interface* ou *gateway* diferente do que está configurado em *Static Routes.* Isso é possível pois a tabela políticas de roteamento é analisada antes das rotas estáticas.
De maneira oposta ao roteamento estático, cuja ordem não tem relevância as políticas de roteamento são analisadas de forma *TOP-DOWN* (de cima para baixo), deste modo é muito importante em que ordem as *policies* são alocadas. A configuração das *policies routes* na console *WEB* está disponível em *Network* > *Policy Routes* com as seguintes opções:

- If incoming traffic matches
  Filtros a serem validados para correspondência da política.
  - Protocol
    Protocolo do pacote.
  - Incoming interface
    Interface de entrada do pacote.
  - Source address / mask
    IP ou rede de origem do pacote.
  - Destination address / mask
    IP ou rede de destino do pacote.
  - Source Ports
    Porta de origem encontrada no cabeçalho do pacote.
  - Destination Ports
    Porta de destino do pacote.
  - Type of Service
    Valor do *ToS* [3] que é encontrado dentro do cabeçalho do pacote.
- Then
  Ação a ser realizada quando os filtros acima correspondem ao pacote.

- Action
    - Forward Traffic
      Encaminha o pacote a *interface* e o *gateway* definidos em *Outgoing interface* e *Gateway Address* respectivamente.
    - Stop Policy Routing
      Quando selecionada a opção *Stop Policy Routing*, os pacotes que corresponderem a esta política não são mais analisados nas políticas abaixo, sendo utilizados quando queremos que apenas um único *IP* dentro de uma rede não seja tratado por uma *Policy Route* genérica que esteja abaixo.
- Outgoing interface
  Interface utilizada para o encaminhamento do pacote.
- Gateway Address
  Endereço *IP* do *Gateway.* Caso não seja informado, será utilizado o *gateway* configurado na rota estática.
- Comments
  Campo de comentário.

Diagnóstico

diagnose firewall proute list

Podemos listar a tabela de *Policy Route*, incluindo as definidas pelo *WAN LLB Rules*, por meio do comando *diagnose firewall proute list.*

```
# diagnose firewall proute list
list route policy info(vf=root):
id=1 flags=0x0 tos=0x00 tos_mask=0x00 protocol=6 sport=1:65535 iif=9 dport=1-65535
 oif=6 gwy=0.0.0.0
source wildcard(1): 192.168.20.100/255.255.255.255
destination wildcard(1): 200.200.200.200/255.255.255.255
id=4278199296 flags=0x50 tos=0x00 tos_mask=0x00 protocol=6 sport=0:65535 iif=0 dport=80 443
oif=6 gwy=99.10.11.1
destination(2048): 2.16.12.210-2.16.12.210 2.16.196.14-2.16.196.14 ...
...
source wildcard(1): 0.0.0.0/0.0.0.0
```

4.5.5 PING e TRACEROUTE

Utilizado para realizar comandos de diagnósticos voltados à conectividade do *FortiOS*, disponibiliza os comandos:

execute ping

Por meio do comando de *ping* enviamos um pacote *ICMP (request)* e aguardamos a resposta da consulta *(replay).*

A sintaxe do comando é:

```
# execute ping 4.2.2.2
PING 4.2.2.2 (4.2.2.2): 56 data bytes
64 bytes from 4.2.2.2: icmp_seq=3 ttl=127 time=118.5 ms
64 bytes from 4.2.2.2: icmp_seq=4 ttl=127 time=118.0 ms
```

Podemos alterar alguns parâmetros do comando *ping* utilizando o comando *execute ping-options* , no qual podemos alterar os seguintes parâmetros:

- adaptive-ping
  Envia o pacote assim que a última reposta foi recebida.
  Valor Padrão: Disable
- data-size
  Especifica o tamanho do *datagrama* em *Bytes*.
  Valor Padrão: 56
- df-bit
  Define o *bit DF* do cabeçalho *IP* para *<yes / no>* a fim de permitir ou negar a fragmentação do pacote *ICMP*.
  Valor Padrão: unset
- interval
  Seta o tempo de intervalo entre o envio dos pacotes.
  Valor Padrão: 1
- pattern
  Define um valor em hexadecimal no fim do pacote *ICMP*, podendo assim alterar o tamanho do *buffer*.
  Valor Padrão: none
- repeat-count
  Define a quantidade de pacotes que serão enviados antes de finalizar.
  Valor Padrão: 5
- reset
  Retorna os valores dos campos para os padrões se estes foram alterados.
- source
  <Auto / <source interface IP> Podemos definir o *IP* de origem que será utilizado para o envio do pacote.
  Valor Padrão: Auto
- timeout
  Define o *timeout* do pacote.
  Valor Padrão: 2

- tos

  Permite definir o *Type-of-service.*

  Valor Padrão: 0

- ttl

  Seta o valor do *time-to-live(TTL).*

  Valor Padrão: 64

- validate-reply

  <yes / no> Habilita a checagem do pacote de *replay.*

  Valor Padrão: no

- view-settings

  Permite visualizar os valores setados de todos os parâmetros.

  OBS: Os parâmetros são retornados aos seus valores padrões após o *logoff* da console.

```
# execute ping-options view-settings
 Ping Options:
 Repeat Count: 5
 Data Size: 56
 Timeout: 2
 Interval: 1
 TTL: 64
 TOS: 0
 DF bit: unset
 Source Address: auto
 Pattern:
 Pattern Size in Bytes: 0
 Validate Reply: no
 Adaptive Ping: disable
  # execute ping-options source 192.168.60.135

  # execute ping-options view-settings
   Ping Options:
   Repeat Count: 5
   Data Size: 56
   Timeout: 2
   Interval: 1
   TTL: 64
   TOS: 0
   DF bit: unset
   Source Address: 192.168.60.135
   Pattern:
   Pattern Size in Bytes: 0
   Validate Reply: no
   Adaptive Ping: disable
```

Para executarmos um *ping* a partir do *IP 192.168.4.9* que se encontra em uma *interface* do *FortiGate,* utilizamos a linha de comando:

```
# execute ping-options source 10.10.10.1
# execute ping 192.168.1.100
PING 192.168.1.100 (192.168.1.100): 56 data bytes
64 bytes from 192.168.1.100: icmp_seq=0 ttl=57 time=151.0 ms
64 bytes from 192.168.1.100: icmp_seq=1 ttl=57 time=150.6 ms
64 bytes from 192.168.1.100: icmp_seq=2 ttl=57 time=151.2 ms
64 bytes from 192.168.1.100: icmp_seq=3 ttl=57 time=150.3 ms
64 bytes from 192.168.1.100: icmp_seq=4 ttl=57 time=150.4 ms
```

execute traceroute

O comando *execute traceroute* executa o rastreamento do pacote durante o seu caminho até o destino. Utilizamos a seguinte sintaxe do comando:

```
# execute traceroute 4.2.2.2
traceroute to 4.2.2.2 (4.2.2.2), 32 hops max, 3 probe packets per hop, 84 byte packets
1  99.10.11.1  0.381 ms  0.409 ms  0.288 ms
2  192.168.60.2  0.834 ms  0.471 ms  0.469 ms
3  10.0.3.1  4.860 ms  4.729 ms  3.164 ms
4  * * *
5  187.101.10.41 <187-101-10-41.dsl.telesp.net.br>  5.757 ms  3.914 ms  7.580 ms
6  187.101.28.217 <187-101-28-217.dsl.telesp.net.br>  16.470 ms  4.140 ms  6.779 ms
7  187.101.34.165 <187-101-34-165.dsl.telesp.net.br>  7.044 ms  6.026 ms  6.373 ms
8  84.16.9.65  24.311 ms  27.518 ms  59.134 ms
9  5.53.3.147  119.072 ms  119.984 ms  119.582 ms
10  176.52.251.53  163.540 ms  151.054 ms  150.378 ms
11  4.71.122.5 <xe-10-1-1.edge5.Dallas3.Level3.net>  153.769 ms  152.571 ms  152.577 ms
12  4.69.209.9 <ae-4-3612.edge2.Dallas1.Level3.net>  147.800 ms  150.022 ms  150.047 ms
13  4.2.2.2 <b.resolvers.Level3.net>  152.412 ms  155.026 ms  154.670 ms
```

A partir da versão 5.4, o *FortOS* trouxe algumas opções que já estavam disponíveis para o comando *ping*, permitindo assim alterarmos os valores padrões do *traceroute*, com o comando *execute traceroute-options* no qual encontramos as seguintes opções:

- device
  Define a *interface* **Auto | <ifname>**.
- queries
  Seta o valor de *queries* por *hop*.
- source
  Permite definirmos o *IP* de origem do pacote. **Auto | <source interface IP>**.
- view-settings
  Mostra as opções setadas.

Podemos definir o *IP* de origem utilizado pelo *traceroute* utilizando o comando:

```
# execute traceroute-options source 99.10.11.2
```

Capítulo 5

Alta Disponibilidade

O *High-Availability (HA)* tem como objetivo tornar o *firewall* resistente a falhas de *hardware* ou *softwate*, com foco de manter os serviços disponíveis o maior tempo possível e com o menor tempo de indisponibilidade ou esse último sendo nulo. O *FortiOS* permite criar vários níveis de disponibilidade sendo segmentada por *interface*, roteamento ou por unidade de *firewall* utilizando-se de vários meios para isso.

5.1 Redundant interface

A *interface redundante* tem o objetivo de manter a alta disponibilidade de uma *rede* tendo duas *interfaces* configuradas com o mesmo *IP* sendo uma *backup* da outra, porém apenas uma *interface* é utilizada por vez, desta forma, quando a *interface* primária ficar *down* (perder a conectividade física e não lógica), a *interface* definida como *backup* assume o *IP* da primeira, enviando e respondendo requisições de *MAC* para o *IP* solicitado.

OBS: Para realizarmos essa configuração, as *interfaces* não podem ser utilizadas em nenhuma configuração, como por exemplo regras de *firewall*, *VIP*, Objetos, entre outras configurações.

A configuração da *interface* redundante é realizada em *Interfaces > Create New > Interfaces > Type > Redundant interface* onde selecionamos os membros que farão parte desta configuração.

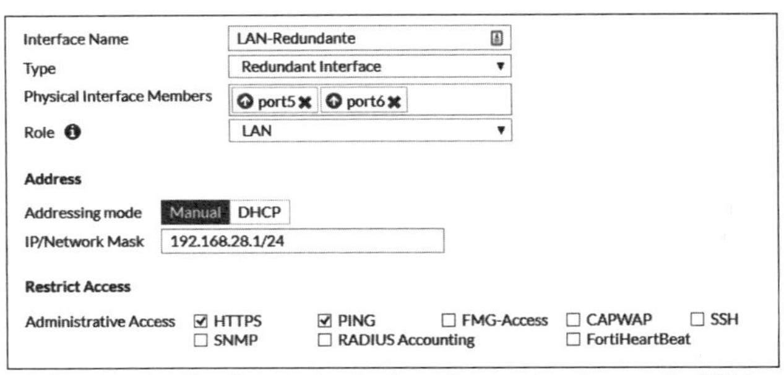

Figura 5.1: Configuração da interface redundante via GUI.

Diagnóstico

diagnose netlink redundant list

diagnose netlink redundant name

Por meio do comando *diagnose netlink redundant name,* temos uma breve descrição das configurações e estado das *interfaces* redundantes.

```
# diagnose netlink redundant list
1 name LAN-Redundante    status up
```

Para obtermos mais detalhes sobre uma *interface* específica, utilizamos o comando *diagnose netlink redundant name* seguido pelo nome da *interface* redundante.

```
# diagnose netlink redundant name LAN-Redundante
status: up
ports: 2
link-up-delay: 50ms
priority-override: disable
MAC addr: 00:0c:29:c9:c5:8c
current slave: port5

slave: port5
link status: up
link failure count: 0
permanent MAC addr: 00:0c:29:c9:c5:8c

slave: port6
link status: up
link failure count: 1
permanent MAC addr: 00:0c:29:c9:c5:9
```

5.2 LAG - Link Aggregation

O *Link Aggregation Control Protocol (LACP)* utiliza-se do protocolo *802.3ad* que executa o acoplamento de duas ou mais *interfaces*, apresentando assim como uma única *interface*, aumentando a banda disponível e a disponibilidade ao mesmo tempo (*LAG* pode operar com apenas uma das *interfaces* disponíveis).

Os modos de operação do *LAG* são divididos em três tipos:

- Active

  O *FortiOS* requisita a negociação *802.3ad aggregation*, que por padrão é o modo de operação do *LACP*.

- Passive
  O sistema aguarda requisições de *aggregation*.
- Static
  Não são enviadas mensagens e as recebidas são ignoradas. Sendo assim, assim todas as portas do *LAG* enviarão tráfegos.

A alteração do modo pode ser executada via *CLI* por meio dos comandos:

```
config system interface
 edit "<nome do LAG>"
  set lacp-mode static
 next
end
```

O *FortiOS* nos permite realizar o balanceamento de tráfego baseado nos enlaces físicos disponíveis em 3 modos:

- L2
  Balanceamento baseado no *MAC Address*.
- L3
  Baseado em *IPs*.
- L4
  Executa o balanceamento baseado em portas *TCP* ou *UDP*, sendo o modo padrão do *FortiOS*.

Para realizarmos a modificação do método de balanceamento, dispomos dos seguintes comandos via *CLI*:

```
config system interface
 edit "<nome do LAG>"
  set algorithm L4
 next
end
```

OBS: O modo de balanceamento do *LACP* pode ser diferente entre os membros do *LAG*, dito isso é muito comum em ambientes que a configuração do *switch* que utiliza o balanceamento em *layer 2* e esteja em um *LAG* com o *FortiGate*, não ocorra o balanceamento do tráfego roteado pelo *switch* com destino a uma rede atrás do *FortiGate*, isso ocorre, pois o balanceamento em *Layer 2* é baseado no *MAC Address*, e em um *LACP* entre os dois teremos apenas os *MAC Addresses* do *Switch* e do *FortiGate*, neste caso todo o tráfego no sentido *Switch -> FortiGate* passará apenas por uma porta do *LAG*.

Diagnóstico

diag netlink aggregate list

diag netlink aggregate name

Com o auxílio do comando *diag netlink aggregate list* temos uma breve descrição dos *LAGs* configurados e seus estados.

```
# diag netlink aggregate list
List of 802.3ad link aggregation interfaces:
1 name LACP                status up       algorithm L4  lacp-mode active...
```

Por meio do comando *diag netlink aggregate name*, seguido pelo nome da *interface*, podemos verificar as informações sobre as *interfaces* e o estado do *LAG*, assim como o modo de operação do balanceamento entre outras informações.

```
# diag netlink aggregate name LACP
LACP flags: (A|P)(S|F)(A|I)(I|O)(E|D)(E|D)
(A|P) - LACP mode is Active or Passive
(S|F) - LACP speed is Slow or Fast
(A|I) - Aggregatable or Individual
(I|O) - Port In sync or Out of sync
(E|D) - Frame collection is Enabled or Disabled
(E|D) - Frame distribution is Enabled or Disabled

status: up
ports: 2
link-up-delay: 50ms
min-links: 1
ha: master
distribution algorithm: L4
LACP mode: active
LACP speed: slow
LACP HA: enable
aggregator ID: 1
actor key: 33
actor MAC address: 00:0c:29:c9:c5:a0
partner key: 17
partner MAC address: 00:0c:29:c3:7c:84

slave: port7
link status: up
link failure count: 0
permanent MAC addr: 00:0c:29:c9:c5:a0
LACP state: established
actor state: ASAIEE
actor port number/key/priority: 1 33 255
partner state: PSAIEE
partner port number/key/priority: 2 17 255
partner system: 34816 00:0c:29:c3:7c:84
```

```
aggregator ID: 1
speed/duplex: 10000 1
RX state: CURRENT 6
MUX state: COLLECTING_DISTRIBUTING 4

slave: port8
link status: up
link failure count: 0
permanent MAC addr: 00:0c:29:c9:c5:aa
LACP state: negotiating
actor state: ASAIDD
actor port number/key/priority: 2 33 255
partner state: PSAOEE
partner port number/key/priority: 2 17 255
partner system: 34816 00:0c:29:c3:7c:84
aggregator ID: 1
speed/duplex: 10000 1
RX state: CURRENT 6
MUX state: ATTACHED 3
```

5.3 Cluster

Cluster é definido como sendo a utilização de dois ou mais equipamentos independentes, interligados, no intuito de trabalharem em conjunto em uma atividade. *FortiOS* dispõe de vários protocolos que podem ser utilizados para a criação de *clusters* ou nós, no intuito de balanceamento ou de contingência. Em casos de *failover*, os pré-requisitos variam entre os protocolos utilizados.

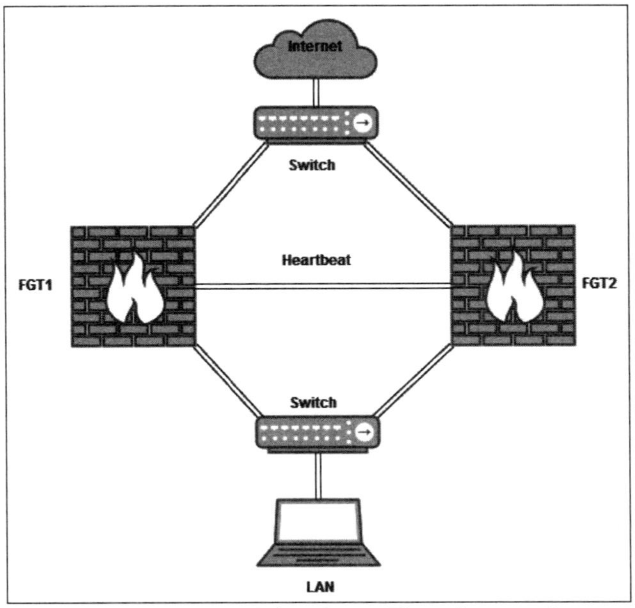

Figura 5.2: Diagrama das conexões físicas de um Firewall operando em modo cluster.

5.3.1 FGCP

O *FortiGate Cluster Protocol (FGCP)* é o protocolo mais antigo e utilizado para configurações de *clusters* no *FortiOS*, tornando dois ou mais (limitando-se a 4) membros do *cluster* em uma única unidade, assim compartilhando o *MAC Addres* e *IP*, deste modo o acesso padrão ao *firewall* é realizado via o *FortiGate Master* e toda configuração é repassada para o/s *Slavers* por meio do *Heartbeat.*
Os requisitos para essa configuração são:

- Hardwares de mesmo modelo.
  Não é possível utilizar *hardwares* de modelos diferentes em um mesmo *cluster* nem mesmo um *cluster* entre uma versão *Appliance* e outra em *VM.*
- Versões de Firmwares iguais.
  A configuração do *cluster* exige que todos os membros estejam na mesma versão do *FortiOS.*
- Estarem em mesmo modo de operação.
  Não é possível um *cluster* com um *firewall* em modo *NAT* e outro em modo *Transparent.*
- Licenças.
  É possível que os *Firewalls* que estejam operando em modo *cluster* tenham diferentes licenças entre as unidades, no entanto isso não é recomendado já que podemos não dispor do recurso necessário quando um dos equipamentos falhar.

OBS: Em alguns modelos de *hardwares* temos diferentes revisões que adicionam, removem ou modificam características. Nestes casos, para adição de membros ao *cluster*, utilizamos o comando *execute ha ignore-hardware-revision enable*, que também executa a reinicialização do equipamento.

Mode de Operação

O *cluster* pode operar desativado e em 2 modos distintos:

- Standalone
  O *firewall* vai operar sem *cluster* (padrão do *FortiOS*).
- Active-Passive
  Neste modo, o *FortiOS* estará em *cluster* porém sem balanceamento de carga, apenas sincronizando as configurações e realizando a comunicação do estado do *cluster*, deste modo todas as conexões são encaminhadas à unidade *master* e tratadas por ela.
- Active-Active
  Em modo *Active-Active*, o *FortiOS* é capaz de sincronizar as configurações além de realizar o balanceamento de conexões *TCP*, *UDP* e análises *UTM.*

  Configuração do HA

  A configuração do *HA* é realizada em *System* > *HA* com as seguintes opções:

  – Mode
    Habilita o *cluster* e define o modo de operação.
  – Device Priority
    Define o valor de prioridade do membro no *cluster.*

- Reserve Management Port for Cluster Member

  Define a *interface* que não terá os seus dados sincronizados entre os membros do *cluster* tendo assim um *IP* diferente para cada membro, que será utilizado para acesso e gerenciamento diretamente na unidade.
- Cluster Settings
  * Group Name

    Define o nome do *cluster*.
  * Password

    Define a senha para permitir a entrada de nós no *cluster*.
  * Enable Session Pick-up

    Habilita o compartilhamento das tabelas de sessões entre os membros do *cluster*, para que em caso de falha da unidade *master*, a *slave* possa assumir e dar continuidade às sessões que estavam em andamento.
  * Port Monitor

    Define as *interfaces* que devem ser monitoradas para que em caso de queda física, ocorra o chaveamento do *cluster*.
  * Heartbeat Interface

    Define as *interfaces* que serão utilizadas para comunicação entre os membros do *cluster* para sincronismo, atualizações e outras trocas de informações.
    · Enable

      Habilita as *interfaces* que serão utilizadas para o *Heartbeat*.
    · Priority (0-512)

      Define a prioridade das *interfaces* de *Heartbeat*.

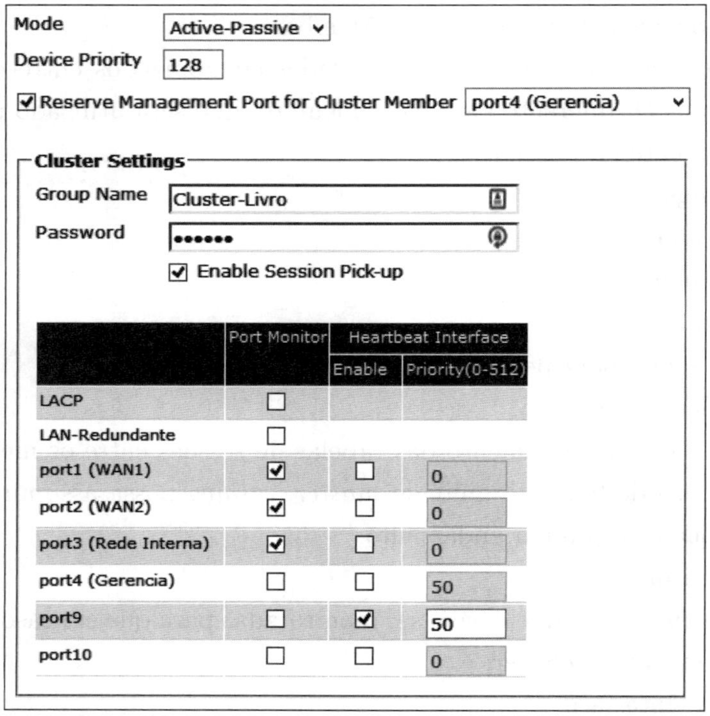

Figura 5.3: Configuração do Cluster como Ativo-Passivo.

MAC Address Virtual

O *FortiOS* operando em modo *cluster* utiliza-se de um *MAC Address Virtual*, sendo assim, todas as *interfaces* do *FortiGate* têm seus endereços de *hardware* das suas *interfaces* alterados, em caso de *falha*, a unidade secundária que assumirá as conexões utilizará o *MAC Address* virtual além dos *IPs*, a caixa *Slave* também enviará *ARPs* gratuitos (*Gratuitous ARP*) no intuito de atualizar as tabelas *Content Addressable Memory (CAM)* dos equipamentos de *Layer 2* o mais rápido possível. A definição dos endereços baseia-se em informações do *FortiOS*, sendo que os quatro primeiros *bytes* são estáticos, *00:09:0f:09*, e dois últimos dinâmicos, (<group-id>:<index-virtualcluster>+<index-interface>), sendo definidos da seguinte forma:

- Quinto Byte

  É definido pelo valor setado na configuração do *HA* no campo *group-id* que tem seu valor padrão como *0*. Podemos alterá-lo via *CLI*, por meio dos comandos:

```
config system ha
 set group-id <0-255>
end
```

  O valor em decimal é convertido em *Hexadecimal* e utilizado neste *byte*.

– Sexto Byte

É dividido em dois conjuntos de *4 bits* cada, com os 4 primeiros sendo definidos pelo ***Virtul Cluster*** sendo que, para o *Virtual Cluster 1*, o valor será *0* e, para o ***Virtual Cluster 2***, o valor será *2*, quando a opção *Virtual Domain* (vide 1.2.3) não está habilitada, o ***FortiOS*** seta o valor *1*.

Os demais *4 bits* são definidos pelo *index* da ***interface*** quando o firewall opera em modo NAT, correspondendo à ordem alfabética em que são apresentadas via *GUI* ou *CLI* iniciando-se em *0*, portanto, para um *hardware* que contenha 7 ***interfaces*** nomeadas ***dmz, port1, port2,*** *port3, port4, wan1, wan2*, os *IDs* são *0, 1, 2, 3, 4, 5, 6*, respectivamente.

Assim, em um ambiente onde não esteja habilitada a *VDOM*, o ***group-id*** alterado para *5* nas interfaces acima apresentadas terão o seu *MAC **Address*** virtual como sendo:

Tabela 5.1: Tabela de MAC Address Virtual

Interface	MAC Address Virtual
dmz	00:09:0f:09:05:00
port1	00:09:0f:09:05:01
port2	00:09:0f:09:05:02
port3	00:09:0f:09:05:03
port4	00:09:0f:09:05:04
wan1	00:09:0f:09:05:05
wan2	00:09:0f:09:05:06

OBS: Em ambientes com dois conjuntos de *clusters* distintos no mesmo domínio de ***broadcast*** *(layer 2)* e sem a alteração do *group-id*, teremos conflitos de *MAC **Address*** já que os valores não foram alterados gerando os mesmos endereços nos dois ***clusters***, portanto, devemos nestes casos alterar o *group-id* de um dos *cluster* para que os endereços sejam alterados.

Diagnóstico

diagnose hardware deviceinfo nic

diagnose sys ha dump-by debug-zone

Por meio do comando *diagnose hardware deviceinfo nic <**interface**>* e com o auxílio do ***grep*** podemos realizar o filtro dos endereços *MAC Address* corrente (*Hwaddr* que pode ser alterado seja pela configuração do *cluster* ou pelo administrador) e o permanente (*Permanent Hwaddr* fixo do *hardware*). Abaixo podemos ver esses endereços da ***interface port2*** em um *FortiOS* operando em modo cluster.

```
# diagnose hardware deviceinfo nic port2 | grep Hwaddr
Hwaddr:            00:09:0f:09:00:02
Permanent Hwaddr:00:0c:29:c9:c5:6e
```

Pelo comando *diagnose sys ha dump-by debug-zone*, podemos listar todos os endereços *MAC Address Virtuais*

```
 # diagnose sys ha dump-by debug-zone
HA information.
is_manage_master=1,manage_vd=root,ip=169.254.0.2,num=2,nvcluster=1,jiffies=234198966.
FGT1KB391DDD0145, 1,35,00,10,10,0.
FGT1KB391DDD0369, 0,38,00,10,10,0.
vcluster_id=1.
FGT1KB391DDD0145, 0,0.
FGT1KB391DDD0369, 1,255.
port1 ifindex=5    phyindex=0    mac=00.09.0f.09.9d.dc
port10 ifindex=14   phyindex=1    mac=00.09.0f.09.9d.e5
port11 ifindex=15   phyindex=2    mac=00.09.0f.09.9d.e6
port12 ifindex=16   phyindex=3    mac=00.09.0f.09.9d.e7
port13 ifindex=17   phyindex=4    mac=00.09.0f.09.9d.e8
```

Session Pick-up

Por padrão, quando habilitado o *Session Pick-up* na *GUI*, apenas sessões *TCP* e sessões de *VPN IPSec* são sincronizadas entre os membros do cluster.

Podemos habilitar o sincronismo de sessões de protocolos que não são *Orientados a Conexão (connectionless)* como os protocolos *UDP* e *ICMP*, por meio dos comandos:

```
config system ha
 set session-pickup enable
 set session-pickup-connectionless enable
end
```

Load Balancing

Em modo *Active-Active*, o *cluster* do *FortiOS* permite realizar o balanceamento do tráfego processado pelo *cluster*, no entanto, devido ao modo de operação do *FGCP*, todos os pacotes são destinados ao *Firewall Master* e esse por sua vez se encarrega da decisão de processar ou encaminhar a unidade *Slave* para o processamento.

A imagem 5.4 apresenta o *flow* do pacote no momento do balanceamento de uma conexão para o servidor sendo processada pela unidade *Slave*.

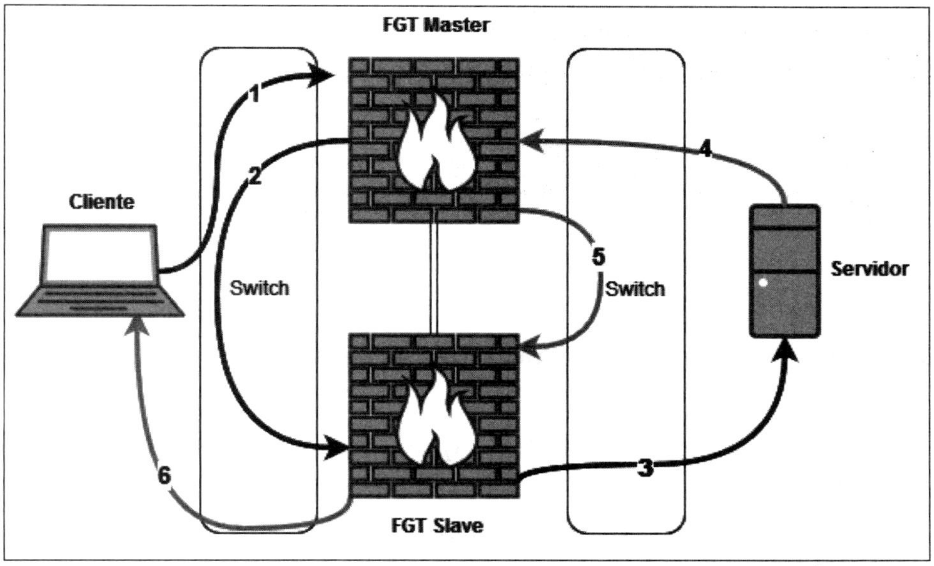

Figura 5.4: Flow do pacote em balanceamento do Cluster em Active-Active.

1. O cliente envia um *arp request* para o *IP* do *Firewall*, o *FortiOS* envia o endereço do seu *MAC Address* virtual, sendo assim o cliente envia o pacote à unidade *Master*
2. A unidade *Master* decide se processará ou não o pacote. Não processando o pacote, ela altera o *Source MAC Addres* do pacote para o seu *MAC* e o *Destination MAC Addres* para o *MAC* da unidade *Slave* e encaminha a ela.
3. A *Slave* recebe o pacote e identifica que foi enviado pela unidade *Master*, processa o pacote e encaminha ao destino diretamente.
4. O Servidor envia um *arp request* para o *IP* do *Firewall*, o *FortiOS* envia o seu endereço *MAC Address* virtual, o servidor encaminha o pacote à unidade *Master*.
5. A unidade *Master* verifica que se trata de um pacote de uma sessão encaminhada à *Slave*, altera o *Source MAC Address* do pacote para o seu *MAC* e o *Destination MAC Address* para o *MAC* da unidade *Slave* e encaminha a ela.
6. A unidade *Slave* identifica o pacote como sendo enviado pela *Master* e processa o pacote encaminha-o para o cliente.

Os demais pacotes da mesma sessão são encaminhados pela *Master* à *Slave*.

OBS: Devido às características de funcionamento do balanceamento realizado pelo *FGCP*, não é recomendado o uso da função *Ativo-Ativo* em um ambiente com um alto consumo de memória da unidade *Master*, se o intuito do *clsuter* é a diminuição do consumo de memória do *hardware*, teremos o efeito oposto, isso se deve porque durante o balanceamento ocorrerá um maior consumo de memória por essa unidade para que possa gerenciar as sessões balanceadas.

Por padrão apenas as sessões *TCP* que são tratadas por algum *proxy* de *UTM*, como Antivírus, *WEB Filter*, *DLP*, *Antispam* serão balanceadas entre os membros do *cluster*, as demais sessões são tratadas pela unidade *Master*. Podemos modificar esse comportamento habilitando *load-balance-all* dentro da configuração do *cluster* via *CLI*, como podemos ver abaixo:

```
config system ha
 set load-balance-all enable
end
```

Após habilitado, todas as sessões TCP poderão ser balanceadas.

OBS: As sessões tratadas pelos módulos de *IPS, Application Control, flowbased virus scanning, flowbased web filtering, flowbased DLP, flowbased email filtering, VoIP, IM, P2P, IPsec VPN, SSL VPN, HTTP multiplexing, SSL offloading, WAN optimization, explicit web proxy, WCCP* além das sessões de *HTTPS* não são balanceadas, sendo tratadas apenas pela unidade *Master*.

Balanceamento de UDP

Alguns modelos de *FortiGate* também nos permitem realizar o balanceamento das sessões *UDP*. Para habilitarmos, utilizamos o comando *load-balance-udp* via *CLI*:

```
config system ha
 set load-balance-udp enable
end
```

Por padrão, o algorítimo utilizado para balanceamento é o *round-robin* que realiza o balanceamento *1 para 1* entre os membros do *cluster*, o *FortiOS* ainda disponibiliza outros 7 métodos de balanceamentos, listados abaixo:

- none
  Sem balanceamento.
- hub
  Utilizando quando as *interfaces* do *FortiGate* estão conectadas a um *hub*, o balanceamento será realizado baseado no *IP* de origem e destino.
- leastconnection
  Realiza o balanceamento baseado no *Firewall* que tenha a menor quantidade de sessões.
- weight-round-robin
  Utiliza o balanceamento por *round-robin* baseando-se no peso dos membros do *cluster*.
- random
  O balanceamento será randômico.
- ip
  Balanceamento baseado no *IP*.

- ipport
  Realiza o balanceamento baseado no *IP* e porta.

Diagnóstico

diagnose sys session list

Podemos verificar as sessões que estão sendo processadas pela unidade *Slave* por meio do comando *diagnose sys session list*, o qual apresenta a lista de todas as sessões. A informação de qual unidade está processando a sessão pode ser encontrada no campo *ha_id* em que *0* é a unidade *Master* e *1* a unidade *Slave*.

```
 diagnose sys session list
session info: proto=6 proto_state=01 duration=10 expire=3590 timeout=3600
 flags=00000000 sockflag=00000000 sockport=0 av_idx=0 use=3
origin-shaper=
reply-shaper=
per_ip_shaper=
ha_id=1 policy_dir=0 tunnel=/
user=WILLIAM.LIVRO state=log may_dirty synced none acct-ext
statistic(bytes/packets/allow_err): org=52/1/1 reply=0/0/0 tuples=2
orgin->sink: org pre->post, reply pre->post dev=2->6/6->2 gwy=10.232.80.1/0.0.0.0
hook=pre dir=org act=noop 10.1.5.5:51495 - >10.5.100.2:445(0.0.0.0:0)
hook=post dir=reply act=noop 10.5.100.2:445 - >10.1.5.5:51495(0.0.0.0:0)
pos/(before,after) 0/(0,0), 0/(0,0)
misc=0 policy_id=7 auth_info=0 chk_client_info=0 vd=0
serial=086438f8 tos=ff/ff ips_view=0 app_list=0 app=0
dd_type=0 dd_mode=0
npu_state=00000000
```

Definição da Unidade Master

Como vimos anteriormente, a unidade *Master* em um *cluster* tem a responsabilidade de controlar os demais nós e sincronizar as informações entre os membros. A definição de qual unidade será a *Master* ou *Slave* não é apenas baseada no valor da prioridade, na verdade esse é o terceiro critério a ser checado por padrão, sendo que o primeiro é a quantidade de portas monitoradas que tem seu estado *UP* na unidade. A imagem 5.5 apresenta o *flow* para definição da unidade *Master*.

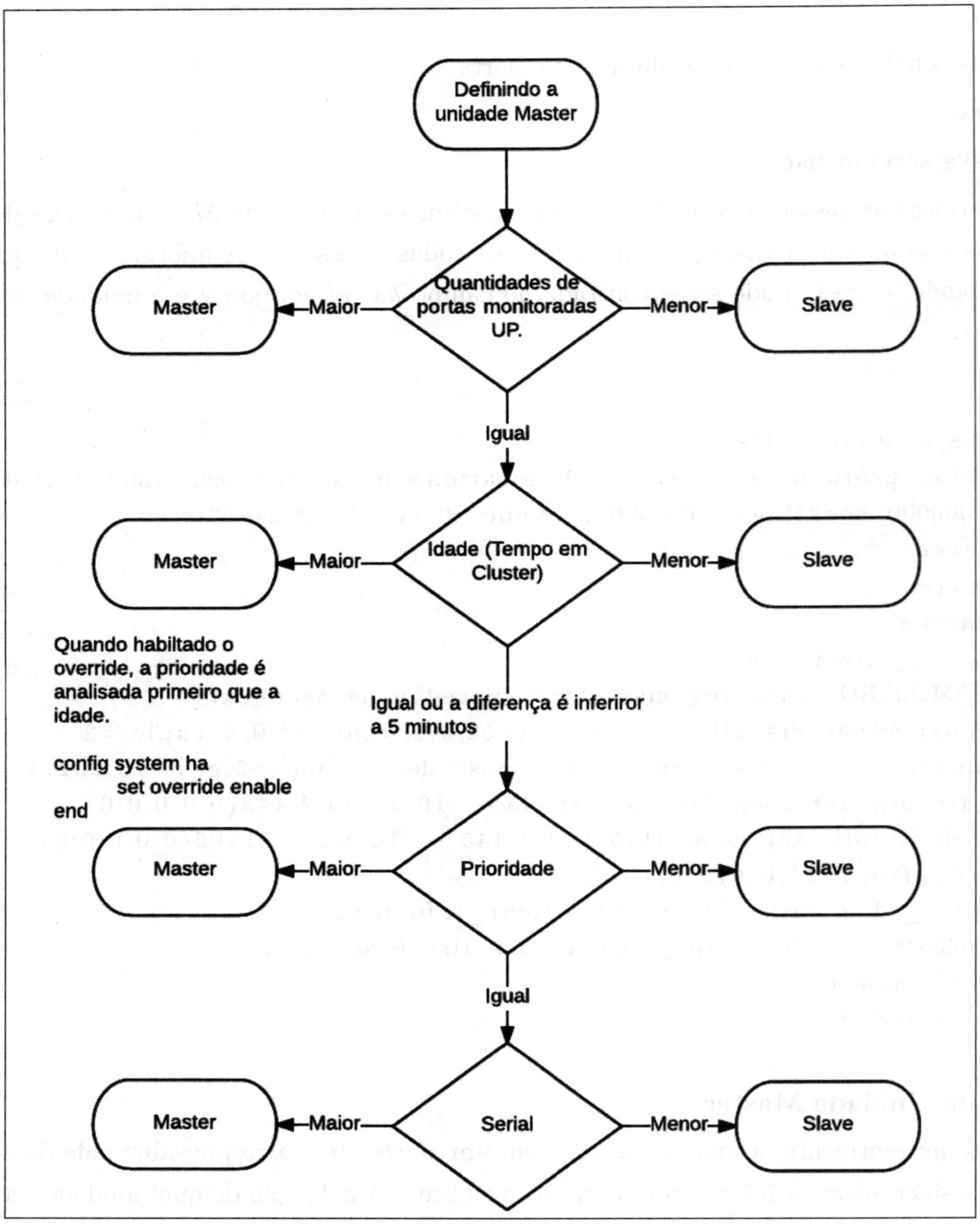

Figura 5.5: Flow para a definição da unidade Master do cluster.

Diagnóstico

diagnose debug application hatalk

diagnose debug application hasync

execute ha manage

diagnose sys ha checksum cluster

Pelo comando *diagnose debug application hatalk -1*, podemos monitorar as informações de *HeartBeat.*

```
# diagnose debug application hatalk -1
# diagnose debug enable
vcluster_0: ha_prio=0(master), state/chg_time/now=2(work)/1459172954/1459173534
member 'FGT300D0000001' lost heartbeat on hbdev 'port4': now=60487,
 last_hb_jiffies+timeout=60365+120=60485
lost member 'FGT300D0000001' heartbeat, delete it
deleting gmember 'FGT300D0000001'
vcluster_0: deleting vmember 'FFGT300D0000001'
vcluster_0: reelect=1, delete-vmember
cfg_changed is set to 1: hatalk_del_member
vcluster_0: reelect=0, hatalk_vcluster_timer_func
vcluster_0: 'FFGT300D0000002' is elected as the master of 1 members
vcluster_0: state changed, 2(work)->2(work)
vcluster_0: work_as_master immediately
'port4' is selected as 'port_ha'
vcluster_0: doesn't need to send garp again
vcluster_0: hatalk_update_vcluster_st, ha_mode=0x00020100
vcluster_0: Send vmsg nvdoms=1, len=20.
cfg_changed is set to 0: hatalk_packet_setup_heartbeat
setup new heartbeat packet: hbdev='port4', packet_version=19
heartbeat packet is set on hbdev 'port4'
```

Já com o comando *diagnose debug application hasync -1*, temos as informações de troca de sincronismo entre os membros do *cluster*.

```
conn=0xa427490 created, nconnections=1
conn=0xa427490 accepted, dst=169.254.0.1
conn=0xa427490, recv all 77 bytes data. has file data to recv
conn=0xa427490 starts to recv file '/tmp/hasync/hasync.dhcpd/.dhcpddb.sn=FG300D0000000001.
vO7lk0', flen=137538
conn=0xa427490, recv fname='/tmp/hasync/hasync.dhcpd/.dhcpddb.sn=FG300D0000000001
.vO7lk0',
bytes=2888,fcur_pos=2888, flen=137538
conn=0xa427490, recv fname='/tmp/hasync/hasync.dhcpd/.dhcpddb.sn=FG300D0000000001.vO7lk0',
bytes=16384,fcur_pos=19272, flen=137538
conn=0xa427490, recv fname='/tmp/hasync/hasync.dhcpd/.dhcpddb.sn=FG300D0000000001.vO7lk0',
bytes=16384,fcur_pos=35656, flen=137538
conn=0xa427490, recv fname='/tmp/hasync/hasync.dhcpd/.dhcpddb.sn=FG300D0000000001.vO7lk0',
bytes=16384,fcur_pos=52040, flen=137538
conn=0xa427490, recv fname='/tmp/hasync/hasync.dhcpd/.dhcpddb.sn=FG300D0000000001.vO7lk0',
bytes=16384,fcur_pos=68424,
flen=137538 conn=0xa427490, recv fname='/tmp/hasync/hasync.dhcpd/.dhcpddb.sn=FG300D0000000001.
vO7lk0',
bytes=16384,fcur_pos=84808, flen=137538
conn=0xa427490, recv fname='/tmp/hasync/hasync.dhcpd/.dhcpddb.sn=FG300D0000000001.vO7lk0',
bytes=16384,fcur_pos=101192, flen=137538
conn=0xa427490, recv fname='/tmp/hasync/hasync.dhcpd/.dhcpddb.sn=FG300D0000000001.vO7lk0',
bytes=16384,fcur_pos=117576, flen=137538
conn=0xa427490, recv fname='/tmp/hasync/hasync.dhcpd/.dhcpddb.sn=FG300D0000000001.vO7lk0',
bytes=16384,fcur_pos=133960, flen=137538
conn=0xa427490, recv fname='/tmp/hasync/hasync.dhcpd/.dhcpddb.sn=FG300D0000000001.vO7lk0',
bytes=3578,fcur_pos=137538, flen=137538
```

```
conn=0xa427490, all 137538 bytes file data has been recved in tmp file
'/tmp/hasync/hasync_tmpfile.Tl4LmV'
conn=0xa427490, tmp file '/tmp/hasync/hasync_tmpfile.Tl4LmV' copied to
'/tmp/hasync/hasync.dhcpd/.dhcpddb.sn=FG300D0000000001.vO7lk0'
conn=0xa427490 added to list of sync_type=5(config)
```

Se não configurarmos a opção *Reserve Management Port for Cluster Member*, não podemos ter acesso diretamente à unidade *Slave*. Para esse caso, devemos utilizar o comando *execute ha manage* seguido pelo *ID* da unidade que desejamos consultar, para obtermos o valor deste *ID*, pressionamos a tecla de interrogação após o comando, desta forma serão listados os *IDs* dos membros:

```
# execute ha manage
<id>    please input peer box index.
<1>     Subsidary unit FGT300D00000002
```

Agora podemos executar o comando com o *ID*, tendo assim o acesso ao *shell* da unidade *Slave*:

```
# execute ha manage 1
FGT-2 $ execute ping 192.168.1.99
PING 192.168.1.99 (192.168.1.99): 56 data bytes
64 bytes from 192.168.1.99: icmp_seq=0 ttl=254 time=1.4 ms
```

É possível enfrentarmos problemas relacionados ao sincronismo de configuração entre os membros do *cluster*. Analisamos o estado de sincronismo utilizando o comando *diagnose sys ha checksum cluster*, que apresenta os *hashes* das configurações das unidades.

```
# diagnose sys ha checksum cluster

================== FGT300D00000001 ==================

is_manage_master()=1, is_root_master()=1
debugzone
global: d7 f1 e7 78 13 ec 01 cf 3c 9a 7f dd 67 30 07 db
root: 55 c3 4c 99 3b b9 e4 e9 cc c0 38 fe 7a dc d0 2f
all: e5 da ad 36 c7 6a 8e d3 bc a5 bb 63 62 55 ad f8

checksum
global: d7 f1 e7 78 13 ec 01 cf 3c 9a 7f dd 67 30 07 db
root: 55 c3 4c 99 3b b9 e4 e9 cc c0 38 fe 7a dc d0 2f
all: e5 da ad 36 c7 6a 8e d3 bc a5 bb 63 62 55 ad f8

================== FGT300D00000002 ==================
```

```
is_manage_master()=0, is_root_master()=0
debugzone
global: d7 00 4a 97 f7 07 8f fc 7b 63 85 47 2f b6 29 83
root: 55 c3 4c 99 3b b9 e4 e9 cc c0 38 fe 7a dc d0 2f
all: cb 1d 7f 20 d5 68 31 e3 4f d3 3f 8a 1a 6e bd f3

checksum
global: d7 f1 e7 78 13 ec 01 cf 3c 9a 7f dd 67 30 07 db
root: 55 c3 4c 99 3b b9 e4 e9 cc c0 38 fe 7a dc d0 2f
all: e5 da ad 36 c7 6a 8e d3 bc a5 bb 63 62 55 ad f8
```

Os valores devem ser iguais entre os membros do *cluster*, assim, em caso de divergência dos *hashes*, concluímos que os sincronismos não estão sendo realizados de forma efetiva. Neste momento ainda não podemos afirmar qual é a exata configuração que diverge entre os membros, para tal utilizamos os argumentos que indicam as configurações que desejamos analisar, para o exemplo da configuração na *vdom root* utilizamos o comando:

```
# diagnose sys ha  checksum show root
system.object-tag: 00000000000000000000000000000000
system.stp: 00000000000000000000000000000000
system.settings: 5873dd45edd01f09c1ef2e7819369e8e
...
firewall.address: 42255e0ad66c6801cf5da5df41ba7850
firewall.multicast-address: a00a0b721b4ca3cda2759ed08a6522e1
firewall.address6: ef4ff5bba79f9e960c89de9b983f8135
firewall.multicast-address6: 07d92ae2a2d377a0e8e46fb21876f6c4
...
```

OBS: Para configurações globais, utilizamos o comando *diagnose sys ha checksum show global*

Neste caso, devemos executar este comando em cada membro do *cluster* (podemos utilizar o comando *execute ha manage* para acessar o membro *slave* e executar a verificação nesta unidade), por exemplo:

```
# execute ha manage 0
$ diagnose sys ha  checksum show root
system.object-tag: 00000000000000000000000000000000
system.stp: 00000000000000000000000000000000
system.settings: 5873dd45edd01f09c1ef2e7819369e8e
...
firewall.address: 42255e0ad66c6801cf5da5df41ba7850
firewall.multicast-address: a00a0b721b4ca3cda2759ed08a6522e1
firewall.address6: ef4ff5bba79f9e960c89de9b983f8135
firewall.multicast-address6: 07d92ae2a2d377a0e8e46fb21876f6c4
...
```

Após executarmos os comandos nas duas unidades, devemos comparar os valores de cada linha entre os membros. Após encontramos a divergência utilizando o nome da *vdom* e a entrada especifica que tem valores diferentes entre os membros, como para o *Firewall Address*:

```
# diagnose sys ha  checksum show root firewall.address
Gotomeeting: 3d4eec4fd3ab0c69e24790f52b236bcd
SSLVPN_TUNNEL_ADDR1: ba425397986cb9399c74e1af8ed63c0c
Windows update 2: c81f39d31fe1f80f1d00e34fd582e703
skype: 0022956f6814f2e1587c3e4ffa582723
adobe: fdcf6b2b9f4ef694f2bf2da362c6fb24
all: 13d5fec12881b36145faed11e51d0606
...
```

Podemos assim chegar em um objeto específico informando o nome do objeto:

```
diagnose sys ha  checksum show root firewall.address adobe
[name]='adobe': 44a5d945660aa0edb797b7ef794d5722
[uuid]='86ddde56-f520-51e5-7e66-b8692ca06518': 09759957a82267c8b16b95ab3c708eed
[type]='wildcard-fqdn': 9c2d5f0b1e6ebcd749e98d5e53191dd4
[wildcard-fqdn]='*.adobe.com': 98475da116e7393b0a005c7321bf5b4c
```

Desta forma, localizamos a exata configuração que se distingue entre os membros.

5.3.2 FGSP

O protocolo *FortiGate Session Life Support Protocol (FGSP)*, diferentemente do *FGCP*, sincroniza apenas as sessões e a configuração de políticas entre dois ou mais *FortiGates* de mesmo modelo e com a mesma versão de *FortiOS*, porém, trabalhando de formas autônomas, o balanceamento (entre os *Firewalls*) deve ser feito por equipamentos externos ao *cluster*, como o *FortiADC*, *FortiWAN* ou outros balanceadores, que devem, além de balancear, detectar a queda de um dos membros do *cluster* e executar o chaveamento de todo o tráfego para o membro que permaneceu funcionando.
A configuração do *FortiOS* permite realizar o sincronismo das sessões de *TCP, UDP, ICMP, NAT* e até mesmo as sessões não finalizadas *(expectation)* que podem ser iniciadas por um membro do *cluster* e finalizadas pelo outro, também conhecidas como *asymmetric route*, a configuração do *FGSP* realiza apenas o sincronismos das sessões e não das configurações. Executamos a configuração do *FGSP* via *CLI* com os comandos:

FGT-1

```
config system cluster-sync
 edit 1
  set peervd "root"
```

```
  set peerip 192.168.60.160
  config session-sync-filter
   set srcintf ''
   set dstintf ''
   set srcaddr 0.0.0.0 0.0.0.0
   set dstaddr 0.0.0.0 0.0.0.0
   set srcaddr6 ::/0
   set dstaddr6 ::/0
  end
 next
end
```

FGT-2

```
config system cluster-sync
 edit 1
  set peervd "root"
  set peerip 192.168.60.135
 config session-sync-filter
  set srcintf ''
  set dstintf ''
  set srcaddr 0.0.0.0 0.0.0.0
  set dstaddr 0.0.0.0 0.0.0.0
  set srcaddr6 ::/0
  set dstaddr6 ::/0
 end
next
end
```

Após a configuração dos *peers*, devemos selecionar o que será sincronizado entre os membros. A configuração de sessões que serão sincronizadas ficam disponíveis em *config system ha* habilitando os comandos:

- session-pickup
  Habilita o sincronismo das sessões sessões *TCP*.
- session-pickup-nat
  Habilita o sincronismo das sessões com *NATs*
  OBS: O *SNAT* no *FortiOS* utiliza o *IP* da *interface* do *firewall* para realizar o *NAT* por padrão, desta forma, a melhor prática é utilizar o *IPPOOL* para configuração dos *SNAT* quando utilizamos o *FGSP*.
- session-pickup-connectionless
  Habilita o sincronismo das sessões que não são orientadas a conexão (*UDP* e *ICMP*).
- session-pickup-expectation
  Habilita o sincronismo de sessões ainda não estabelecidas. Deve ser habilitada em ambientes com roteamento assimétrico.

```
config system ha
 set session-pickup enable
 set session-pickup-connectionless enable
 set session-pickup-expectation enable
 set session-pickup-nat enable
end
```

Diagnóstico

diagnose sys session sync

diagnose sys session list

Com o auxílio do comando *diagnose sys session sync*, podemos checar se o sincronismo de sessões está ativado e quais são os filtros das sessões sincronizadas.

```
# diagnose sys session sync
sync_ctx: sync_started=1, sync_tcp=1, sync_others=0,
sync_expectation=0, sync_redir=0, sync_nat=0, stdalone_sesync=1.
sync: create=0:0, update=0, delete=0:0, query=0
recv: create=0:0, update=0, delete=0:0, query=0
ses pkts: send=0, alloc_fail=0, recv=0, recv_err=0 sz_err=0
udp pkts: send=0, recv=0
nCfg_sess_sync_num=5, mtu=1500
sync_filter:
1: vd=-1, szone=0, dzone=0, saddr=0.0.0.0:0.0.0.0, daddr=0.0.0.0:0.0.0.0, sport=0-65535,
dport=0:65535
```

As sessões que forem sincronizadas são apresentadas na tabela com a *flag state* em dois valores diferentes, no sistema onde a sessão foi criada como *synced*, já no equipamento que recebe a sessão sincronizada com a flag *syn_ses*, abaixo podemos ver as sessões nos dois *FortiOS*:

FGT-1

```
# diagnose sys session list
session info: proto=6 proto_state=05 duration=1 expire=0 timeout=3600 flags=00000000
 sockflag=00000000 sockport=0 av_idx=0 use=3
origin-shaper=
reply-shaper=
per_ip_shaper=
ha_id=0 policy_dir=0 tunnel=/ vlan_cos=0/255
state=may_dirty synced
statistic(bytes/packets/allow_err): org=298/5/1 reply=604/5/1 tuples=2
speed(Bps/kbps): 501/4
orgin->sink: org pre->post, reply pre->post dev=9->3/3->9 gwy=99.10.10.1/192.168.20.2
hook=post dir=org act=snat 192.168.20.2:35421->200.147.67.142:80(99.10.10.2:35421)
hook=pre dir=reply act=dnat 200.147.67.142:80->99.10.10.2:35421(192.168.20.2:35421)
pos/(before,after) 0/(0,0), 0/(0,0)
```

```
misc=0 policy_id=1 auth_info=0 chk_client_info=0 vd=0
serial=0017ea4f tos=ff/ff app_list=0 app=0 url_cat=0
dd_type=0 dd_mode=0
total session 1
```

FGT-2

```
# diagnose sys session list

session info: proto=6 proto_state=01 duration=6 expire=3594 timeout=3600 flags=00000000
sockflag=00000000 sockport=0 av_idx=0 use=3
origin-shaper=
reply-shaper=
per_ip_shaper=
ha_id=0 policy_dir=0 tunnel=/ vlan_cos=0/255
state=may_dirty syn_ses
statistic(bytes/packets/allow_err): org=0/0/0 reply=0/0/0 tuples=2
speed(Bps/kbps): 0/0
orgin->sink: org pre->post, reply pre->post dev=5->3/3->5 gwy=0.0.0.0/0.0.0.0
hook=post dir=org act=snat 192.168.20.2:35420->200.147.67.142:80(99.10.10.2:35420)
hook=pre dir=reply act=dnat 200.147.67.142:80->99.10.10.2:35420(192.168.20.2:35420)
pos/(before,after) 0/(0,0), 0/(0,0)
misc=0 policy_id=1 auth_info=0 chk_client_info=0 vd=0
serial=0017ab26 tos=ff/ff app_list=0 app=0 url_cat=0
dd_type=0 dd_mode=0
total session 1
```

Configurando o sincronismo de configurações

Para realizarmos o sincronismo de configurações de políticas, objetos, perfis de segurança, as interfaces lógicas (*VPNs, VLANs, LAGs,* etc.) dos *Firewalls* devem ter os mesmos nomes entre as duas unidades. Após a configuração dos *peers*, devemos configurar o modo de sincronismo na configuração do HA dos dois *Firewalls* via *CLI* com os comandos:

```
config system ha
 set standalone-config-sync enable
end
```

Deste modo, não serão sincronizadas as configurações de *IP* das *interfaces* ou *peers* de *BGP*.

OBS: Após a configuração, será necessário reinicializar.

Após o *boot*, as alterações realizadas em ambos membros serão sincronizadas entre si.

Capítulo 6

Configurando e diagnosticando regras de Firewall

Em 2.4.1, foi apresentada boa parte da teoria sobre as *Firewalls policies*, então este capítulo focará principalmente em conceitos e práticas de configurações e diagnósticos sobre o módulo de *Firewall* do *FortiOS*.

6.1 Conceitos de Firewall Policy

Como mencionado anteriormente, as *Firewalls Policies* são o *core* das políticas de segurança do *FortiOS*, aqui ficam concentradas as políticas de encaminhamento, assim como os perfis de segurança, autenticação, *logs* de tráfego entre outras opções.
As políticas de *Firewall*, assim como as *Policy Routes*, são analisadas e lidas no formato *TOP-Down* (de cima para baixo), deste modo a ordem em que as regras devem ser distribuídas no conjunto de regras é de extrema importância. Esse conjunto de regras, também chamado de matriz de políticas deve conter as regras mais específicas acima das mais genéricas, como já foi visto em 2.4.1, por exemplo:
Abaixo é apresentada uma matriz contendo duas regras, uma que **nega** a comunicação com a porta destino *80 (HTTP)* para qualquer *IP* de destino ou origem e a segunda que **permite** que o *IP 10.10.10.1* possa acessar qualquer destino em qualquer porta.

Tabela 6.1: Matriz simples com duas regras

Seq	IP de origem	IP de destino	Porta de Destino	Ação
1	Qualquer	Qualquer	Porta 80	Bloqueia
2	10.10.10.1	Qualquer	Qualquer	Permite

Analisando a matriz apresentada na tabela 6.1, podemos concluir que nenhum IP terá a permissão de

se comunicar na porta *80* independente do *host* externo, isso inclui o *IP 10.10.10.1*. Mesmo a regra *2* sendo explícita em sua liberação, ela não será analisada, isto se dá pois os pacotes enviados com destino à porta *80* oriundos de qualquer *IP* com qualquer destino serão tratados pela política *1*, já que esta corresponde aos dados do pacote, portanto ela será responsável em tratar o pacote. Como já vimos anteriormente, apenas uma política pode tratar o pacote por vez no *FortiOS*.
A ordem correta desta matriz para permitir que apenas o *IP 10.10.10.1* tenha acesso à porta *80* é apresentada na tabela 6.2.

Tabela 6.2: Matriz com a ordem das políticas modificadas.

Seq	IP de origem	IP de destino	Porta de Destino	Ação
1	10.10.10.1	Qualquer	Qualquer	Permite
2	Qualquer	Qualquer	Porta 80	Bloqueia

A configuração das *Firewalls policies* é realizada via *GUI* em *Policy & Objects > IPv4 Policy* no qual temos a matriz de políticas que permitem o fluxo de dados entre duas ou mais interfaces sejam elas físicas ou lógicas, mesmo o tráfego que tenha origem e destino a uma mesma *interface* do *FortiGate* deve ter uma política que permita esse tráfego, exemplo: a *interface port3* tem o seu *IP 192.168.20.1* e como *IP* secundário nesta mesma *interface* o *IP 10.10.10.1*, para que a comunicação entre essas duas redes sejam permitidas, é necessário que tenhamos uma regra de origem da *port3* para destino a *interface port3*, como apresentado na imagem 6.1.

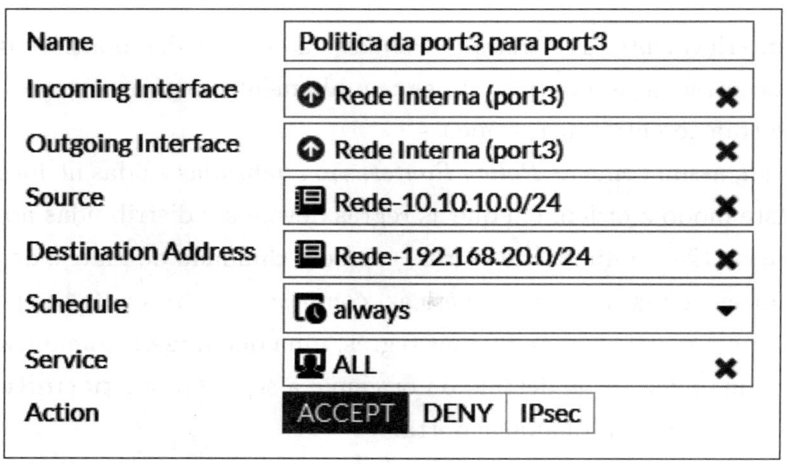

Figura 6.1: Política que permite a comunicação das redes em uma mesma interface.

Ao analisarmos a política podemos ver que ela permite apenas que a comunicação ocorra no sentido unidirecional ou seja, o acesso será permitido apenas se for iniciado por um *host* da rede *10.10.10.0/24* com destino à rede *192.168.20.0/24*, os pacotes de resposta da conexão são permitidos pelo *FortiOS*, devido ao sistema manter o estado desta comunicação na tabela de Sessões [6.1.2]. Desta forma, as regras devem ser analisadas e definidas no sentido do fluxo dos dados. Portanto, se desejamos que a rede *192.168.20.0/24* possa iniciar uma comunicação com a rede *10.10.10.0/24*, se faz necessária a criação de uma política que contemple esse fluxo, como apresentado na imagem 6.2

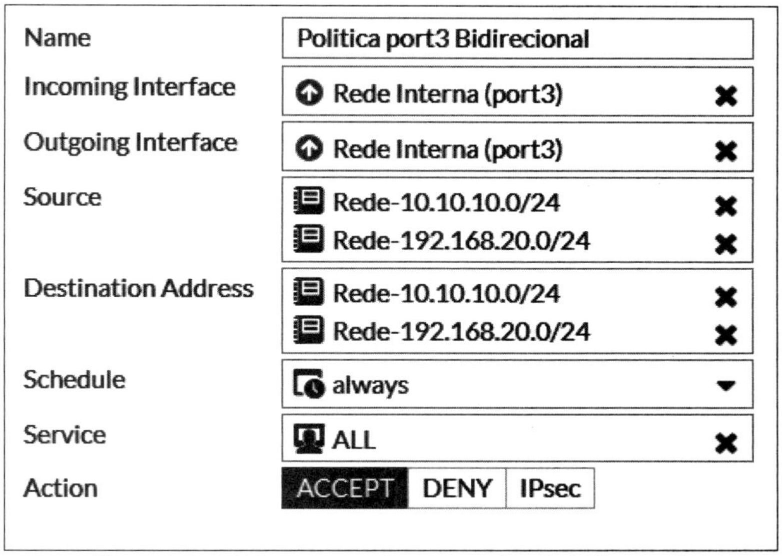

Figura 6.2: Política que permite a comunicação bidirecional.

6.1.1 Interface ANY

O *FortiOS* permite a criação de políticas com uma ou mais *interfaces* explícitas nas regras, assim como possibilita a criação de políticas com as *interfaces* sendo *ANY* (qualquer). No contexto de gerenciamento, isso facilita muito a criação de políticas de *Firewall*, no entanto tem o seu custo, antes de explicar o porquê, devemos ter cuidados com essa opção, pois é necessário entender como o *FortiOS* executa a pesquisa e sua ordem, para localizar uma política.

Como vimos no 1.2.2, o *FortiOS* executa a análise de qual *interface* será utilizada para encaminhamento dos pacotes antes da verificação das políticas de *Firewall*, dessa forma temos uma melhor performance na pesquisa e análise das regras em razão de o sistema não necessitar executar a pesquisa em todas as políticas disponíveis, apenas as que têm o subconjunto de *interfaces* de origem e destino que sejam compatíveis com as do pacote.

A análise das políticas segue a seguinte ordem:

1. *Interface* de Origem e Destino
2. *IPs* de Origem e Destino
3. *Service*
4. *Schedule*

Neste contexto, se tivermos *100* políticas na matriz, porém apenas *10* delas corresponderem à *interface* de origem e de destino do pacote, apenas essas *10* serão analisadas à procura da que corresponda ao tráfego, no entanto, se utilizarmos na matriz de políticas apenas as *interfaces* como sendo *ANY*, obrigamos o *FortiOS* a analisar todas as políticas da matriz a cada nova comunicação à procura de uma que corresponda ao tráfego, podendo assim degradar a performance em determinadas situações.

6.1.2 Sessions

Todos os pacotes que são permitidos por uma política de *Firewall* terão uma entrada na tabela de sessões do *FortiOS*, mesmo aqueles que não sejam orientados a conexão, como nos casos dos protocolos *UDP, ICMP* entre outros. Nesta tabela, são mantidas várias informações, tais como *proto_ State, Expire, Timeout, Traffic Shaping, NAT* e outras. Essas informações são utilizadas para analisar e permitir um pacote de uma sessão pré-existente, resposta de uma sessão já iniciada e/ou acompanhamento *(tracker)* de uma conexão.

Todas as sessões no *FortiOS* são associadas a um tempo de vida *(Time to live (TTL))*, o qual varia de acordo com o estado da sessão e/ou seu protocolo, estados os quais são apresentados nas tabelas 6.3 para *TCP* e 6.4 para *UDP*.

O Tempo de vida ***default*** de uma sessão *TCP* é **3600** segundos, já para o protocolo *UDP* é de **180** segundos, e é utilizado para detectar as sessões que não estão mais em uso para que sejam removidas da tabela após o tempo ser decorrido e não ter sido processado nenhum novo pacote.

No início de uma conexão *TCP*, quando o *FortiOS* processa um pacote *SYN*, a sessão é iniciada com o *TTL* de *10* segundos, após a conclusão do *three way handshake* passa a ser o valor *default.*

No caso do protocolo *TCP* a sessão pode ser finalizada a qualquer momento após o recebimento de um pacote com as flags *RST* ou *FIN*.

Uma sessão pode ter o seu tempo de duração muito superior ao seu *TTL*, pois a cada vez que um pacote é enviado e processado pelo sistema o *TTL* da sessão é retornado ao seu valor *default* (exceto para pacotes do protocolo *TCP* com as *flags RST* e *FIN*), portanto, enquanto a comunicação estiver ativa e enviando e recebendo dados, a sessão se mantém em memória.

Tabela 6.3: Tabela de estados das sessões para o protocolo TCP.

Estado	Valor
NONE	0
ESTABLISHED	1
SYN_SENT	2
SYN & SYN/ACK	3
FIN_WAIT	4
TIME_WAIT	5
CLOSE	6
CLOSE_WAIT	7
LAST_ACK	8
LISTEN	9

Tabela 6.4: Tabela de estados das sessões para o protocolo UDP.

Estado	Valor
UDP Reply not seen	0
UDP Reply seen	1

Os valores de *TTL default* para *TCP* pode ser alterado via *CLI* com os comandos:

```
config system session-ttl
 set default 3600
end
```

Para o protocolo *UDP*, a configuração está disponível em:

```
config system global
 set udp-idle-timer 180
end
```

Essas alterações são globais e valem para todas as novas sessões, mas em determinados casos desejamos que apenas uma porta tenha o valor alterado, então podemos criar uma entrada em *config system session-ttl*. Abaixo vemos a alteração do *TTL* para *600* segundos na porta *53* UDP:

```
config system session-ttl
 config port
  edit 1
   set protocol 17
   set timeout 600
   set start-port 53
   set end-port 53
  next
 end
end
```

Essa alteração afeta qualquer sessão nova no *Firewall*, podemos ser mais específicos e realizarmos a alteração em um *Service* ou diretamente na política. Abaixo são apresentados os comando para definirmos o valor do *TTL* no *Service* e *Policy* respectivamente:

```
config firewall service custom
 edit "FTP"
  set session-ttl 400
```

```
 next
end

config firewall policy
 edit 1
  set session-ttl 700
 next
end
```

Como apresentado, podemos configurar o *Session TTL* em quatro locais (*config system session-ttl* (Default), *config system session-ttl* (específico por porta e protocolo) *config firewall service custom* e *config firewall policy*) como é possível configurar diferentes valores ao mesmo tempo em diferentes locais, o *FortiOS* segue a seguinte ordem de utilização:

1. *Service*
2. *Policy*
3. *Session TTL específico por porta*
4. *Session TTL Default*

Abaixo é apresentada uma sessão de conexão *TCP* na porta *80* obtida via o comando *diag sys session list* após o *three way handshake* :

```
1 session info: proto=6 proto_state=01 duration=10 expire=3589 timeout=3600
2 flags=00000010 sockflag=00000000 sockport=0 av_idx=0 use=3
3 origin-shaper=
4 reply-shaper=
5 per_ip_shaper=
6 ha_id=0 policy_dir=0 tunnel=/ vlan_cos=0/255
7 state=log may_dirty none
8 statistic(bytes/packets/allow_err): org=100/2/1 reply=44/1/1 tuples=2
9 speed(Bps/kbps): 0/0
10 orgin->sink: org pre->post, reply pre->post dev=5->3/3->5 gwy=99.10.10.1/192.168.20.2
11 hook=post dir=org act=snat 192.168.20.2:39082->200.221.2.45:80(99.10.10.2:39082)
12 hook=pre dir=reply act=dnat 200.221.2.45:80->99.10.10.2:39082(192.168.20.2:39082)
13 pos/(before,after) 0/(0,0), 0/(0,0)
14 misc=0 policy_id=2 auth_info=0 chk_client_info=0 vd=0
15 serial=00308864 tos=ff/ff app_list=0 app=0 url_cat=0
16 dd_type=0 dd_mode=0
17 total session 1
```

Na primeira linha temos:

- proto

  Número do protocolo no qual *6* é para *TCP*, *17 UDP* e *1 ICMP*.

- proto_state

  Estado da Sessão.

- duration
  Duração.
- expire
  Em quanto tempo ela vai expirar.
- timeout
  Qual foi o tempo inicial do *TTL*.

6.1.3 Session Helpers

Alguns protocolos enviam informações dentro dos *payload* dos pacotes que são utilizadas na comunicação, a função do *Session Helper* no *FortiOS* é monitorar essas conexões e extrair essas informações, com base nos dados obtidos o *FortiOS* pode realizar várias ações, como permitir um determinado protocolo sobre uma porta que não está explícita na matriz de regra, sendo este caso o do *FTP* que se inicia na porta *21* porém a transmissão é realizada em outra porta, outro protocolo que tem essa função é o *SIP*.

Abaixo é apresentada uma sessão iniciada após a conexão com um servidor *FTP* e o início do *download* de um arquivo:

```
1 session info: proto=6 proto_state=01 duration=182 expire=3515 timeout=3600
2 flags=00000000 sockflag=00000000 sockport=0 av_idx=0 use=4
3 origin-shaper=guarantee-100kbps prio=2 guarantee 128Bps max 128Bps
4 traffic 371Bps drops 1672B
5 reply-shaper=guarantee-100kbps prio=2 guarantee 128Bps max 128Bps
6 traffic 371Bps drops 368B
7 per_ip_shaper=
8 ha_id=0 policy_dir=1 tunnel=/ vlan_cos=255/255
9 state=os rs complex
10 statistic(bytes/packets/allow_err): org=7612/7/1 reply=120/2/1 tuples=2
11 speed(Bps/kbps): 0/0
12 orgin->sink: org pre->post, reply pre->post dev=3->5/5->3 gwy=192.168.20.2/99.10.10.1
13 hook=pre dir=org act=dnat 99.10.10.1:20->99.10.10.2:60504(192.168.20.2:35604)
14 hook=post dir=reply act=snat 192.168.20.2:35604->99.10.10.1:20(99.10.10.2:60504)
15 pos/(before,after) 0/(0,0), 0/(0,0)
16 misc=0 policy_id=1 auth_info=0 chk_client_info=0 vd=0
17 serial=0034a63e tos=ff/ff app_list=0 app=0 url_cat=0
18 dd_type=0 dd_mode=0
19 total session 1
```

É possível observar na linha *13* que o início da conexão foi estabelecido pelo *IP 99.10.10.1* com destino ao *IP 99.10.10.2*, que teve seu *IP* de *NAT* como sendo o endereço *192.168.20.2* na porta *35604*, na linha *16* temos a informação de qual política foi utilizada para permitir o tráfego, neste caso a *policy* foi a de *ID 1*, abaixo podemos ver qual é a configuração desta regra:

```
config firewall policy
 edit 1
  set name "regra generica"
  set uuid bc78019c-ce0e-51e5-1968-00c34f452530
  set srcintf "port3"
  set dstintf "virtual-wan-link"
  set srcaddr "all"
  set dstaddr "all"
  set action accept
  set schedule "always"
  set service "FTP"
  set nat enable
 next
end
```

A política acima trata os pacotes de saída da rede interna para a internet e não a entrada, como é o caso da sessão apresentada. O início da comunicação *FTP* se deu pela *policy* de *ID 1*, a liberação foi permitido seguindo as seguintes etapas:

1. A comunicação *FTP* iníciou-se via *IP* de origem *192.168.20.2* com destino ao endereço *99.10.10.1* na porta de destino (21).
2. Essa comunicação foi permitida pela política de ID *1*.
3. O *Session Helper* monitorou a comunicação e identificou que a transmissão dos dados seria via a porta *35604*.
4. O tráfico com origem *99.10.10.1* e com o destino final *192.168.20.2* tendo a porta de destino *35604* é permitido com o auxílio do *Session Helper*, portanto, o *ID* informado é o que permitiu o início do tráfego que neste exemplo foi a política de ID *1*.

Abaixo podemos ver a configuração do *Session Helper* para o protocolo *FTP*:

```
config system session-helper
 edit 9
  set name ftp
  set protocol 6
  set port 21
 next
end
```

Se removermos o *Session Helper* para esse protocolo e iniciarmos novamente a comunicação, temos o seguinte erro no cliente do *FTP*:

```
ftp> get /home/william/forticlientsslvpn_linux_4.4.2312.tar.gz /root/teste
local: /root/teste remote: /home/william/forticlientsslvpn_linux_4.4.2312.tar.gz
500 Illegal PORT command
```

Diagnóstico

diagnose sys session help list

diagnose sys session list

diagnose sys session filter

diag sys session full-stat

Com o comando *diagnose sys session help list*, listamos todos os *Session Helpers* configurados, assim como as suas portas e protocolos configurados no *FortiOS*:

```
# diagnose sys session help list
list builtin help module:
gtp-b
gtp-u
gtp-c
mgcp
dcerpc
rsh
pmap
dns-tcp
dns-udp
rtsp
pptp
sip
mms
tns
h245
h323
ras
tftp
ftp
list session help:
help=pmap, protocol=17 port=111
help=rtsp, protocol=6 port=8554
help=rtsp, protocol=6 port=554
help=pptp, protocol=6 port=1723
help=rtsp, protocol=6 port=7070
help=sip, protocol=17 port=5060
help=pmap, protocol=6 port=111
help=rsh, protocol=6 port=512
help=dns-udp, protocol=17 port=53
help=tftp, protocol=17 port=69
help=tns, protocol=6 port=1521
help=mgcp, protocol=17 port=2727
help=dcerpc, protocol=17 port=135
help=rsh, protocol=6 port=514
help=ras, protocol=17 port=1719
help=ftp, protocol=6 port=21
help=mgcp, protocol=17 port=2427
help=dcerpc, protocol=6 port=135
help=mms, protocol=6 port=1863
help=h323, protocol=6 port=1720
```

O Comando *diag sys session full-stat* lista o resumo das informações sobre as sessões, como a quantidade, estados e limite de sessões, entre outros.

```
# diag sys session full-stat
session table:            table_size=262144 max_depth=2 used=27
misc info:        session_count=20 setup_rate=0 exp_count=0 clash=0
memory_tension_drop=0 ephemeral=0/86528 removeable=0
delete=0, flush=0, dev_down=0/0
TCP sessions:
4 in ESTABLISHED state
1 in TIME_WAIT state
1 in CLOSE state
2 in CLOSE_WAIT state
firewall error stat:
error1=00000000
error2=00000000
error3=00000000
error4=00000000
tt=00000000
cont=00000000
ids_recv=00000000
url_recv=00000000
av_recv=00000000
fqdn_count=00000008
```

É possível listar todas sessões em memória no *FortiGate* com o auxílio do comando *diagnose sys session list*, o qual lista todas as sessões em memória no *FortiOS*, o que pode chegar em alguns ambientes a milhões, impossibilitando assim a localização de uma sessão única. Com o auxílio do comando de *diagnose sys session filter* realizamos os filtros, no intuito de limitar a quantidades de linhas que serão apresentadas:

- vd
  Index da *VDOM.*
- sintf
  Interface de Origem.
- dintf
  Interface de Destino.
- src
  IP de Origem.
- nsrc
  IP do *NAT* de Origem.
- dst
  IP de Destino.
- proto
  Número do Protocolo.

- sport
  IP de Origem.
- nport
  Porta do *NAT* de Origem.
- dport
  Porta de Destino.
- policy
  ID da política.
- expire
  Tempo de expiração.
- duration
  Tempo de duração.
- proto-state
  Estado do protocolo.
- clear
  Remove todos os Filtros.
- negate
  Inverte o Filtro.

Abaixo é apresentado um filtro da política de *ID 1*:

```
# diagnose sys session filter policy 1
# diagnose sys session list

session info: proto=6 proto_state=01 duration=2 expire=3599 timeout=3600
flags=00000000 sockflag=00000000 sockport=0 av_idx=0 use=4
origin-shaper=guarantee-100kbps prio=2 guarantee 128000Bps max 128000Bps
traffic 129076Bps drops 37879B
reply-shaper=guarantee-100kbps prio=2 guarantee 128000Bps max 128000Bps
traffic 129076Bps drops 1868B
per_ip_shaper=
ha_id=0 policy_dir=1 tunnel=/ vlan_cos=255/255
state=os rs complex
statistic(bytes/packets/allow_err): org=361405/247/1 reply=8104/148/1 tuples=2
speed(Bps/kbps): 171068/1368
orgin->sink: org pre->post, reply pre->post dev=3->5/5->3
gwy=192.168.20.2/99.10.10.1
hook=pre dir=org act=dnat 99.10.10.1:20->99.10.10.2:60538(192.168.20.2:36640)
hook=post dir=reply
act=snat 192.168.20.2:36640->99.10.10.1:20(99.10.10.2:60538)
pos/(before,after) 0/(0,0), 0/(0,0)
misc=0 policy_id=1 auth_info=0 chk_client_info=0 vd=0
serial=003d242d tos=ff/ff app_list=0 app=0 url_cat=0
dd_type=0 dd_mode=0
total session 1
```

6.2 Firewall Policy

As políticas de *Firewall* são um conjunto de regras para permissão ou negação de um determinado fluxo de dados. Como já foi apresentado anteriormente, a matriz de regras é lida de forma *TOP-Down* à procura da política que atenda aos requisitos do pacote, caso não seja encontrada nenhuma política o pacote é negado pela regra de *Implicit Deny* localizada no final da matriz.

6.2.1 Visualização da matriz de policies

A configuração de *policies* na *console WEB* fica localizada em *Policy & Objects* > *IPv4 Policy*, a visualização padrão das políticas é disposta e segmentada por pares de *interfaces* como mostra a imagem 6.3.

Figura 6.3: Visualização das políticas por par de interfaces.

É possível que a visualização seja global, baseada na sequência, como apresentado na imagem 6.4.

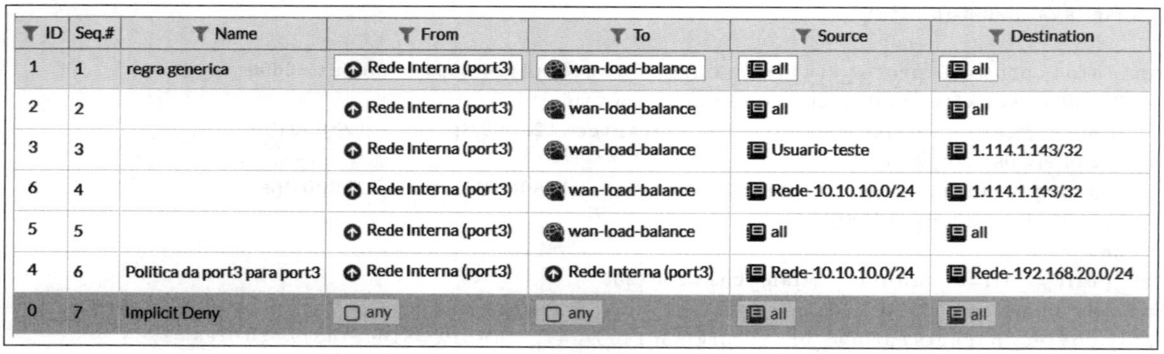

ID	Seq.#	Name	From	To	Source	Destination
1	1	regra generica	Rede Interna (port3)	wan-load-balance	all	all
2	2		Rede Interna (port3)	wan-load-balance	all	all
3	3		Rede Interna (port3)	wan-load-balance	Usuario-teste	1.114.1.143/32
6	4		Rede Interna (port3)	wan-load-balance	Rede-10.10.10.0/24	1.114.1.143/32
5	5		Rede Interna (port3)	wan-load-balance	all	all
4	6	Politica da port3 para port3	Rede Interna (port3)	Rede Interna (port3)	Rede-10.10.10.0/24	Rede-192.168.20.0/24
0	7	Implicit Deny	any	any	all	all

Figura 6.4: Visualização das políticas por sequência.

OBS: Se em uma política aplicarmos duas interface ao mesmo tempo, sendo origem ou destino ou uma delas sendo *ANY*, a visualização por par de *interfaces* será desabilitada, não podendo assim ser retornada.

Section Label

A visualização por sequência, permite a adição de *Section Label* para realizar a ordenação das políticas, facilitando o gerenciamento da matriz. A configuração dos *Section Label* se dá clicando sobre a política que deseja ser a de início do *Label* e, selecionando a opção *Insert Section Label*, as políticas podem ser removidas ou adicionadas ao *label* apenas movendo-as entre eles.

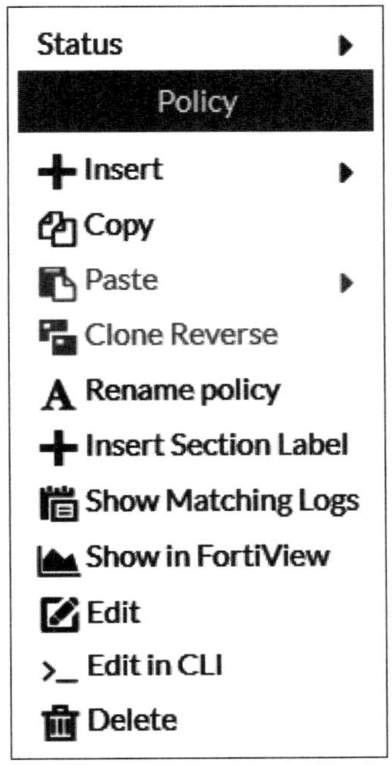

Figura 6.5: Opção de inserção do Section Label.

Colunas

A matriz de regra é subdividida em colunas que podem ser removidas, adicionadas e ordenadas; para adição ou remoção, basta clicar com o botão direito do mouse sobre qualquer coluna já disponível e selecionar em *Available Columns* para adição ou em *Selected Columns* para remoção e aplicar. O menu pode ser visto na imagem 6.7. Já a reordenação se faz clicando sobre a coluna e arrastando-a para o local desejado.
Em cada coluna, temos um ícone com o formato de filtro que pode ser utilizado para filtrar as policies.

Figura 6.6: Visualização das colunas em políticas.

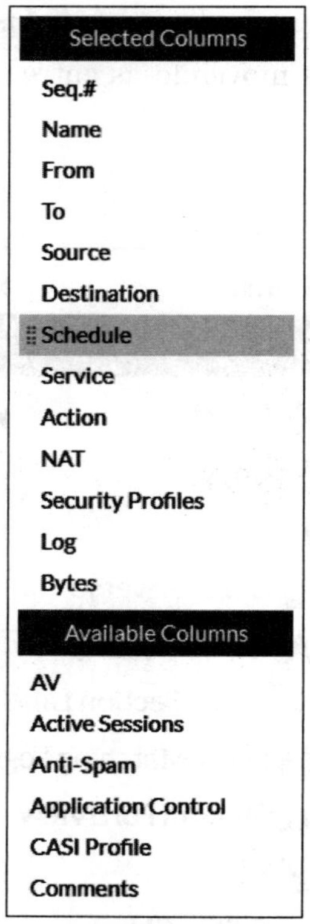

Figura 6.7: Colunas disponíveis para adição.

Criação de Firewall Policy

A configuração de uma nova política fica disponível em *Policy & Objects > IPv4 Policy > Create New* onde devem ser definidas ao menos as opções:

- Name
  Nome da política.
- Incoming Interface
  Interface de Origem.
- Outgoing Interface
  Interface de Destino.
- Source
  Origem, podendo ser *Address, User* ou *Device.*
- Destination Address
  IP de destino.
- Schedule
  Agendamento.
- Service
  Serviço.

- Action

  Ação da política.

Firewall / Network Options

Na configuração da política via *GUI*, há opções disponíveis em *Firewall / Network Options*.

- NAT

  Habilita o *Source NAT*.
- Fixed Port

  Força que o *SNAT* mantenha a porta utilizada pelo cliente.
- IP Pool Configuration

  Define o uso do *IP* da *interface* ou de um *Pool* pré-configurado.

Security Profiles

Permite a configuração dos perfis de segurança, que será visto em 8.

Logging Options

- Log Allowed Traffic

  Habilita os *logs* de tráfego.
- Generate Logs when Session Starts

  Os *logs* do *FortiGate* só são criados após a finalização da sessão. Para que a contabilização do tráfego seja possível, essa opção informa ao *FortiOS* para criar uma entrada no *logs* de *Foward Traffic* para informar o início da conexão.

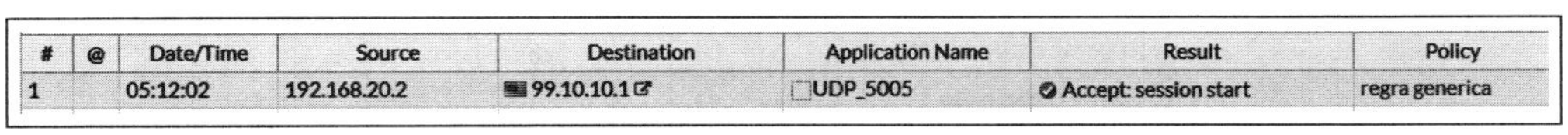

Figura 6.8: Log de Start da Sessão.

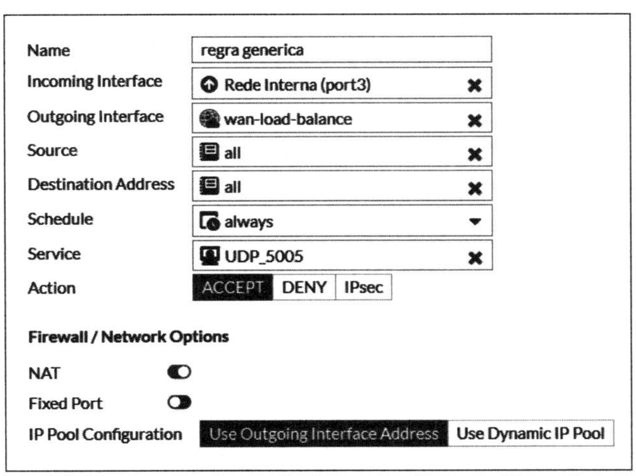

Figura 6.9: Configuração de uma política de Firewall.

Na imagem 6.9 temos uma política de *Firewall* da *interface port3* para *interface wan-load-balance.*

6.2.2 Explicit Proxy Policy

O modo de operação de *proxy* do *FortiOS* por padrão é o transparente, porém em determinadas topologias temos a necessidade de utilizar o modo *proxy* explícito. Nestes casos, temos uma matriz de regras específicas localizada em *Policy & Objects > Explicit Proxy Policy.*
O *Explicit Proxy* é habilitado em *Network > Explicit Proxy > Enable Explicit Web Proxy* selecionando o protocolo. Neste mesmo local, é possível selecionar a porta 8080 para o protocolo HTTP em que o *FortiOS* escutará as requisições do *Explicit Proxy* sendo a porta padrão. Após isso, é necessário que seja configurada a *interface* ou as *interfaces* que escutarão nesta porta do *proxy* em *Network > Interface > Enable Explicit Web Proxy.*

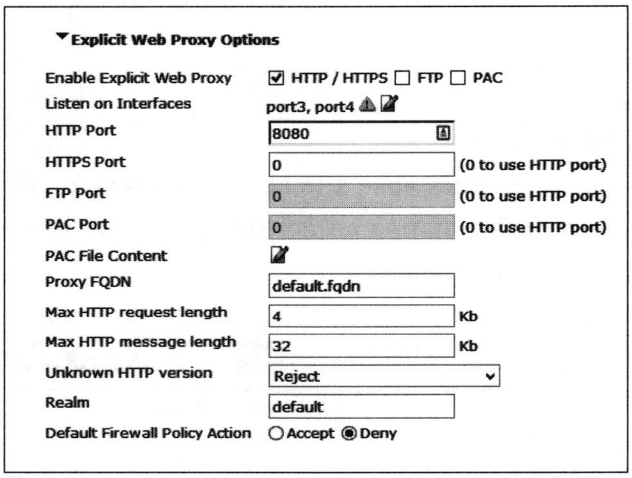

Figura 6.10: Configuração do proxy Explícito.

As políticas de *Proxy Explicit* estão disponíveis em *Policy & Objects > Explicit Proxy Policy* e são compostas pelos seguintes campos/opções:

- Explicit Proxy Type
  - WEB
    Habilita o *proxy* para o protocolo *HTTP.*
  - FTP
    Permite o *proxy* para o protocolo *FTP.*
- Enabled On
  Interfaces que estão escutando as conexões para o *Proxy* Explícito.
- Source Address
  Endereço de origem dos pacotes.

- Outgoing Interface
  Interface utilizada para o roteamento da saída do pacote (não pode ser utilizado aqui o *WAN LLB*).
- Destination Adress
  Endereço de destino dos pacotes.
- Schedule
  Agendamento da política.
- Action
  Ação da política *default*, podendo ser:
  - ACCEPT
    Aceitar.
  - DENY
    Negar.
  - AUTHENTICATE
    Habilita a autenticação para a política, permitindo a seleção de usuários ou grupos de usuário.
- Logging Options
  Habilita os *logs* para a política.
  - Log Allowed Traffic
    Permite habilitar apenas os *logs* de tráfego dos pacotes permitidos.
  - Security Events
    Habilita apenas a armazenagem dos *logs* dos perfis de segurança (*WEB Filter, Antivírus, Application Control*, entre outros).
  - All Sessions
    Gera uma entrada de *log* tanto de tráfego quanto os *logs* de segurança.
  - Generate Logs when Session Starts
    Gera *log* para o início da sessão.
- Disclaimer Options
  Permite a configuração do *Disclamer*.
  - Disable
    Desabilita o *Disclamer*.
  - By Domain
    Habilita por Domínio.
  - By Policy
    Habilita por Política.
  - By User
    Habilita por Usuário.
- Security Profiles
  Permite a configuração dos perfis de segurança, que veremos no capítulo 8.

- Web Proxy Forwarding Server
  Habilita o encaminhamento do pacote para outro servidor de *proxy* caso aceito pela política. Os servidores são configurados em *Network > Explicit Proxy > Web Proxy Forwarding Servers.*

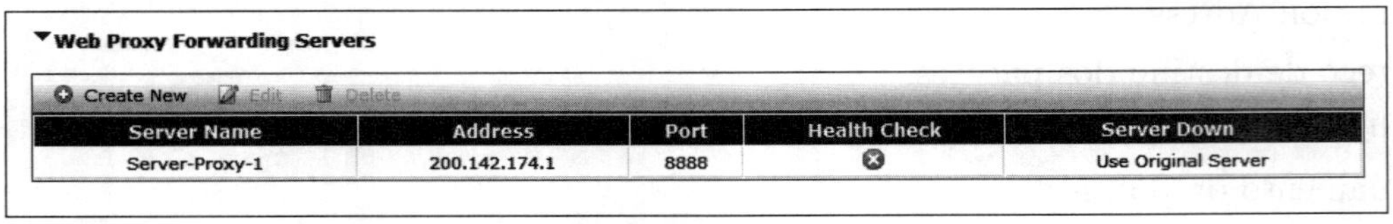

Figura 6.11: Servidores para encaminhamento do proxy.

- Comments
  Campo de comentário .
- Enable this policy
  Habilita ou desabilita a política.

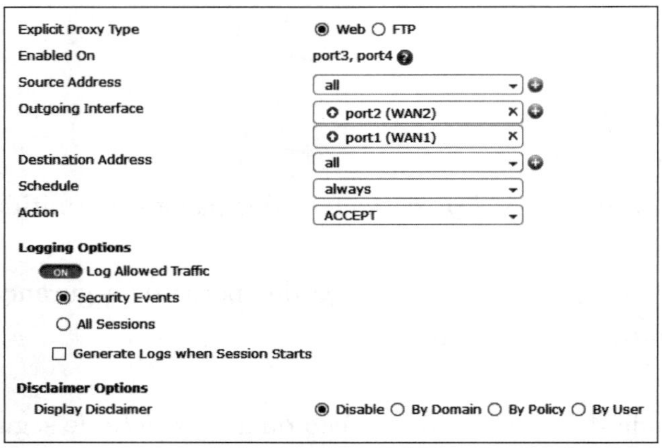

Figura 6.12: Política de proxy explícito.

Diagnóstico

diagnose debug application wad

O *Daemon* do *Proxy* explícito é o *WAD*, que também realiza a função de *WEB CACHE.* Podemos habitar o seu *debug* por meio dos comandos *diagnose debug application wad -1* e *diagnose debug enable*, como mostrado abaixo:

```
# diagnose debug  application wad -1
# diagnose debug enable
wad_http_parse_uri(1673): hostinfo=10.0.1.120
wad_http_proc_request(26336): http client 0x7f7d10c9c058
content_len_status=0 body_len=18446744073709551615 uri-check=0 from-icap=0
special_path=0
```

```
wad_http_proc_request(26496): dst_addr_type=0 wc_nontp=1
sec_web=1 web_cache=0 req_bypass=0
[0x7f7d11421920] Received request from client: 192.168.60.140:52604

GET http://10.0.1.120 HTTP/1.1
User-Agent: curl/7.26.0
Host: 10.0.1.120
Accept: */*
Proxy-Connection: Keep-Alive
```

6.2.3 Local In Policy

Em *Local In Policy*, temos as políticas de permissão de tráfego com origem ou destino ao *FortiGate*, por exemplo, quando habilitamos o acesso administrativo via *SSH* em uma *interface* do *FortiGate*, o *FortiOS* cria uma política *Local In Policy* para permissão desse acesso.
O *FortiOS* permite a criação de políticas novas via *CLI* por meio do comando *config firewall local-in-policy*; as *policies* adicionadas manualmente nesta matriz têm precedência sobre as configurações realizadas em *Restrict Access* dentro da *interface*, deste modo podemos liberar o acesso *SSH* na interface *port3* porém bloquear para um *IP* específico, exemplo:
Configuração da *interface* liberando o acesso administrativo via *SSH*:

```
# show system interface port3
config system interface
 edit "port3"
  set vdom "root"
  set ip 192.168.20.1 255.255.255.0
  set allowaccess ping https ssh
  set vlanforward enable
  set type physical
  set explicit-web-proxy enable
  set alias "Rede Interna"
  set role lan
  set snmp-index 3
 next
end
```

Configuração da Política Local para bloqueio a partir do *IP 192.168.20.2*:

```
# show firewall local-in-policy 1
config firewall local-in-policy
 edit 1
  set intf "port3"
  set srcaddr "192.168.20.2"
  set dstaddr "all"
```

```
    set service "SSH"
    set schedule "always"
  next
end
```

Agora vamos habilitar o *debug* de *flow* para verificar como o *FortiOS* trata os pacotes de origem *192.168.60.140* com destino ao *FortiGate* utilizando o protocolo *SSH*:

```
# diagnose debug flow  show  console  enable
# diagnose debug flow  show  function-name enable
# diagnose debug flow  filter addr 192.168.20.2
# diagnose debug  enable
# diagnose debug  flow  trace start 1
```

Abaixo temos a saída do *debug* após uma tentativa de acesso a partir do *IP 192.168.20.2*:

```
id=20085 trace_id=43 func=print_pkt_detail line=4717 msg="vd-root received a
packet(proto=6, 192.168.20.2:45436->192.168.20.1:22) from port3. flag [S], seq
3947922010, ack 0, win 14600"
id=20085 trace_id=43 func=init_ip_session_common line=4868 msg="allocate a new
session-0005f823"
id=20085 trace_id=43 func=vf_ip_route_input_common line=2584 msg="find a route:
flag=84000000 gw-192.168.20.1 via root"
id=20085 trace_id=43 func=fw_local_in_handler line=394 msg="iprope_in_check() check
failed on policy 1, drop"
```

Na última linha, temos a informação que o acesso foi negado pela política de *ID 1* (*msg=ïprope_ in_ check() check failed on policy 1, drop¨*)

6.3 Traffic Shaping

O *Traffic Shaping* no *FortiOS* tem a função de gerenciar a utilização da banda disponível no equipamento, aplicando limites e garantias de banda e priorizando o tratamento dos pacotes.
A versão *5.4* modificou a forma de configuração de *Traffic Shaping* onde: anteriormente era aplicada diretamente na política de *firewall*, atualmente a *Fortinet* adicionou uma matriz de políticas específicas para o *Traffic Shaping* em *Policy & Objects > Traffic Shaping Policy.*

6.3.1 Traffic Shapers

Os *perfis* e valores de *traffic shapers* são configurados em *Policy & Objects > Traffic Shapers* onde determinamos os valores de garantia de banda e/ou utilização máxima.

O *FortiOS* disponibiliza dois tipos de *Traffic Shapers*:

- Shared

  Esse tipo de *Traffic Shaper*, como o próprio nome diz, compartilha seus valores entre membros da política ou de políticas diferentes. Isso significa que, ao ser aplicado em uma regra que permita a passagem de 2 ou mais *hosts*, eles terão o valor do *traffic shaper* compartilhado entre si, porém a divisão da banda não é igualitária entre os membros, exemplo: se tivermos um *Traffic Shaper* que em *Max Bandwidth* limite a banda em *200Kb/s* e um *host* inicia um *download*, este por sua vez terá toda a banda disponível no momento do início do *download*, deste modo o segundo *IP* utilizará a mesma política e o resto da banda que ficar disponível, podendo ser *5Kb/s*, *10Kb/s* ou mesmo *100Kb/s* a depender da banda consumida pelo primeiro *download*.

  - Name

    Nome do Objeto.
  - Traffic Priority

    Prioridade do tráfego tratado por esse *Shaper*, podendo ser: High, Medium e Low utilizado para priorizar a banda para a prioridade maior valor.
  - Max Bandwidth

    Quantidade máxima de banda que pode ser utilizada (limite de banda).
  - Guaranteed Bandwidth

    Valor de banda mínimo que deve ser garantido quando for solicitado pelo *host* utilizando esse *traffic shaper*. Como essa banda não é reservada, só é utilizada quando necessária.
  - DSCP

    Permite a marcação do pacote.

    OBS: Por padrão, se adicionarmos o perfil *traffic shaper* do tipo *Shared* em duas ou mais políticas, o valor adicionado é compartilhado entre todas as *policies*, exemplo: se adicionarmos o *traffic shaper* apresentado na imagem 6.13 em três políticas e forem utilizadas ao mesmo tempo, não ultrapassarão o valor de *1000Kb/s* para *download*.

    Podemos alterar esse comportamento, fazendo com que o valor adicionado seja único por *policy*, habilitando a opção *per-policy* na CLI.

```
config firewall shaper traffic-shaper
 edit <name traffic shaper>
  set per-policy enable
 next
end
```

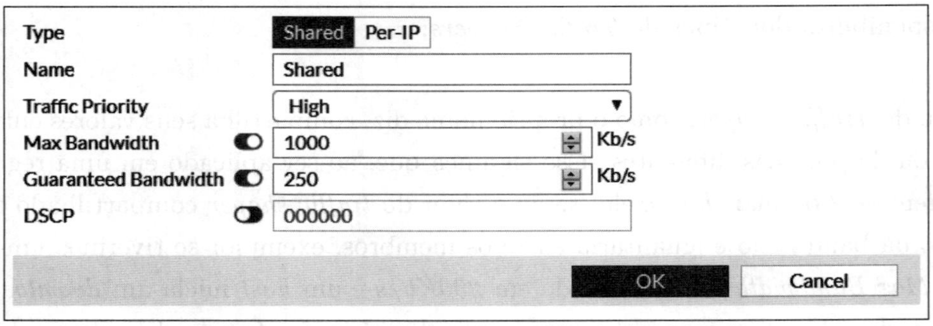

Figura 6.13: Traffic Shaper Compartilhado (SHARED).

- Per-IP

  Diferente do *Traffic Shaper Shared*, o *Per-IP* tem o seu valor de limitação de banda por *IP* e não para todos os *IPs*, exemplo: se setarmos o *Max Bandwidth* com o valor de *100Kb/s* em uma política, cada *IP* terá seu limite como sendo de *100Kb/s*, cada usuário poderá realizar o *download* na velocidade de *100Kb/s*.

  – Name

    Nome.

  – Max Max Bandwidth

    Quantidade máxima de banda utilizada por *IP*.

  – Max Concurrent Connections

    Quantidade máxima de conexões concorrentes.

  – Forward DSCP

    Marcação do pacote *DSCP* para encaminhamento.

  – Reverse DSCP

    Marcação do pacote de *DSCP* recebidos.

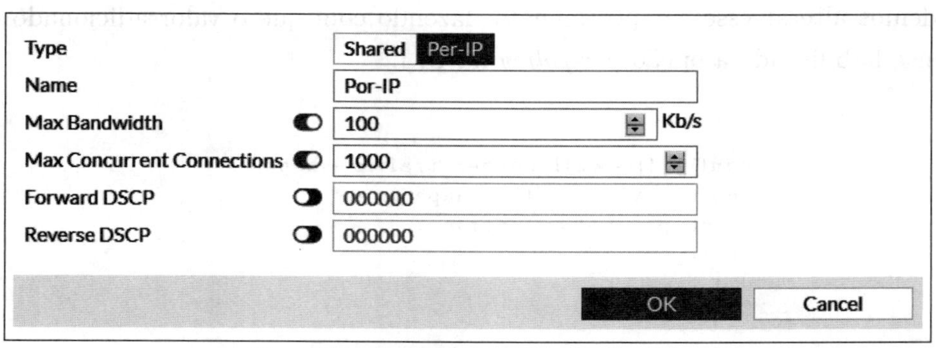

Figura 6.14: Traffic Shaper Por IP (Per-IP).

Traffic Priority

O *Traffic Priority* é utilizado na definição de prioridades dos tráfegos. Se tivermos *Traffic Shaper* configurados com a garantia de banda habilitada, no momento em que toda a banda disponível estiver em uso, o *FortiOS* terá que decidir quais sessões terão seus pacotes ***dropados*** no intuito de disponibilizar a banda a ser alocada para as sessões que tenham a garantia de banda habilitada, a largura de banda é removida das conexões que tenham prioridade menor. Todas as políticas que não têm *Traffic Shaper* configurados, por padrão têm a sua prioridade setada como *Medium*, podemos alterar essa definição via *CLI* por meio dos comandos:

```
config system global
 set traffic-priority-level low
end
```

OBS: Para o funcionamento apropriado da garantia de banda, é necessário que sejam configurados os valores de ***upload*** e ***download*** na *interfaces* onde se encontram os ***links*** de Internet, nos parâmetros ***inbandwidth*** e ***outbandwidth*** respectivamente.
Abaixo é apresentado um exemplo para o link de *30Mb/s* configurado na ***port1***:

```
config system interface
 edit "port1"
  set inbandwidth 30000
  set outbandwidth 30000
 next
end
```

6.3.2 Traffic Shaping Policy

A criação de políticas de *traffic shaper* é localizada em *Policy & Objects > Traffic Shaping Policy* onde temos as opções:

- Matching Criteria
  - Source
    Origem podendo ser Usuário/Grupo ou *IP*.
  - Destination
    IP de destino.
  - Application Category
    Categoria das aplicações do *Application Control.*
  - Application
    Aplicação especifica *Application Control.*

  - URL Category
    Categoria do *FortiGuard Web Filter*.
- Apply shaper
  - Outgoing Interface
    Interface de roteamento (saída).
  - Shared Shaper
    Perfil de *Traffic Shaper* compartilhado.
  - Reverse Shaper
    Aplica o *Traffic Shaper* no tráfego reverso.
  - Per-IP Shaper
    Perfil de *Traffic Shaper Por IP*.
  - Enable this policy
    Habilita a *policy*.

OBS: O *Traffic Shaper* é aplicado no sentido da regra, portanto, para uma regra da *LAN* para *WAN* é aplicada apenas nos pacotes de *Upload* e não de *Download*, para aplicar o *Traffic Shaper* nos pacotes de *download* se faz necessário habilitar o *Reverse Shaper*.

Diagnóstico

diagnose firewall shaper traffic-shaper

diagnose firewall per-ip-shaper

Com o auxílio do comando *diagnose firewall shaper traffic-shaper list*, conseguimos listar os *Traffic Shapers* do tipo *Shared*, e o seu equivalente, *diagnose firewall shaper per-ip-shaper list*, lista os de tipo *Per-IP*, assim listando-os e obtendo informações de utilização.

```
# diagnose firewall shaper traffic-shaper list

name Shaper-FTP
maximum-bandwidth 0 KB/sec
guaranteed-bandwidth 375 KB/sec
current-bandwidth 2348 KB/sec
priority 2
tos ff
packets dropped 0
bytes dropped 0

name Shaper-HTTP
maximum-bandwidth 250 KB/sec
guaranteed-bandwidth 0 KB/sec
current-bandwidth 250 KB/sec
priority 2
tos ff
packets dropped 48160
bytes dropped 45853685

# diagnose firewall shaper per-ip-shaper list
```

```
name Por-IP
maximum-bandwidth 12 KB/sec
maximum-concurrent-session 0
tos ff/ff
packets dropped 40
bytes dropped 140733716858774
addr=192.168.20.2 status: bps=0 ses=1
```

6.3.3 Lab 7 - Configuração de Firewall Policy | Alteração do Session TTL para comunicação com Banco de Dados | Configuração das Políticas de Traffic Shapers

Neste laboratório vamos realizar a configuração de uma política que permita a comunicação com um servidor *FTP* no endereço *ftp//:99.10.10.1*, e que permita o acesso à Internet com o protocolo *HTTP*, alteração do *Session TTL* para a porta *3306 TCP* e por fim duas *Traffic Shaping Policy*, a primeira para garantia de banda para o tráfego *FTP* e outra para limitação de banda para o tráfego *HTTP*.

- Firewall Policy
  Iniciamos com a configuração dos objetos de *Firewall Address* em *Policy & Objects > Address > Create New*.

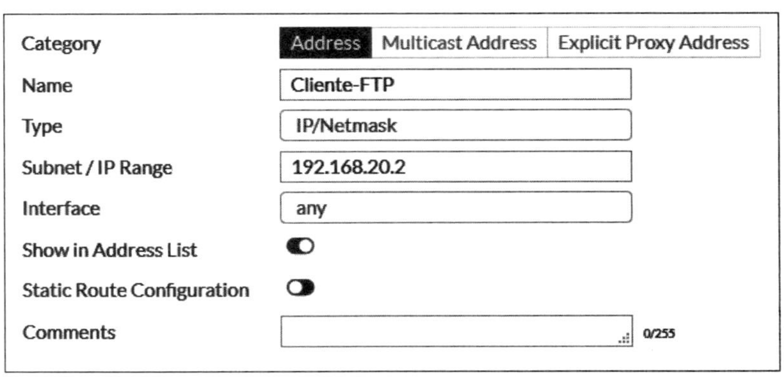

Figura 6.15: Configuração de um address para o cliente FTP.

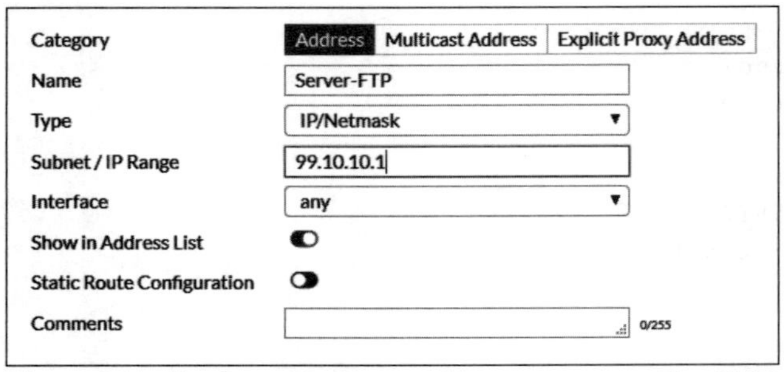

Figura 6.16: Configuração de um address para o servidor FTP.

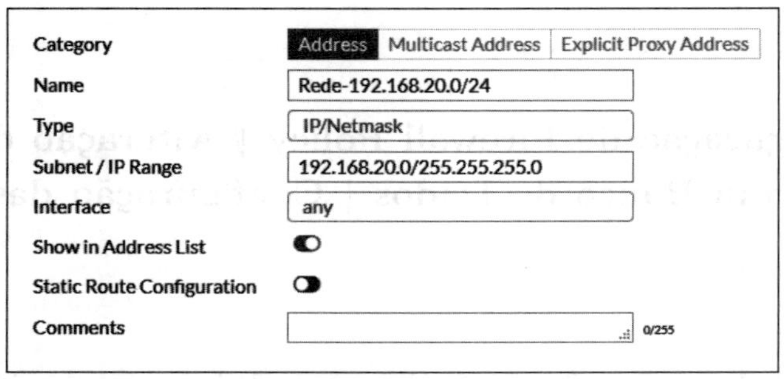

Figura 6.17: Configuração de um address para uma rede.

Com os objetos de *address* prontos, podemos configurar as *policies*, que neste caso serão duas, uma que permite apenas que o *Address Cliente-FTP* acesse o endereço *Server-FTP* e a segunda que permite que a *Rede-Interna* acesse a Internet via *HTTP* em *Policy & Objects > IPv4 Policy > Create New*.

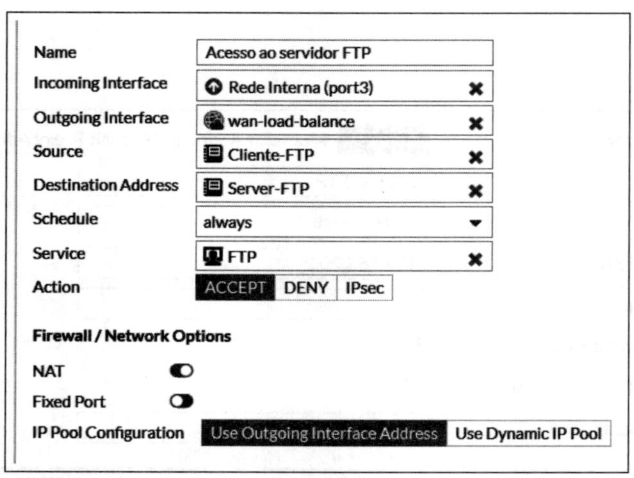

Figura 6.18: Política de permissão ao servidor FTP.

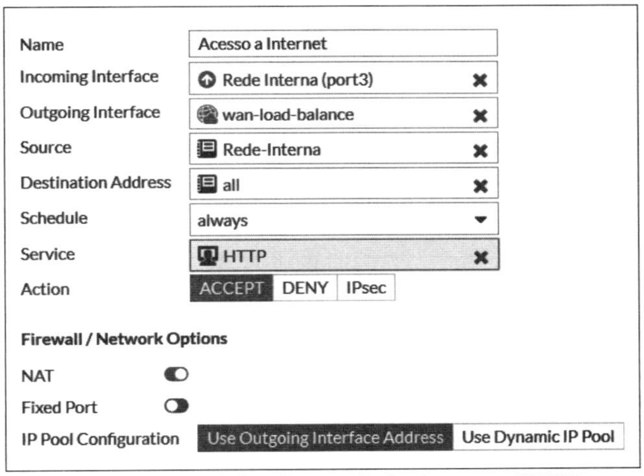

Figura 6.19: Política de permissão de acesso HTTP.

- Alteração do *Timeout* do *Session TTL* para a porta *3306* para *86400* segundos.
  Essa alteração será realizada via CLI:

```
config system session-ttl
    config port
        edit 1
            set protocol 6
            set timeout 86400
            set start-port 3306
            set end-port 3306
        next
    end
end
```

Figura 6.20: Alteração do Session TTL.

- Traffic Shaper Policy
  O primeiro passo é criar os nossos *shapers*, que serão dois, um para *FTP* no intuito de garantir a banda no valor de *3Mb/s* e o outro para limitação de banda no valor de *2Mb/s* em *Policy & Objects > Traffic Shapers > Create New.*

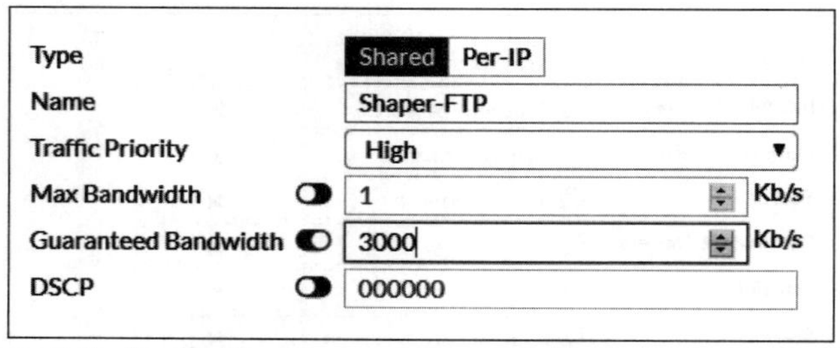

Figura 6.21: Traffic Shaper para garantia de Banda ao protocolo FTP.

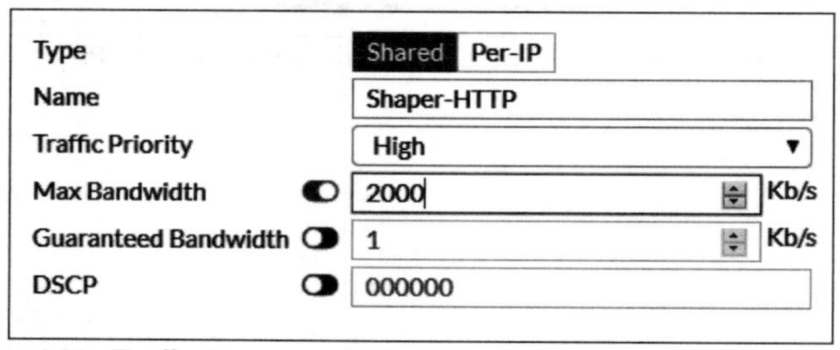

Figura 6.22: Traffic Shaper para limitação de Banda ao protocolo HTTP.

Já podemos iniciar a configuração das *policies* de *Traffic Shaper* em *Policy & Objects > Traffic Shaping Policy > Create New*.

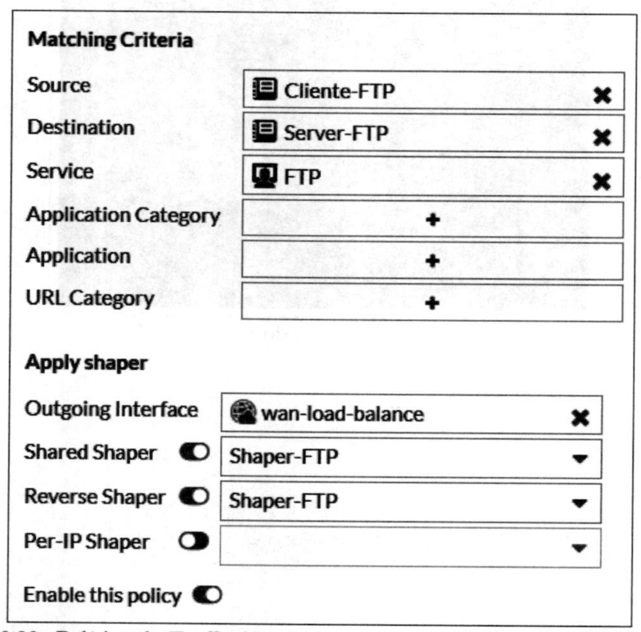

Figura 6.23: Política de Traffic Shaper para garantia de banda ao Cliente FTP.

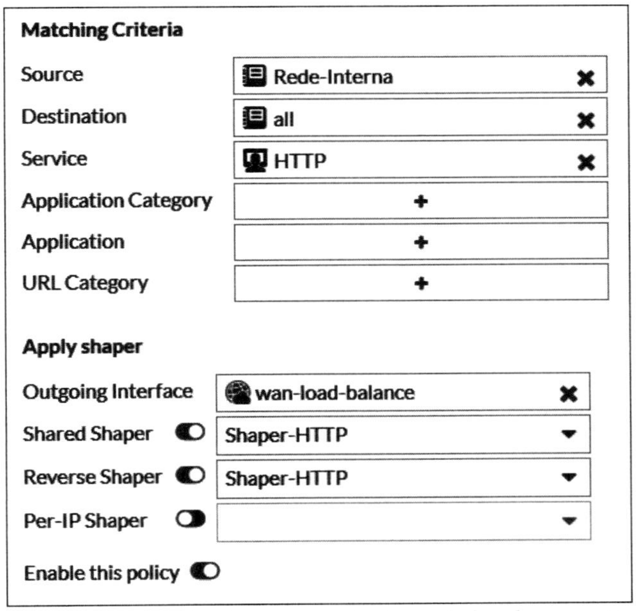

Figura 6.24: Política de Traffic Shaper para limitação de banda ao protocolo HTTP.

Script da Configuração do Firewall Policy | Session TTL | Traffic Shaper | Traffic Shaping Policy

```
config firewall address
 edit "Server-FTP"
  set subnet 99.10.10.1 255.255.255.255
 next
 edit "Rede-Interna"
  set subnet 192.168.20.0 255.255.255.0
 next
 edit "Cliente-FTP"
  set subnet 192.168.60.140 255.255.255.255
 next
end
config firewall policy
 edit 1
  set name "Acesso ao servidor FTP"
  set srcintf "port3"
  set dstintf "virtual-wan-link"
  set srcaddr "Cliente-FTP"
  set dstaddr "Server-FTP"
  set action accept
  set schedule "always"
  set service "FTP"
  set nat enable
 next
 edit 2
  set name "Acesso a Internet"
  set srcintf "port3"
```

```
    set dstintf "virtual-wan-link"
    set srcaddr "Rede-Interna"
    set dstaddr "all"
    set action accept
    set schedule "always"
    set service "HTTP"
    set nat enable
  next
end
config firewall shaper traffic-shaper
  edit "Shaper-FTP"
    set guaranteed-bandwidth 3000
  next
  edit "Shaper-HTTP"
    set maximum-bandwidth 2000
  next
end
config firewall shaping-policy
  edit 1
    set service "FTP"
    set dstintf "virtual-wan-link"
    set traffic-shaper "Shaper-FTP"
    set traffic-shaper-reverse "Shaper-FTP"
    set srcaddr "Cliente-FTP"
    set dstaddr "Server-FTP"
  next
  edit 2
    set service "HTTP"
    set dstintf "virtual-wan-link"
    set traffic-shaper "Shaper-HTTP"
    set traffic-shaper-reverse "Shaper-HTTP"
    set srcaddr "Rede-Interna"
    set dstaddr "all"
  next
end
```

6.4 Debug de Flow

Com o auxílio do comando *Flow* podemos executar a análise e o acompanhamento do pacote por dentro do *FortiOS* e verificar o *gateway*, rota, política que processou, ou a ação tomada pelo sistema para um determinado pacote entre outros dados.

Podemos habilitar o *debug* de *flow* por meio do comando *diagnose debug flow*, onde temos as opções:

- filter
  Habilita a opção de filtro para *IPv4* permitindo selecionar os pacotes que serão analisados, as opções dos filtros são:
  - clear
    Limpar os filtros.

  - vd
    Index da *VDOM*.
  - proto
    Número do Protocolo *IP*.
  - addr
    Endereço de *IP*, seja destino ou origem.
  - saddr
    IP de Origem.
  - daddr
    IP de Destino.
  - port
    Porta de origem ou destino.
  - sport
    Porta de Origem.
  - dport
    Porta de Destino.
  - negate
    Inverte os filtros.
- filter6
  Tem as mesmas opções apresentadas anteriormente porém, para o protocolo *IPv6*.
- trace
  Executa a captura dos pacotes.
  - start
    Inicia a captura dos pacotes em *IPv4*, informando a quantidade de pacotes que deseja capturar e então finaliza a captura (opcional).
  - stop
    Para o *trace*.
  - start6
    Inicia a captura para *IPv6 trace*, permitindo, assim como para *IPv4*, informar a quantidade de pacotes.
  - stop6
    Para o *trace* para *IPv6*.
- show
  Habilita as informações que serão apresentadas na console.
  - console
    Permite habilitar ou desabilitar o *trace* na *console*.
  - function-name
    Habilita ou desabilita os nomes das funções na *console*.
  - iprope
    Habilita ou desabilita informações sobre as políticas que foram analisadas antes do *match*.

Os comandos abaixo habilitam o *debug* de *flow* para capturar 1 pacote com destino ao endereço *10.0.1.120*:

```
# diagnose debug  flow  show  console enable
# diagnose debug  flow  show  function-name  enable
# diagnose debug  flow  show  iprope  enable
# diagnose debug  flow  filter daddr 10.0.1.120
# diagnose debug enable
# diagnose debug  flow trace start 1
id=20085 trace_id=1 func=print_pkt_detail line=4792 msg="vd-root received a
packet(proto=6, 192.168.20.2:45324->10.0.1.120:80) from port3. flag [S], seq
549314700, ack 0, win 14600"
id=20085 trace_id=1 func=init_ip_session_common line=4943 msg="allocate a new
session-000000d0"
id=20085 trace_id=1 func=iprope_dnat_check line=4659 msg="in-[port3], out-[]"
id=20085 trace_id=1 func=iprope_dnat_check line=4672 msg="result: skb_flags-02000000,
vid-0, ret-no-match, act-accept, flag-00000000"
id=20085 trace_id=1 func=vf_ip_route_input_common line=2586 msg="find a
route: flag=04000000 gw-99.10.10.1 via port1"
id=20085 trace_id=1 func=iprope_fwd_check line=636 msg="in-[port3],
out-[port1], skb_flags-02000000, vid-0"
id=20085 trace_id=1 func=__iprope_tree_check line=545 msg="gnum-100004, use
addr/intf hash, len=6"
id=20085 trace_id=1 func=__iprope_check_one_policy line=1823 msg="checked
gnum-100004 policy-1, ret-matched, act-accept"
id=20085 trace_id=1 func=__iprope_user_identity_check line=1648 msg="ret-matched"
id=20085 trace_id=1 func=__iprope_check line=2049 msg="gnum-4e20, check-ffffffffa001e63e"
id=20085 trace_id=1 func=__iprope_check_one_policy line=1823 msg="checked
gnum-4e20 policy-6, ret-no-match,
act-accept"
id=20085 trace_id=1 func=__iprope_check_one_policy line=1823 msg="checked
gnum-4e20 policy-6, ret-no-match, act-accept"
id=20085 trace_id=1 func=__iprope_check_one_policy line=1823 msg="checked
gnum-4e20 policy-6, ret-no-match, act-accept"
id=20085 trace_id=1 func=__iprope_check line=2068 msg="gnum-4e20 check
result: ret-no-match, act-accept,
flag-00000000, flag2-00000000"
id=20085 trace_id=1 func=__iprope_check_one_policy line=1959 msg="try to get
nat"
id=20085 trace_id=1 func=get_new_addr line=979 msg="find SNAT: IP-99.10.10.2(from IPPOOL), port-45324"
id=20085 trace_id=1 func=__iprope_check_one_policy line=2020 msg="policy-1 is
matched, act-accept"
id=20085 trace_id=1 func=iprope_fwd_auth_check line=688 msg="after iprope_captive_check(): is_captive-
ret-matched, act-accept, idx-1"
id=20085 trace_id=1 func=iprope_shaping_check line=771 msg="in-[port3],
out-[port1], skb_flags-02000000, vid-0"
id=20085 trace_id=1 func=__iprope_check line=2049 msg="gnum-100015,
check-ffffffffa001ed1c"
id=20085 trace_id=1 func=__iprope_check_one_policy line=1823 msg="checked
gnum-100015 policy-3, ret-no-match,
act-accept"
id=20085 trace_id=1 func=__iprope_check line=2068 msg="gnum-100015 check
result: ret-no-match, act-accept,
flag-00000000, flag2-00000000"
```

```
id=20085 trace_id=1 func=iprope_policy_group_check line=3992 msg="after
check: ret-no-match, act-accept,
flag-00000000, flag2-00000000"
id=20085 trace_id=1 func=iprope_reverse_dnat_check line=1037 msg="in-[port3],
out-[port1], skb_flags-02000000, vid-0"
id=20085 trace_id=1 func=fw_forward_handler line=697 msg="Allowed by
Policy-1: SNAT"
id=20085 trace_id=1 func=__ip_session_run_tuple line=2796 msg="SNAT
192.168.20.2->99.10.10.2:45324"
```

Capítulo 7

Autenticação

Existe uma grande gama de protocolos de autenticação suportados pelo *FortiOS* que podem ser utilizados para acesso administrativo, políticas, *VPN*, entre outros.

A autenticação é realizada apenas nos protocolos *HTTP/S, FTP* e *TELNET*; os quais podem ser habilitados em *User & Device > Authentication Settings*, como apresenta a imagem 7.1; portanto, para que um usuário tenha acesso por meio de uma política de autenticação se faz necessário que ele utilize um dos protocolos disponíveis para autenticação. Após a autenticação ele pode utilizar-se de qualquer protocolo disponível pela política, por exemplo, um usuário necessita acessar o serviço de *SSH* por meio de uma política de autenticação, sem estar autenticado ele terá seu acesso negado até que autentique via um dos protocolos disponíveis para tal. É disponível a opção de definição do tempo de *timeout* da autenticação no campo *Authentication Timeout*

OBS: Não se faz necessário que o serviço utilizado para autenticação esteja disponíveis no servidor que será acessado, bastando apenas que este esteja na política de autenticação.

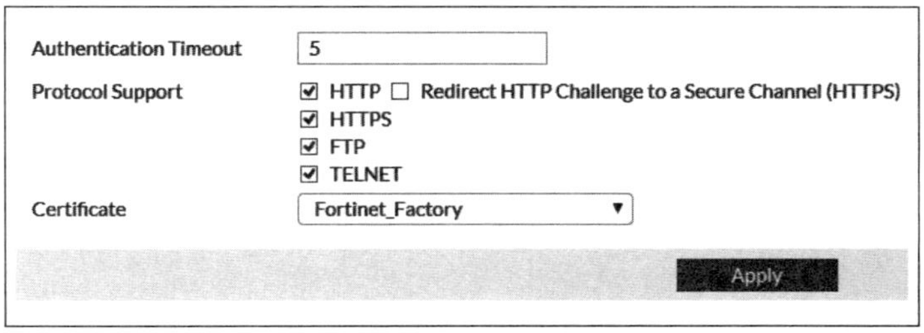

Figura 7.1: Configurações da Autenticação.

7.1 Local

O *FortiOS* pode ser o banco de dados de autenticação, modo o qual é conhecido como autenticação local, ficando os usuários estão no *FortiGate*.

A configuração destes usuários fica disponível em *User & Device > User Definition*, no qual temos

acesso à criação de usuários, cuja quantidade de entradas suportadas varia entre os modelos de *FortiGate*, indo de *20* a *5000* a depender do modelo.
A configuração de *local users* também permite que o usuário seja local, mas que sua senha esteja em um servidor de autenticação remoto, podendo ser este *LDAP, Radius* ou *TACACS Plus.*

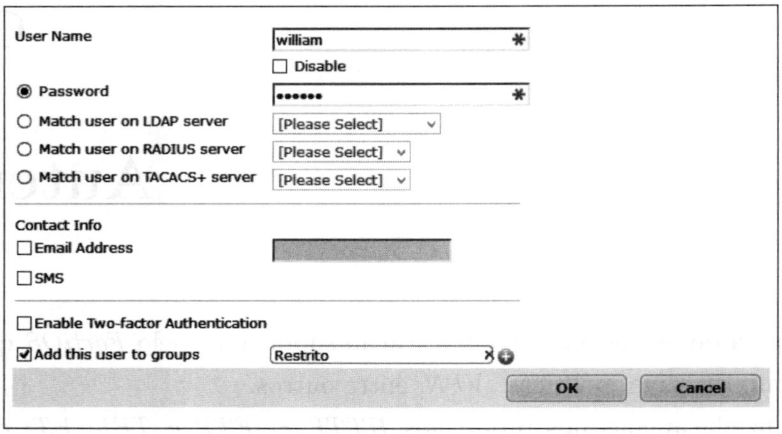

Figura 7.2: Usuário Local no Firewall.

User Groups

Os grupos de usuários permitem que sejam agrupados usuários locais ou a vinculação de um grupo local a um grupo remoto em *User & Device > User Groups.*
Os grupos no *FortiOS* são divididos em 4 subgrupos:

- Firewall
  Grupo do tipo local no *Firewall* que pode ser referenciado a um grupo de autenticação remota.
- Fortinet Single Sign On (FSSO)
  Grupos utilizados no FSSO para autenticação automática de usuários do *AD/Novel.*
- Guest
  Grupo de autenticação do portal *Guest* hospedado no *FortiOS.*
- Radius Single Sign on (RSSO)

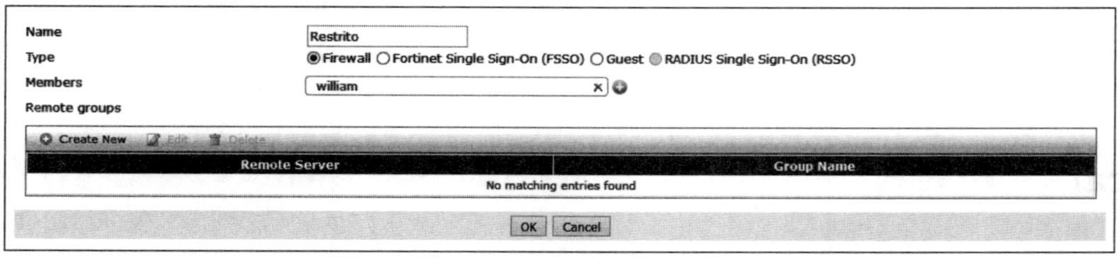

Figura 7.3: Grupo do tipo Firewall local.

7.1.1 Portal Guest

O *Portal Guest* permite a criação de usuários de convidados, comumente utilizado para liberação de acessos das redes sem fios a Internet para convidados, sendo necessária a criação de grupos do tipo *Guest*, nos quais temos as seguintes opções:

- Enable Batch Guest Account Creation
  Habilita a criação de usuários em lotes.
- User ID
  Permite definir se o nome do usuário será fornecido (Specify), utilizando o e-mail (E-mail) ou gerado automaticamente pelo *FortiOS* (Auto-Generate).
- Password
  Define se a senha será gerada pelo sistema (Auto-Generate), fornecida durante a criação (Specify) ou desabilitada (disable).
- Expire Type
  Configura se o tempo de expiração inicia-se após o primeiro logon do usuário (After first login) ou imediatamente após a criação do usuário (Immediately).
- Default Expire Time
  Definição do tempo de *timeout* do usuário, podendo ser Dias, Horas, Minutos ou Segundos.
- Maximum Accounts
  Habilita um limite máximo de usuários para o grupo.

Campos opcionais para identificação do usuário:

- Enable Name
  Campo para definição do Nome do utilizador.
- Enable Sponsor
  Campo para informação do responsável.
  - Required
    Habilita a obrigatoriedade do campo.
- Enable Company
  Campo para informar a empresa do usuário.
  - Required
    Habilita a obrigatoriedade do campo.
- Enable E-mail
  Campo para informar o e-mail do usuário.
- Enable SMS
  Campo para informar o celular.

Guest Management

A criação de usuários *Guest* fica localizada em *User & Device > Guest Management*, onde selecionamos o Grupo e realizamos a criação do usuário preenchendo os campos necessários.

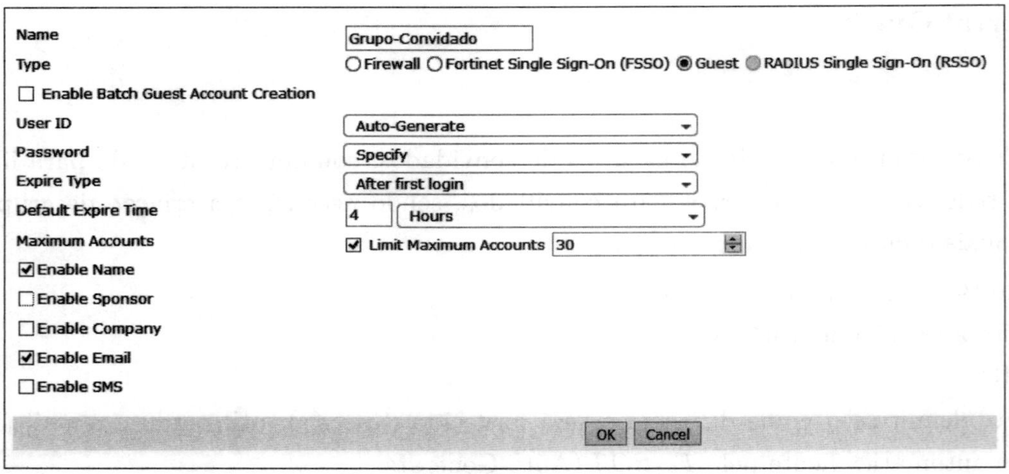

Figura 7.4: Grupo do tipo Guest.

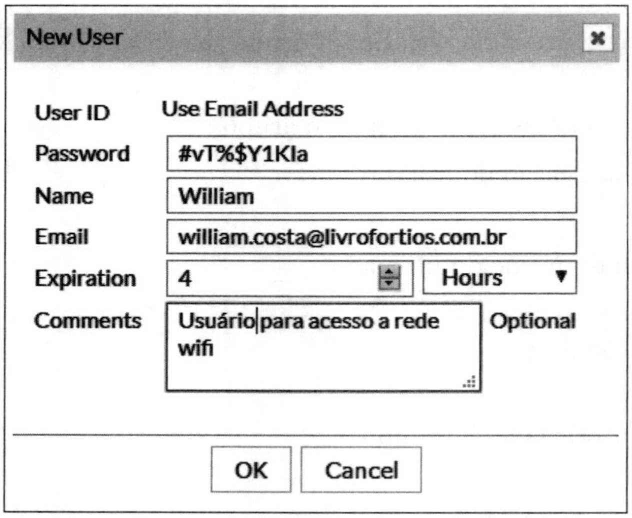

Figura 7.5: Criação do usuário Guest.

Após a criação do usuário, é apresentada uma janela (pop-up) na qual temos a opção de imprimir o usuário ou enviar os dados de acesso ao e-mail informado (essa opção necessita que o *FortiGate* esteja configurado com o e-mail *Server* (3.2.11) que permite o envio de e-mail a domínios externos).

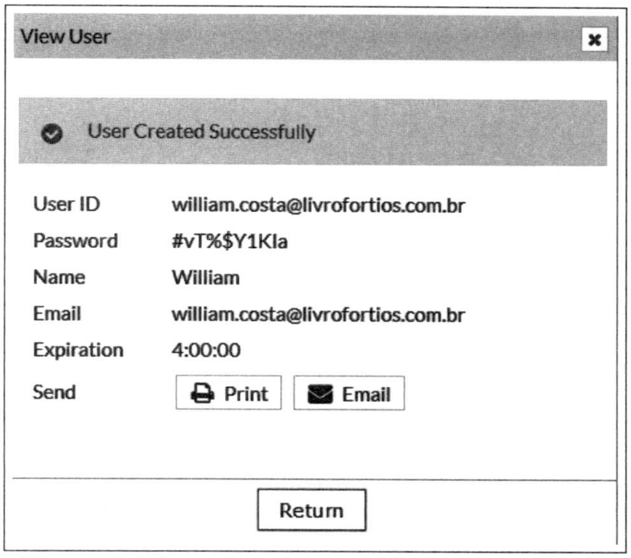

Figura 7.6: Informações sobre o usuário guest recém criado.

Usuário de administração do Portal Guest

Comumente, o gerenciamento destes usuários é delegado a funcionários externos ao departamento de TI; em vista disso o *FortiOS* permite a criação de usuários administrativos com acesso apenas ao portal *Guest*, bastando apenas criar o usuário em *System > Administrators > Create New*, e selecionando a opção *Restrict admin to guest account provisioning only* e o grupo ou os grupos *Guest*, como apresenta a imagem 7.7.

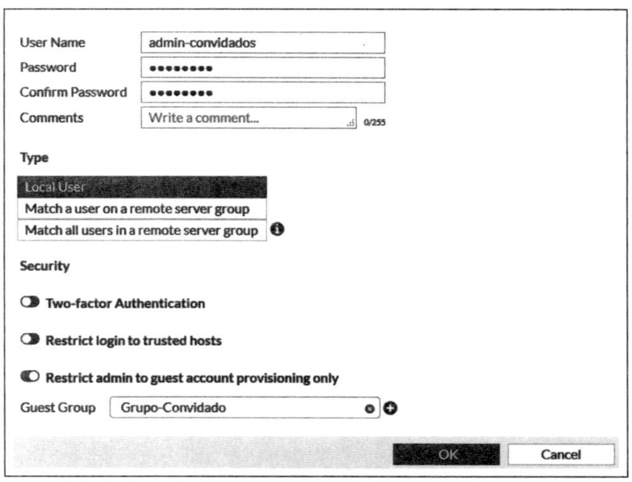

Figura 7.7: Usuário de administração do portal Guest.

Para acesso ao portal dos usuários *guest*, temos que acessar o mesmo endereço de gerenciamento do *Firewall*, bastando apenas informar o usuário de administração do portal.

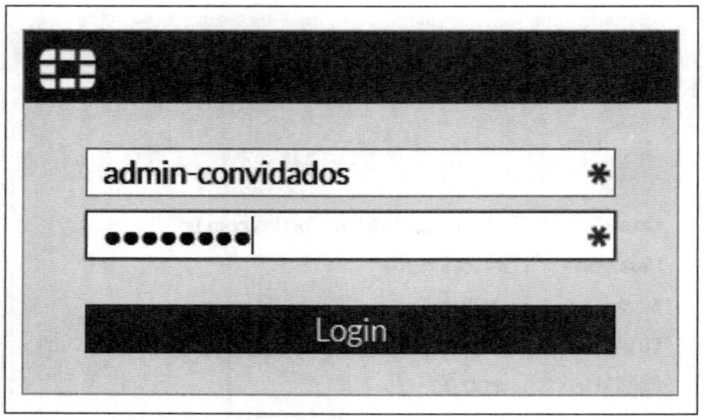

Figura 7.8: Autenticação do portal Guest.

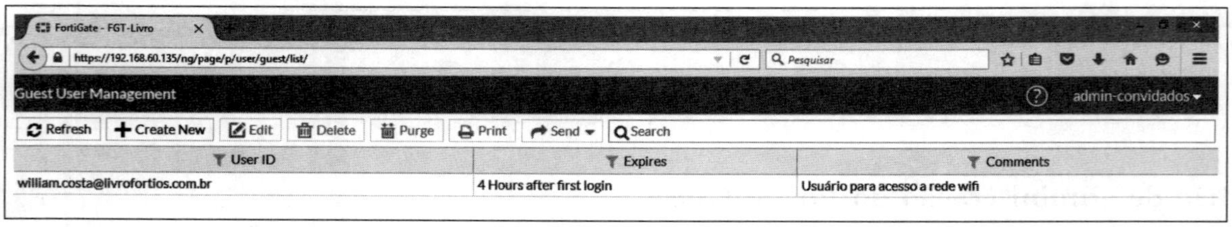

Figura 7.9: Portal Guest.

Com os grupos e usuários já criados, o último passo é a utilização desses objetos na política de *Firewall* em *Policy & Objects > IPv4 Policy > Create New.*

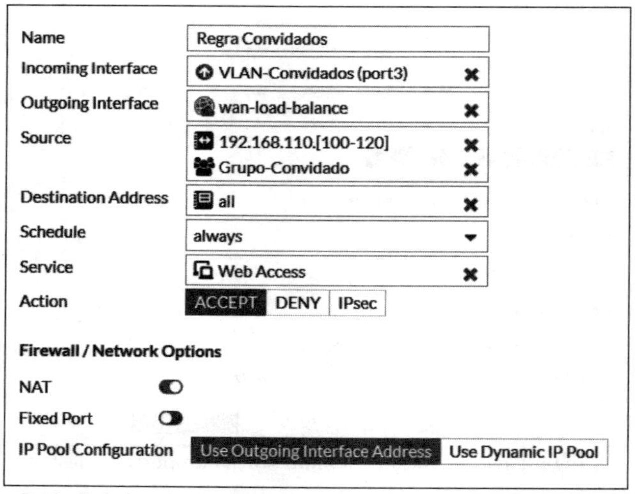

Figura 7.10: Política de autenticação para acesso aos usuários convidados.

Abaixo, na imagem 7.11, podemos ver a página de solicitação de autenticação do *FortiOS*.

Figura 7.11: Página de autenticação do Portal Guest.

A lista de usuários logados pode ser obtida via *GUI* em *Monitor > Firewall User Monitor*, como apresentado pela imagem 7.12.

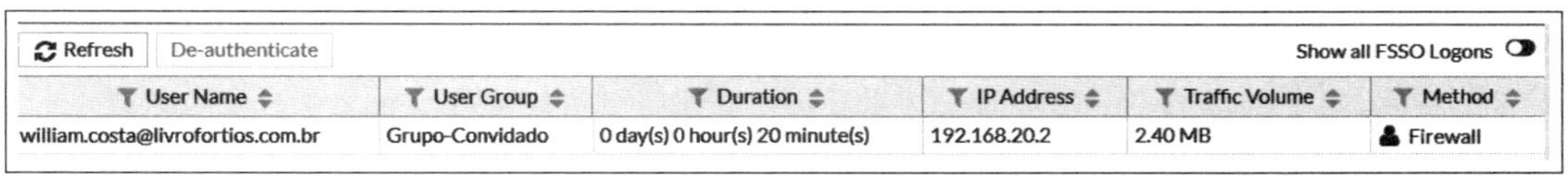

Figura 7.12: Lista de usuários autenticados.

Diagnóstico

diagnose debug application authd

diagnose firewall auth

É disponibilizado no *FortiOS* o comando *diagnose firewall auth* para gerenciamento dos usuários autenticados via *CLI*, onde temos as opções:

- list
  Lista todos os usuários autenticados em *IPv4* ou, se habilitados os filtros, apenas os que sejam compatíveis.
- clear
  Executa a desautenticação de todos usuários dos filtros habilitados, caso contrário desautentica todos os usuários.
- ipv6
  Lista todos os usuários autenticados em *IPv6* ou, se habilitados os filtros, apenas os que sejam compatíveis.
- filter
  Executa os filtros a serem realizados nos comandos acima, abaixo temos os campos a serem

filtrados:

- clear

  Executa o *reset* nos filtros.
- source

  Filtra o *IP* de origem no *IPv4*.
- source6

  Filtra o *IP* de origem no *IPv6*.
- policy

  Filtra pelo *ID* da política.
- user

  Filtra pelo nome de usuário.
- group

  Filtra pelo nome do grupo.
- method

  Filtra pelo método de autenticação, as opções disponíveis são: *fsso, rsso, ntlm, fw, wsso, fsso_citrix, sso_guest.*

Abaixo, é apresentando um exemplo para o filtro do usuário *william* e após lista se o usuário está ou não logado.

```
# diagnose firewall auth filter user william
# diagnose firewall auth list
192.168.20.2, william.costa@livrofortios.com.br, Grupo-Convidado
type: fw, id: 0, duration: 7489, idled: 31
expire: 268, allow-idle: 300, max-life: 6927
flag(24): hard idle
group_id: 8
group_name: Grupo-Convidado

---- 1 listed, 0 filtered ----
```

Podemos enfrentar problemas para realizar a autenticação e, para esses casos, utilizamos o comando de debug *diagnose debug application authd -1* seguido pelo *diagnose debug enable*, como apresentado abaixo:

```
# diagnose debug application authd -1
# diagnose debug enable
...
407 authd_http_read_http_message: called
361 authd_http_is_full_http_message: called
[authd_http_on_method_post:4346]: src 192.168.20.2 flag 00008000
[authd_http_change_state:2346]: src 192.168.20.2 flag 00018200
authd_http: change state from 3 to 103
[authd_http_wait_auth:2111]: src 192.168.20.2 flag 00018200
```

```
1046 authd_fnbam_auth_user: called
authd_fnbam_auth_user: username=william.costa@livrofortios.com.br, policy_id=5
authd_fnbam_locked_out: username=william.costa@livrofortios.com.br,
src_addr=192.168.20.2, n_failures=0, record_ttl=-112063
963 _authd_fnbam_auth_user: called
_authd_fnbam_auth: Start auth for group Grupo-Convidado
_authd_fnbam_auth: Server blacklist=
william.costa@livrofortios.com.br(Grupo-Convidado) authentication successful:
timeout=300 group_id=( 8 )
[authd_http_authentication_done:1451]: src 192.168.20.2 flag 00058200
[authd_http_send_ok:2216]: src 192.168.20.2 flag 00058200
[authd_http_send:1148]: src 192.168.20.2 flag 00058200
[authd_http_change_state:2346]: src 192.168.20.2 flag 00058200
authd_http: change state from 103 to 5
...
```

7.2 Lightweight Directory Access Protocol (LDAP)

A Autenticação via *LDAP* permite que utilizemos os usuários, senhas e grupos disponíveis neste banco de dados, podendo utilizar o *Microsoft Active Directory*, *OpenLDAP FortiAuthenticator* ou qualquer serviço que se utilize do protocolo *LDAP V3*.
A base de dados do *LDAP* não é copiada para o *FortiOS* e sim consultada a cada requisição de autenticação realizando as seguintes etapas:

1. O *Firewall* executa a conexão com o servidor *LDAP*.
2. O usuário exerce a autenticação contra o *FortiGate*.
3. O *FortiOS* envia o usuário e senha informados ao servidor *LDAP*.
4. Se o usuário e senha forem validados com sucesso pelo servidor, o *FortiOS* autentica o usuário, caso contrário será negada a autenticação do cliente.

A configuração do servidor de *LDAP* é realizada em *User & Device > LDAP Servers > Create New* com a seguintes opções:

- Name
  Nome da entrada.
- Server IP/Name
  Endereço *IP* ou Nome do Servidor.
  OBS: Se for utilizado o nome, os servidores de *DNS* configurados no *FortiOS* (4.3) devem ser capazes de realizar a resolução destes nomes.
- Server Port
  Porta de comunicação com o servidor.
- Common Name identifier
  Este campo é relacionado ao nome de usuários dentro da estrutura *LDAP*, para o *AD* da *Microsoft*, este campo tem o seu nome como sendo *sAMAccountName*, já o *OpenLDAP* normalmente

é o *uid*.

- Distinguished Name
  Neste campo, é informado o domínio local da empresa, mas podemos adicionar também uma *OU* específica para pesquisa dos usuários.
- bind Type
  Tipo de conexão com o *LDAP Server* podendo ser:
  - Simple
    Uma autenticação simples sem pesquisa.
  - Anonymous
    Utilizando *anonymous* para a conexão.
  - Regular
    Utilizando usuário e senha para conexão com pesquisa.
- Secure Connection
  Por padrão, a conexão com o servidor *LDAP* é realizada em texto claro sem criptografia, sendo assim podemos habilitar a conexão sobre uma camada de criptografia utilizando o *LDAPS* ou *STARTTLS*.

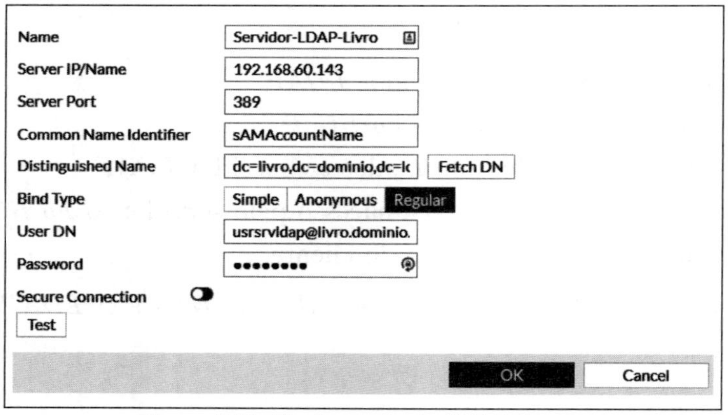

Figura 7.13: Configuração do LDAP Server.

Com a configuração do *Server LDAP* finalizada, partimos para a configuração dos grupos locais do tipo *Firewall* vinculados aos grupos do *LDAP* em *User & Device > User Groups* onde é selecionado em *Remote groups* o grupo do *LDAP*, como mostrado nas imagens 7.14 e 7.15.

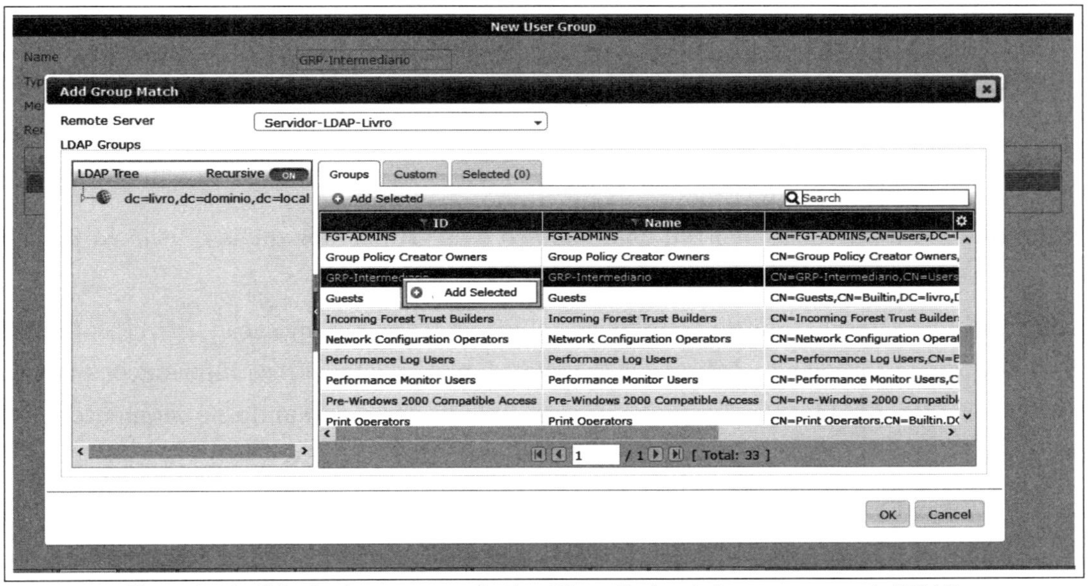

Figura 7.14: Criação de um grupo do tipo Firewall vinculado a um grupo do LDAP.

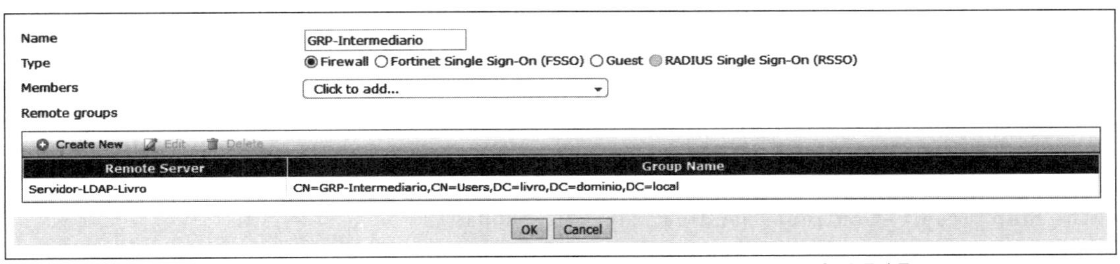

Figura 7.15: Grupo do tipo Firewall vinculado a um grupo do LDAP.

Com o grupo finalizado, o último passo é utilizá-lo em uma política de autenticação, *VPN* ou até mesmo para o gerenciamento do *FortiGate*, como apresentado no primeiro laboratório 3.2.4.

Diagnóstico

diagnose test authserver ldap

diagnose debug application fnbamd

diagnose debug enable

Com o auxílio do comando *diagnose test authserver ldap*, podemos realizar um teste de autenticação para o servidor *LDAP* a partir do *FortiOS*. Para esse debug temos 3 opções que devem ser informadas na seguinte ordem, *<nome dado a configuração do ldap server>* *<usuário>* *<senha>*, abaixo é apresentado o exemplo do comando para a configuração apresentada até o momento:

```
diagnose test authserver ldap Servidor-LDAP-Livro william.costa Livro123
authenticate 'william.costa' against 'Servidor-LDAP-Livro' succeeded!
Group membership(s) - CN=GRP-Intermediario,CN=Users,DC=livro,DC=dominio,DC=local
CN=Domain Users,CN=Users,DC=livro,DC=dominio,DC=local
```

Vemos acima que a autenticação ocorreu com sucesso e os grupos dos quais o usuário *william.costa* é membro.

Para executarmos *troubleshooting* de problemas relacionados à autenticação *LDAP*, utilizamos o comando de *debug diagnose debug application fnbamd -1* para visualizar as informações trocadas entre o *FortiOS* e o servidor *LDAP*. Abaixo podemos ver a saída deste comando no momento de uma falha na autenticação:

```
# diagnose debug application fnbamd -1
# diagnose debug enable
[1899] handle_req-Rcvd auth req 780049725 for william.costa in GRP-Intermediario
opt=00000100 prot=10
[338] __compose_group_list_from_req-Group 'GRP-Intermediario'
[685] fnbamd_pop3_start-william.costa
[303] radius_start-Didn't find radius servers (0)
[688] auth_tac_plus_start-Didn't find tac_plus servers (0)
[987] __fnbamd_cfg_get_ldap_list_by_group-Loading LDAP server 'Servidor-LDAP-Livro'
for usergroup 'GRP-Intermediario' (6)
[942] resolve_ldap_FQDN-Resolved address 192.168.60.143, result 192.168.60.143
[430] create_auth_session-Total 1 server(s) to try
[387] start_search_dn-base:'dc=livro,dc=dominio,dc=local' filter:sAMAccountName=william.costa

[1681] fnbamd_ldap_get_result-Going to SEARCH state
[2505] auth_ldap_result-Continue pending for req 780049725
[1579] fnbamd_ldap_get_result-Not ready yet
[2505] auth_ldap_result-Continue pending for req 780049725
[1579] fnbamd_ldap_get_result-Not ready yet
[2505] auth_ldap_result-Continue pending for req 780049725
[1579] fnbamd_ldap_get_result-Not ready yet
[2505] auth_ldap_result-Continue pending for req 780049725
[1579] fnbamd_ldap_get_result-Not ready yet
[2505] auth_ldap_result-Continue pending for req 780049725
[421] get_all_dn-Found DN 1:CN=william costa,CN=Users,DC=livro,DC=dominio,DC=local

[435] get_all_dn-Found 1 DN's
[469] start_next_dn_bind-Trying DN 1:CN=william costa,CN=Users,DC=livro,DC=dominio,DC=local
[1729] fnbamd_ldap_get_result-Going to USERBIND state
[2505] auth_ldap_result-Continue pending for req 780049725
[453] start_next_dn_bind-No more DN left
[1976] fnbamd_ldap_get_result-Auth denied
[2513] fnbamd_auth_poll_ldap-Result for ldap svr 192.168.60.143 is denied
[180] fnbamd_comm_send_result-Sending result 1 (error 0) for req 780049725
[570] destroy_auth_session-delete session 780049725
```

O *debug* acima informa que a conexão com o servidor *LDAP* ocorreu com sucesso e que o usuário foi localizado na base do servidor conforme a linha *"[421] get_ all_ dn-Found DN 1:CN=william costa, CN=Users, DC=livro, DC=dominio, DC=local"*, porém a senha informada não confere com a da base de dados, essa informação é passada pela linha *"[1976] fnbamd_ ldap_ get_ result-Auth denied"*. Para comparação, abaixo podemos ver as informações de uma autenticação bem sucedida:

```
# diagnose debug application fnbamd -1
# diagnose debug enable
[1899] handle_req-Rcvd auth req 780049726 for william.costa in GRP-Intermediario
opt=00000100 prot=10
[338] __compose_group_list_from_req-Group 'GRP-Intermediario'
[685] fnbamd_pop3_start-william.costa
[303] radius_start-Didn't find radius servers (0)
[688] auth_tac_plus_start-Didn't find tac_plus servers (0)
[987] __fnbamd_cfg_get_ldap_list_by_group-Loading LDAP server 'Servidor-LDAP-Livro'
for usergroup 'GRP-Intermediario' (6)
[942] resolve_ldap_FQDN-Resolved address 192.168.60.143, result 192.168.60.143
[430] create_auth_session-Total 1 server(s) to try
[387] start_search_dn-base:'dc=livro,dc=dominio,dc=local'
filter:sAMAccountName=william.costa

[1681] fnbamd_ldap_get_result-Going to SEARCH state
[2505] auth_ldap_result-Continue pending for req 780049726
[1579] fnbamd_ldap_get_result-Not ready yet
[2505] auth_ldap_result-Continue pending for req 780049726
[1579] fnbamd_ldap_get_result-Not ready yet
[2505] auth_ldap_result-Continue pending for req 780049726
[1579] fnbamd_ldap_get_result-Not ready yet
[2505] auth_ldap_result-Continue pending for req 780049726
[1579] fnbamd_ldap_get_result-Not ready yet
[2505] auth_ldap_result-Continue pending for req 780049726
[421] get_all_dn-Found DN 1:CN=william costa,CN=Users,DC=livro,DC=dominio,DC=local

[435] get_all_dn-Found 1 DN's
[469] start_next_dn_bind-Trying DN 1:CN=william
costa,CN=Users,DC=livro,DC=dominio,DC=local
[1729] fnbamd_ldap_get_result-Going to USERBIND state
[2505] auth_ldap_result-Continue pending for req 780049726
[685] start_user_attrs_lookup-Adding attr 'memberOf'
[706] start_user_attrs_lookup-base:'CN=william
costa,CN=Users,DC=livro,DC=dominio,DC=local' filter:cn=*

[1785] fnbamd_ldap_get_result-Entering CHKUSERATTRS state
[2505] auth_ldap_result-Continue pending for req 780049726
[1579] fnbamd_ldap_get_result-Not ready yet
[2505] auth_ldap_result-Continue pending for req 780049726
[868] get_member_of_groups-Get the memberOf groups.
[900] get_member_of_groups- attr='memberOf', found 1 values
[71] ldap_grp_list_add-added CN=GRP-Intermediario,CN=Users,DC=livro,DC=dominio,DC=local
[909] get_member_of_groups-val[0]='CN=GRP-Intermediario,CN=Users,DC=livro,
DC=dominio,DC=local'
[747] start_primary_group_lookup-starting check...
[751] start_primary_group_lookup-number of sub auths 5
```

```
[769] start_primary_group_lookup-base:'dc=livro,dc=dominio,dc=local'
filter:(&(objectclass=group)(objectSid=\01\05\00\00\00\00\00\05\15\00\00\00\e6
\e9\66\27\57\b3\4a\60\07\5c\91\db\01\02\00\00))

[1808] fnbamd_ldap_get_result-Entering CHKPRIMARYGRP state
[2505] auth_ldap_result-Continue pending for req 780049726
[1579] fnbamd_ldap_get_result-Not ready yet
[2505] auth_ldap_result-Continue pending for req 780049726
[1579] fnbamd_ldap_get_result-Not ready yet
[2505] auth_ldap_result-Continue pending for req 780049726
[1579] fnbamd_ldap_get_result-Not ready yet
[2505] auth_ldap_result-Continue pending for req 780049726
[1579] fnbamd_ldap_get_result-Not ready yet
[2505] auth_ldap_result-Continue pending for req 780049726
[71] ldap_grp_list_add-added CN=Domain Users,CN=Users,DC=livro,DC=dominio,
DC=local
[851] get_primary_groups-primary group: CN=Domain
Users,CN=Users,DC=livro,DC=dominio,DC=local
[1841] fnbamd_ldap_get_result-Auth accepted
[1959] fnbamd_ldap_get_result-Going to DONE state res=0
[137] __ldap_copy_grp_list-copied
CN=GRP-Intermediario,CN=Users,DC=livro,DC=dominio,DC=local
[137] __ldap_copy_grp_list-copied CN=Domain
Users,CN=Users,DC=livro,DC=dominio,DC=local
[2522] fnbamd_auth_poll_ldap-Result for ldap svr 192.168.60.143 is SUCCESS
[2542] fnbamd_auth_poll_ldap-Skipping group matching
[830] find_matched_usr_grps-Skipped group matching
[180] fnbamd_comm_send_result-Sending result 0 (error 0) for req 780049726
[570] destroy_auth_session-delete session 780049726
[31] ldap_grp_list_del_all-Del CN=GRP-Intermediario,CN=Users,DC=livro,DC=dominio,DC=local
[31] ldap_grp_list_del_all-Del CN=Domain Users,CN=Users,DC=livro,DC=dominio,DC=local
```

A linha *"[1841] fnbamd_ldap_get_result-Auth accepted"* informa que a autenticação ocorreu com sucesso. Neste caso, é realizada pelo *FortiOS* a verificação de quais são os grupos aos quais o usuário pertence, para que essa informação seja analisada e comparada com os grupos locais no intuito de associar o usuário a um grupo correto. Para o usuário *william.costa*, a pesquisa retornou seu pertencimento a dois grupos, sendo eles o *CN=GRP-Intermediario,CN=Users,DC=livro,DC=dominio,DC=local* e *CN=Domain Users,CN=Users,DC=livro,DC=dominio,DC=local.*

7.3 Radius

A comunicação com servidores *Radius* para autenticação está disponível no *FortiOS* em *User & Device > RADIUS Servers* onde temos as opções:

- Name
  Nome para a configuração.
- Primary Server Name/IP
  Endereço IP ou nome do Servidor primário *Radius.*

- Primary Server Secret
  Senha de autenticação para comunicação com o servidor *Radius* primário.
- Secondary Server IP/Name
  Endereço *IP* ou nome do Servidor *backup Radius*.
- Secondary Server Secret
  Senha de autenticação para comunicação com o servidor *Radius* de *backup*.
- Authentication Method
  Os protocolos utilizados para a autenticação disponíveis são: *PAP, CHAP, MS-CHAP, MS-CHAP-V2*.
- NAS IP / Called Station ID
  IP utilizado na comunicação com o *Radius Server*.
- Include in every User Group
  Quando habilitada essa configuração, o Servidor *Radius* será incluído em todos os grupos do *Firewall*.

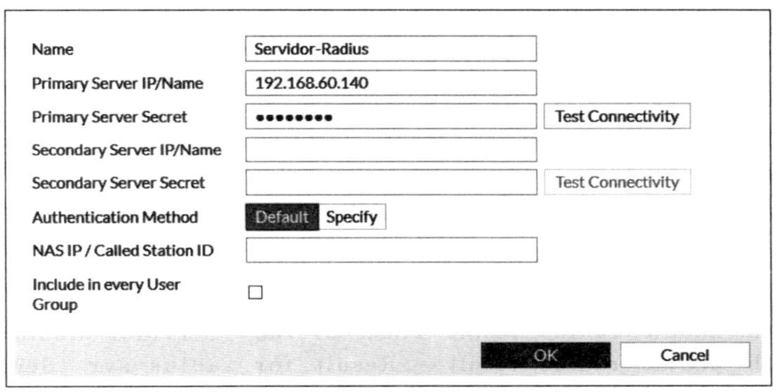

Figura 7.16: Configuração do servidor Radius.

OBS: A comunicação padrão com o servidor *Radius* no *FortiOS* é realizada pela porta *1812*, e em casos de necessidade de alteração, se dá via os comandos:

```
config system global
 set radius-port <porta que o servidor radius escuta>
end
```

Diagnóstico
diagnose test authserver radius
diagnose debug application fnbamd
diagnose debug enable
Para realizamos um teste de conexão com o servidor *Radius* a fim de validar a comunicação ou um determinado usuário e sua senha, utilizamos o comando *diagnose test authserver radius*

seguido pelas opções em ordem *<nome dado a configuração do servidor radius>* *<protocolo>* *<usuario>* *<senha>* conforme o exemplo abaixo:

```
diagnose test authserver radius Servidor-Radius pap william Radius123
authenticate 'william' against 'pap' succeeded, server=primary
assigned_rad_session_id=780049745 session_timeout=0 secs idle_timeout=0
secs!
```

Assim como para *LDAP*, também podemos utilizar o comando de debug *diagnose debug application fnbamd -1* para diagnosticar e resolver problemas com a comunicação com o servidor *RADIUS*.

```
#diagnose debug application fnbamd -1
# diagnose debug enable
[1899] handle_req-Rcvd auth req 780049746 for william in Servidor-Radius
opt=0000001d prot=0
[338] __compose_group_list_from_req-Group 'Servidor-Radius'
[685] fnbamd_pop3_start-william
[450] __fnbamd_cfg_get_radius_list_by_server-Loading RADIUS server 'Servidor-Radius'
[1281] fnbamd_radius_auth_send-Compose RADIUS request
[1486] fnbamd_radius_auth_send-Sent radius req to server 'Servidor-Radius':
fd=12, IP=192.168.60.140 code=1 id=13 len=92 user="william" using PAP
[271] radius_server_auth-Timer of rad 'Servidor-Radius' is added
[430] create_auth_session-Total 1 server(s) to try
[2314] fnbamd_auth_handle_radius_result-Timer of rad 'Servidor-Radius' is deleted
[2340] fnbamd_auth_handle_radius_result-->Result for radius svr 'Servidor-Radius'
192.168.60.140(0) is 0
[2368] fnbamd_auth_handle_radius_result-Skipping group matching
[830] find_matched_usr_grps-Skipped group matching
[180] fnbamd_comm_send_result-Sending result 0 (error 0) for req 780049746
authenticate 'william' against 'pap' succeeded, server=primary
assigned_rad_session_id=780049746 session_timeout=0 secs idle_timeout=0 secs!
```

7.3.1 RADIUS Single Sign-On (RSSO)

O *FortiOS* disponibiliza a autenticação de forma transparente por meio do *RSSO* para ambientes utilizando *Radius*, modo de operação que realiza um *Single Sign-ON (SSO)* por meio das mensagens de *Accounting Start* e *Accounting Stop* para executar o *Logon* e *Logoff* dos usuários. Essas mensagens são enviadas pelo servidor que realizou o *logon* do usuário, exemplo: um usuário realiza o *logon* em um serviço de *WIFI* e esse por sua vez envia ao *FortiGate* a mensagem de *Accounting Start* contendo algumas informações, como nome do usuário, endereço *IP*, Grupo que pertence, entre outros. Com base nessas informações, o *FortiOS* autentica o usuário automaticamente, sem a necessidade de interação por parte deste.

Essas informações enviadas são conhecidas como atributos *(attributes)* do *Radius*, o *FortiOS* por padrão utiliza a informação enviada nos atributos *Calling-Station-Id* como o nome do usuário, *Class* é utilizado para identificação do grupo, *Framed-IP-Address IP* do usuário, por fim o atributo *Acct-Status-Type* informa se é uma informação de logon *(Start)* ou *logoff (Stop)*, mais informações sobre essas mensagens podem ser encontradas em [28].

Os atributos enviados podem variar dependendo do dispositivo que emite essas mensagens, deste modo o *FortiOS* permite a alteração dos atributos utilizados para identificar o nome de usuário e grupo por meio das opções *rsso-endpoint-attribute* e *sso-attribute*, respectivamente, disponíveis via *CLI* na configuração do servidor *Radius*, abaixo são apresentados os valores padrões do *FortiOS*:

```
config user radius
 edit "RSSO-Server"
  set rsso-endpoint-attribute Calling-Station-Id
  set sso-attribute Class
 next
end
```

A configuração do *RSSO* na *GUI* fica disponível em *User & Device > Single Sing-ON*, onde temos os campos:

- Name
  Nome para a configuração do *RSSO*.
- Use RADIUS Shared Secret
  Senha utilizada para autenticar e aceitar as mensagens de autenticação.
- Send RADIUS Responses
  Habilita o *FortiOS* a responder aos pacotes *RADIUS*.

Figura 7.17: Configuração do RADIUS Single Sing-ON.

Além da configuração do *RSSO* para que o *FortiOS* aceite as mensagens, deve ser habilitada na *interface* que será responsavel em receber as informações a opção *RADIUS Accounting* em *Administrative Access*, deste modo o *FortiOS* passa a escutar na porta *1813/UDP* esperando as mensagens.

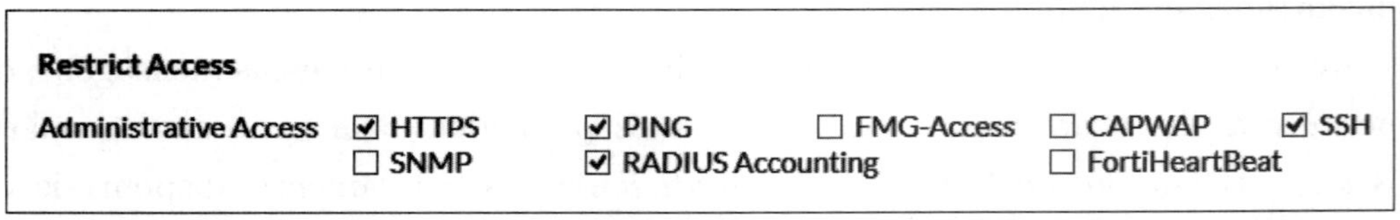

Figura 7.18: Configuração do RADIUS na interface que receberá as mensagens de RSSO.

Diagnóstico

diagnose debug application radiusd

diagnose debug enable

diagnose firewall auth list

Para realizarmos o diagnóstico das mensagens de *accounting* do *RADIUS*, utilizamos o comando de *debug diagnose debug application radiusd -1.*

```
# diagnose debug application radiusd -1
# diagnose debug  enable

Received radius accounting eventvd 0:root Add/Update auth logon for IP 10.10.10.1 for
user william
DB 0 insert [ep='william' pg='Restrito' ip='10.10.10.1'] success

# diagnose firewall auth list

10.10.10.1, william
type: rsso, id: 0, duration: 826, idled: 826
flag(10): radius
server: root

----- 1 listed, 0 filtered ------

Received radius accounting eventvd 0:root Remove auth logon for IP 10.10.10.1 for user william
DB 0 remove by IP [ep='william' pg='Restrito' ip='10.10.10.1'] success

# diagnose firewall auth list

----- 0 listed, 0 filtered ------
```

7.4 Fortinet Single Sign-On (FSSO)

O *Fortinet Single Sing-On (FSSO)* é a função de autenticação transparente para ambientes *Microsoft Active Directory* e *Novell eDirectory* executando o *Single Sing-On (SSO)* nestes ambientes.
A autenticação ocorre baseada nas informações disponíveis nestes sistemas como *Nome do Usuário*, *IP* e *Grupos*.

7.4.1 FSSO Agent

O método de autenticação baseado no *Agent*, utiliza-se de um cliente instalado em um computador *(Collector)* rodando em um sistema operacional da *Microsoft*, o qual pode ser um Servidor ou um Cliente.
Existem dois modos de trabalho do *FSSO Agent*:

- DC Agent Mode
  O *DC Agent* é responsável por analisar os *Logs* de eventos dos *ADs* para verificar as informações sobre os *logons* por meio dos *Security Logs* do *Windows Server* e envia aos *Collectors*.
  Os *IPs* dos *Collectors* para os quais serão enviados os dados são armazenados na chave de registro *[HKEY_LOCAL_MACHINE\SOFTWARE\Fortinet\FSAE\dcagent]*.

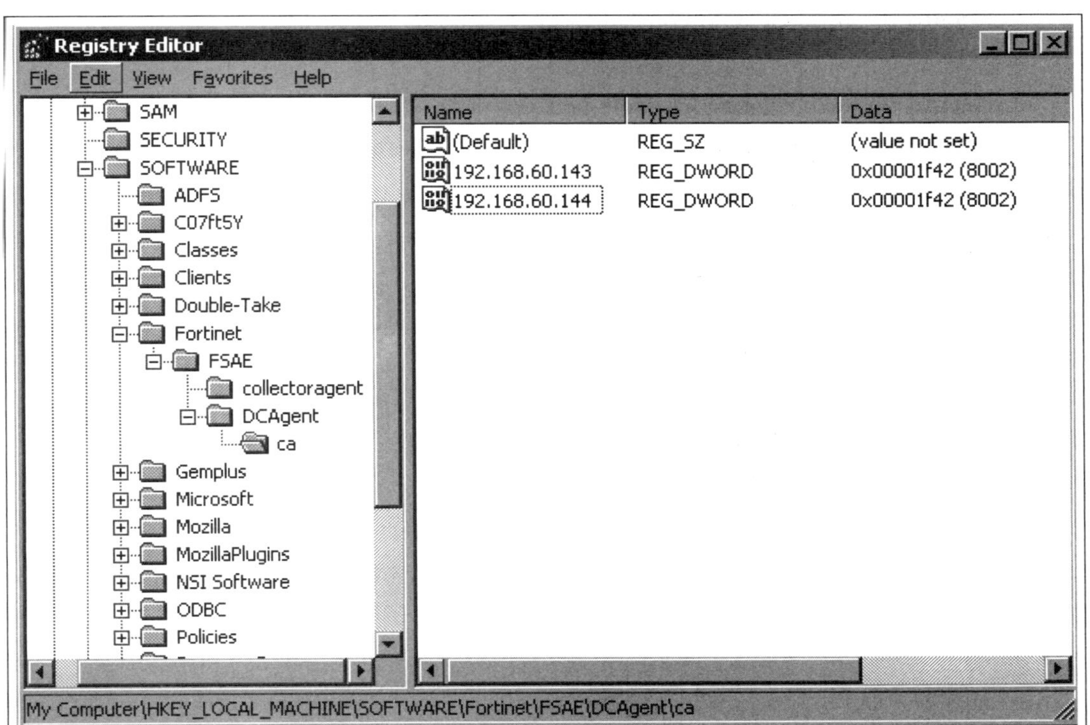

Figura 7.19: Registro do Windows Server contendo os IPs dos Collectors e a porta de comunicação.

Os *IDs* dos eventos monitorados para as versões dos *Windows Servers* são:

- 2008/2012
  * 4768
    Evento de solicitação do *ticket Kerberos (TGT)* de autenticação.
  * 4769
    Evento de solicitação de *ticket* do *Kerberos service.*
  * 4776
    Evento de validação das credenciais de uma conta pelo controlador de domínio.
  * 4624
    Evento para um *logon* de uma conta com sucesso.
  * 4770
    Evento para um *ticket Keberos* renovado.
- 2003
  * 672
    Evento de permissão de autenticação concedida.
  * 673
    Evento para o *ticket* de autenticação concedido.
  * 680
    Evento de conta usada para *logon.*
  * 528
    Evento de autenticação com sucesso.
  * 540
    Evento de autenticação de rede com sucesso.

O *DC Agent* é uma *DLL (dcagent.dll)* localizada em *%windir%\system32.*

OBS: Alguns eventos são correlacionados para obter as informações completas para a autenticação, após a instalação da *DLL* é necessário que seja reinicializado o servidor.

- Polling Mode

  Com a utilização do *Polling mode*, não é necessária a instalação de clientes nos Servidores, pois os *Collectors* podem ser instalados em qualquer máquina do Domínio não necessariamente nos *Servidores Windows.* Neste modo de trabalho, o *FSSO* pode atuar com 3 métodos para consulta dos eventos:

  - NetAPI
    Realiza a recuperação das sessões de *logon* do servidor. Incluindo as informações do evento de início de sessão. Apesar de ser mais rápido que a consulta de *logs*, podem haver perdas de eventos dependendo da carga sobre o servidor.
  - Event log
    Apesar de ser mais lento que o *NetAPI*, ele não perde eventos mesmo em ambientes com altos números de *logons.*
  - Event log usando WMI.
    A utilização do *Windows Management Instrumentation (WMI)* traz benefícios, pois o *Col-*

lector não precisa procurar os *logs* de eventos de segurança para os *logons* dos usuários, em vez disso, o *DC* retorna apenas os eventos de *logons* solicitados via *WMI*. Isso também reduz a carga de rede, pois a quantidade de informação é menor.

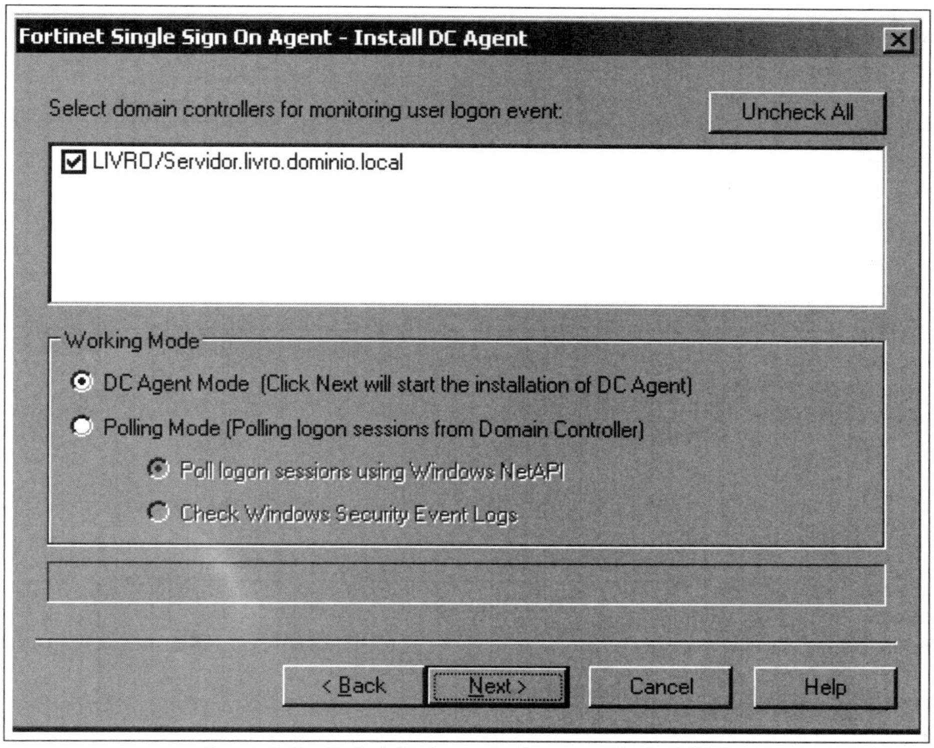

Figura 7.20: Definição do modo de operação do FSSO.

- Collector Agent

  O *Collector Agent* é responsável por realizar a ponte entre os eventos de logon e o *FortiOS*, recebendo as informações do *DC Agent* ou coletando diretamente via *Polling* os usuários autenticados, obtendo os grupos aos quais eles pertencem e os endereços de *IPs* para enviar ao *FortiOS*, e esse por sua vez possa autenticar os usuários.

  O *Collector* também é incumbido de realizar o controle dos usuários que ainda estão logados. Já que a informação de um *logout* da estação não gera uma entrada nos eventos do servidor, essa informação é coletada conectando diretamente no registro do *host* cliente via *WMI* nas portas *139 ou 445* para obter o usuário conectado.

  O *Collector* escuta duas portas, sendo a *8000* (para comunicação com o *FortiOS*) e *8002* (para comunicação com *DC Agent*).

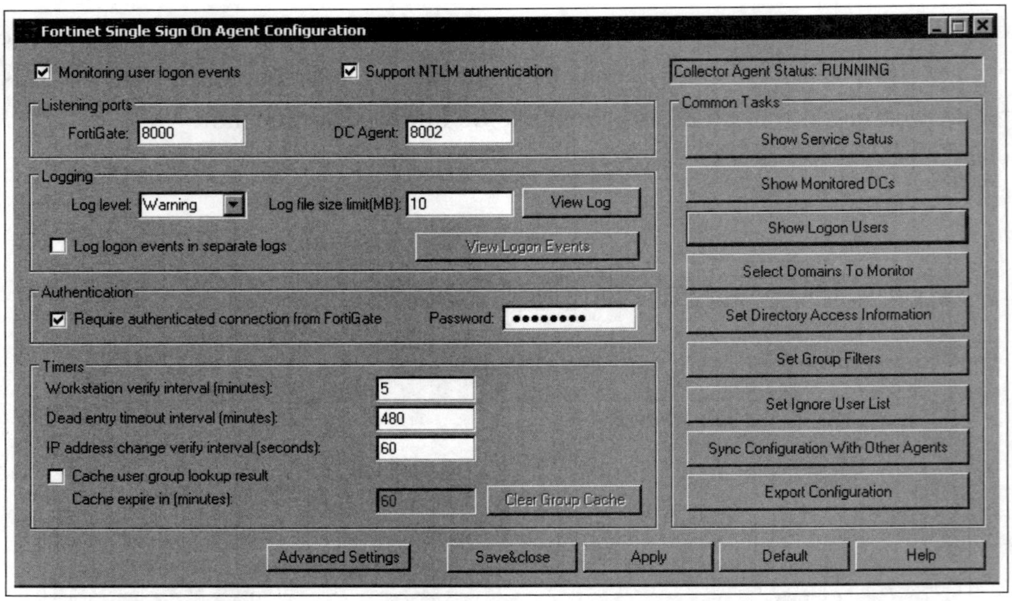

Figura 7.21: Tela de configuração do FSSO.

A imagem 7.22 apresenta o *flow* de uma autenticação baseada no *FSSO*.

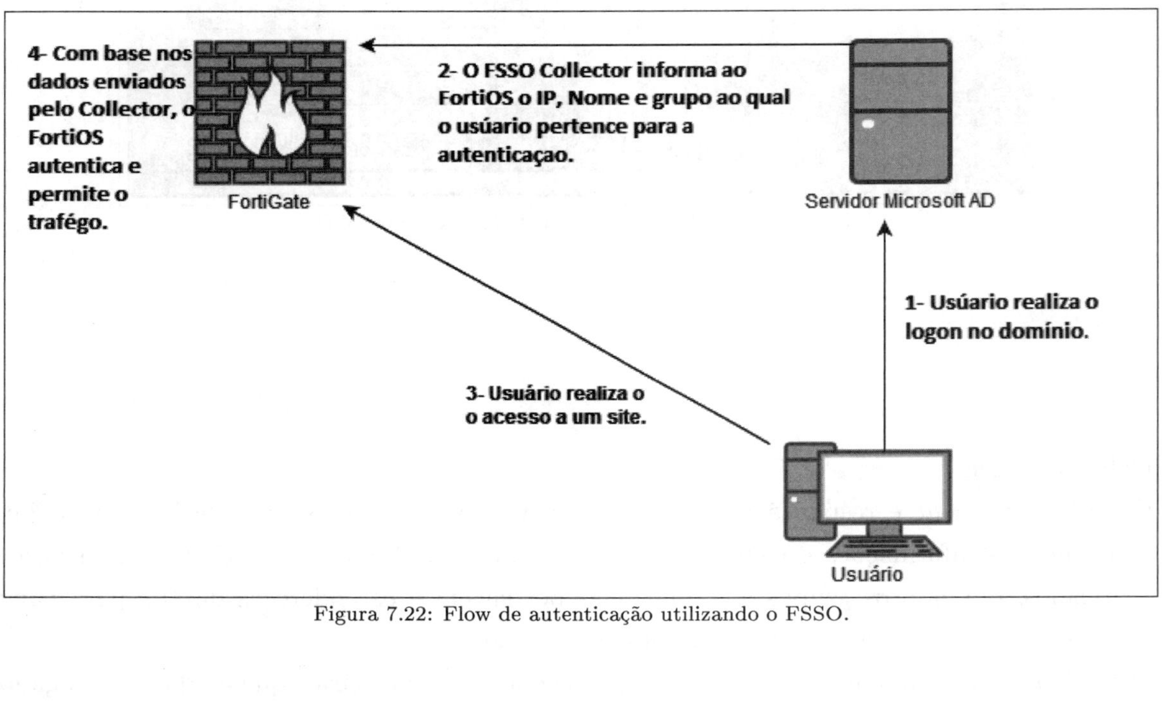

Figura 7.22: Flow de autenticação utilizando o FSSO.

Instalação do FSSO Agent

A versão do *FSSO* deve ser compatível com a versão do *FortiOS*, executamos o *download* diretamente no portal de suporte da *Fortinet* em *https://support.fortinet.com/* (para tanto, é necessário uma conta).

Para a instalação do *FSSO*, se faz necessário o uso de uma conta com privilégios de ***administrador*** do domínio. É possível realizar a configuração com uma conta com menores privilégios vide [10]. Abaixo, podemos ver o roteiro de instalação do *FSSO Agent* no modo *DC Agent*:

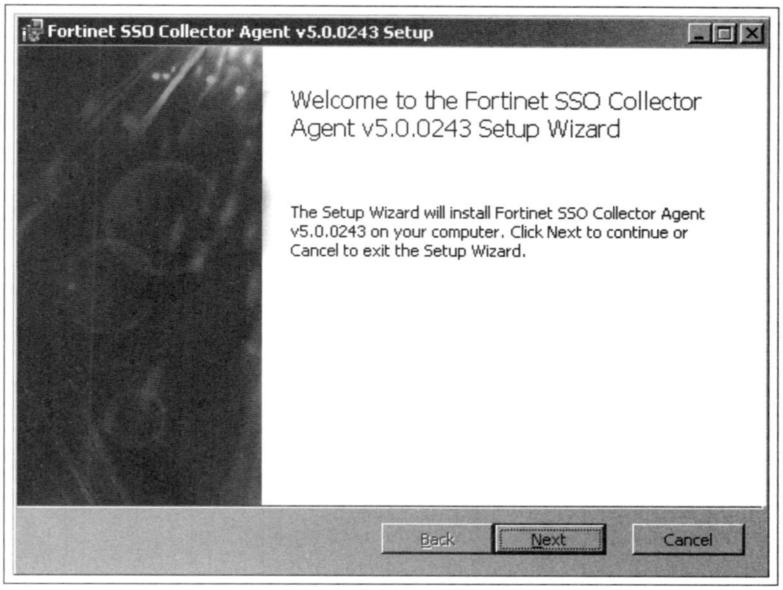

Figura 7.23: Início da instalação do FSSO.

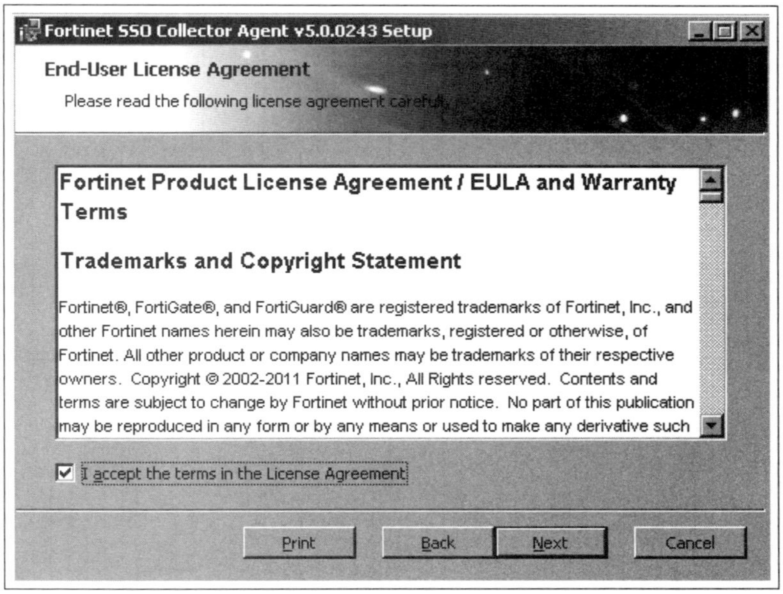

Figura 7.24: Termo de uso do FSSO.

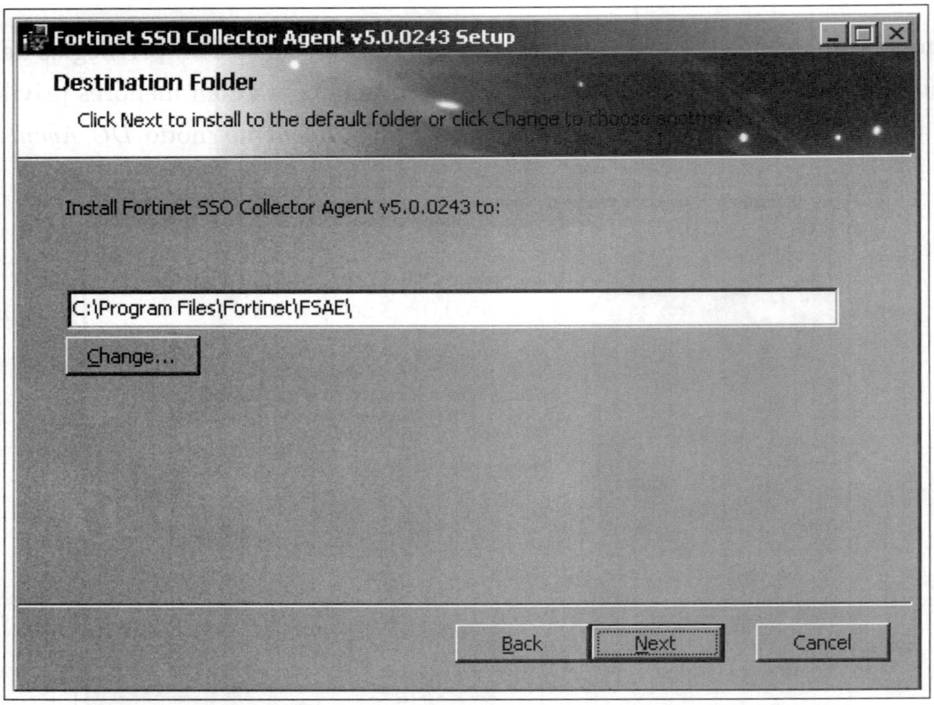

Figura 7.25: Local onde será instalado FSSO.

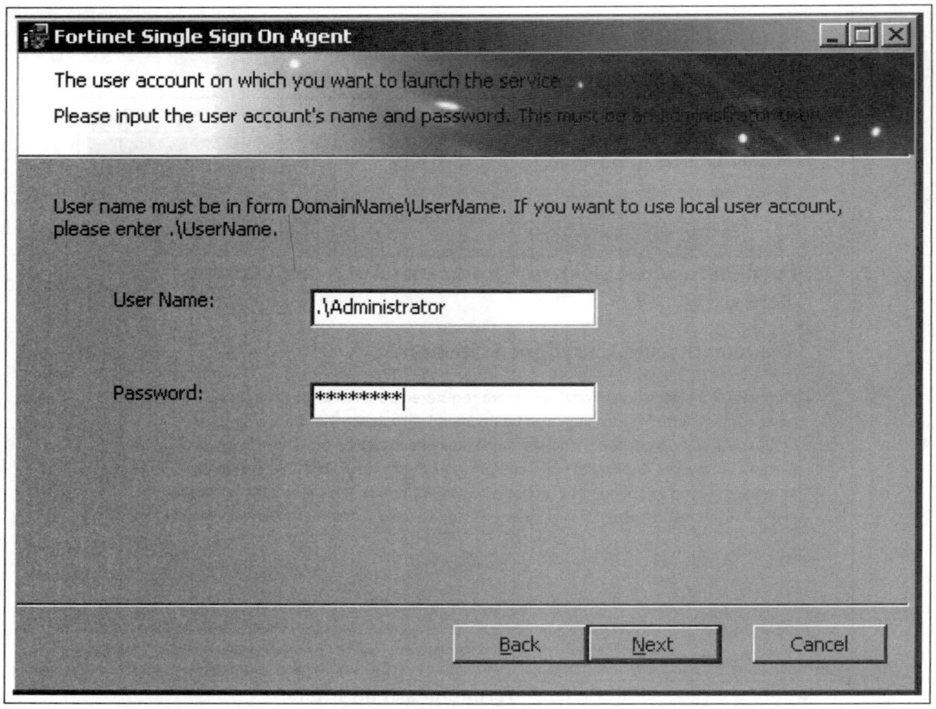

Figura 7.26: Usuário de instalação e execução serviço FSSO.

A instalação se dá preferencialmente com uso de um usuário que tenha privilégios de *Domain Admin*, porém podemos utilizar outros usuários, como já informado anteriormente.

Existem algumas diferenças entre os modos de operação *Standard* e *Advanced* além dos nomes dos grupos.

- Standard mode
  Nome do Grupo:*Livro/Intermediário*
  Usuários devem pertencer diretamente aos grupos monitorados.
- Advanced mode
  Nome do Grupo:
  CN=GRP-Intermediario,CN=Users,DC=livro,DC=dominio,DC=local
  Usuários podem pertencer a grupos dentro dos grupos monitorados.

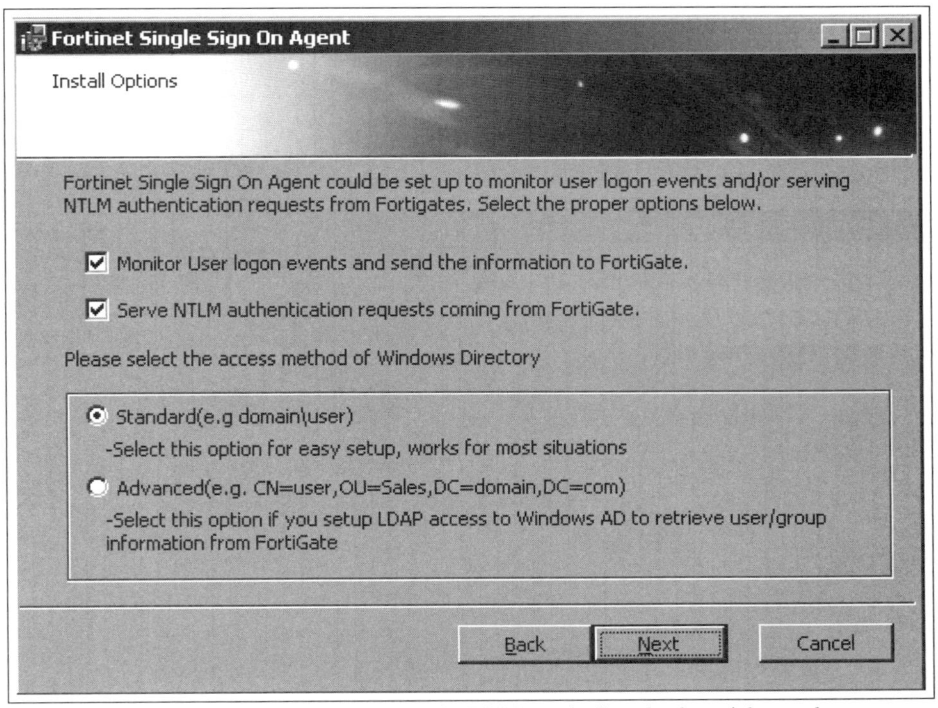

Figura 7.27: Modo de operação do FSSO sendo Standard ou Advanced.

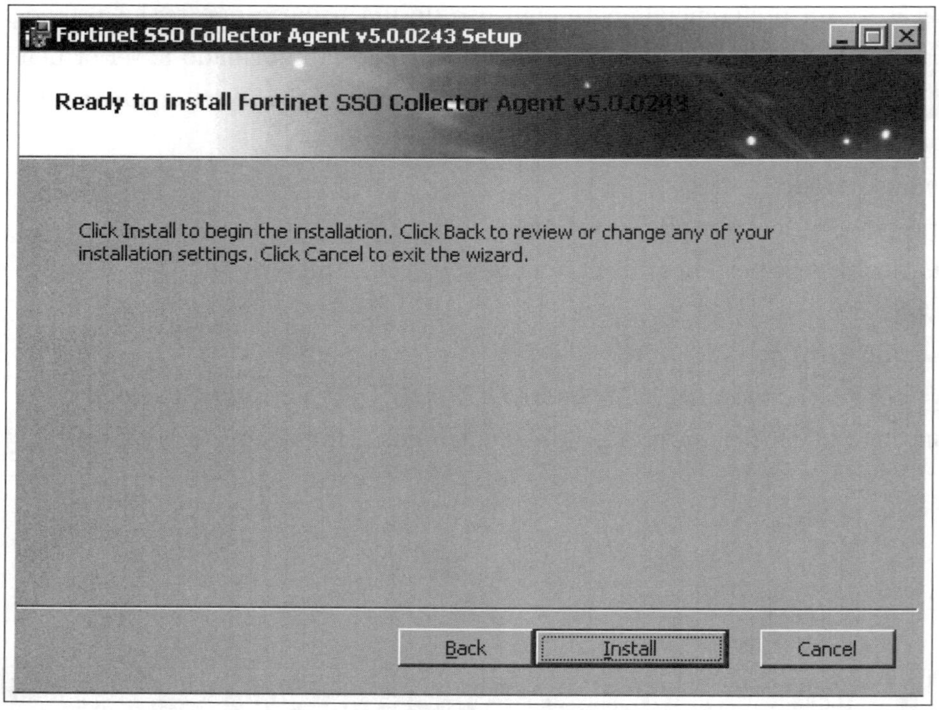

Figura 7.28: Instalação do Collector.

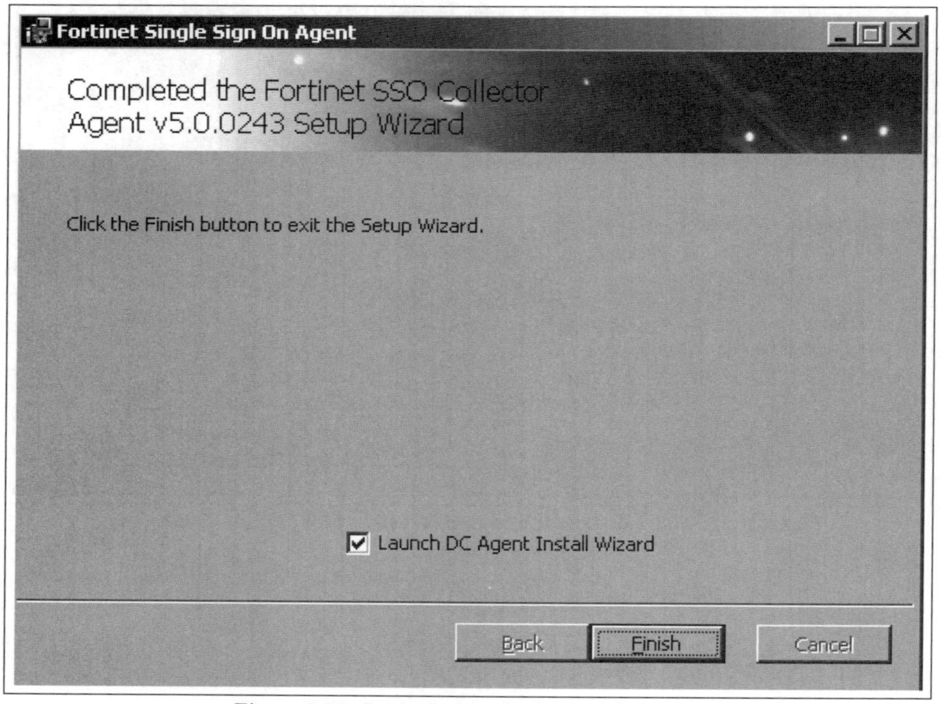

Figura 7.29: Início da instalação do DC Agent.

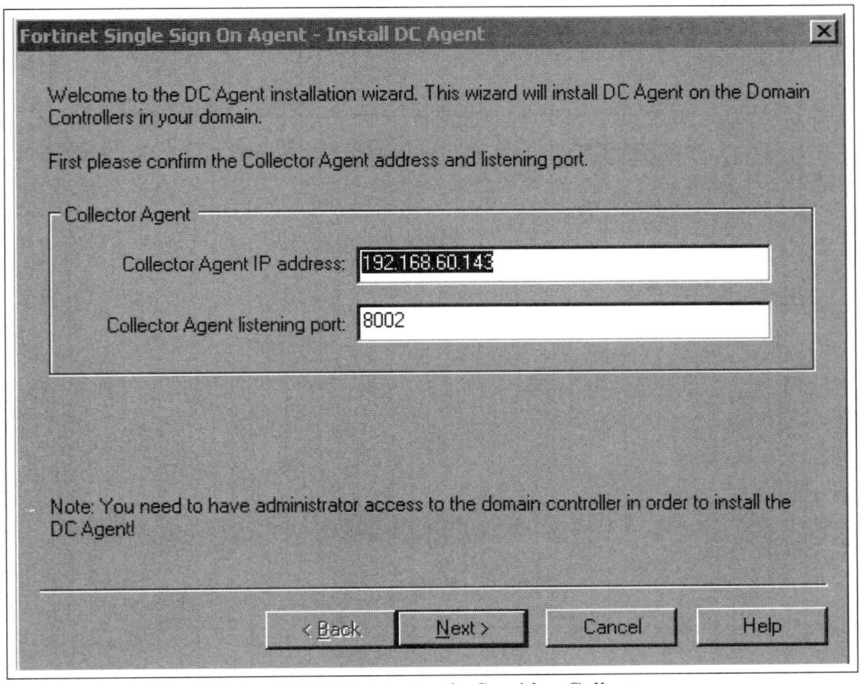

Figura 7.30: IP e porta do Servidor Collector.

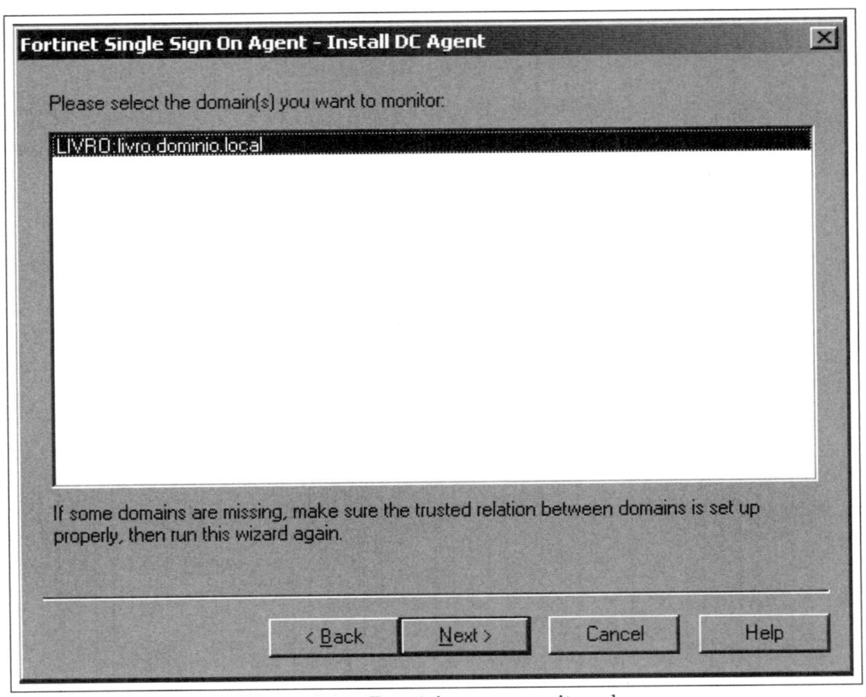

Figura 7.31: Domínio a ser monitorado.

Domínios disponíveis na floresta para serem monitorados pelo *FSSO Agent*.

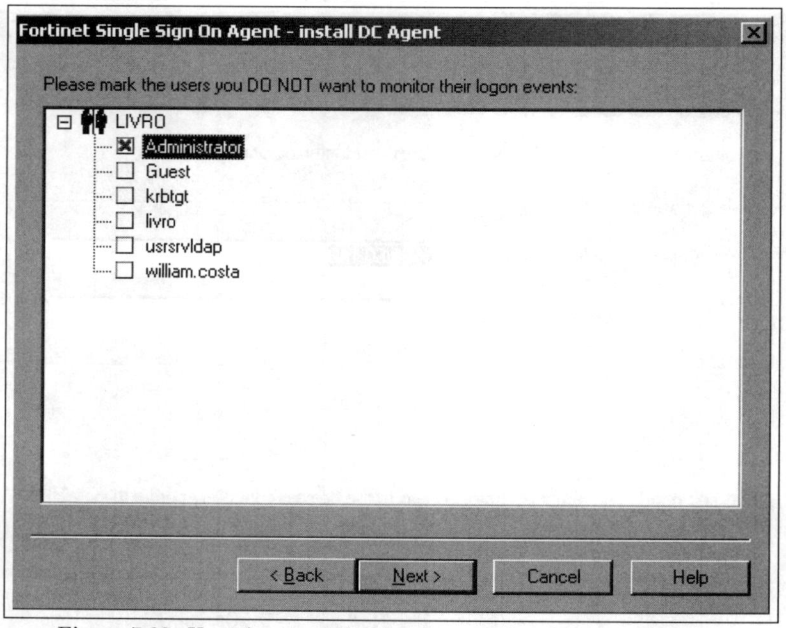

Figura 7.32: Usuário a qual desejamos que não sejam autenticados.

Usuários de serviço ou de manutenção devem ser excluídos do monitoramento, com o intuito de não sobrescrever os *logons* dos usuários, exemplo: usuários utilizados para acesso remoto, como no caso de *VNC* ou outras ferramentas de *Remote Access*, podem sobrescrever o *logon* do usuário, pois a autenticação é realizada na máquina local que será acessada.

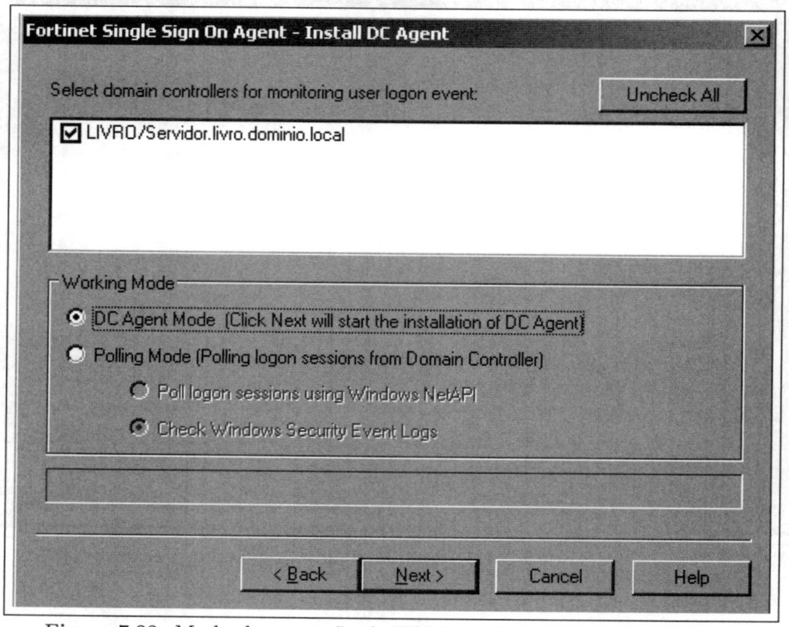

Figura 7.33: Modo de operação do FSSO sendo DC Agent ou Polling.

Escolha do método de conexão com o *AD* para obtenção dos eventos.

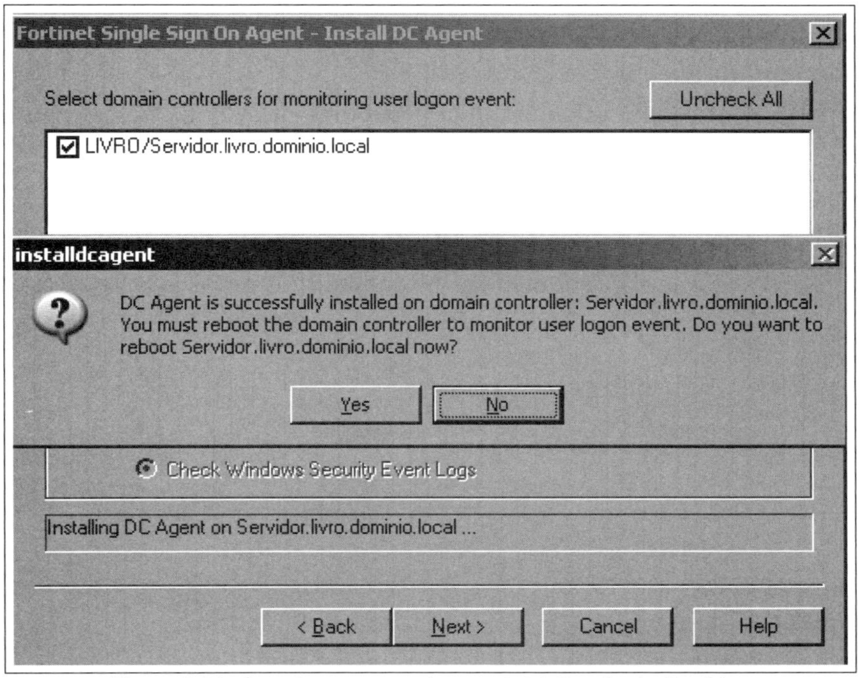

Figura 7.34: Questionamento sobre a reinicialização do Servidor.

Se o método de consultas dos eventos for baseado no *DC Agent*, será solicitada a reinicialização do Servidor.

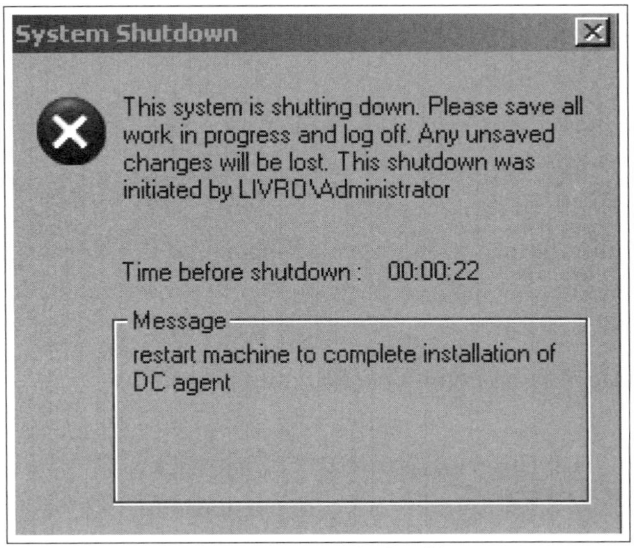

Figura 7.35: Boot do Servidor.

Fortinet Single Sing ON Agent Configuration

Na configuração do *Collector* [imagem 7.21], há algumas opções de configurações:

- Monitoring user logon events
  Habilita o monitoramento dos eventos de *logon.*
- Support NTLM authentication Habilita o suporte de *NTLM* pelos clientes via o *Collector.*
- Listening ports
  - FortiGate
    Porta de comunicação com o *FortiGate*, quando alterada deve ser modificada também no *FortiGate*, abaixo podemos ver os comandos para a alteração via *CLI*:

```
config user fsso
 edit "Servidor-AD"
  set port "8008"
 next
end
```

  - DC Agent
    Porta de comunicação com o *DC Agent.* Para alterá-la no *DC Agent*, devemos modificar o valor em hexadecimal da *DWORD*, no seguinte registro do servidor hospedando a *DLL*:

```
[HKEY_LOCAL_MACHINE\SOFTWARE\Fortinet\FSAE\DCAgent\ca]
"192.168.60.143"=dword:00001f48
```

- Logging
  - Log Level
    Nivel de informação nos *logs.*
  - Log file size limit
    Tamanho máximo do arquivo de *log.*
  - Log Logon events in separate logs
    Quando habilitado, armazena os *logs* relacionados à autenticação em um arquivo separado das demais informações.
- Authentication
  Habilita a autenticação na comunicação com o *FortiGate.*
- Timers
  - Workstation verify interval (minutes).
    FSSO verifica se o *host* ainda está com o usuário logado, isso ocorre por meio do registro na porta *139* ou *445*, portanto essas portas devem estar liberadas no *Firewall* da estação do cliente.
  - Dead entry timeout interval (minutes)

O valor deste campo determina em quantos minutos após a primeira checagem negativa do usuário ele será desautenticado pelo *FSSO*. O estado dessa verificação pode ser visto no item *Show Logon Users*.

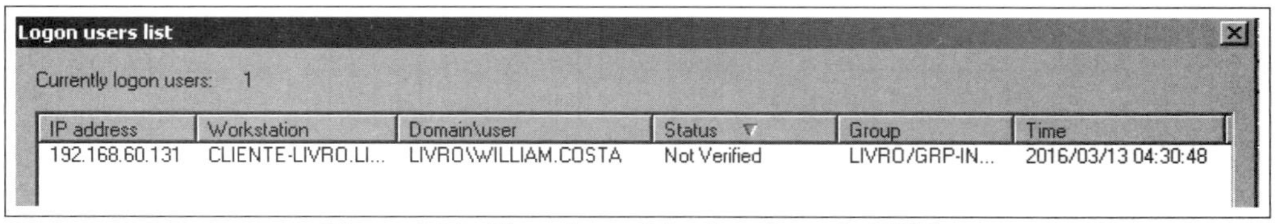

Figura 7.36: Lista de usuários logados pelo FSSO.

   * IP address change verify (seconds)

     Define o intervalo entre as checagens para detecção de alteração dos *IPs* das estações, para evitar que um usuário seja bloqueado devido à alteração do *IP* do *host*.

- Common Task
   * Show Service Status

     Apresenta o estado do serviço do *FSSO* além de informar os *IPs* dos *FortiGates* conectados ao *Collector Agent*.

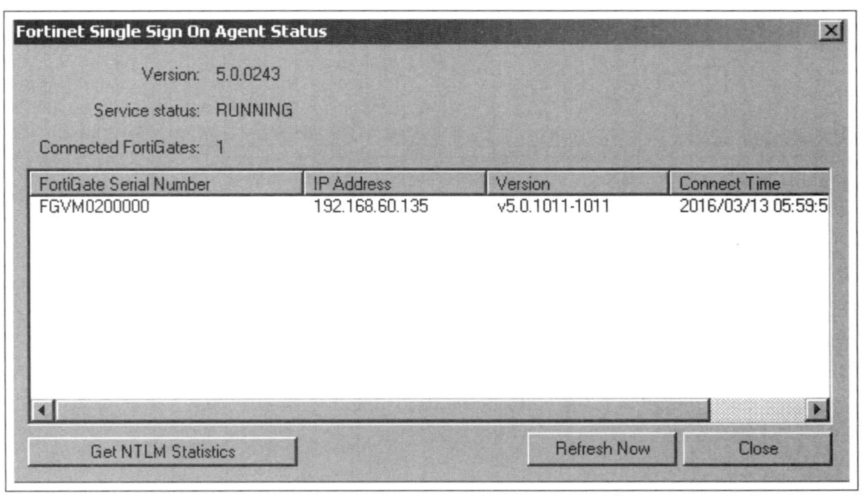

Figura 7.37: Apresenta o estado do serviço e os FortiGates conectados.

   * Show Monitored DCs

     Permite a visualização dos *Domain Controllers* e a adição de novos servidores para o monitoramento.

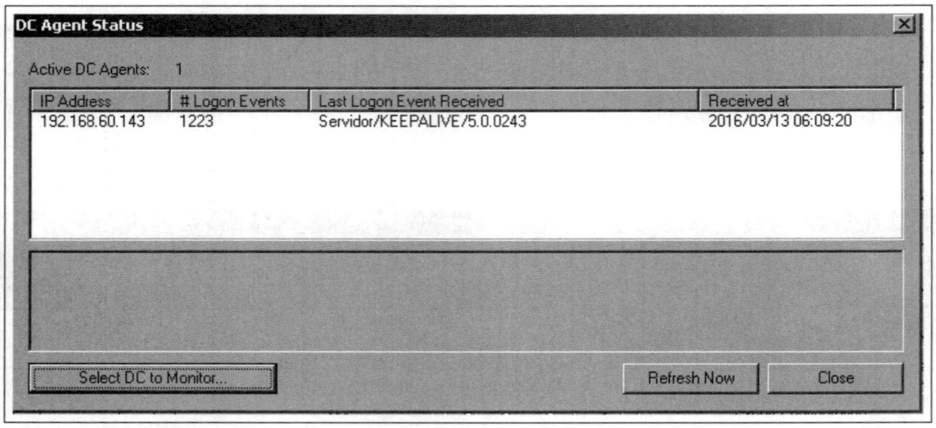

Figura 7.38: Mostra os servidores monitorados e permite a configuração de novos.

* Show Logon Users

  Lista os usuários autenticados e permite a limpeza do *cache*.

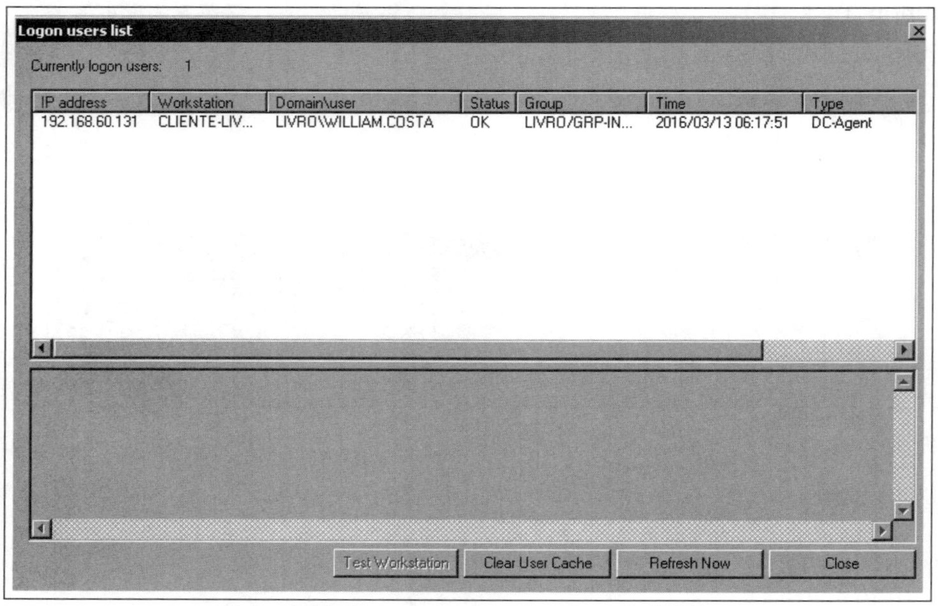

Figura 7.39: Lista de usuários logados pelo FSSO.

* Select Domains To Monitor

  Selecionamos os domínios a serem monitorados.

* Set Directory Access Information

  Permite alterar o modo de acesso ao servidor podendo ser *Advanced* ou *Standard.*

* Set Group Filters

  Possibilita informar ao *Collector Agent* apenas monitorar os usuários que estejam nos

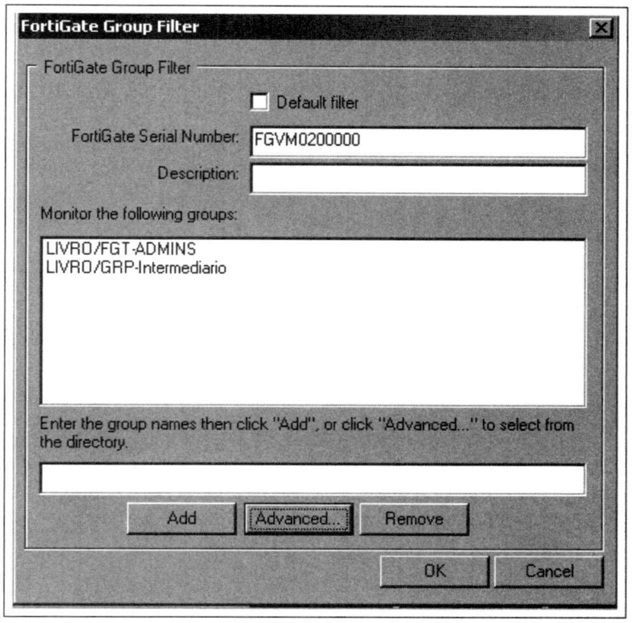

Figura 7.40: Filtro de grupos por Serial.

grupos selecionados.

Os filtros podem ser diferentes para *FortiGates* distintos, permitindo realizar a configuração baseada no número do serial de cada equipamento.

* Set Ignore User List

  Lista de usuários que não deverão ter eventos monitorados.

* Sync Configuration With Others Agents

  Sincroniza a configuração aplicada neste *Collector Agent* nos demais agentes do domínio.

* Export Configuration

  Salva a configuração do agente em um arquivo de texto local (saved_config.txt), para restaurar basta modificá-lo removendo as linhas que não são partes de um arquivo comum do registro do *Windows* e executando-o como um arquivo de registro. Abaixo podemos ver um exemplo do arquivo gerado pelo *FSSO*:

```
****************************************************************************
Fortinet Single Sign On Agent configuration saved at: 03/13/2016 07:00:22
****************************************************************************

Domain:          LIVRO:livro.dominio.local
Hostname:        Servidor
IP:              192.168.60.143
Windows OS version: 5.2 build: 3790 Service Pack 2 version: 2.0
Collector Agent version: 5.0.0243
Fortinet Single Sign On Agent registry setting:
```

```
Windows Registry Editor Version 5.00

[HKEY_LOCAL_MACHINE\software\fortinet\fsae]

[HKEY_LOCAL_MACHINE\software\fortinet\fsae\collectoragent]
"supportLogonMonitor"=dword:00000001
"admode"=dword:00000000
"supportNTLMauth"=dword:00000001
"domain_list"="LIVRO:livro.dominio.local"
"ep_eventid_list"="0"
"supportFSAEauth"=dword:00000000
"supportLogonMonitorType"=dword:00000001
"pushIgnoreListToDC"=dword:00000001
"verifyIP"=dword:00000000
"ep_gobackhours"=dword:00000000
"directDNSlookup"=dword:00000001
"callgethostbyname"=dword:00000001
"DNSlookupinterval"=dword:0000003c
"grouplookupinterval"=dword:00000000
"checkinterval"=dword:0000012c
"timeoutinterval"=dword:00007080
"workerthreadcount"=dword:00000080
"use_groupcache"=dword:00000000
"max_FGT_session"=dword:00000040
"GroupCacheExpiration"=dword:0000003c
"log_level"=dword:00000003
"log_level_event"=dword:00000000
"log_size"=dword:00a00000
"dcagentport"=dword:00001f42
"enableauth"=dword:00000001
"fortigateport"=dword:00001f40
"dc_agent_ignore_ip_list"=""
"version"="5.0.0243"
"password_new"="R2VsaW5kYTE="
"enable_ssoma"=dword:00000000
"workstation_in_logon_session"=dword:00000000
"wmi_logoff_check"=dword:00000001
"enable_deadthread_detect"=dword:00000000
"tsagent_alive_check"=dword:00000000
"InstallDir"="C:\\Program Files\\Fortinet\\FSAE"
"host"="192.168.60.143"
"uninstallDCAgent"=dword:00000001
"dc_list"=""
"ad_port"=dword:00000cc4
"ad_server"="Servidor.livro.dominio.local"
"ad_baseDN"="DC=livro,DC=dominio,DC=local"

[HKEY_LOCAL_MACHINE\software\fortinet\fsae\collectoragent\Filter]
"ignore_users"="LIVRO\\Administrator"

[HKEY_LOCAL_MACHINE\software\fortinet\fsae\collectoragent\Filter\Default]
"description"="Default filter"
"groups"="LIVRO/GRP-Intermediario"

[HKEY_LOCAL_MACHINE\software\fortinet\fsae\DCAgent]
"log_file"="c:\\dcagentlog.txt"
```

```
"enable_log"=dword:00000000
"ignore_list"="Administrator;"

[HKEY_LOCAL_MACHINE\software\fortinet\fsae\DCAgent\ca]
"192.168.60.143"=dword:00001f42


domain list:
LIVRO:livro.dominio.local

domain controller list:
LIVRO\Servidor.livro.dominio.local

domain controller status:

LIVRO\Servidor.livro.dominio.local
Domain controller is running 32 bits Windows
DC Agent version: 5.0.243.0
[HKLM\SOFTWARE\Fortinet\FSAE\dcagent]
log_file=c:\dcagentlog.txt
enable_log=0
ignore_list=Administrator;
[ca]
192.168.60.143=8002
```

Após as modificações, temos o arquivo abaixo que podemos executar como um *arquivo.reg*:

```
Windows Registry Editor Version 5.00

[HKEY_LOCAL_MACHINE\software\fortinet\fsae]

[HKEY_LOCAL_MACHINE\software\fortinet\fsae\collectoragent]
"supportLogonMonitor"=dword:00000001
"admode"=dword:00000000
"supportNTLMauth"=dword:00000001
"domain_list"="LIVRO:livro.dominio.local"
"ep_eventid_list"="0"
"supportFSAEauth"=dword:00000000
"supportLogonMonitorType"=dword:00000001
"pushIgnoreListToDC"=dword:00000001
"verifyIP"=dword:00000000
"ep_gobackhours"=dword:00000000
"directDNSlookup"=dword:00000001
"callgethostbyname"=dword:00000001
"DNSlookupinterval"=dword:0000003c
"grouplookupinterval"=dword:00000000
"checkinterval"=dword:0000012c
"timeoutinterval"=dword:00007080
"workerthreadcount"=dword:00000080
"use_groupcache"=dword:00000000
"max_FGT_session"=dword:00000040
"GroupCacheExpiration"=dword:0000003c
```

```
"log_level"=dword:00000003
"log_level_event"=dword:00000000
"log_size"=dword:00a00000
"dcagentport"=dword:00001f42
"enableauth"=dword:00000001
"fortigateport"=dword:00001f40
"dc_agent_ignore_ip_list"=""
"version"="5.0.0243"
"password_new"="R2VsaW5kYTE="
"enable_ssoma"=dword:00000000
"workstation_in_logon_session"=dword:00000000
"wmi_logoff_check"=dword:00000001
"enable_deadthread_detect"=dword:00000000
"tsagent_alive_check"=dword:00000000
"InstallDir"="C:\\Program Files\\Fortinet\\FSAE"
"host"="192.168.60.143"
"uninstallDCAgent"=dword:00000001
"dc_list"=""
"ad_port"=dword:00000cc4
"ad_server"="Servidor.livro.dominio.local"
"ad_baseDN"="DC=livro,DC=dominio,DC=local"

[HKEY_LOCAL_MACHINE\software\fortinet\fsae\collectoragent\Filter]
"ignore_users"="LIVRO\\Administrator"

[HKEY_LOCAL_MACHINE\software\fortinet\fsae\collectoragent\Filter\Default]
"description"="Default filter"
"groups"="LIVRO/GRP-Intermediario"

[HKEY_LOCAL_MACHINE\software\fortinet\fsae\DCAgent]
"log_file"="c:\\dcagentlog.txt"
"enable_log"=dword:00000000
"ignore_list"="Administrator;"

[HKEY_LOCAL_MACHINE\software\fortinet\fsae\DCAgent\ca]
"192.168.60.143"=dword:00001f42
```

- Advanced Setting
  - General Settings
    - Worker thread count

      Quantidade de *thread* iniciada pelo *Collector Agent*.
    - Maximum FortiGate connections

      Número de conexões dos *FortiGates* suportados.
    - Group look-up interval

      Intervalo de checagem dos usuários/grupos.
    - Windows security Event logs

      Permite definir os eventos que serão monitorados.
    - Workstation Check

      Habilita a checagem dos *logoff* via *WMI*.

* Workstation Name Resolution Advance Options
  - Alternative DNS server(s) Informa ao *Collector Agent* para usar o servidor definido neste campo em vez dos definidos no Servidor para realizar as *queries DNS*.
  - Alternative workstation suffix(es)
    Força a utilização do sufixo de *DNS* definido neste campo.
* Citrix/Terminal Server
  Define as opções para capturar *logons* quando são configurados servidores *citrix* via *VIP*.
* Exchange Server
  Permite monitorar os usuários conectados ao servidor *exchange*.
* RADIUS Accounting
  Realiza a configuração do *FSSO* para receber as mensagens de *accounting* de um servidor *Radius* para realizar a autenticação dos usuários, assim como apresentado em 7.3.1.

Single Sign-On Server

Após a instalação do *FSSO Agent* temos que realizar a configuração do *FortiOS* em *User & Device > Single Sign-On > Create New*, onde temos os campos:

- Type
  Para o *FSSO Agent*, utilizamos o *Fortinet Single-Sing-On Agent*.
- Name
  Definição do nome para a configuração.
- Primary Agent IP/Name
  IP ou *hostname* do servidor com o *Collector Agent* instalado.
- Password
  Password definida na opção *Authentication* no campo de mesmo nome do *Collector Agent*.
- Secondary Agent IP/Name
  IP ou *hostname* do servidor de *backup* com o *Collector Agent* instalado.
- Password
  Password, definida na opção *Authentication* no campo de mesmo nome do *Collector Agent*.
- LDAP Server
  Podemos usar uma configuração do servidor *LDAP* para obter a lista de usuários/grupos.
- Users/Groups
  Usuários e grupos utilizados na autenticação.

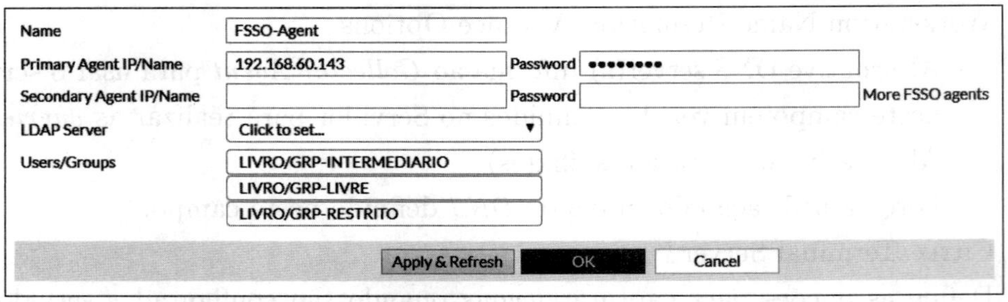

Figura 7.41: Configuração do Servidor Collector no FSSO.

Users Groups

Para completar a configuração do *FSSO*, ainda falta executar a referência do grupo do *FSSO* a um grupo local do *Firewall*, antes de podermos utilizá-lo em uma política de *Firewall*.

Figura 7.42: Grupo de Firewall local referenciado a um grupo do FSSO

Diagnóstico

diagnose debug application authd

diagnose debug enable

diagnose debug authd fsso list

diagnose debug authd fsso filter user

O *troubleshooting* da comunicação entre o *FortiOS* e o *Collector Agent* é executado via o comando de *debug diagnose debug application authd 8256*, que apresenta informações sobre a comunicação do *FortiOS* com o *Collector*.

```
# diagnose debug application authd 8256
# diagnose debug  enable
authd_fsae_refresh_group_profiles: refreshing group profiles (vfid=0)
authd_fsae_refresh_group_profiles: group 0 has no FSAE members, skipping
authd_fsae_refresh_group_profiles: group FGT-ADMINS has no FSAE members, skipping
authd_fsae_refresh_group_profiles: group GRP-Intermediario has no FSAE members, skipping
authd_fsae_refresh_group_profiles: group Guest-group has no FSAE members, skipping
authd_fsae_refresh_group_profiles: group SSO_Guest_Users has no FSAE members, skipping
authd_fsae_refresh_group_profiles: group grp-tecnicos has no FSAE members, skipping
authd_fsae_refresh_group_profiles: group vpn-ssl has no FSAE members, skipping
authd_fsae_refresh_group_profiles: done refreshing group profiles
authd_fsae_refresh_group_profiles: refreshing group profiles (vfid=0)
authd_fsae_refresh_group_profiles: group 0 has no FSAE members, skipping
```

```
authd_fsae_refresh_group_profiles: group FGT-ADMINS has no FSAE members, skipping
authd_fsae_refresh_group_profiles: group GRP-Intermediario has no FSAE members, skipping
authd_fsae_refresh_group_profiles: group Guest-group has no FSAE members, skipping
authd_fsae_refresh_group_profiles: group SSO_Guest_Users has no FSAE members, skipping
authd_fsae_refresh_group_profiles: group grp-tecnicos has no FSAE members, skipping
authd_fsae_refresh_group_profiles: group vpn-ssl has no FSAE members, skipping
authd_fsae_refresh_group_profiles: done refreshing group profiles
[fsae_server_init_spec:116]: num 1, idx 0, 192.168.60.143:8000
authd_fsae_refresh_group_profiles: refreshing group profiles (vfid=0)
authd_fsae_refresh_group_profiles: group 0 has no FSAE members, skipping
authd_fsae_refresh_group_profiles: group FGT-ADMINS has no FSAE members, skipping
authd_fsae_refresh_group_profiles: group GRP-Intermediario has no FSAE members, skipping
authd_fsae_refresh_group_profiles: group Guest-group has no FSAE members, skipping
authd_fsae_refresh_group_profiles: group SSO_Guest_Users has no FSAE members, skipping
authd_fsae_refresh_group_profiles: group grp-tecnicos has no FSAE members, skipping
authd_fsae_refresh_group_profiles: group vpn-ssl has no FSAE members, skipping
authd_fsae_refresh_group_profiles: done refreshing group profiles
Server challenge:
a5 2e 08 4e 68 52 60 5a 1b 0d 31 37 89 4b 65 0a
MD5 response:
fc 9a f8 ee 71 79 03 bf 53 2e 08 ea 9d 55 61 1c
connected_state[FSSO-Agent]: entering CONNECTED state (vfid=0)
_send_pending_requests[FSSO-Agent]: need_gai=0 need_gli=1
_process_logon[FSSO-Agent]: WILLIAM.COSTA(192.168.60.131) logged on with session id(0),
port_range_sz=0
_process_logon-903: can not find such a user, try to add it
_event_read[FSSO-Agent]: received heartbeat 100248
_event_read[FSSO-Agent]: received heartbeat 100249
async_read: refreshing groups for vfid 0
_send_pending_requests[FSSO-Agent]: need_gai=1 need_gli=0
_send_pending_requests[FSSO-Agent]: need_gai=1 need_gli=0
_process_ad_info[FSSO-Agent]: group LIVRO/GRP-INTERMEDIARIO exists (vd=root)
_process_ad_info[FSSO-Agent]: group LIVRO/GRP-LIVRE exists (vd=root)
_process_ad_info[FSSO-Agent]: group LIVRO/GRP-RESTRITO exists (vd=root)
_process_ad_info[FSSO-Agent]: updated user.adgrp with 0 entries
```

Para listar os usuários autenticados, utilizamos o comando *diagnose debug authd fsso list.*

```
diagnose debug authd fsso list
----FSSO logons----
IP: 192.168.60.131 User: WILLIAM.COSTA Groups: LIVRO/GRP-INTERMEDIARIO Workstation:
CLIENTE-LIVRO.LIVRO.DOMINIO.LOCAL
Total number of logons listed: 1, filtered: 0
----end of FSSO logons----
```

Podemos executar os filtros para os usuários a serem listados utilizando o *diagnose debug authd fsso filter user* seguido pelo nome do usuário. Abaixo podemos ver a sintaxe completa:

```
# diagnose debug authd fsso filter user WILLIAM.COSTA
```

```
# diagnose debug authd fsso list
——FSSO logons——
IP: 192.168.60.131 User: WILLIAM.COSTA Groups: LIVRO/GRP-INTERMEDIARIO Workstation:
CLIENTE-LIVRO.LIVRO.DOMINIO.LOCAL
Total number of logons listed: 1, filtered: 0
——end of FSSO logons——
```

7.4.2 Poll Mode

A configuração em *Poll Mode* dispensa a necessidade de instalação de agentes nos servidores, pois o próprio *FortiOS* executa a função de conectar nos servidores e obter os eventos.
Os eventos monitorados neste modo são apenas dois:

- 2008/2012
  - 4768

    Evento de solicitação do *ticket Kerberos* de autenticação.
  - 4769

    Evento de solicitação de *ticket do Kerberos service.*
- 2003
  - 672

    Evento de permissão de autenticação concedida.
  - 673

    Evento para o *ticket* de autenticação concedido.

Essa configuração requer a configuração de um servidor *LDAP*, como o apresentado em 7.2, para obter os grupos disponíveis no *Microsoft AD*. A conexão com o servidor é executada a cada *10* segundos para obter os eventos.
Habilitamos o *FSSO em Poll Mode* em *User & Device > Single Sing-On > Create new* tendo as seguintes opções:

- Type

  Selecionamos o *Poll Active Directory Server*
- Server IP/Name

  IP ou *hostname* do servidor.
- User

  Usuário de autenticação com privilégios de acesso aos eventos do servidor.
- Password

  Senha do usuário anterior.
- LDAP Server

  Configuração do servidor *LDAP* criado anteriormente.
- Enable Polling

  Habilitamos o *Polling Mode.*

- Users/Groups
  Grupos que desejamos monitorar no servidor.

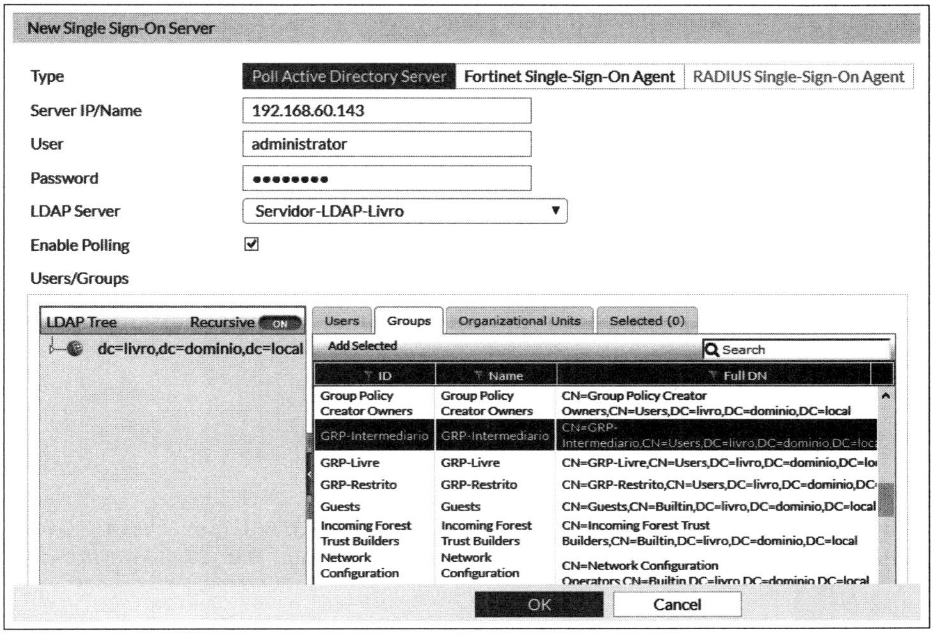

Figura 7.43: Configuração do FSSO em modo Poll.

Assim como para o *FSSO Collector Agent*, devemos executar a referenciação dos grupos do *Poll Mode* a grupos locais do *Firewall*, para só após utilizarmos em uma política.

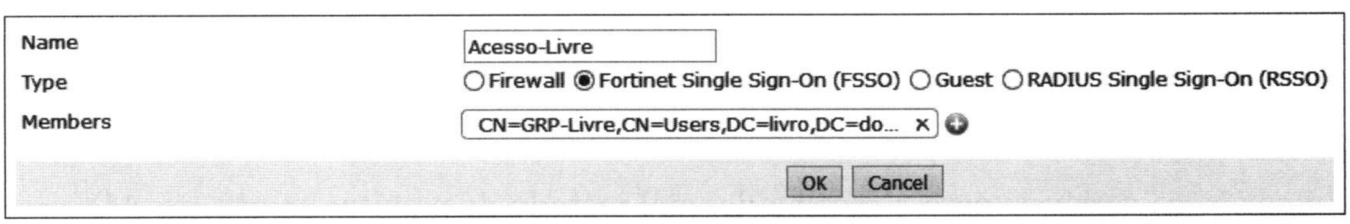

Figura 7.44: Configuração do grupo do FSSO Poll referenciado ao grupo local.

Diagnóstico

diagnose debug application fssod

diagnose debug enable

diagnose debug fsso-polling

Nos casos de necessidade de diagnosticar problemas relacionados com *FSSO Poll mode*, o *FortiOS* fornece o comando *diagnose debug application fssod -1*, onde habilitamos o *debug* do *daemon* responsável pela comunicação com o servidor *AD*.

```
# diagnose debug  application fssod -1
# diagnose debug enable

[event_add_logon_info:465] eid=672, logon=[william.costa], ipaddr=[],
station=[192.168.60.131], domain=[LIVRO], clt_logon=(nil), port=0, tm=1457909632
[fsso_add_logon:335]
[event_add_logon_info:465] eid=673, logon=[], ipaddr=[], station=[CLIENTE],
domain=[], clt_logon=0x63e3b28, port=0, tm=1457909632
[get_ip_by_name:277] name=CLIENTE, id=0, cb=0x72bb40
[event_add_logon_info:465] eid=672, logon=[william.costa], ipaddr=[],
station=[192.168.60.131], domain=[LIVRO], clt_logon=0x63e3b28, port=0, tm=1457909632
```

O comando *diagnose debug fsso-polling user* permite listar os usuários autenticados pelo *FSSO Poll mode.*

```
# diagnose debug fsso-polling user
FSSO: vd index(0), AD_Server(192.168.60.143), Users(1)
IP: 192.168.60.131  Workstation: 192.168.60.131  User: LIVRO/william.costa  Groups:
CN=GRP-Livre,CN=Users,DC=livro,DC=dominio,DC=local  Time: Sun Mar 13 15:53:52 2016
```

Via *GUI*, também é possível visualizar os usuários autenticados via *FSSO* em *Monitor > Firewall User Monitor > Habilitando o Show all FSSO Logons.*

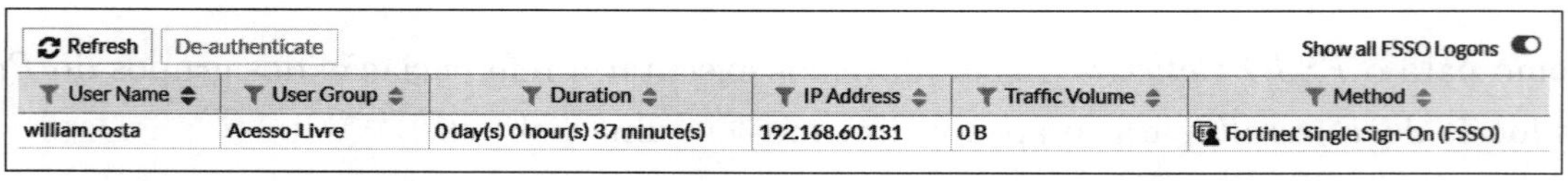

Figura 7.45: Usuários logados no FortiOS via FSSO.

OBS: Muitas são as variáveis para a escolha de qual método de monitoramento do *AD* para analisar os evento, porém em um ambiente com um alto número de usuários (acima de 1000), a utilização do *FSSO Agent Mode* tem maior acurácia se comparada com a *FSSO Poll Mode*, essa informação foi obtida em ambiente reais em produção.

7.4.3 Lab 8 - Configuração do FSSO em Poll Mode | Configuração do Grupo | Configuração de Política de autenticação

Na execução deste laboratório, o primeiro passo é configuração do servidor *LDAP* em *User & Device > LDAP Servers > Create New.* Nosso servidor tem o IP *192.168.60.143* tendo o domínio *livro.dominio.local* e, para executar a conexão ao servidor para as *queries*, vamos utilizar o usuário *usrsrvldap.* Deste modo, nossa configuração é a seguinte:

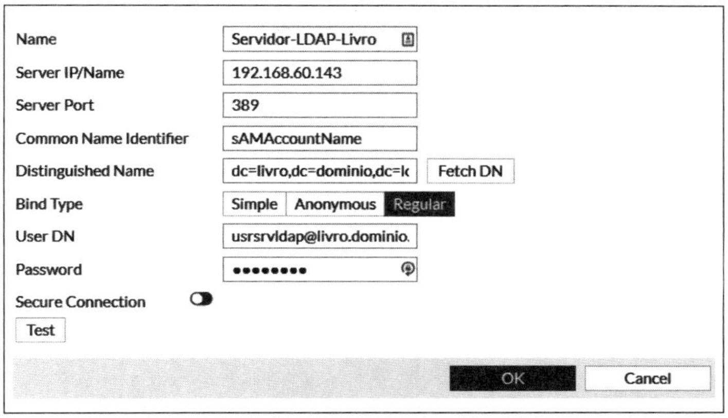

Figura 7.46: Configuração do LDAP Server.

Após essa configuração, podemos iniciar a do *FSSO* em modo *POLL* em *User & Device > Single Sing-On > Create New*, a qual será do tipo *Poll Active Directory Server* com o *IP 192.168.60.143*. O usuário utilizado para autenticação será o *administrator*, bastando inserir a senha do usuário no campo *Password*, selecionar o servidor *LDAP* configurado anteriormente e, para finalizar a configuração, definir os grupos que serão monitorados selecionando-os.

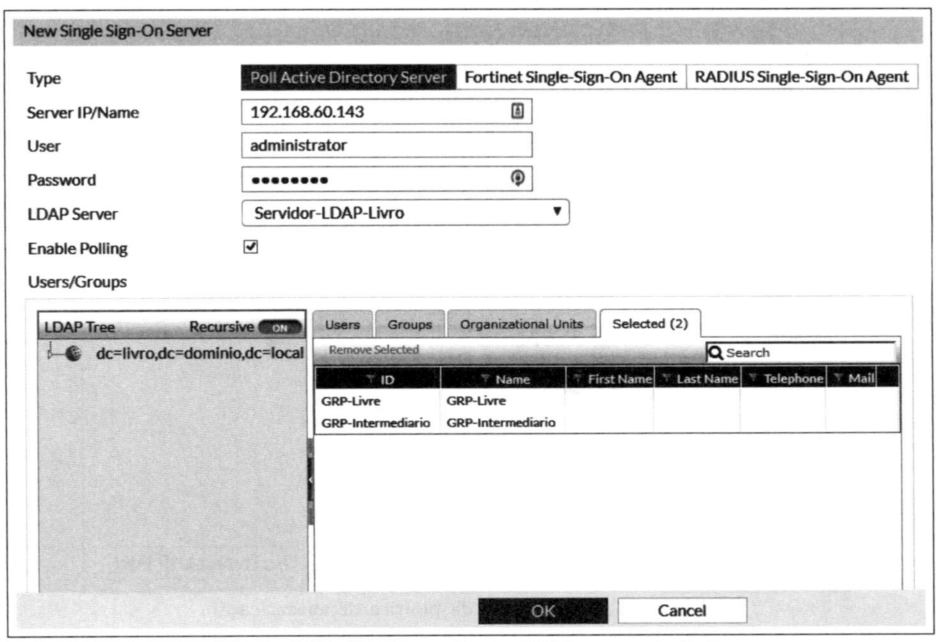

Figura 7.47: Configuração do FSSO em modo Poll.

Podemos agora correlacionar os grupos do *FSSO* aos grupos locais de *Firewall* em *User & Device > User Groups > Create New* definindo o tipo *Fortinet Single Sign-On (FSSO)* e selecionando o grupo do *FSSO* em *Members*, conforme a imagem 7.48.

Figura 7.48: Configuração da referência do grupo FSSO a um grupo local.

Completando nosso laboratório, vamos executar a configuração da política de acesso à Internet com a autenticação habilitada para o grupo recém criado, em *Policy & Objects > IPv4 Policy > Create New* tendo como nome *"Política de autenticação"*, *Incoming Interface Rede Interna* e *Outgoing Interface wan-load-balance*, o *Source* vai receber o objeto *Rede-192.168.20.0/24* que representa o *IP* da *lan* e o grupo *GRP-Intermediario*, *Destination Address ALL*, Schedule *always*, *Service* o grupo de serviços *Web Access* contendo os serviços *DNS, HTTP e HTTPS* e, como se trata de uma regra de acesso à Internet a partir de uma rede não roteada na Internet, devemos habilitar o *NAT*.

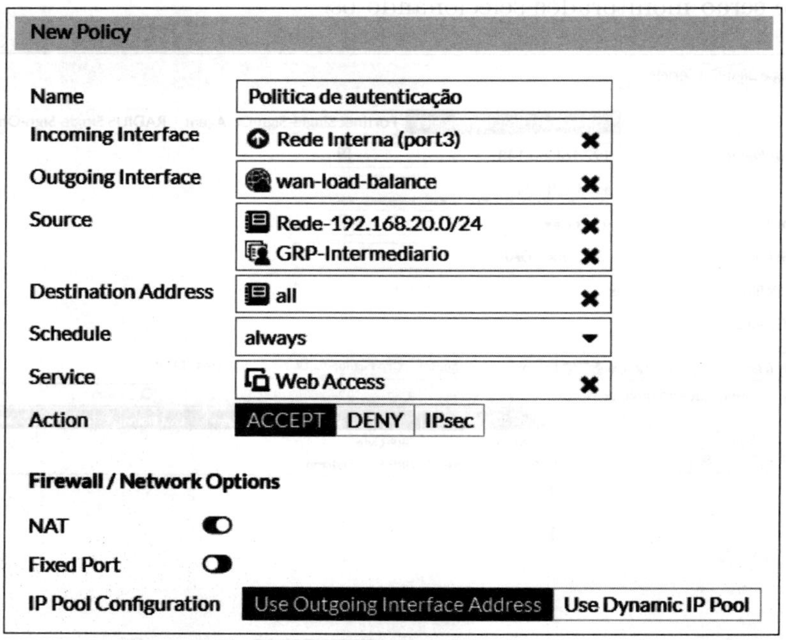

Figura 7.49: Configuração da política de autenticação.

A partir de agora, os usuários que pertencem ao grupo *GRP-Intermediário* do *Microsoft AD* serão autenticados automaticamente assim que executarem o *logon* no domínio pelo *FortiOS*, como podemos ver na imagem 7.50.

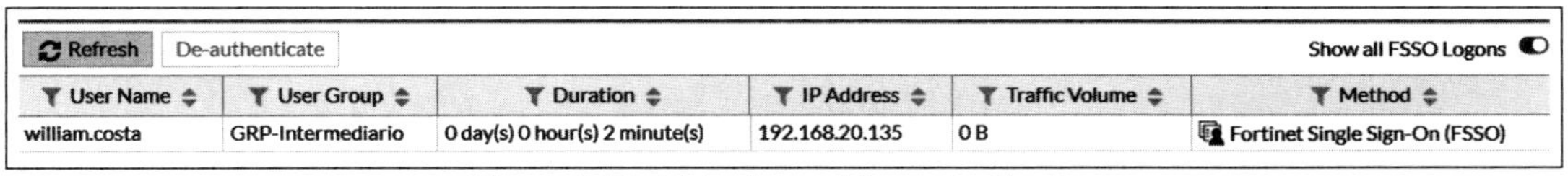

Figura 7.50: Lista de usuários autenticados.

Script da Configuração do FSSO em Poll Mode | Configuração do Grupo | Configuração de Política de autenticação

```
config user ldap
 edit "Servidor-LDAP-Livro"
  set server "192.168.60.143"
  set cnid "sAMAccountName"
  set dn "dc=livro,dc=dominio,dc=local"
  set type regular
  set username "usrsrvldap@livro.dominio.local"
  set password a&w%GLiv%$
 next
end
config user fsso-polling
 edit 0
  set server "192.168.60.143"
  set user "administrator"
  set password *&%TLiv%$#
  set ldap-server "Servidor-LDAP-Livro"
   config adgrp
    edit "CN=GRP-Intermediario,CN=Users,DC=livro,DC=dominio,DC=local"
    next
   end
 next
end
config user group
 edit "GRP-Intermediario"
  set group-type fsso-service
  set member "CN=GRP-Intermediario,CN=Users,DC=livro,DC=dominio,DC=local"
 next
end
config firewall policy
 edit 0
  set name "Politica de autenticacao"
  set srcintf "port3"
  set dstintf "virtual-wan-link"
  set srcaddr "Rede-192.168.20.0/24"
  set dstaddr "all"
  set action accept
  set schedule "always"
  set service "Web Access"
  set fsso enable
  set groups "GRP-Intermediario"
  set nat enable
 next
end
```

Capítulo 8

Perfis de Segurança

O *FortiOS* emprega a proteção do tráfego em perfis de segurança denominados *Security Profiles*, os quais são aplicados às políticas de *Firewall*, o que permite granularidade de qual tráfego será tratado por quais módulos de segurança. O mesmo perfil pode ser aplicado em mais de uma política, assim como podemos ter perfis de segurança diferentes em políticas distintas, exemplo: *Antivírus, IPS e application control*, em uma mesma *policy*.

Como apresentado em 2.2, o modo de inspeção do *profile* é definido por *VDOM*, no entanto as *VDOM* que operam em modo *Proxy-Based* permitem a configuração de perfis de segurança atuando em *Flow-Based*. Conhecer o modo de operação é fundamental para a administração, isso se deve, pois os *profiles* têm opções diferentes em modos de operações distintos.
Os perfis de segurança apresentados neste capítulo serão:

- Proxy Options
- SSL/SSH Inspection
- Antivirus
- APP Control
- WEB Filter
- IPS
- Cloud Access Security Inspection (CASI)
- Anti-Spam
- DLP
- Web Application Firewall

OBS: Todos os perfis de *Segurança*, deverão ser adicionados a uma política para que os tráfegos tratados por elas possam ser inspecionados pelos módulos de segurança.

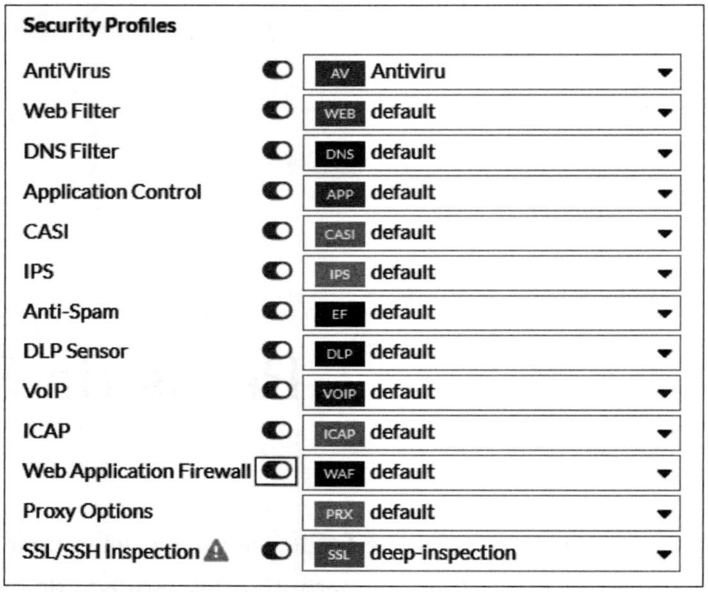

Figura 8.1: Profiles de Segurança adicionados a política.

8.1 Proxy Options

Não posso iniciar este capítulo sem antes explicar a função do *Proxy Options* no *FortiOS*.
Esse módulo tem a função de definir as opções de como tráfego será tratado pelos perfis, entre essas opções se destacam a porta que será utilizada para escutar o tráfego pelos *proxys*, tamanho máximo dos arquivos que serão analisados pelos módulos. Assim como os *Security Profiles*, os *Proxy Options* são aplicados às políticas e podemos ter distintos perfis em diferentes políticas tratando assim tráfegos diferenciados.

A configuração dos *Proxy Options* está disponível em *Security Profiles* > *Proxy Options* em que temos as seguintes opções:

- Log Oversized Files
  Permite logar a ação realizada para arquivos maiores que os definidos na opção *Block Oversized File/E-mail.*
- RPC over HTTP
  Habilita a análise do protocolo *RPC* trafegando sobre *HTTP.*
- Protocol Port Mapping
  Define as portas que serão escutadas pelos serviços de *proxy.* Essa configuração é de extrema importância, já que o *FortiOS* por padrão não escuta todas as portas para todos os protocolos, exemplo: em uma configuração padrão do *Proxy Options*, o *FortiOS* não será capaz de monitorar o tráfego *HTTP* que passa sobre a porta *8080* ou qualquer outra além da *80.* Podemos alterar

esse comportamento modificando o valor em cada protocolo de *Specify* para *Any* ou adicionando outras portas a serem monitoradas separando-as por vírgulas, como apresentado na imagem a 8.2.

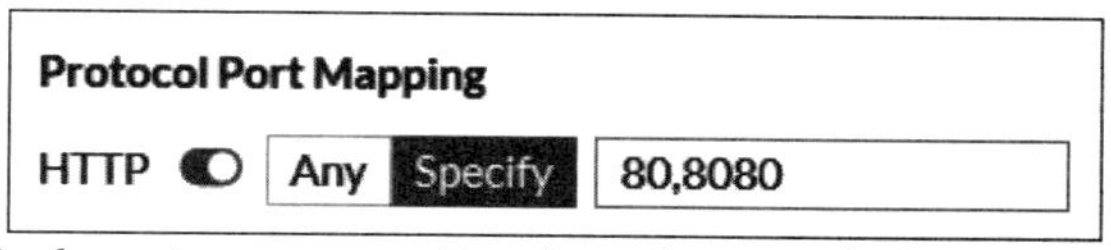

Figura 8.2: Adição de portas a ser monitoradas pelo proxy de HTTP no Protocol Options.

Quando habilitada a opção *Any*, o *FortiOS* usa o *Protocol Decoder* para determinar qual é o tipo de tráfego a fim de encaminhar ao *proxy* correto.

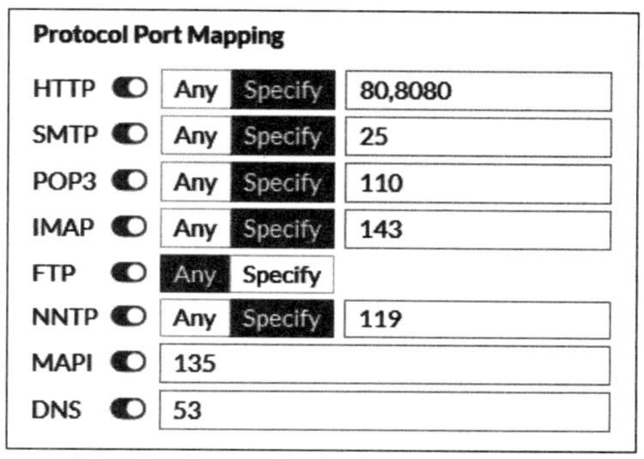

Figura 8.3: Configuração do Protocol Port Mapping.

- HTTP
  Define a porta para o protocolo *HTTP*.
- SMTP
  Define a porta para o protocolo *SMTP*.
- POP3
  Define a porta para o protocolo *POP3*.
- IMAP
  Define a porta para o protocolo *IMAP*.
- FTP
  Define a porta para o protocolo *FTP*.
- NNTP
  Define a porta para o protocolo *NNTP*.
- MAPI
  Define a porta para o protocolo *MAPI*.
- DNS
  Define a porta para o protocolo *DNS*.

- Common Options
  - Comfort Clients

    Quando o perfil de *Antivírus* do *FortiOS* está configurado em modo *Proxy-Based* (vide 2.2), não são repassados os pacotes de um *download* para o cliente, esses são represados em um *buffer* pelo módulo de *Antivírus* para serem remontados e escaneados à procura de vírus. Isso acarreta uma falsa sensação ao usuário de que não esta sendo feito o *download* de seu arquivo, esta opção permite definir qual o intervalo e qual porção de dados serão enviados ao usuário a fim de evitar o impacto descrito.

    * Interval (seconds)

      Tempo de intervalo para envio dos dados, podendo ser entre *1* a *900* segundos.
    * Amount (bytes)

      Quantidade de *bytes* enviados tendo o seu valor entre *1* e *10240 bytes.*

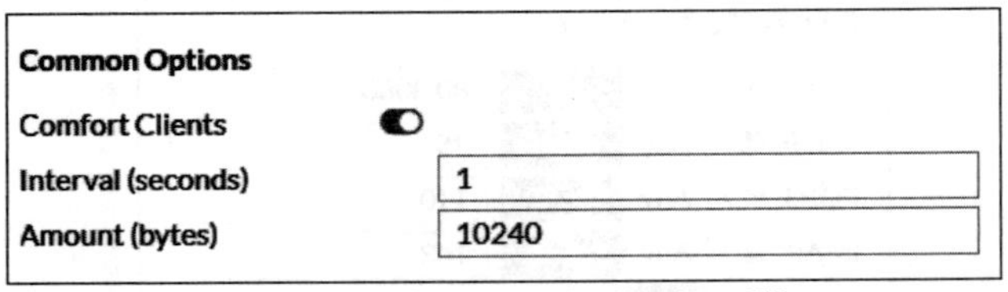

Figura 8.4: Configuração do Confort Clients.

  - Block Oversized File/E-mail

    O *FortiOS* por padrão limita o tamanho de arquivos escaneados pelo módulo de antivírus a *10MB* com o intuito de não prejudicar a performance. O valor máximo para a análise vai depender do modelo do *FortiGate* já que esse valor está limitado a *10%* do valor total de memória do *hardware* (o mesmo vale para *Virtual Appliance*).

    Via *GUI*, o valor máximo configurado é de *10MB*, no entanto é possível realizar a configuração de um maior valor limitando-se a *10%* da memória por meio da *CLI*.

    O *FortiOS* também tem a capacidade de analisar arquivos compactados à procura de ameaças. Realizando a descompactação do arquivo, o tamanho máximo dos arquivos escaneados após a descompactação é de *12MB*. Por exemplo se o tamanho de um arquivo *.zip* de *8MB* for igual ou inferior a *12MB* após a sua descompactação, ele será escaneado, caso contrário será seguida a ação definida em *Block Oversized File/E-mail.*

    Abaixo, podemos ver os comandos necessários para a alteração no protocolo *HTTP* para arquivos sem compactação de até *50MB* e para o resultado da descompactação até *80MB*:

```
config firewall profile-protocol-options
 edit "default"
  config http
   set uncompressed-oversize-limit 80
   set oversize-limit 50
  end
```

```
    next
  end
```

- Web Options
  - Enable Chunked Bypass
    Informa ao *FortiOS* para permitir o tráfego gerado antes de receber o tamanho do arquivo que será transmitido, normalmente utilizado com dados que são gerados de forma dinâmica.
  - Add Fortinet Bar
    Adiciona nas páginas *web* uma barra no topo da página contendo informações, como a cota em uso do *web filter*, por exemplo.

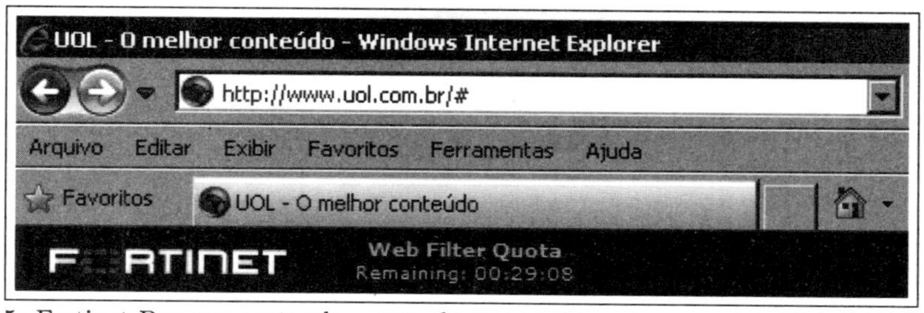

Figura 8.5: Fortinet Bar apresentando a cota de navegação restante para utilização pelo usuário.

- E-mail Options
  - Allow Fragmented Messages
    Permite e-mails fragmentados.
  - Append Signature (SMTP)
    Adiciona assinatura no e-mails processados pelo *FortiOS*.

8.2 SSL/SSH Inspection

Também denominada *Deep Scanning*, esse módulo realiza a função de descriptografia e criptografia da sessão *SSL/SSH* para análise do tráfego encriptado por esses protocolos.
Desde modo, o *FortiOS* monitora as conexões criptografadas por esses protocolos e, se habilitado, realiza a descriptografia dos dados para executar a análise pelos *daemons* responsáveis, por exemplo: um tráfego *HTTPS* após ser descriptografado, é encaminhado ao *proxy* de *HTTP*; o mesmo ocorre para uma comunicação *SMTPS* que será encaminhada após o processo para o *proxy* de *SMTP* que, após a análise e se o tráfego for permitido, é novamente criptografado e enviado ao cliente. Esse método de trabalho é o mesmo empregado em um ataque de *man-in-the-middle*.

8.2.1 SSL Inspection

O *SSL Inspection* executa a análise das conexões *SSL/TLS* interceptando e descriptografando à conexão. *Facebook* e *Gmail* são dois exemplos de sites populares que oferecem aos usuários a capacidade de ter suas sessões inteiramente criptografadas. Em ambientes que não inspecionam *SSL/TLS*, todos os tráfegos criptografados podem contornar as proteções contra ameaças implementadas.
A configuração do *SSL/SSH Inspection* fica disponível em *Security Profiles* > *SSL/SSH Inspection.*
A inspeção *SSL/TLS* pode trabalhar de dois modos distintos:

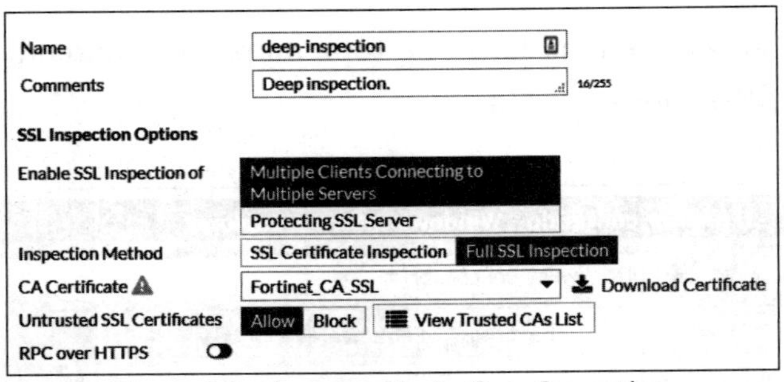

Figura 8.6: Configuração do Deep Inspection.

Certificate Inspection

O método *Certificate Inspection* realiza a análise do campo *CN* do certificado não interrompendo assim a comunicação *SSL/TLS* entre o usuário e o servidor e sem analisar o conteúdo criptografado.

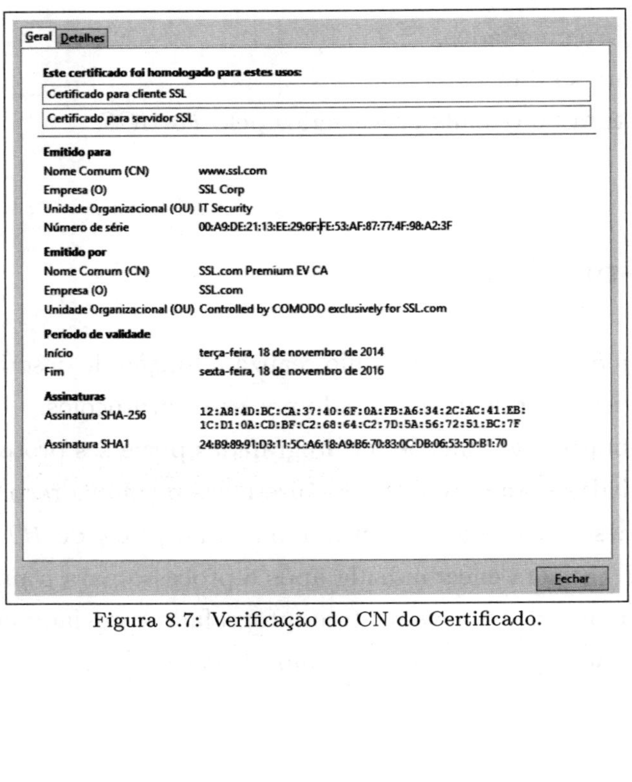

Figura 8.7: Verificação do CN do Certificado.

O *FortiOS* faz uma análise da sessão *SSL/TLS* à procura do *CN* do certificado e, compara com a base do *FortiGuard* para categorizar o endereço e, baseado na configuração, decide permitir ou não o acesso.

Este método de inspeção tem seu ponto forte em ser transparente ao usuário sem influenciar na conexão para sites permitidos, no entanto não é capaz de analisar a fundo as conexões além de termos sites em que via o *CN* não é possível identificá-lo.

Na configuração do *SSL/SSH Inspection*, temos as seguintes opções:

- SSL Inspection of
  - Enable SSL Inspection of
    - Protecting SSL Server
      É utilizado quando queremos monitorar um servidor específico.
    - Multiple Clients Connecting to Multiple Servers
      Utilizado quando monitoramos múltiplos servidores e múltiplos clientes.
  - Inspection Method
    Método de inspeção do Certificado ou *Full.*
  - CA Certificate
    Certificate Authority utilizado para realizar a inspeção.
  - Untrusted SSL Certificates
    Permite definir se os endereços que utilizam os certificados emitidos por certificadoras que não estão na lista *View Trusted CAs List* terão seu acesso permitido ou negado.
- Protocol Port Mapping
  - Inspect All Ports
    Permite, assim como em *Protocol Options*, definirmos à porta que escutará as conexões *HTTPS* ou realizar a inspeção em todas portas *Inspect All Ports.*

Diagnóstico

diagnose debug application fnbamd

Podemos utilizar o comando *diagnose debug application fnbamd -1* para acompanhar a análise do campo *CN* dos certificados pelo módulo de *Web Filter.*

```
# diagnose debug application fnbamd -1
# diagnose debug enable
[2158] handle_req-Rcvd auth_cert req id=1563348462
[1281] __fnbam_obtain_cert_chain-Certificate chain num 2 (max 8)
[1338] check_cert-Valid certificate chain depth 2
[1390] check_cert-following cert chain depth 0
[1375] check_cert-CA found: GeoTrust_Global_CA
[1825] fnbamd_auth_cert_start-Cert subject 'C = US, ST = California , L = Mountain
View, O = Google Inc , CN = www.gmail.com'
[1710] cert_check_group_list-checking group type 5 group name ''
[1848] fnbamd_auth_cert_start-match any specified , treat as succeed
[180] fnbamd_comm_send_result-Sending result 0 (error 0) for req 1563348462
```

Full Inspection

A inspeção em modo *FULL* realiza a descriptografia dos pacotes e os recriptografa utilizando o certificado definido em *CA Certificate*. Esse processo pode gerar erro no *browser* dos usuários, informando que o certificado não é confiável. Isso se deve, pois no processo de *Deep Scan* são executadas duas sessões *SSL/TLS*, sendo a primeira fechada entre o *browser* do usuário e o *FortiOS* utilizando a *CA* definida no *SSL/SSH Inspection Profile* e segunda entre o site solicitado e o *FortiOS*, utilizando o certificado do próprio site.

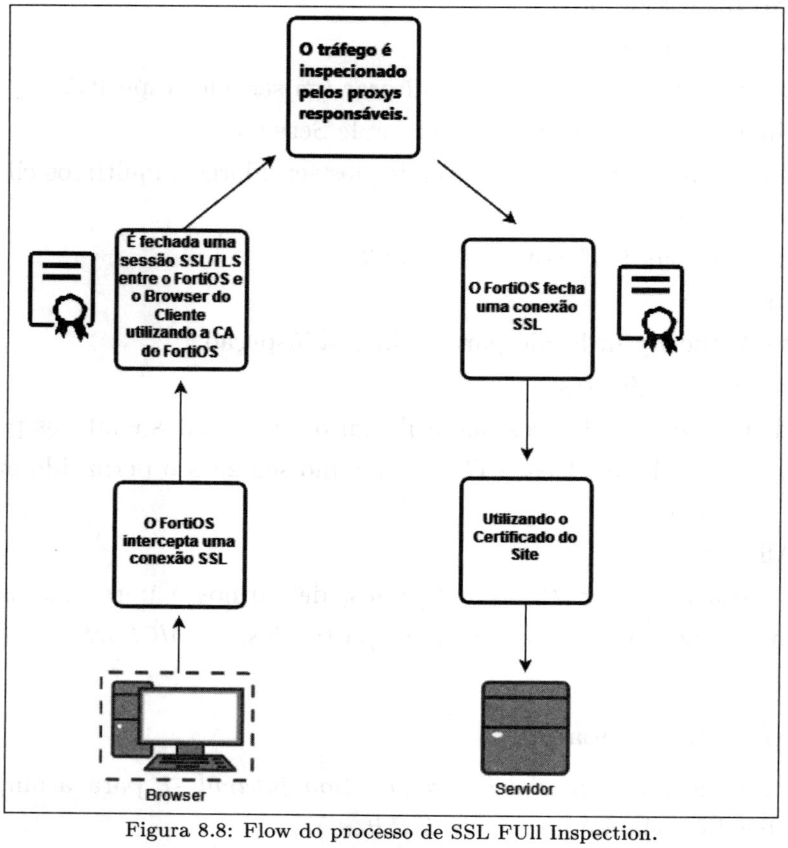

Figura 8.8: Flow do processo de SSL FUll Inspection.

Além das opções já mencionadas do *Certificate Inspection* e *Full Inspection* também temos :

- RPC over HTTPS

  Habilita a análise do *RPC* sobre *HTTPS.*
- Protocol Port Mapping

  Diferente do *Certificate Inspection* que só é realizado para o tráfego *HTTPS*, o *Full Inspection* pode analisar, além do *HTTPS*, os protocolos *SMTPS, POPS, IMAPS, SMTPS.* Sendo assim, podemos definir as portas que devem ser escutadas para a análise desses protocolos.

- Exempt from SSL Inspection

  Essa guia permite definir os sites que não devem ter a inspeção *SSL/TLS* habilitada. Há três modos de exceção:
  - Reputable Websites

    Sites com boa reputação (esse reputação é baseada no *FortiGuard Web Filter*).
  - Web Categories

    Categorias do *FortiGuard*.
  - Addresses

    Endereços *IPs*, *FQDNs* e *wildcard FQDN*.

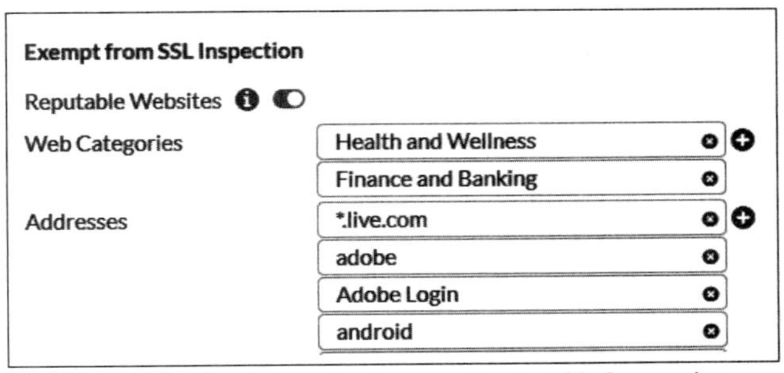

Figura 8.9: Configuração da exceção do SSL Inspection.

Portanto, para a escolha do modo de operação, definimos com base nos módulos que serão utilizados:

- Apenas Filtro Web

  Certificate Inspection
- Filtro Web, APP Control, IPS, Antivírus e demais proteções.

  Full Inspection

Diagnóstico

diagnose debug application wad

diagnose debug enable

Utilizando o comando de diagnóstico ***diagnose debug application wad -1***, podemos visualizar as informações durante a operação do módulo *SSL Full Inspection*.

```
# diagnose debug application wad -1
# diagnose debug enable
wad_mem_pool_release(192): release memory from pool-size=32768 check_time=1.
__wad_mem_block_free(94): free memory=0x7f5501469000 size=32768.
wad_mem_pool_release(192): release memory from pool-size=4096 check_time=1.
__wad_mem_block_free(94): free memory=0x7f550154e000 size=4096.
wad_tcp_port_alloc(1213): alloc tcp_port=0x7f550d0f9168
redirect 33 accepted 192.168.20.2:54624 -> 216.58.219.68:443 on 49
wad_tcp_port_learn_session_config(585): vf_id=0 ses_ctx=0x7f55018d8290
policy-id=3, split-id=0 sec_profile=0x7f5501914 920 app_type=1
dd_mode=0 av_idx=9 dd_method=0 tp-mode=1 web_cache=0
```

```
ssl_enabled=1 ssl_full=1 wanopt_ssl=0 ssl_exempt_check=1
wad_tcp_port_alloc(1213): alloc tcp_port=0x7f550d0f9050
wad_tcp_port_connect(1846): TCP port=0x7f550d0f9050 sock=51 connecting
99.10.10.2:54624->216.58.219.68:443
...
wad_ssl_proxy_srv_on_client_hello(4179): sp=0x7f5501a3d3d0/6 no session_id.
wad_mem_block_pool_alloc(140): alloc memory from pool 16384 0x7f5501465000.
wad_ssl_proxy_srv_on_client_hello(4464): Sending https exempt request for
hostname=www.google.com
wad_ssl_port_exempt_https_request(4015): sec_profile=0x7f5501914920 url_filter=1
deep_scan=1 cert_inspect=0
wad_ssl_port_exempt_https_request(4021): ssl-exempt result:
exempt_type=exempt_type_ftgd_cat hostname(0x7f5501690c80)=www.google.com
wad_url_filter_req_alloc(290): url_req=0x7f550190c830 id=2
wad_ssl_port_exempt_https_request(4060): URL filter ret=0 url_filter=1
hn=www.google.com
wad_ssl_sock_port_exec_up_forward(8643): sp=0x7f5501a3d3d0/6 forwarded len=309
wad_ssl_url_filter_check_local(321): SSL check: nego 0x7f550d101558 send URL
filter request 0x7f550190c830 profile=Teste hostname=www.google.com,
vd=root id=2 ses_ctx.dst=216.58.219.68
wad_url_filter_local_proc_http_result(1324): http req=0x7f550d101558
url_req=0x7f550190c830 ssl_url_chk=1 id=2 wfp=0x7 f55019f0158
wad_url_filter_local_request(377): HTTP request 0x7f550d101558 local urlfilter
result: allow, webproxy_profile null
...
wad_http_proc_request(26496): dst_addr_type=1 wc_nontp=0 sec_web=1 web_cache=0
req_bypass=0
[0x7f5501914d88] Received request from client: 192.168.20.2:54624

GET / HTTP/1.1
User-Agent: curl/7.26.0
Host: www.google.com
Accept: */*
...
```

8.2.2 SSH Inspection

A inspeção das conexões *SSH* permite controlar os acessos a servidores via *SSH*, aumentando a segurança e definindo o monitoramento e uso das opções:

- Exec

  Permite o monitoramento ou o bloqueio da ação *exec*. Abaixo podemos ver o uso desta opção:

```
# ssh root@99.10.10.1 'ls -l'
exec request failed on channel 0
```

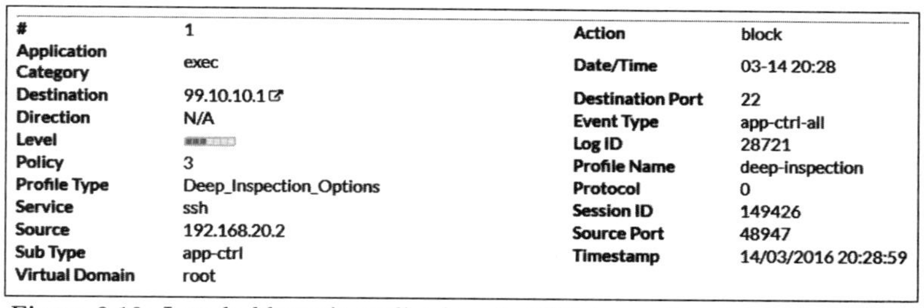

Figura 8.10: Log do bloqueio realizado pelo SSH Inspection da opção EXEC.

- Port-Forward

  Monitora ou impede o *Port-Forward* de realizar o encaminhamento da conexão *SSH*.
- SSH-Shell

  Bloqueia ou monitora o *SSH-Shell*.
- X11-Filter

  Executa o bloqueio ou monitoramento do *X11* sobre *SSH*.

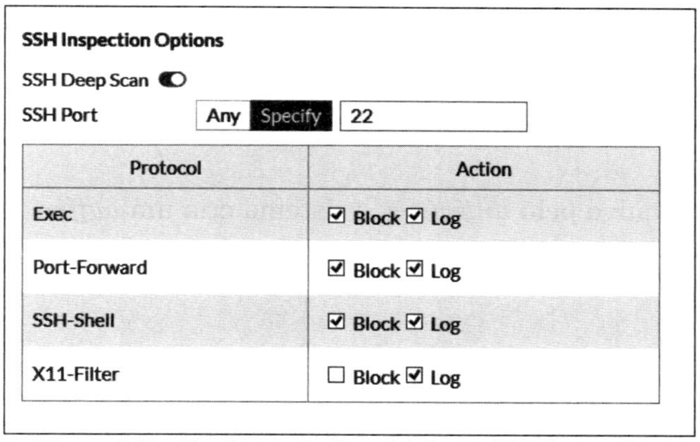

Figura 8.11: Configuração do módulo de SSH Inspection.

Diagnóstico

diagnose debug application sshproxy

Para executarmos diagnósticos do módulo de *SSH Inspection*, é disponível o comando *diagnose debug application sshproxy -1* seguido do *diagnose debug enable*.

```
# diagnose debug application sshproxy -1
# dianose debug enable
pw 0:s <000.000000> [3]: 192.168.20.2:48949 —> 99.10.10.1:22 [SETUP       ] Event -
CONNECTED_EVENT
pw 0:s <000.000000> [3]: 192.168.20.2:48949 —> 99.10.10.1:22: [SETUP       ]
diffie-hellman-group-exchange-sha256, diffie-hellman-group-exchange-sha1,
diffie-hellman-group14-sha1, diffie-hellman-group1-sha1
```

```
kex_parse_kexinit: ssh-rsa,ssh-dss
kex_parse_kexinit: aes128-cbc,3des-cbc,aes192-cbc,aes256-cbc,
kex_parse_kexinit: aes128-cbc,3des-cbc,aes192-cbc,aes256-cbc,
kex_parse_kexinit: hmac-sha1,hmac-sha1-96
kex_parse_kexinit: hmac-sha1,hmac-sha1-96
kex_parse_kexinit: none
Authenticating method: none
Authenticating method: password
pw 0:s <000.000000> [4]: 192.168.20.2:48950 —> 99.10.10.1:22 [SVRRDRDY] Event -AUTH_DONE_EVENT
pw 0:s <000.000000> [4]: 192.168.20.2:48950 —> 99.10.10.1:22: [SVRRDRDY] AUTHENTICATED_STATE
Forwarding packet type 91
Channel req service env
Channel req service exec
Service exec is blocked
```

8.3 Antivírus

O módulo de *Antivírus* do *FortiOS* é desenvolvido e mantido *in house* pela *Fortinet*. A função do *antivírus* é detectar e barrar as ameaças de *malwares* durante o download porém antes de ser entregue ao usuário, sendo denominado antivírus de *gateway*.

Essa função necessita de uma licença que é renovada anualmente e que dá direito a *updates* de assinaturas.

Para executar a análise do arquivo pelo *antivírus*, o sistema cria um *buffer* em memória, mesmo quando este trabalha em modo *Flow-Based* (2.2.2).

8.3.1 Atualizações

Os intervalos das atualizações das assinaturas são definidos em *System > FortiGuard > AntiVirus & IPS Updates*, onde temos as seguintes opções relacionadas ao *Antivírus*:

- Accept push updates
  Informa ao *FortiOS* a aceitar o recebimento via *PULL* das atualizações do *FortiGuard*.
- Scheduled Updates
  Define o período de intervalo entre as conexões com o *FortiGuard* para receber as atualizações.

Os *downloads* das assinaturas são realizados via conexão com a porta *443* nos servidores da *FortiGuard* por meio do *fqdn service.fortiguard.net*.

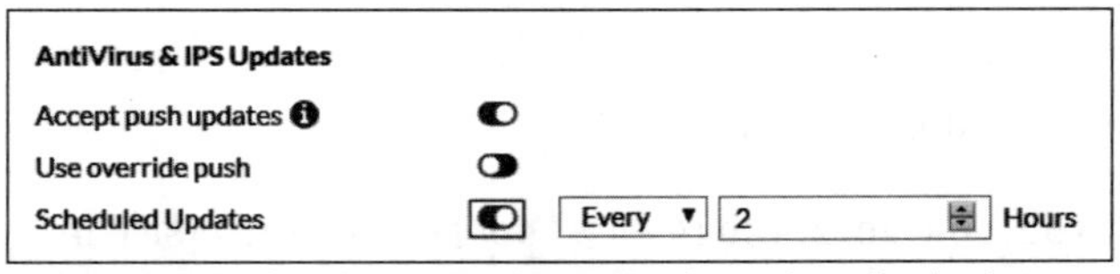

Figura 8.12: Configuração da opção de update do Antivírus.

Diagnóstico

diagnose debug application update

execute update-av

Para diagnosticar problemas relacionados à atualização das assinaturas de *Antivírus*, podemos utilizar o comando *diagnose debug application update -1* e, para forçar o *update* utilizamos o comando *execute update-av*.

```
# diagnose debug application update -1
# diagnose debug  enable
# execute update-av
upd_daemon[1068]-Received update now request
do_update[360]-Starting now UPDATE (final try)
__upd_act_update[279]-Trying FDS 96.45.33.88-443 with AcceptDelta=1
upd_cfg_extract_av_db_version[304]-version=05004000AVDB00201-00033.00123-1603080217
upd_cfg_extract_av_db_version[304]-version=05004000AVDB00701-00032.00426-1602070515
upd_cfg_extract_av_db_version[304]-version=05004000AVDB00401-00001.00000-1210171547
upd_cfg_extract_ids_db_version[355]-version=05004000NIDS02202-00007.00806-1603050301
...
get_fcpr_rsp_code[265]-Unpacked obj: Protocol=3.2|Response=300|Firmware=FPT033-FW-5.10-0206
|SerialNumber=FPT-FDS-DELL004|Server=FDSG|Persistent=false|ResponseItem=05004000AVDB0
0201:200*05004000FLDB00201:
200*05004000IRDB00101:200*00000000FCNI00000:200*00000000FDNI00000:200*05004000AVEN0
2800:204*05004000FLEN02300:204*05004000MMDB00101:200*05004000BDDB00100:204*01000000
FSCI00100:200
doInstallUpdatePackage[1092]-full found obj AVDB
doInstallUpdatePackage[1105]-Updating obj AVDB
installUpdateObject[346]-Step 1:Unpack obj 2, Total=1, cur=0
installUpdateObject[369]-Step 2:Prepare temp file for obj 2
installUpdObjRest[768]-Step 5:Backup /data2/vir->/tmp/update.backup
installUpdObjRest[782]-Step 6:Copy new object /tmp/updp3Tjti->/data2/vir
installUpdObjRest[867]-Step 7:Validate object
installUpdObjRest[891]-Step 8:Re-initialize using new obj file
installUpdObjRest[903]-Step 9:Delete backup /tmp/update.backup
...
upd_install_pkg[1435]-AVENG is up-to-date
upd_install_pkg[1462]-AVDB installed successfully
upd_install_pkg[1462]-IRDB installed successfully
upd_install_pkg[1462]-FCNI installed successfully
upd_install_pkg[1462]-FDNI installed successfully
upd_install_pkg[1462]-FSCI installed successfully
upd_install_pkg[1435]-FLOWENG is up-to-date
upd_install_pkg[1462]-FLOWAVDB installed successfully
upd_install_pkg[1462]-MMDB installed successfully
upd_install_pkg[1435]-BDDB is up-to-date
upd_status_save_status[115]-try to save on status file
upd_status_save_status[187]-Wrote status file
__upd_act_update[336]-Package installed successfully
do_update[396]-UPDATE successful
do_update[403]-IPS components updated (19071), generating SNMP trap.
```

8.3.2 Antivírus DB

O *FortiOS* tem três possibilidades de bancos de *Antivírus*, no entanto não está disponível a todos os *hardwares* o suporte aos três bancos de assinatura, isso ocorre pois os maiores bancos de assinaturas requerem um maior consumo de recursos do *hardware*.

- Normal
  Inclui as assinaturas para os *malwares* mais ativos nos últimos meses, sendo disponível em todos os modelos dos *FortiGates*.
- Extended
  Inclui as assinaturas do banco de dados *normal* mais os *malwares* ativos no último ano mesmo que os ataques deles não tenham sido expressivos.
- Extreme
  Contém todas as assinaturas dos bancos anteriores mais uma ampla gama de assinaturas para *malwares* que podem não estar mais ativos ou que afetem equipamentos e sistemas operacionais obsoletos.

Para definirmos qual banco utilizar, estão disponíveis via *CLI* os seguintes comandos:

```
config antivirus settings
 set default-db extreme
end
```

Análise de Graywares

Os *Grayware* são softwares que não estão categorizados como *Malwares*, no entanto têm o seu comportamento nocivo ao sistema operacional que pode gerar algum desconforto ao usuário. Neste grupo se enquadram os *adwares, spywares, trackwares entre outros.* Em alguns modelos de *FortiGate*, por padrão essa análise vem desabilitada, mas podemos ativá-la via *CLI* com os comandos:

```
config antivirus settings
 set grayware enable
end
```

Diagnóstico

diagnose antivirus database-info

Para obtermos informações sobre os bancos de assinaturas, utilizamos o comando *diagnose antivirus database-info*.

```
# diagnose antivirus database-info
version: 33.300(03/15/2016 16:16)
atdb found 1 loaded 1
virus ID count      20507
grayware ID count  597
signature ID count 33136
etdb found 1 loaded 1
virus ID count      139695
grayware ID count  2513
signature ID count 903804
exdb found 1 loaded 1
virus ID count      0
grayware ID count  1
signature ID count 0
mmdb found 1 loaded 1
virus ID count      5777
grayware ID count  1
signature ID count 282860
fsadb found 1 loaded 1
virus ID count      2
grayware ID count  0
signature ID count 137
```

Análise Heurística

A análise *Heurística* executa uma avaliação com o intuito de detectar um *código malicioso* desconhecido, por meio das semelhanças já conhecidas dos *malwares*, entropia dos *bytes*, que normalmente é apresentado em dados criptografados, strings imprimíveis entre outros fatores são usados nessa análise. Temos três opções para essa análise:

- pass
  Exerce a análise e, se for detectado algo suspeito, é gerada uma entrada no *log* de antivírus, porém permite a passagem do arquivo.
- block
  Efetua a inspeção e se for detectado como um arquivo malicioso, será bloqueado e gerada uma entrada no *log*.
- disable
  Desabilita a análise *Heurística*.

Para habilitarmos a *Heurística*, utilizamos na *CLI* os comandos:

```
config antivirus heuristic
 set mode block
end
```

OBS: O método de análise, *Heurística* pode gerar falsos positivos pois não se baseia em valores exatos, como ocorre com a inspeção por assinaturas.

8.3.3 AntiVirus Profile

O perfil de *Antivírus* é configurado em *Security Profiles > Antivirus*, onde temos as seguintes opções:

- Name
  Nome do *Profile.*
- Comments
  Descrição do *profile.*
- Detect Viruses
  Ação que será realizada quando detectado o *malware.*
  - Block
    Bloqueia e cria uma entrada nos *logs.*
  - Monitor
    Permite e cria uma entrada nos logs.
- Inspected Protocols
  Protocolos que podem ser inspecionados.
  - HTTP
    Habilita a análise do protocolo *HTTP.*
  - SMTP
    Habilita a inspeção do protocolo *SMTP.*
  - POP3
    Habilita a verificação do protocolo *POP3.*
  - IMAP
    Habilita a pesquisa no protocolo *IMAP.*
  - MAPI
    Habilita inspeção do protocolo *MAPI.*
  - FTP
    Habilita análise do protocolo *FTP.*
    OBS: Os protocolos que utilizam-se da criptografia *SSL/TLS* são tratados quando habilitado pelo módulo de *SSL Inspection* que se encarrega de descriptografar a conexão *SSL/TLS* e enviar em *texto claro* o protocolo ao módulo de *Antivírus.*
- Inspection Options
  - Treat Windows Executables in E-mail Attachments as Viruses
    Envia ao *FortiSandbox* apenas os arquivos executáveis do *Windows.*
  - Send Files to FortiSandbox Cloud for Inspection | Send Files to FortiSandbox Appliance for Inspection
    Habilita o envio de arquivos para a análise no *FortiSandbox* em *Appliance* ou na *Cloud.*
    * Do not submit files matching types
      Define os tipos de arquivos que não deseja enviar ao *FortiSandbox.*
    * Do not submit files matching file name patterns
      Permite definir pelo nome nome os arquivos que não deseja submeter ao *FortiSandbox.*

- Use FortiSandbox Database
  Utiliza o banco de assinaturas do *FortiSandbox* para incrementar a análise do *antivírus*
- Include Mobile Malware Protection
  Inclui assinaturas para proteção de *Sistemas Mobiles*

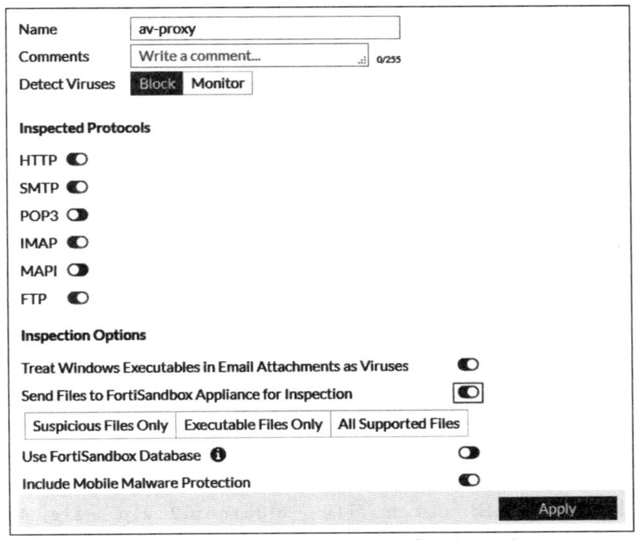

Figura 8.13: Configuração do profile de antivírus

Após a configuração do profile de *Antivírus*, ele deve ser aplicado em uma política para que possa ser analisado o tráfego tratado por ela.

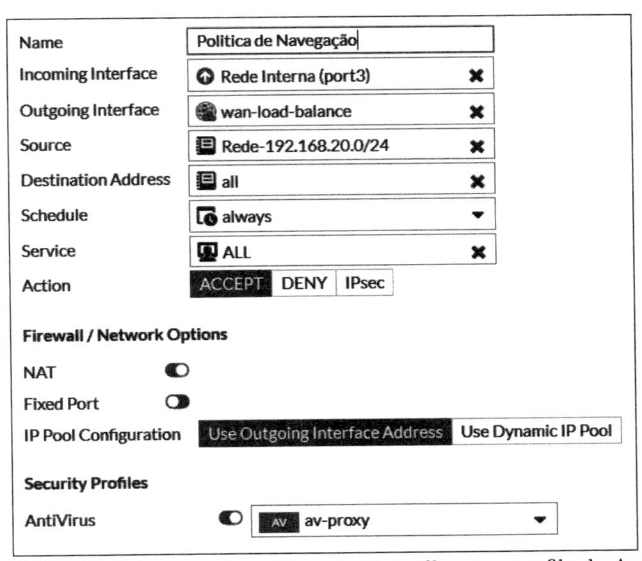

Figura 8.14: Configuração da política de Firewall com o profile de Antivírus

OBS: Lembrando que, para análise do tráfego *HTTPS*, devemos habilitar um profile de *SSL/SSH Inspection* que realize o *Full Inspection*, conforme já comentado em 8.2.1.

Diagnósticos

diagnose debug application scanunit

Para executarmos os diagnósticos de problemas relacionados ao módulo de *Antivírus*, utilizamos o comando *diagnose debug application scanunit -1* e, como sempre para comandos de *diagnósticos*, habilitamos o *debug* do *FortiOS* por meio do comando *diagnose debug enable.*

```
# diagnose debug application scanunit -1
# diagnose debug  enable

sp 8812 req vfid 0 id 4 ep 0 new request , size 524
sp 8812 req vfid 0 id 4 ep 0 chose scan unit based on round robin
sp 8812 read ack 0 from worker 8824
su 8824 job 1 open
su 8824 req vfid 0 id 4 ep 0 received; ack 1
su 8824 enable databases 0b (core mmdb extended)
su 8824 job 1 begin http scan of 'eicarcom2.zip'
su 8824 job 1 end http scan rc 1
su 8824 job 1 virus 'EICAR_TEST_FILE' cat 0 file 'eicarcom2.zip' sig 439072 vnameid
2172 checksum 45a2cdd size 308
sha e1105070ba828007508566e28a2b8d4c65d192e9eaf3b7868382b7cae747b397 av mon 0
quar 'n/a' quarSkip 3
su 8824 add VIRUS infection
su 8824 not wanted for analytics: file type not accepted by FSA
su 8824 job 1 send result 0
su 8824 job 1 close
```

A imagem 8.15 apresenta os *logs* com informações sobre o bloqueio do arquivo malicioso.

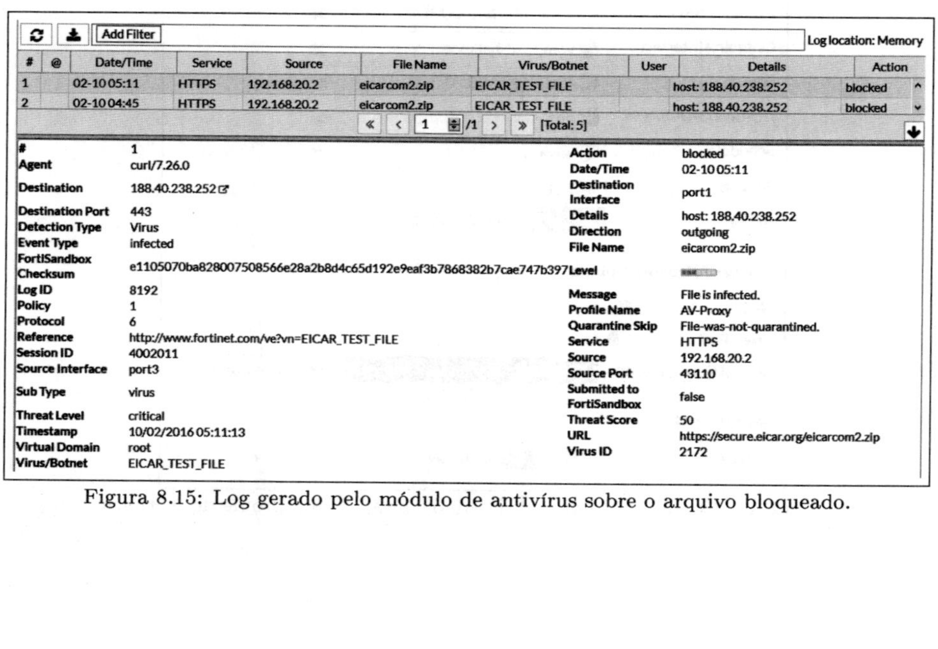

Figura 8.15: Log gerado pelo módulo de antivírus sobre o arquivo bloqueado.

8.4 Web Filter

A função do *Web Filter* é executar a análise dos acessos que se utilizam do protocolo *HTTP/s*, tomando a ação de monitorar ou bloquear determinados acessos a conteúdos definidos pela organização. O bloqueio não tem o intuito apenas de impedir o acesso a conteúdos impróprios, mas também de evitar o consumo de recursos que deveriam ser utilizados para o foco do negócio da empresa, como banda de *link*, recursos de máquina, produtividade, entre outros, além de ser uma porta de acesso para a entrada de ameaças.

Pelo *Web Filter*, podemos gerenciar esses acessos negando, permitindo, monitorando ou autorizando por um período predeterminado seja de tempo ou de tráfego utilizado.

8.4.1 FortiGuard Web Filter

O *FortiGuard Web Filter* é o serviço licenciado de categorização de *Web Sites* da *Fortinet* com mais de 60 milhões de sites e 2 bilhões de páginas categorizadas divididas em 77 categorias que podem ter as ações de :

- Allow
  Permite o acesso à categoria sem guardar *logs* de acesso.
- Block
  Bloqueia o acesso à categoria e gera uma entrada de *log*.
- Monitor
  Permite o acesso à categoria gerando um *log* além de permitir a criação de cotas para o acesso, este sendo por período ou quantidade de tráfego.
- Warning
  Apresenta uma mensagem ao usuário questionando se deseja realmente ter acesso ao site além de permitir a criação de cotas.
- Authenticate
  Solicita uma autenticação ou reautenticação (no caso de usuários autenticados) antes de permitir acesso a uma categoria.
- Disable
  Desabilita a categoria.

Consultas ao FortiGuard

A comunicação com o *FortiGuard* para checar a categorização ocorre por padrão via porta *53 UDP*, sendo disponibilizada no *FortiOS* sua alteração para *8888 UDP*, que podemos utilizar em casos de bloqueios da configuração *default*. Essa alteração pode ser realizada em *System > FortiGuard > Filtering > FortiGuard Filtering Port*.

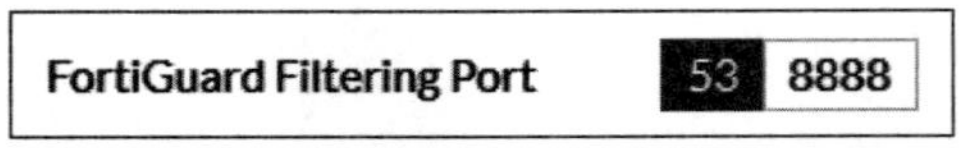

Figura 8.16: Configuração da porta para realização de queries para categorização de sites.

Quando o *FortiOS* executa uma consulta para a categorização de um *Web Site*, o resultado é armazenado localmente por um período de tempo definido em *System > FortiGuard > Filtering > Web Filter Cache*. Por padrão, esse tempo é de *60 Minutos*, podendo ser estendido para diminuir as consultas, levando a um aumento de consumo da memória (para armazenar as *URLs* e categorias) porém uma diminuição do consumo do *link*. Já que a quantidade de consultas serão diminuídas, o oposto tem uma causa reversa, diminuindo o consumo de memória porém com um aumento do uso do *link*, como neste caso o *FortiOS* vai executar as consultas com uma maior frequência.

Categorias

A *Fortinet*, por meio do *FortiGuard*, realiza a categorização dos sites em 6 grandes grupos que contendo por volta de 80 categorias, abaixo podemos ver algumas:

- Security Risk
  - Malicious Websites
    Sites utilizados para hospedar códigos maliciosos.
  - Phishing
    Sites clonados de web sites para utilização em *phishings*.
  - Spam URLs
    Urls que são encontradas dentro dos e-mails de *spams*.
  - Dynamic DNS
    Sites que utilizam *FQDNs* de serviços de *DDNS*.
- General Interest - Business
  - Finance and Banking
    Sites de veículos de investimentos e/ou bancos.
  - Search Engines and Portals
    Sites de pesquisa e grandes portais de notícias.
  - General Organizations
    Sites de organizações de pessoas ou profissionais.
  - Business
    Sites de empresas e companhias.
  - Information and Computer Security
    Sites relacionados à Segurança da Informação.
  - Government and Legal Organizations
    Sites de Órgãos Governamentais.

- Information Technology
  Sites relacionados à Tecnologia da Informação.
- Armed Forces
  Sites de Forças Armadas.
- Web Hosting
  Sites de hospedagem de serviços *WEB*.
- Secure Websites
  Sites de institutos de Segurança.
- Web-based Applications
  Sites de aplicações *WEB*.

• General Interest - Personal
  - Advertising
    Sites de Propagandas.
  - Brokerage and Trading
    Sites relacionados a Corretoras e ações.
  - Games
    Sites de Jogos.
  - Web-based E-mail
    Sites de serviços de *Web Mail*.
  - Entertainment
    Sites de entretenimento .
  - Arts and Culture
    Sites de conteúdo de arte e cultura.
  - Education
    Sites de educação.
  - Health and Wellness
    Sites de saúde e bem estar.
  - Job Search
    Sites de procura de empregos.
  - Medicine
    Sites com conteúdo de medicina.
  - News and Media
    Sites de notícias e mídia.
  - Social Networking
    Sites de relacionamentos
  - Política Organizations
    Sites de organizações políticas.
  - Reference
    Sites com referência e/ou pesquisa de informações em sua base.

- Global Religion
  Sites de organizações religiosas.
- Shopping
  Sites relacionados a vendas.
- Society and Lifestyles
  Sites relacionados a Estilos de vida.
- Sports
  Sites de Esportes.
- Travel
  Sites de viagens.
- Personal Vehicles
  Sites relacionados a veículos automotores.
- Dynamic Content
  URLs geradas automaticamente por sites.
- Meaningless Content
  Sites que têm um conteúdo ambíguo que não podem ser classificados.
- Folklore
  Sites relacionados a Folclore, horóscopos, fen shui, tarot, entre outros.
- Web Chat
  Sites de *Web Chats.*
- Instant Messaging
  Sites de mensageiros instantâneos.
- Newsgroups and Message Boards
  Sites de grupos de discussão.
- Digital Postcards
  Sites de envio de Cartões *Online.*
- Child Education
  Sites relacionados à educação infantil.
- Real Estate
  Sites de venda de imóveis.
- Restaurant and Dining
  Sites de restaurantes e *delivery.*
- Personal Websites and Blogs
  Sites pessoais e Blogs.
- Content Servers
  Sites de venda de hospedagem e serviços online.
- Domain Parking
  Sites de aluguel de espaços online.
- Personal Privacy
  Sites com informações pessoais.

  - Auction
    Sites de leilões.
- Adult/Mature Content
  - Alternative Beliefs
    Sites de religiões alternativas.
  - Abortion
    Sites relacionados com dados sobre aborto, informações, questões legais e organizações.
  - Other Adult Materials
    Sites com outros materiais adultos.
  - Advocacy Organizations
    Sites de organização de defesas.
  - Gambling
    Sites de jogos de azar.
  - Nudity and Risque
    Sites de nudez e imagens *picantes*.
  - Pornography
    Sites de ponografia.
  - Dating
    Sites de namoros.
  - Weapons (Sales)
    Sites de venda de armas.
  - Marijuana
    Sites relacionados com maconha.
  - Sex Education
    Sites de educação sexual.
  - Alcohol
    Sites de promoção ou venda de álcool.
  - Tobacco
    Sites de promoção ou venda de itens de tabaco.
  - Lingerie and Swimsuit
    Sites de roupa íntima e banho.
  - Sports Hunting and War Games
    Sites relacionados com caça esportiva e jogos de guerra.
- Bandwidth Consuming
  - Freeware and Software Downloads
    Sites de *download* de *softwares*.
  - File Sharing and Storage
    Sites de compartilhamento de arquivos e Armazenamento *online*.
  - Streaming Media and Download
    Sites de Streming e download de mídias.

  - Peer-to-peer File Sharing
    Sites de *P2P* e Compartilhamento.
  - Internet Radio and TV
    Sites de Rádio e TV.
  - Internet Telephony
    Sites de serviços de Telefonia.
- Potentially Liable
  - Drug Abuse
    Sites relacionados com uso ou venda de drogas.
  - Hacking
    Sites relacionando a *hackings*, que hospedem ferramentas de *cracking*.
  - Illegal or Unethical
    Sites que mantém informações sobre como executar atividades ilegais ou antiéticas.
  - Discrimination
    Sites que hospedam ou mantém grupos que pregam a discriminação, seja racial, social ou qualquer outro tipo de discriminação.
  - Explicit Violence
    Sites que mantêm conteúdos explícitos de violência física , mutilação ou mortes.
  - Extremist Groups
    Sites de movimentos extremistas.
  - Proxy Avoidance
    Sites para *bypass* ou que hospedam ferramentas ou conteúdos para burlar controles de acesso.
  - Plagiarism
    Sites que vendem ou hospedam conteúdo de plágio ou de trabalhos acadêmicos.
  - Child Abuse
    Sites listados pela *http://www.iwf.org.uk* que contenham material impróprio.

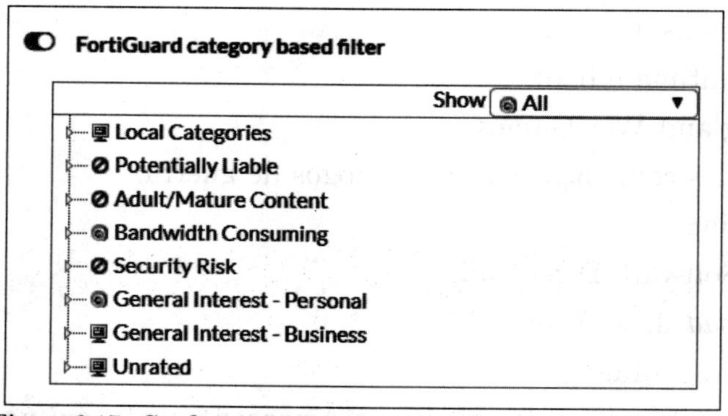

Figura 8.17: Configuração das categorias do perfil do Web Filter.

Allow users to override blocked categories

Permite definir grupos de usuários que poderão ter o seu perfil de *Web Filter* alterado (*override*) quando acessado um site que está bloqueado no perfil original.

- Groups that can override
  Grupos que poderão ter os perfis alterados.
- Profile can switch to
  Perfil utilizado para o *override*.
- Switch applies to
  Define se a aplicação do *override* será realizada por usuário, grupos de usuários, *IP* ou por questionamento .
- Switch Duration
  Período em que o usuário será mantido com o novo grupo.

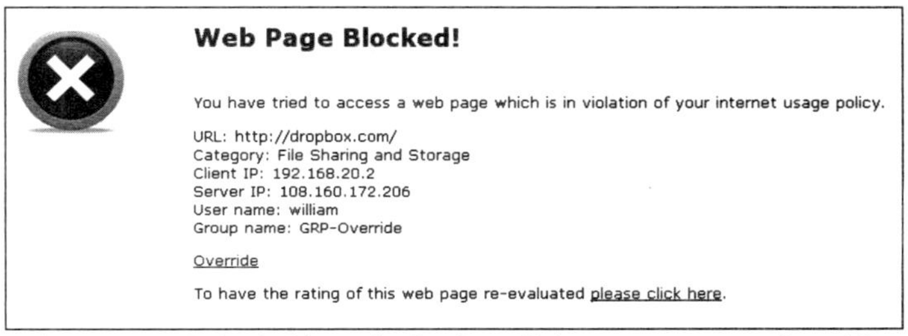

Figura 8.18: Tela de bloqueio do site e link para acesso ao Override.

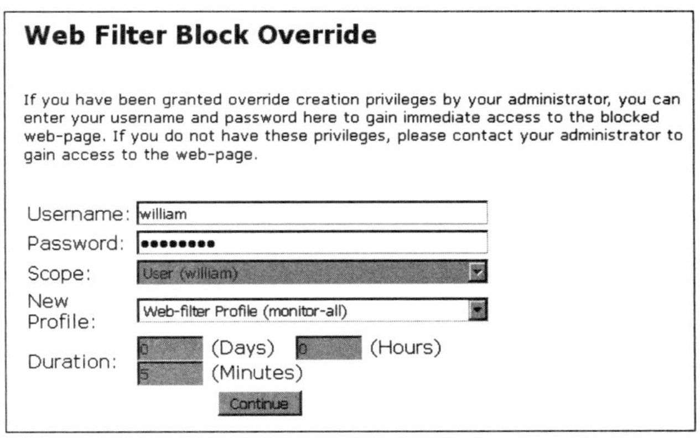

Figura 8.19: Tela de autenticação do Override.

8.4.2 Search Engines

- Enforce 'Safe Search' on Google, Yahoo!, Bing, Yandex
  Quando habilitamos essa opção, forçamos a busca em modo *Safe*, e valores na busca que podem ser diferentes dependendo do buscador, para que este filtre os resultados eliminando conteúdo

impróprio.

As imagens 8.20 e 8.21 apresentam duas buscas sem o *Safe Search* habilitado e com o *Safe Search* habilitado, respectivamente.

Figura 8.20: Pesquisa das palavras "Porn Star" sem o Safe Search Desabilitado.

Figura 8.21: Pesquisa das palavras "Porn Star" com o Safe Search Habilitado.

- Restrict YouTube Access

  Habilita o Filtro do *Youtube* para conteúdos.
- Log all search keywords

  Habilita o *log* de todas as pesquisas realizadas nos buscadores.

#	1	Action	passthrough
Agent	Firefox/43.0	Date/Time	17:41:30
Destination	216.58.192.68	Destination Interface	port1
Destination Port	443	Direction	outgoing
Event Type	content	Hostname	www.google.com
Key Word	Livro FortiOS	Level	
Log ID	12293	Message	Search phrase detected

Figura 8.22: Log de pesquisa das palavras "Livro FortiOS" pesquisadas no Google.

8.4.3 Static URL Filter

- Block invalid URLs
  Verifica o campo *CN* dos certificados com o intuito de analisar se o *Domain Name* é válido.
- URL Filter
  Permite a criação de uma lista de *URLs* que podem ou não ser acessadas.
  - URL
    Campo para definição da *URL*, *wildcard* ou *regex*.
  - Type
    O *URL Filter* permite três diferentes tipos de entradas:
    * Simple
      URL simples, exemplo: *www.uol.com.br*
    * Reg. Expression
      Expressão regular, exemplo do uso de coringas: *www.u*l.com.br*
    * WildCard
      Palavras na *url*, exemplo: *uol*
  - Action
    * Exempt
      Permite o acesso sem realizar a análise de *scans* posteriores, incluindo o antivírus (*bypass* do antivírus).
    * Block
      Realiza o bloqueio da *URL*.
    * Allow
      Permite o acesso sem gerar entrada de *log*.
    * Monitor
      Permite o acesso e cria uma entrada de *log*.
  - Status
    Habilita ou não a entrada da *URL* na lista.
- Block malicious URLs discovered by FortiSandbox
  O *FortiSandBox* mantém uma lista das *urls* maliciosas mais ativas dos últimos 30 dias, habilitando essa opção o *FortiGate* a obter do *FortiSandBox* esta lista e utiliza-la para bloqueios.
- Web Content Filter
  Permite a adição de palavras filtradas que podem estar no corpo do site.
  - Pattern Type
    * WildCard
      Palavra simples.
    * Reg. Expression
      Expressão regular.
  - Pattern
    Entrada da palavra ou expressão regular.

- Language
  Linguagem.
- Action
  - Block
    Realiza o bloqueio.
  - Exempt
    Permite o acesso e não executa a análise do antivírus.
- Status
  Habilita ou não a entrada da palavra na lista.

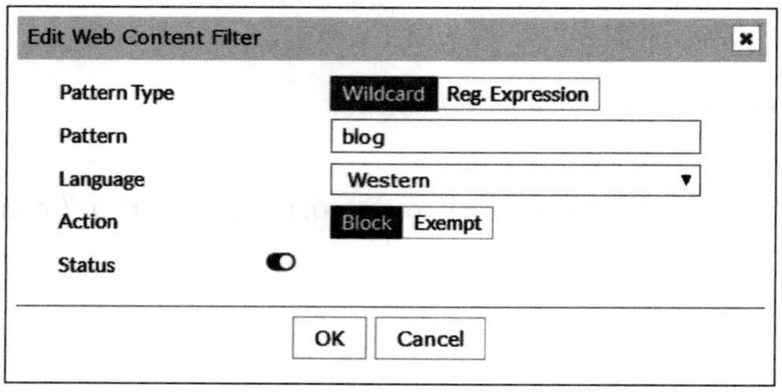

Figura 8.23: Configuração do Web Content Filter.

8.4.4 Rating Options

- Allow websites when a rating error occurs
  Quando habilitado, permite que os sites sejam acessados em caso de impossibilidade de verificação da categoria do site nos servidores do *FortiGuard*, incluindo problemas com a licença.
- Rate URLs by domain and IP Address
  Executa a verificação dos *Rating* também aos *IPs*.
- Block HTTP redirects by rating
  Bloqueio de redirecionamentos se o site de destino for um site bloqueado.
- Rate images by URL
  Permite a análise das imagens individuais bloqueando-as se estiverem hospedadas em um site de uma categoria negada, mesmo que a imagem esteja sendo referenciada em um site permitido.

Proxy Options

- Restrict Google account usage to specific domains
  Restringe o acesso ao *google APP* (inclusive ao *gmail*) ao domínio definido nesta configuração. O *FortiOS* não realiza o bloqueio aos domínios fora desta lista e sim adiciona o cabeçalho *HTTP X-GoogApps-Allowed-Domains* a todos os domínios do *Google*, o qual por sua vez permite apenas o acesso aos serviços configurados ao domínio definido neste *Header*.

- Provide details for blocked HTTP 4xx and 5xx errors
  Remove informações de erro *HTTP* que podem ser usados para acesso a sites indevidamente.
- HTTP POST Action
  Permite ou nega o uso do *HTTP POST* para o envio de informações e arquivos.
- Remove Java Applets
  Remove *Java Applets.*
- Remove ActiveX
  Remove os *plugins* de *ActiveX.*
- Remove Cookies
  Remove *cookies.*

Após a configuração do Perfil de *Web Filter*, devemos aplicá-lo a uma política de *firewall*, assim podendo analisar o tráfego em que a política é aplicada.

Figura 8.24: Configuração do profile Web Filter na política de Firewall.

OBS: Para a análise do tráfego *HTTPS*, devemos habilitar, além do profile de Antivírus, o profile de *SSL/SSH Inspection* para que possamos analisar o tráfego criptografado.

Diagnóstico

diagnose debug application urlfilter

diagnose debug urlfilter src-addr

Para diagnosticarmos problemas relacionados ao *Web Filter*, utilizamos o comando *diagnose debug application urlfilter -1* seguido pelo *diagnose debug enable.* Desta forma, podemos ter acesso em tempo real ao tratamento da conexão *HTTP* pelo *FortiOS.*

```
# diagnose debug application urlfilter -1
# diagnose debug enable
msg="received a request /tmp/.wad_229_0_0.url.socket, addr_len=31:
d=www.facebook.com:443, id=1267, vfname='root', vfid=0, profile='default', type=1,
client=192.168.20.2, url_source=3, url="/"
msg="Found it in cache. URL cat=37" IP cat=37 user="N/A" src=192.168.20.2 sport=4599
dst=31.13.65.36 dport=443 service="https" hostname="www.facebook.com" url="/"
matchType=exact
action=10(ftgd-block) wf-act=3(BLOCK) user="N/A" src=192.168.20.2 sport=4599
dst=31.13.65.36 dport=443 service="https" cat=37 cat_desc="Social Networking"
hostname="www.facebook.com" url="/"
```

Em ambiente de produção, a realização de análise de uma única máquina é quase impossível de acompanhar e diferenciar das demais conexões, para tanto o *FortiOS*, permite filtrar o acesso do ***web filter*** com a utilização do comando ***diagnose debug urlfilter src-addr*** seguido pelo endereço *IP* do usuário.

```
# diagnose debug application urlfilter -1
# diagnose debug urlfilter src-addr 192.168.20.2
# diagnose debug enable
msg="Cache miss" user="N/A" src=192.168.20.2 sport=4606 dst=199.16.156.38 dport=443
service="https" hostname="www.twitter.com" url="/"
action=10(ftgd-block) wf-act=3(BLOCK) user="N/A" src=192.168.20.2 sport=4606
dst=199.16.156.38 dport=443 service="https" cat=37 cat_desc="Social Networking"
hostname="www.twitter.com" url="/"
```

OBS: Para removermos o filtro do *URL Filter*, utilizamos o comando ***diagnose debug urlfilter src-addr stop***

8.5 Application Control

O *Application Control* realiza a análise da camada 7 do modelo *OSI* a fim de detectar via assinaturas os comportamentos dos aplicativos utilizados na rede, podendo assim permitir, monitorar, negar, quarentenar ou aplicar um controle de banda sobre o tráfego, por meio *Traffic Shaping Policy*.
O modo de operação do *Application Control* é detectar o comportamento e categorizar o tráfego de acordo com a aplicação utilizada. O *Application Control* utiliza-se da *engine* de *IPS* para realizar o controle das aplicações, portanto as atualizações das assinaturas do *Application Control* são atualizadas em conjunto com as assinaturas do módulo de *IPS*.
A configuração de um novo perfil em *Application Control* pode ser executada em *Security Profiles* > *Application Control* > *Create New*, onde temos as categorias:

8.5.1 Categorizes

- Botnet
- Business
- Cloud.IT
- Collaboration
- E-mail
- Game
- General.Interest
- Mobiles
- Network.Service
- P2P

- Proxy
- Remote.Access
- Social.Media
- Storage.Backup
- Update
- Video/Audio
- VoIP
- Web.Client
- Unknown Applications

8.5.2 Ações

Podemos aplicar as seguintes ações:

- Allow
  Permite a aplicação, porém sem gerar uma entrada de *logs*.
- Monitor
  Permite o acesso e gera uma entrada de *log*.
- Block
  Realiza o bloqueio e gera um *log*.
- Quarantine
  Quarentena o *IP* utilizando essa aplicação.
- View Signatures
  Lista as assinaturas desta categoria.

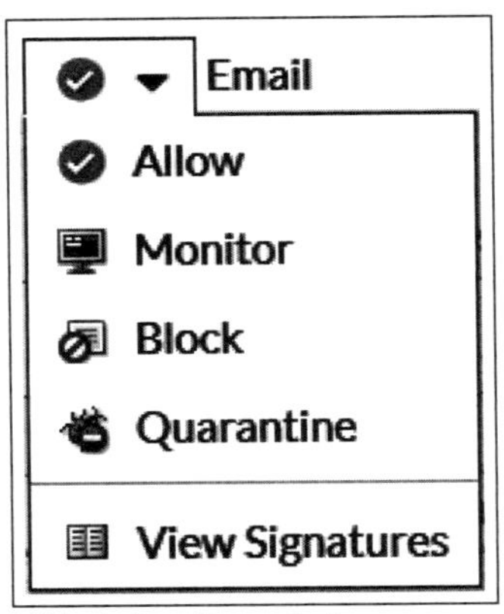

Figura 8.25: Ações disponíveis para a categoria.

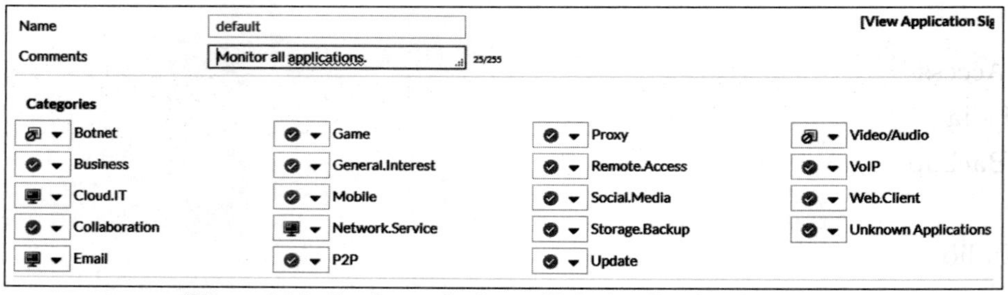

Figura 8.26: Configuração do perfil de Application Control.

8.5.3 Application Overrides

Utilizamos o *Application Overrides* quando queremos bloquear ou permitir uma determinada aplicação, contrariando a configuração realizada em sua categoria.

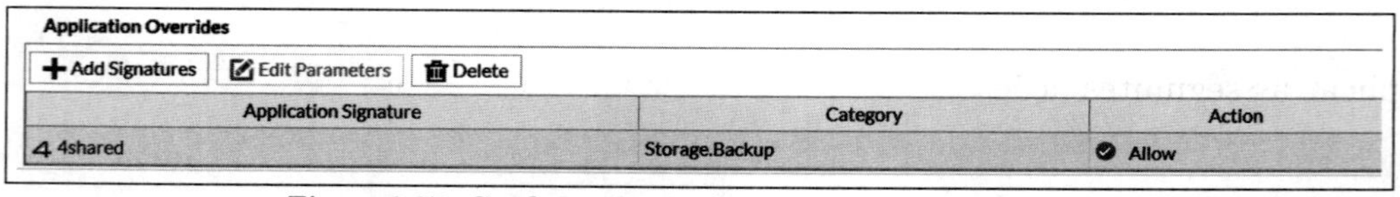

Figura 8.27: Configuração do Application Control Override.

8.5.4 Filter Overrides

A configuração do *Filter Overrides* permite o *Override* das aplicações por filtros específicos, como *Behavior, Popularity, Risk, Category, Protocol, Technology, Vendor.*

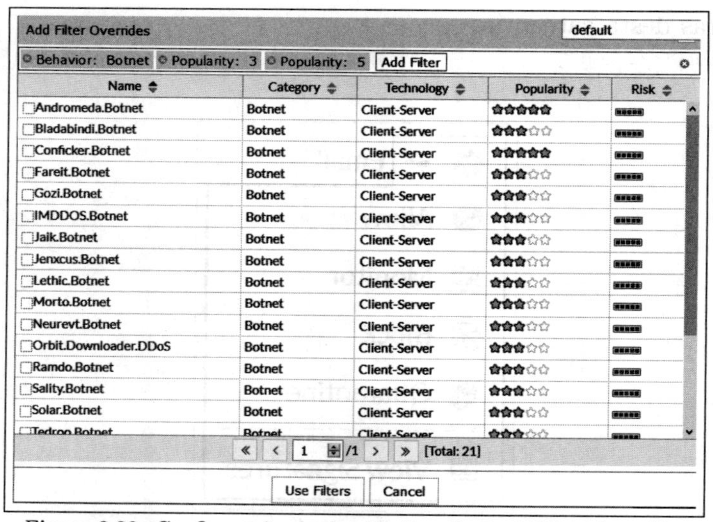

Figura 8.28: Configuração do Application Control Filter Override.

8.5.5 Options

- Allow and Log DNS Traffic
  Informa ao *FortiOS* para logar e permitir o tráfego de *DNS* das aplicações.
- Replacement Messages for HTTP-based Applications
  O *Application Control* por padrão não emite nenhuma mensagem de bloqueios aos usuários, habilitando esta opção, informa ao *FortiOS* a executar o envio de mensagem de bloqueio aos usuários para aplicativos que são baseados em *HTTP*.

Figura 8.29: Mensagem de bloqueio do Application Control.

Diagnóstico

diagnose ips filter

diagnose ips debug enable

O módulo do *Application Control* utiliza-se da *engine* de *IPS*; portanto, os comandos de diagnósticos utilizados no *Application Control* são os da *engine* de *IPS*.

O comando *diagnose ips debug enable* é utilizado para habilitar as seguintes opções do debug:

```
# diagnose ips debug enable ?
init              init
packet            packet
packet_detail     packet_detail
error             error
warn              warn
parse             parse
detect            detect
session           session
log               log
timeout           timeout
dissector         dissector
tcp               tcp
http              http
mail              mail
rpc               rpc
```

```
dns                   dns
im                    im
p2p                   p2p
ssh                   ssh
ssl                   ssl
voip                  voip
smb                   smb
content               content
urlfilter             urlfilter
av                    av
mime                  mime
content_detail        content_detail
ipsa                  ipsa
proxy                 proxy
packet_dump           packet_dump
state                 state
dac                   dac
all                   all
```

Com o comando *diagnose ips debug enable detect*, podemos visualizar as detecções das assinaturas do *Application Control* assim como *IPS*.

```
# diagnose ips debug enable detect
# diagnose debug  enable
[251/0]ips_build_dfa_tree: enter
[251/0]ips_build_dfa_tree: begin build DFA tree
[251/0]ips_build_dfa_tree: begin compile DFA trees
[251/0]dfareuse_cksum: DFA reuse checksum:0xb05f592b
[251/0]ips_dfa_context_load: enter
[251/0]ips_dfa_context_load: rebuild: 0
[251/0]dfareuse_cksum: DFA reuse checksum:0x02cc5d05
[251/0]ips_dfa_context_load: enter
[251/0]ips_dfa_context_load: rebuild: 0
[251/0]ips_add_candidate_rule: candidate buffer overflow: level:0
[251/0]ips_match_rule: pattern matched 15893,18830: HTTP.BROWSER
[251/0]ips_match_rule: 1. matched rule 15893: HTTP.BROWSER (1)
[251/0]ips_should_defer_detection: schedule deferred rule 15893 HTTP.BROWSER as
stream size 78 < 1024
[251/0]ips_defer_detection: defer detect 18830
[251/0]ips_trigger_deferred_attack: triggering deferred rule 15893 HTTP.BROWSER
```

Para desabilitar, utilizamos o comando *diagnose ips debug disable detect* ou *diagnose ips debug disable all.*

Em ambiente de produção, a quantidade de tráfego a ser analisado pode tornar impossível a análise em tempo real, neste caso utilizamos o comando *diagnose ips filter*, no qual há várias opções de filtros que são listados abaixo:

```
# diagnose ips filter
status       status
clear        clear
ip           ip
ipv6         ipv6
port         port
protocol     protocol
session      session
asm          asm
length       length
17           17
```

Deste modo, podemos limitar o diagnóstico a determinados tipo de dados, como apenas o tráfego de porta *80 (diagnose ips filter port 80)* e após habilitarmos o debug.
Com o *Protection Profile* configurado, podemos aplicar em nossas políticas de Firewall.

8.6 IPS

O *Intrusion Prevention Systems (IPS)* é o processo de monitoramento de eventos que ocorrem em um sistema de computador ou rede, analisando-os em busca de sinais de possíveis incidentes, que são violações ou a ameaça iminente de violações das políticas de segurança, políticas de uso aceitável, ou práticas de segurança padrão.
O *FortiOS* atua tanto como *IPS* quanto como *IDS* (Intrusion Detection Systems) a diferença será a topologia adotada para a análise dos eventos.

8.6.1 IPS Topologia

A principal característica do sistema *IPS* é a proteção contra os ataques, executando o bloqueio dos pacotes que contém dados das assinaturas. Para essa ação, é necessário que o fluxo de dados passe por dentro do *IPS* para que ele possa tomar a ação de bloqueio.

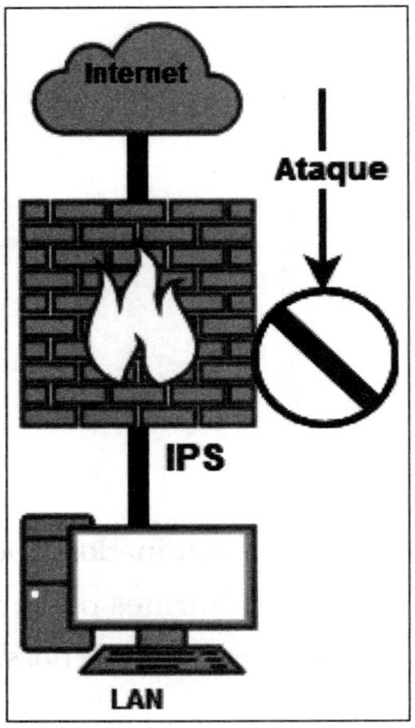

Figura 8.30: Topologia IPS.

Deste modo, o *FortiOS* tem total controle sobre o tráfego, permitindo ou negando a passagem dos pacotes.

8.6.2 IDS Topologia

Em ambiente utilizando *IDS*, não temos controle sobre o fluxo de dados, via espelhamento de porta do *switch* ou utilizando um *Network TAP*, como o *FortiTap (www.fortinet.com/products/fortitap/index.html)*, monitoramos o fluxo.

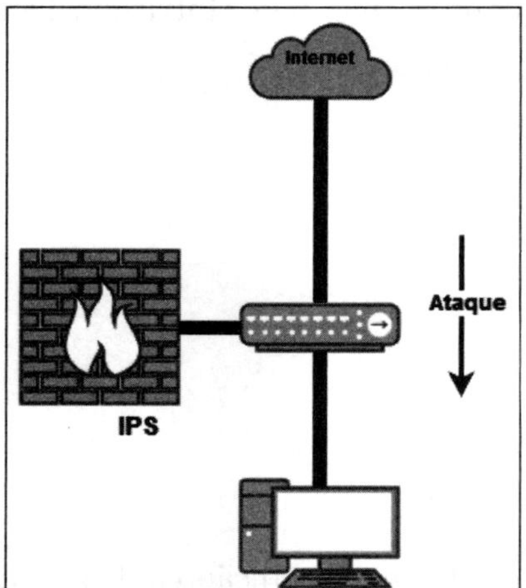

Figura 8.31: Topologia IDS.

8.6.3 Protocol Decoder

O *Protocol Decoders* é responsável por analisar e determinar qual é o protocolo utilizado em um determinado tráfego, deste modo os fluxos de dados são analisados apenas pelas assinaturas que tratam o protocolo específico.
Podemos listar os *decoders* com o auxílio do comando *get ips decoder status.*

```
# get ips decoder status
decoder-name: "custom"
decoder-name: "a-ipdf"
decoder-name: "apache"
decoder-name: "backdoor"
decoder-name: "ddos"
decoder-name: "name_server"
decoder-name: "DoS"
decoder-name: "applications"
decoder-name: "finger"
decoder-name: "ftp"
decoder-name: "icmp"
decoder-name: "im"
decoder-name: "misc"
decoder-name: "netbios"
decoder-name: "p2p"
decoder-name: "policy"
decoder-name: "rpc"
decoder-name: "SCADA"
decoder-name: "smtp"
decoder-name: "snmp"
decoder-name: "telnet"
decoder-name: "web_client"
decoder-name: "web_misc"
decoder-name: "web_server"
decoder-name: "worm"
decoder-name: "web_app"
decoder-name: "database"
decoder-name: "e-mail"
decoder-name: "file_transfer"
decoder-name: "operating_system"
decoder-name: "remote_access"
decoder-name: "tools"
decoder-name: "VoIP"
decoder-name: "web_app2"
decoder-name: "web_app3"
decoder-name: "applications2"
decoder-name: "applications3"
decoder-name: "back_orifice"
decoder-name: "dns_decoder"
port_list:
decoder-name: "ftp_decoder"
p2port_list:
decoder-name: "http_decoder"
decoder-name: "im_decoder"
decoder-name: "imap_decoder"
```

```
port_list:
decoder-name: "protocol_decoder"
decoder-name: "ldap_decoder"
port_list:
decoder-name: "mssql_decoder"
port_list:
decoder-name: "p2p_decoder"
decoder-name: "pop3_decoder"
port_list:
decoder-name: "radius_decoder"
port_list:
decoder-name: "rpc_decoder"
port_list:
decoder-name: "smtp_decoder"
port_list:
decoder-name: "snmp_decoder"
port_list:
decoder-name: "h323_decoder"
port_list:
decoder-name: "sip_decoder"
decoder-name: "tcp_reassembler"
decoder-name: "tfn"
decoder-name: "dcerpc_decoder"
port_list:
decoder-name: "nbss_decoder"
port_list:
decoder-name: "ssh_decoder"
decoder-name: "nntp_decoder"
decoder-name: "rtsp_decoder"
decoder-name: "sccp_decoder"
port_list:
decoder-name: "telnet_decoder"
port_list:
```

8.6.4 Configurando o Intrusion Protection

A configuração via *GUI* do *IPS* é executada em *Security Profiles > Intrusion Protection.*

Name

Definição do nome do Perfil.

IPS Signatures

Permite a escolha de assinaturas específicas, utilizadas para executar o *Override* das assinaturas de grupos, alterando os parâmetros, por exemplo a ação:

- Pass

  Permite o tráfego que correspondeu com as assinaturas específicas.
- Monitor

  Realiza apenas o *LOG* do tráfego, permitindo o fluxo.
- Block

  Bloqueia o tráfego detectado pela assinatura.

- Reset

  Envia um Reset da conexão para ambos os lados (cliente e servidor).
- Default

  Aceita a ação *Default* da assinatura.
- Quarantine

  Quarentena o *IP* do atacante por um período predeterminado, podendo ser dias, horas ou minutos.

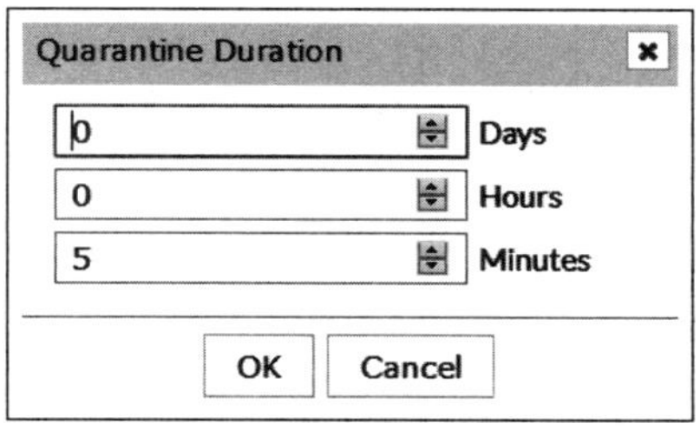

Figura 8.32: Duração da quarentena.

- Packet logging

  Habilita os *logs* dos pacotes que corresponderem com as assinaturas.

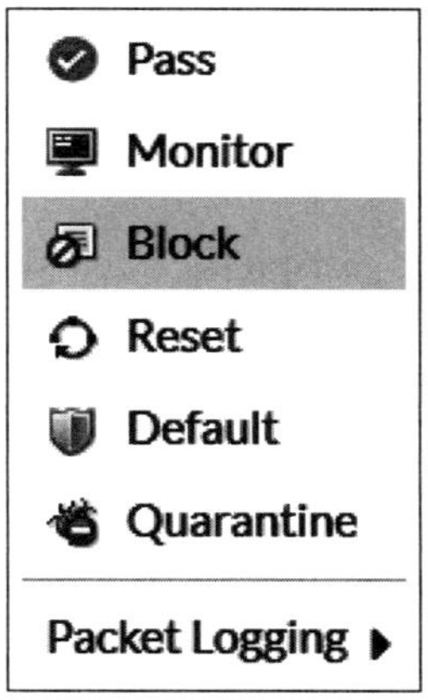

Figura 8.33: Lista de ações para as assinaturas.

Edit IP Exemptions

Permite definir os *IPs* de origem ou destino que não serão tratados pela assinatura, configurando-se em uma exceção.

IPS Filters

Em *IPS Signatures*, definimos as assinaturas individualmente, porém exige um alto grau do trabalho. Para diminuir a complexidade utilizamos, o *IPS Filters*. Para realizar os filtros, temos as seguintes opções:

- Application

  Executamos os filtros das assinaturas baseadas na aplicação, como por exemplo:
  - Apache
  - PHP
  - SAP
  - ...
- OS

  Filtra as assinaturas por Sistema Operacional.
- Protocol

  Neste caso, executa os filtros por protocolo utilizado pelo aplicativo.
- Severity

  As assinaturas são classificadas por severidades, tendo cinco tipos diferentes:
  - Information
  - Low
  - Medium
  - High
  - Critical
- Target

  Permite executar os filtros das assinaturas baseando-se na direção do tráfego: se este é para um servidor, cliente ou ambos.

Rate Based Signatures

Rate Based Signatures são assinaturas cujo potencial não está em apenas uma conexão, mas em múltiplas, como um *Brute Force Login Attack* ou *DDoS*, deste modo o *FortiOS* disponibiliza a possibilidade de diminuir a quantidade de determinados pacotes/ações e consequentemente limitar o risco deste ataques.

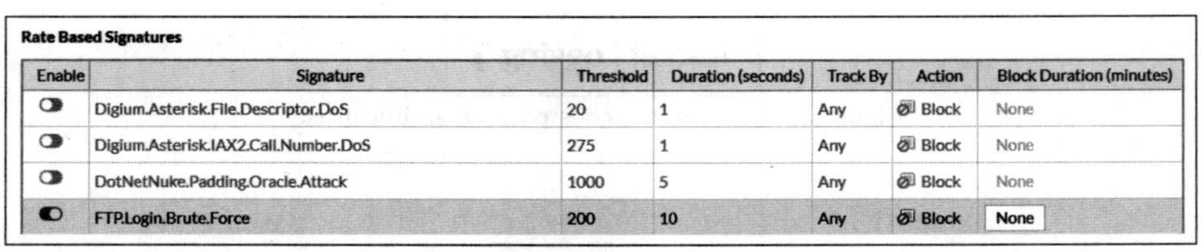

Figura 8.34: Configuração do Rate Based Signature.

Diagnóstico

diagnose test application ipsmonitor

Por meio do comando *diagnose test application ipsmonitor*, podemos executar 22 tarefas, desde apresentar informações sobre o *IPS engine*, a reinicializar todos os *daemons* de *IPS engine* e *IPS monitor*.

Executado o *diagnose test application ipsmonitor*, seguido por um dos números abaixo:

```
IPS Engine Test Usage:

1: Display IPS engine information
2: Toggle IPS engine enable/disable status
3: Display restart log
4: Clear restart log
5: Toggle bypass status
6: Submit attack characteristics now
10: IPS queue length
11: Clear IPS queue length
12: IPS L7 socket statistics
13: IPS session list
14: IPS NTurbo statistics
15: IPSA statistics
16: Display device identification cache
17: Clear device identification cache
21: Reload FSA malicious URL database
22: Reload whitelist URL database
24: Display Flow AV statistics
25: Reset Flow AV statistics
96: Toggle IPS engines watchdog timer
97: Start all IPS engines
98: Stop all IPS engines
99: Restart all IPS engines and monitor
```

Para desabilitarmos todos os módulos de *IPS Engine*, utilizamos o comando *diagnose test application ipsmonitor 2*, o qual nos dá o seguinte resultado:

```
# diagnose test application ipsmonitor 2
enable engine? no
enable engine? no
enable engine? no
```

Desabilitando assim o *IPS engine*, para habilitá-lo novamente, devemos executar novamente o mesmo comando.

```
# diagnose test application ipsmonitor 2
enable engine? yes
enable engine? yes
enable engine? yes
```

8.7 Cloud Access Security Inspection (CASI)

A *Fortinet* desenvolveu o *CASI* para o apoio no tratamento de aplicações em nuvem, em que o administrador pode permitir, negar ou monitorar o uso dessas aplicações em sua rede.
O *CASI* permite executar o controle não apenas do acesso às aplicações em nuvem, mas também às ações que podem ser realizadas nestas aplicações, conforme a imagem 8.35 apresenta.

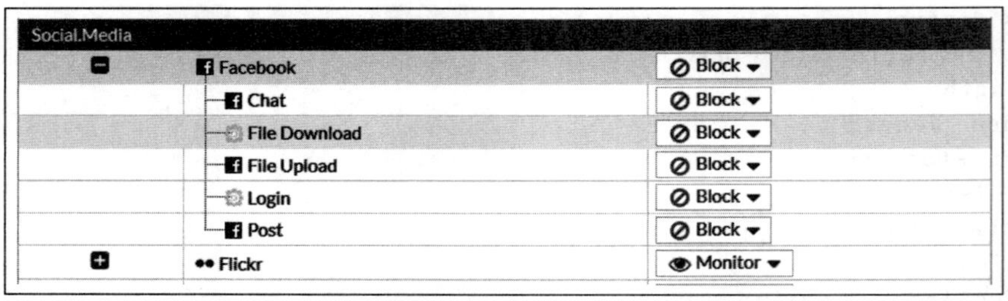

Figura 8.35: Lista de aplicações no CASI.

OBS: Para executar o controle corretamente, o *CASI* necessita que a inspeção *SSL* esteja habilitada em modo *Full SSL Inspection* para poder analisar o conteúdo criptografado com as assinaturas.
As assinaturas do *CASI* são atualizadas via o *Fortinet Distribution Network (FDN).*

8.7.1 Ações

Podemos realizar as ações de:

- Monitor
  Permite o uso da aplicação e gera uma entrada de *log* sobre o seu uso.
- Allow
  Concede o acesso, mas não guarda informações no *log.*
- Block
  Bloqueia o acesso e loga a tentativa.
- Reset (Custom)
  Envia um *reset* para ambas pontas da conexão (disponível apenas via *CLI*).

```
config application casi profile
 edit <name-profile>
  config entries
   edit <ID da entrada>
    set action reset
   next
  end
 next
end
```

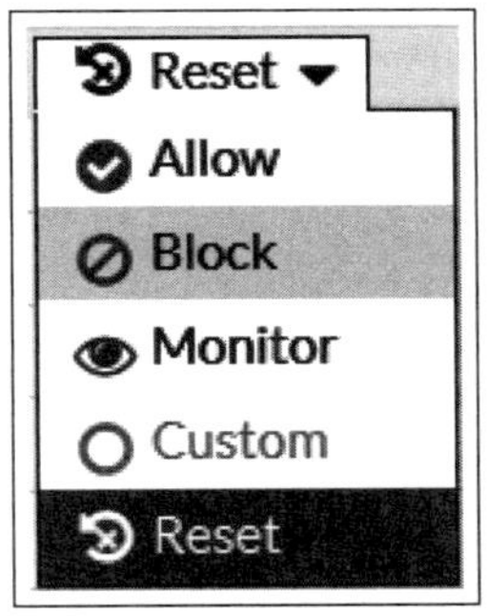

Figura 8.36: Ações permitidas para as assinaturas do CASI.

Diagnóstico

O *CASI* é o resultado das ações do *Application Control*; portanto, para realizarmos o *debug* deste módulo utilizamos os mesmos comandos apresentados na sessão sobre *Application Control* 8.5.

```
# diagnose ips debug enable detect
# diagnose debug  enable
# [10413/0]ips_match_rule: pattern matched 15895,18832: SSL
[10413/0]ips_match_rule: 1. matched rule 15895: SSL (1)
[10413/0]ips_match_rule: pattern matched 15895,18832: SSL
[10413/0]ips_match_rule: 1. matched rule 15895: SSL (1)
[10413/0]ips_match_rule: pattern matched 16420,44587: YouTube_Video.Access
[10413/0]ips_match_rule: pattern matched 41598,52969: YouTube_Channel.Access
[10413/0]ips_match_rule: pattern matched 16420,19286: YouTube_Video.Access
[10413/0]ips_match_rule: 1. matched rule 16420: YouTube_Video.Access (20)
[10413/0]ips_match_rule: pattern matched 34050,56445: HTTP.BROWSER_Firefox
[10413/0]ips_match_rule: 2. matched rule 34050: HTTP.BROWSER_Firefox (4)
```

8.8 AntiSpam

O módulo de *AntiSpam* executa o filtro de mensagens não desejadas negando os e-mails que são classificados como *spam* assim como os *IPs* que são utilizados por *spammers*.
O filtro pode ser executado nos protocolos, sendo que apenas podemos descartar diretamente no *FortiGate* os e-mails recebidos via o protocolo *SMTP/S*. Os demais podem apenas ser marcados com uma *TAG* no assunto ou *MIME*.

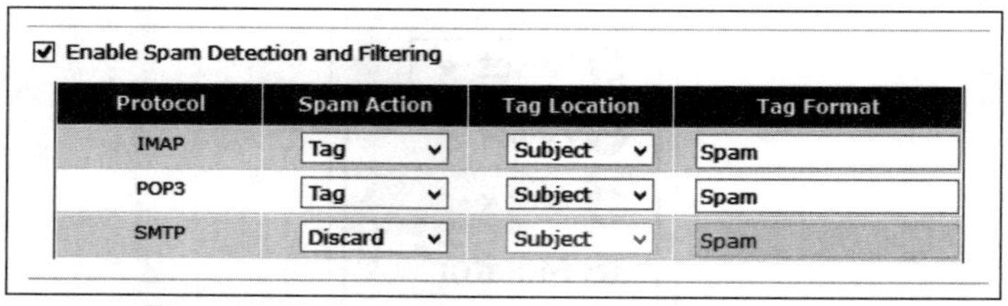

Figura 8.37: Protocolos analisados pelo AntiSpam.

Os controles são divididos em duas categorias:

- FortiGuard Spam Filtering:
  - IP Address Check

    Lista de *IP* considerados *spammers*. Assim que um e-mail chega ao *FortiOS*, este obtém o *IP* de origem do servidor do remetente e executa uma consulta ao *FortiGuard*. Se o *IP* estiver listado, o e-mail será negado.
  - E-mail Checksum Check

    O *FortiGate* executa uma busca do *Checksum* do e-mail no *FortiGuard* e, se encontrado, o e-mail é um *spam*.
  - URL Check

    São analisadas as *urls* encontradas no corpo do e-mail e submetidas à *Fortinet*. Se à *URL* for encontrada no *FortiGuard*, o e-mail é classificado como *spam*.
  - Spam Submission

    O *Spam Submission* adiciona ao fim da mensagem um *link* nas mensagens classificadas como *spam*, esse link é utilizado para informar à *Fortinet* que este e-mail é um falso-positivo informando que ele foi incorretamente marcado como *spam*.
  - Detect Phishing URLs in E-mail

    Executa a checagem de todas as *URLs* encontradas na mensagem submete-as à análise na lista *FortiGuard URL phishing*. Se a *url* for encontrada na lista, o *FortiOS* mantém o link no *e-mail*, porém remove o *hiper link*, deixando apenas como texto.
- Local Spam Filtering:
  - HELO DNS Lookup

    No início de uma conexão *SMTP*, o servidor envia o comando *HELO* seguido pelo seu domínio, o qual tem sua existência checada via *DNS*. Em caso de falha, todas as mensagens enviadas via essa sessão são classificadas como *SPAM*.
  - Black White List

    Lista local de *IPs*, endereços de e-mails e domínios que são classificados como limpos ou *spammers*.

    Podemos executar três ações para esse filtro:
    * Mark as Spam

      Marca as mensagens como *Spam* e a ação é executada pela configuração adicionada em

Enable Spam Detection and Filtering.

- Mark as Clear

  Marca as mensagens como limpas.

- Mark as Reject

  Rejeita a conexão logo no seu início (disponível apenas para *IP/Netmask* e protocolo *SMTP/S*).

– Return E-mail DNS Check

O *FortiOS* executa um *DNS Lookup* à procura de uma entrada *A* ou *MX* para o IP utilizado pelo remetente, se não encontrada, a mensagem é classificada como *spam*.

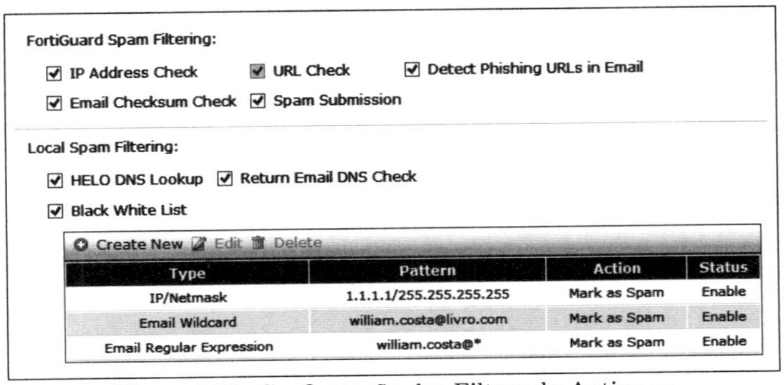

Figura 8.38: Configuração dos Filtros do Antispam

8.8.1 Domain Name System Blacklists

Podemos executar a configuração do *Domain Name System Blacklists (DNSBL)* via *CLI* utilizando os seguintes comandos:

```
config spamfilter dnsbl
 edit 1
  set name "DNSBL-Spam"
  set comment ''
   config entries
    edit 1
     set status enable
     set server "zen.spamhaus.org"
     set action reject
    next
  end
 next
end
```

Após a configuração da entrada com os serviços de *DNSBL*, é necessário executar a amarração desta configuração ao perfil de *Anti-Spam* via *CLI*:

```
config spamfilter profile
 edit "default"
  set spam-rbl-table 1
 next
end
```

8.8.2 Banned Word

A configuração de bloqueios de palavras dentro dos e-mails é executada pelos comandos abaixo:

```
config spamfilter bword
 edit 1
  set name "WordBlackList"
  set comment ''
  config entries
   edit 1
    set status enable
    set pattern "Palavra-Negada"
    set pattern-type wildcard
    set action spam
    set where all
    set language western
    set score 10
   next
  end
 next
end
```

Para cada palavra no *Banned Word*, damos um *score* que será usado para contabilizar o total de pontos que o e-mail vai receber para ser classificado como *spam* ou não.
Após a configuração da lista de palavras, devemos apontá-la ao profile de *Anti-Spam*, conforme abaixo:

```
config spamfilter profile
 edit "default"
  set spam-bword-threshold 40
  set spam-bword-table 1
 next
end
```

A linha *set spam-bword-threshold 40* configura o *threshold* do *score* para 40 pontos, tendo como referência a lista setada na linha *set spam-bword-table 1.*

8.8.3 Ordem de análise para o protocolo SMTP

1. Checagem do endereço *IP* na *BWL*.
2. Análise do *IP* na *DNSBL & ORDBL*, verificação *FortiGuard Antispam*, *lookup*, *DNS HELO*.
3. Verificação do *MIME*, e checagem do endereço do e-mail na *BWL*.
4. Checagem de palavras proibidas no campo assunto do e-mail.
5. Validação do endereço *IP* na *BWL* (para *IPs* extraídos de cabeçalhos do remetente).
6. Procura de palavras proibidas no corpo de e-mail.
7. Verificação do *DNS*, checagem do endereço de e-mail no *FortiGuard Antispam*, verificação da *URL* no *FortiGuard Antispam*, validação do *IP* retirado do cabeçalho no *DNSBL & ORDBL*.

OBS: Devido à ordem da análise do *antispam*, se uma mensagem é bloqueada devido ao *IP* estar em alguma *blacklist*, não podemos liberar esse servidor pelo domínio ou endereço de e-mail, devemos adicionar o *IP* do servidor na *whitelist*.

Diagnóstico

diagnose debug application spamfilter -1

Para executarmos o *debug* do *daemon* de *Anti-Spam*, o *FortiOS* disponibiliza o comando *diagnose debug application spamfilter* seguido do *-1* para habilitar, abaixo podemos ver a saída do comando:

```
# diagnose debug application spamfilter -1
# diagnose debug en
# 153 iptrust: _on_session:63 0x7f4aafcf03d0
153 rbl: _on_session:471 0x7f4aafcf0430
153 ip trust new connection 0x7f4aafcf03d0 99.10.11.1
rbl: _on_conn 0x7f4aafcf0430 ctx 0x7f4aafcea188
153 _on_helo:418 0x7f4aafcf0430 helo livro.com

helo domain livro.com
fg querying ip 99.10.11.1 type 1
fg_query: spaminfo id1(139958753862168) id2(19) num 1 guid 248, seq 19
rbl : _on_helo() asfa_suspend
== FG response: id1(139958753862168) id2(19) ip_ver eb036300 url_ver af865700
 hash_ver 795c4a00 spaminfo num 1 type 4
send_spam_result, type 4
smtp fortishield callback: event 1
fg_response: ip_ver eb036300 url_ver af865700 hash_ver 795c4a00 proto 0,
spaminfo num 1, len(69), id1(2949554712) id2(19)
fg_response: tlv type(1), tvl len(1), val(0)
_dns_lookup_del 0 queries left
enter antispam:_mime_mail_new
rbl filter config success
antispam mime new session 0x4eab280
the filter flag:0x6

ASE:Verdict score        0
Engine version  1.00001.117
Rule version    1001
query status done, ctx is 0x4eabb90, action is 1
Got local verdict from AS engine
```

```
antispam mime header 0x4eab280
antispam emailaddress config success
_asfi_banword_setbit:136 bit 1
no.2 pattern matched
_asfi_mark_as:222 mark 3
antispam mime body 0x4eab280 content type 'no content_type'
antispam mime end 0x4eab280
antispam mime cleanup 0x4eab280
raddr_dns  on_session_end
spam status: spam
spam filter id 32
_dns_lookup_del 0 queries left
```

Podemos ver que a mensagem foi classificada como spam na linha *spam status: spam* devido ao e-mail estar em *blacklist*:

```
antispam emailaddress config success
_asfi_banword_setbit:136 bit 1
no.2 pattern matched
...
spam status: spam
```

Para sabermos qual entrada exata está em *blacklist*, basta localizarmos a entrada 2 (no.2 pattern matched).

```
# show spamfilter bwl 1
config spamfilter bwl
 edit 1
  set name "default"
   config entries
    edit 1
     set type e-mail
     set action clear
     set e-mail-pattern "teste"
    next
    edit 2
     set type e-mail
     set e-mail-pattern "william@livro.com"
    next
  end
 next
end
```

Podemos ver que a entrada número dois é o e-mail *william@livro.com*, que foi negado.

8.9 Data Leak Prevention (DLP)

A função do *DLP* é monitorar dados considerados importantes para as corporações, monitorando as informações que trafeguem pelo *Firewall*, podendo bloqueá-las ou apenas gerar uma entrada nos *logs*. Esse monitoramento ocorre por meio das assinaturas que são criadas por *Regex*, Nome do arquivo, Tamanho, Tipo, extensão, palavras dentro dos arquivos (*Word, Excel, PDF, TXT* entre outros), que podem trafegar sobre os protocolos *HTTP/S, FTP/S, IMAP/S, POP/S, SMTP/S, NNTP*.

8.9.1 Filtros

A criação de filtros do *DLP* é dividido em dois tipos:

- Messages
  São analisadas as informações de texto dentro dos arquivos ou sobre determinados protocolos.
  - Containing
    O *FortiOS* tem duas assinaturas predefinidas:
    * SSN
      Identifica o padrão utilizado pelos *EUA* no *Social Security Numbers*.
    * Credit Card
      Reconhece os número de cartão de crédito utilizados pelas bandeiras.
  - Regular Expression
    Permite a criação de assinaturas baseadas em *Regular Expression(Regex)* para detecção de dados que devem ser monitorados ou bloqueados.

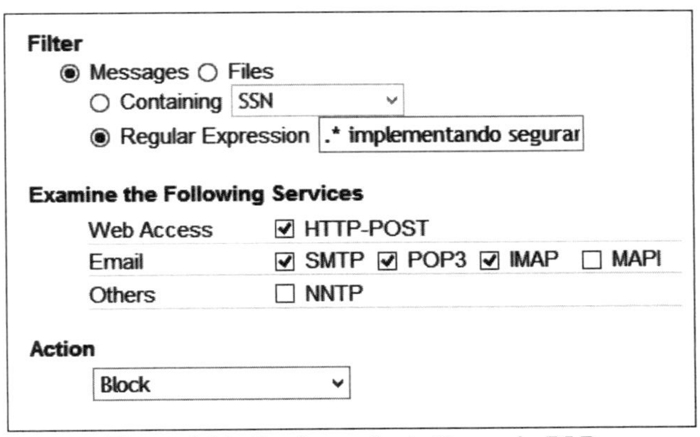

Figura 8.39: Configuração de Regex do DLP

- Files
  - Containing
    Vide d item *Messages*.
  - File Size
    Inspeciona o tamanho dos arquivos.

- Specify File Types
  * File Types

    Podemos selecionar o tipo do arquivo independente de sua extensão analisando o seu conteúdo e definindo assim o seu tipo. Os tipos de arquivos são predefinidos no *FortiOS*, podendo ser:
    · Archive (7z)
    · Archive (arj)
    · Archive (cab)
    · Archive (lzh)
    · Archive (rar)
    · Archive (tar)
    · Archive (zip)
    · Archive (bzip)
    · Archive (gzip)
    · Archive (bzip2)
    · Archive (xz)
    · Batch File (bat)
    · Common Console Document (msc)
    · Encoded Data (uue)
    · Encoded Data (mime)
    · Encoded Data (base64)
    · Encoded Data (binhex)
    · Executable (bin)
    · Executable (elf)
    · Executable (exe)
    · HTML Application (hta)
    · HTML File (html)
    · Java Application Descriptor (jad)
    · Java Class File (class)
    · Java Compiled Bytecode (cod)
    · JavaScript File (javascript)
    · Microsoft Office (msoffice)
    · Microsoft Office (msofficex)
    · Packer (fsg)
    · Packer (upx)
    · Packer (petite)
    · Packer (aspack)
    · PalmOS Application (prc)
    · Symbian Installer System File (sis)
    · Windows Help File (hlp)

        - Microsoft Active Mime Object (activemime)
        - JPEG Image (jpeg)
        - GIF Image (gif)
        - TIFF Image (tiff)
        - PNG Image (png)
        - BMP Image (bmp)
        - Ignored Filetype (ignored)
        - Unknown Filetype (unknown)
        - Video (mpeg)Video (mov)
        - Audio (mp3)
        - Audio (wma)Audio (wav)
        - PDF (pdf)
        - Audio (avi)
        - Real Media Streaming (rm)
        - Torrent (torrent)
    - File Name Patterns

      Esta opção permite configurar o filtro por nome do arquivo incluindo a sua extensão, como o bloqueio da extensão *.dwg*.

Figura 8.40: Configuração do File Name Patterns.

  - Regular Expression

    Vide o item no *Messages*.
  - Encrypted

    Analisa se o conteúdo é ou não um arquivo encriptado.

8.9.2 Ações

As configurações disponíveis são:

- Allow

  Permite o acesso sem logs.
- Log Only

  Concede o acesso e armazena uma entrada nos logs.
- Block

  Bloqueia a tentativa de acesso gerando uma entrada nos logs.
- Quarantine IP Address

  Adiciona o *IP* à lista de quarentena, pelo período definido no campo *Minutes*, gerando uma entrada no *log*.

IP Address	Source	Created	Expires
192.168.20.2	DLP	2016-08-17 20:41:37	2016-08-17 20:46:37

Figura 8.41: Entrada em Monitor > User Quarantine > Monitor com o IP em quarentena pelo DLP.

- Minutes
  Tempo de bloqueio para a quarentena.

8.9.3 Archive

O *FortiOS* permite capturar e armazenar os dados que correspondem às assinaturas do *DLP*, para que possam ser feitas futuras consultas ou mesmo perícias nestes dados/arquivos. Essa configuração via *CLI* habilita o *archive* para a lista de protocolos abaixo:

- smtp
- pop3
- imap
- http-get
- http-post
- ftp
- nntp
- mapi

Os comandos necessários para aplicar o *archive* no protocolo *HTTP (POST* e *GET)* podem ser vistos abaixo:

```
config dlp sensor
 edit "nome do filtro"
  set full-archive-proto http-get http-post
   config filter
    edit <ID do Filtro>
     set archive enable
    next
 next
end
```

Diagnóstico

diagnose debug application dlp -1

diagnose debug enable

Para a depuração de mensagens do módulo de *DLP*, temos no *FortiOS* o comando *diagnose debug application dlp -1*:

```
# diagnose debug application dlp -1
# diagnose debug enable
DLP: start archive level 0 scan ''
DLP: scanning file '' type 0 len 103  pdf 0 0  xml 0 0  archive_is_blocked 0  checking 1 of
1 sensors
DLP: done archive level 0 scan '' result 129
DLP: start checkmessage scan len 103 sensor 'default' proto 32
DLP: DLP rule 1 regex matched (VFID 0)
DLP: done checkmessage scan result 131
DLP: Taking action 83, filter ID 1
```

Acima, podemos ver que a regex *1* do sensor *default* correspondeu ao conteúdo do PDF.

8.10 Web Application Firewall

A partir da versão *FortiOS 5.4*, a *Fortinet* adicionou ao seu *SO* o *profile WEB Application Firewall*[22]. Com essa funcionalidade, podemos executar a inspeção e o tratamento do tráfego *HTTP/S* direcionados a aplicações *web*, assim como as suas vulnerabilidades como *SQL Injection*, *Cross Site Scripting*, *Information Disclosure* entre outras.

8.10.1 Signatures

As assinaturas disponíveis são:

- Cross Site Scripting
  Também conhecido como *XSS*, o *Cross Site Scripting* é uma vulnerabilidade que permite a inserção de código *client-site* na aplicação que será tratada pelo *browser* do usuário.
- SQL Injection
  O *SQL Injection* é uma vulnerabilidade que permite a execução de instruções *SQL* dentro das aplicações vulneráveis.
- Generic Attacks
  A assinatura para *Generic Attacks* permite a detecção e proteção de uma variedade de ataques, incluindo o *LFI (Local File Injection)* e *RFI (Remote File Injection).*
- Trojans
  Executa checagens à procura de *Trojans*, *Vírus* e outros *malwares* em conteúdos carregados ao *WEB Server*.
- Information Disclosure
  Permite o bloqueio de informações sobre a aplicação ou servidores que são emitidas aos usuários, permitindo assim ao atacante coletar informações sobre o alvo.

- Known Exploits
  Assinaturas para detecção de *exploits* conhecidos.
- Credit Card Detection
  Assinatura pra detecção de números de cartão de crédito.
- Bad Robot
  Detecta os robôs de varreduras de sites (excluindo desta lista os grandes buscadores).

8.10.2 Constraints

No menu *Constraints* podemos realizar o *enforcement* de alguns parâmetros com o intuito de padronizar e controlar as informações.

- Illegal Host Name
  Checa o campo *Host Name* do cabeçalho *HTTP* atrás de caracteres ilegais.
- Illegal HTTP Version
  Verifica a versão do *HTTP*.
- Illegal HTTP Request Method
  Compara o método HTTP a procura de informações fora das *RFCs 2616* e *4918*.
- Content Length
  Limita o tamanho máximo do campo *body* em *bytes*.
- Header Length
  Especifica o tamanho máximo do cabeçalho.
- Header Line Length
  Define o tamanho máximo por linha do cabeçalho.
- Number of Header Lines in Request
  Determina o número de linhas no cabeçalho por requisição.
- Total URL and Body Parameters Length
  Limita o tamanho máximo de cada um dos parâmetros definidos na *URL*.
- Total URL Parameters Length
  Define o tamanho máximo da soma de todos os parâmetros da *URL*.
- Number of URL Parameters
  Limita a quantidade de parâmetros por requisição na *URL*.
- Number of Cookies in Request
  Determina a quantidade máxima de *Cookies* em uma requisição.
- Number of Ranges in Range Header
  Limita o número máximo de linhas por cabeçalho *HTTP*.
- Malformed Request
  Habilita a checagem das requisições a procura de erros de sintaxes ou tamanho máximo de *buffers*.

8.10.3 Enforce HTTP Method Policy

Por meio do *Enforce HTTP Method Policy*, podemos definir quais são os métodos de requisição do *HTTP* que desejamos permitir:

- GET
- POST
- PUT
- HEAD
- CONNECT
- TRACE
- OPTIONS
- DELETE

8.10.4 Action

O profile *Web Application Firewall* nos permite executar três ações nas assinaturas:

- Allow
  Permite sem logar.
- Block
  Nega o acesso gerando uma entrada no *log*.
- Monitor
  Permite e gera uma entrada no *log*.

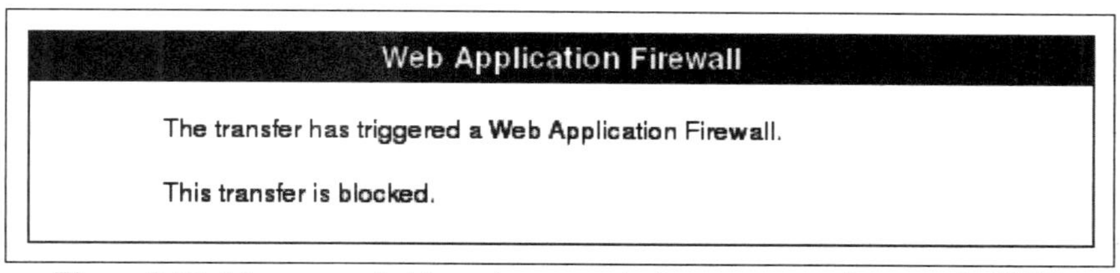

Figura 8.42: Mensagem de bloqueio apresentada por uma assinatura do WAF.

Diagnóstico

diagnose debug application wad

Como vimos anteriormente o *daemon* do *wad*, é um verdadeiro canivete suíço na suíte do *FortiOS*, também podemos utilizá-lo para acompanhar o controle realizado pelo profile de *Web Application Firewall*, habilitando-o com *-1*.

```
diagnose debug application wad -1
diagnose debug enable
...
```

```
wad_waf_sig_match_request(1249): WAF sig=10000057 sig_flags=0x3 kw_sig_flags=0x403
 check_body_args=0 waf_buf=(nil)
wad_waf_match_regex(915): WAF data=<script>alert(2)</script> ret=1/0/7
wad_waf_match_signatures(1603): WAF sig=10000057 matched action=1 severity=2
wad_http_waf_proc_request(20778): WAF signature-based attack detected req=0x7fce87add508
wad_http_sec_handle_extra_sec(22961) Generating replacement message. WAF attack detected
...

wad_http_normalize_uri(5693): host_len=10 path_len=11 query_len=23
wad_http_sec_handle_extra_sec(22892): check for req=0x7fce87add508 ssl_deepscan=0 proto=1
 exempt=0  waf=0x7fce7b752800 body_len=0
wad_waf_learn_args(500): WAF query=aa=bb&cc=dd&ee=ff&gg=hh n_args=4
wad_http_waf_check_req_sanity(20737): WAF constraint=url-param-num action=1
wad_http_waf_proc_request(20771): WAF sanity check req=0x7fce87add508 rid=44
wad_http_sec_handle_extra_sec(22961) Generating replacement message. WAF attack detected
wad_mem_c_malloc(103): size 33792 exceeds max_elm_size (16348); not using bucket
...
```

8.10.5 Lab 9 - Configuração do Web Application Firewall | VIP | Firewall Policy

A configuração do profile de *Web Application Firewall* se dá em *Security Profiles > Web Application Firewall > Create New.* Neste profile, aplicaremos a proteção contra *Cross Site Scripting, SQL Injection, Information Disclosure, Know Exploits*, conforme a imagem 8.43.

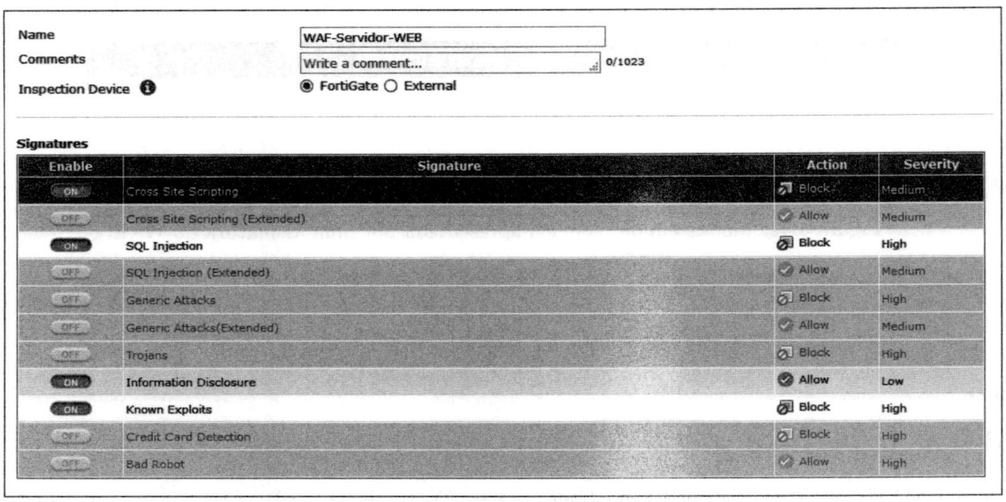

Figura 8.43: Configuração do Profile WAF.

Em *Constraints* vamos habilitar o controle para a Versão do *HTTP* e limitar para 3 parâmetros por requisição.

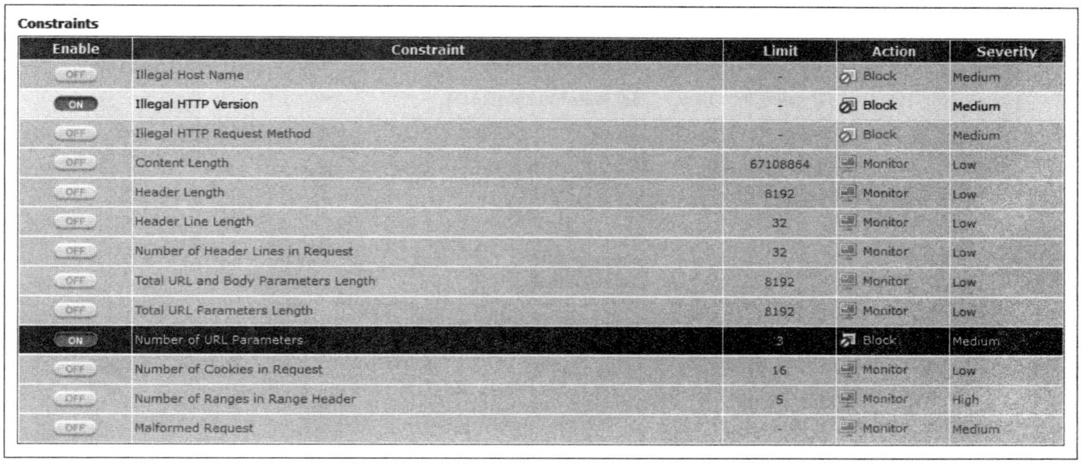

Constraints

Enable	Constraint	Limit	Action	Severity
OFF	Illegal Host Name	-	Block	Medium
ON	Illegal HTTP Version	-	Block	Medium
OFF	Illegal HTTP Request Method	-	Block	Medium
OFF	Content Length	67108864	Monitor	Low
OFF	Header Length	8192	Monitor	Low
OFF	Header Line Length	32	Monitor	Low
OFF	Number of Header Lines in Request	32	Monitor	Low
OFF	Total URL and Body Parameters Length	8192	Monitor	Low
OFF	Total URL Parameters Length	8192	Monitor	Low
ON	Number of URL Parameters	3	Block	Medium
OFF	Number of Cookies in Request	16	Monitor	Low
OFF	Number of Ranges in Range Header	5	Monitor	High
OFF	Malformed Request	-	Monitor	Medium

Figura 8.44: Configuração do Constraints.

Podemos iniciar a criação do *DNAT* por meio do *VIP* em *Policy & objects > Virtual IPs > Create New*.

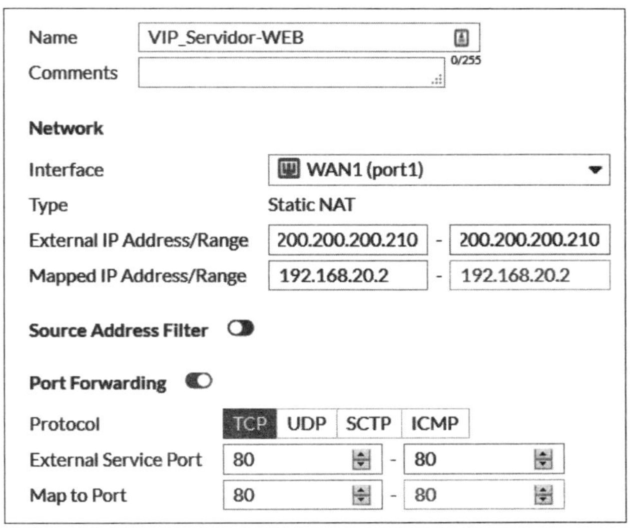

Figura 8.45: Configuração do Virtual IP.

Com o profile já configurado, basta aplicá-lo à regra de publicação do nosso servidor em *Policy & Objects > IPv4 Policy > Create New*.

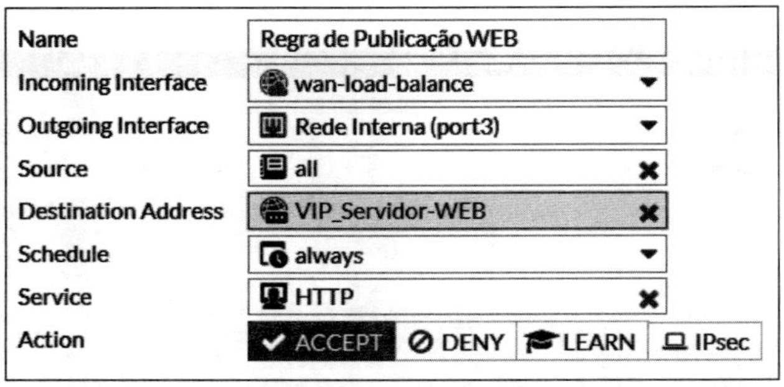

Figura 8.46: Configuração da política com o VIP como destino.

Figura 8.47: Habilitação do Protection Profile WAF à política de publicação do Servidor.

Script da Configuração do Web Application Firewall | VIP | Firewall Policy

```
config waf profile
    edit "WAF-Servidor-WB"
        config signature
            config main-class 10000000
                set status enable
                set action block
                set log enable
            end
            config main-class 20000000
            end
            config main-class 30000000
                set status enable
                set action block
                set log enable
                set severity high
            end
            config main-class 40000000
            end
            config main-class 50000000
                set action block
                set log enable
                set severity high
            end
            config main-class 60000000
            end
            config main-class 70000000
                set action block
                set log enable
                set severity high
            end
```

```
config main-class 80000000
        set status enable
        set severity low
end
config main-class 90000000
        set status enable
        set action block
        set log enable
        set severity high
end
config main-class 100000000
        set status enable
        set action block
        set log enable
        set severity high
end
config main-class 110000000
        set severity high
end
        set disabled-signature 80080005 80200001
         60030001 60120001 80080003 90410001 90410002
end
        config constraint
                config header-length
                        set log enable
                        set severity low
                end
                config content-length
                        set log enable
                        set severity low
                end
                config param-length
                        set log enable
                        set severity low
                end
                config line-length
                        set length 32
                        set log enable
                        set severity low
                end
                config url-param-length
                        set log enable
                        set severity low
                end
                config version
                        set status enable
                        set action block
                        set log enable
                end
                config method
                        set action block
                        set log enable
                end
                config hostname
                        set action block
                        set log enable
```

```
                                        end
                                        config malformed
                                                set log enable
                                        end
                                        config max-cookie
                                                set log enable
                                                set severity low
                                        end
                                        config max-header-line
                                                set log enable
                                                set severity low
                                        end
                                        config max-url-param
                                                set status enable
                                                set max-url-param 3
                                                set action block
                                                set log enable
                                        end
                                        config max-range-segment
                                                set log enable
                                                set severity high
                                        end
                        end
                next
end

config firewall vip
        edit "VIP_Servidor-WEB"
                set uuid 018d421e-6a55-51e6-01b3-42615af8c415
                set extip 200.200.200.210
                set extintf "port1"
                set portforward enable
                set mappedip "192.168.20.2"
                set extport 80
                set mappedport 80
        next
end

config firewall policy
        edit 13
                set name "Policy Load Balancer"
                set uuid 7ea4d9c6-6265-51e6-fe74-3f9b88cede43
                set srcintf "virtual-wan-link"
                set dstintf "port3"
                set srcaddr "all"
                set dstaddr "Load-Balancer-Server-WEB"
                set action accept
                set schedule "always"
                set service "HTTP"
                set utm-status enable
                set waf-profile "WAF-Servidor-WB"
                set profile-protocol-options "default"
        next
end
```

Capítulo 9

Virtual Private Network (VPN)

Diferentemente do que possa vir à nossa mente, o conceito de *VPN* não está diretamente relacionado à criptografia e sim a um túnel que pode ou não trazer uma maior segurança.
VPNs são túneis sobre uma infraestrutura normalmente compartilhada como *MPLS* ou Internet. O uso desta tecnologia nos permite criar uma rede virtual sobre esses meios e por meio de alguns protocolos executar a confidencialidade, autenticidade e integridade por meios de algorítimos de criptografia, *hash* e de troca de chaves como o *Diffie Hellman*.

9.1 Generic Routing Encapsulation (GRE)

O protocolo *GRE* é utilizado para o encapsulamento de outros protocolos sobre este, permitindo assim a criação de uma rede virtual em dois pontos, abstraindo assim a camada abaixo, deste modo um pacote que passe sobre o túnel *GRE* apenas visualizará o nó inicial e o final do túnel não tento acesso ao roteadores intermediários, para maiores detalhes vide a *RFC2784* [5].
A configuração do túnel *GRE* se dá via *CLI* por meio dos comandos:

```
config system gre-tunnel
 edit "Tunel-GRE"
  set interface "port1"
  set local-gw 192.168.100.110
  set remote-gw 192.168.182.106
 next
end
```

- set interface
  Setamos a *interface* utilizada para a criação do túnel *GRE*.

- set local-gw
  IP local da *interface* utilizada para o túnel.
- set remote-gw
  IP da ponta remota utilizado no túnel.

Após a criação do Túnel *GRE*, o *FortiOS* cria uma *interface* Virtual com o mesmo nome, que será utilizada para a criação das rotas e políticas.

Figura 9.1: Configuração de Rota tendo como device a interface GRE.

Para finalizar a configuração do *GRE*, deve ser criada uma rede de trânsito entre os dois nós do túnel que será utilizado para o roteamento dos pacotes pelo canal *GRE*, configurando o *IP* na *interface*.

```
config system interface
 edit "Tunel-GRE"
  set vdom "root"
  set ip 10.200.211.1 255.255.255.255
  set type tunnel
  set remote-ip 10.200.211.2
  set snmp-index 8
  set interface "port1"
 next
end
```

9.2 Point-to-Point Tunneling Protocol (PPTP)

A *VPN PPTP* é utilizada para conexões do tipo *Client-to-Site* para permitir a conexão dos usuários à rede remota atrás de um *FortiGate*, por padrão escuta a porta *1723 TCP* para essa função. A conexão não requer clientes de terceiro já que a grande maioria de sistemas operacionais já suportam de forma nativa esse tipo de túnel.

O tunelamento na conexão *PPTP* é feito utilizando o protocolo *GRE*, já a criptografia não é nativa do protocolo *PPTP*, no entanto, podemos utilizar o *Microsoft Point-to-Point Encryption (MPPE)* para a encriptação dos dados trafegados.

A autenticação dos usuários pode ser local ou em um serviço centralizado, como *LDAP* ou *Radius*.

OBS: A configuração do servidor *LDAP* como autenticação só é suportada no uso da autenticação sem criptografia (*PAP*).

A configuração do túnel *PPTP* deve ser executada via *CLI*, por meio dos comandos:

```
config vpn pptp
 set status enable
 set eip 10.12.12.2
 set sip 10.12.12.1
 set usrgrp "GRP-PPTP"
end
```

Sendo que os parâmetros são setados com os comandos:

- set status
  Habilita a *VPN*.
- set sip
  Define o *IP* de início do range que será entregue aos usuários conectados.
- set eip
  Seta o *IP* final do range.

A configuração da *VPN PPTP* é finalizada com a configuração da *policy*, que deve ser criada com a *interface* de origem sendo a porta externa e o *IP* de origem o range de *IP* definido na configuração da *VPN PPTP*, com destino à *interface* interna.

```
config firewall address
 edit "PPTP"
  set subnet 10.12.12.0 255.255.255.252
 next
end

config firewall policy
 edit 0
  set srcintf "port4"
  set dstintf "port3"
  set srcaddr "PPTP"
  set dstaddr "all"
  set action accept
  set schedule "always"
  set service "ALL"
 next
end
```

Diagnóstico

diagnose debug application pptp

diagnose vpn pptp status

Habilitamos o modo de depuração da conexão *VPN PPTP* com o comando *diagnose debug application pptp -1* e podemos ver os usuários conectados à *VPN* com o auxílio do comando *diagnose vpn pptp status.*

```
# diagnose debug application pptp -1
# diagnose debug enable
# PPTPD 30: 211:Call VD = 0
PPTPD 23: 390:Launched control channel process: pid=195
PPTPD 21: 351:Create new control channel
PPTPD 25: 114:Client 192.168.60.1 control connection started
PPTPD 29: 440:Starting call (launching pppd, opening GRE)
```

```
# diagnose vpn pptp status
PPTPD 81: 115:receive admin message from vdom=0
VDOM = root 0 State = 1, IP-mode = manual IP = 10.12.12.1-10.12.12.2
------------------------------- Client -------------------------------
Index = 0 Pid = 195 Remote = 192.168.60.1 Local = 192.168.60.135
Assigned = 10.12.12.1
```

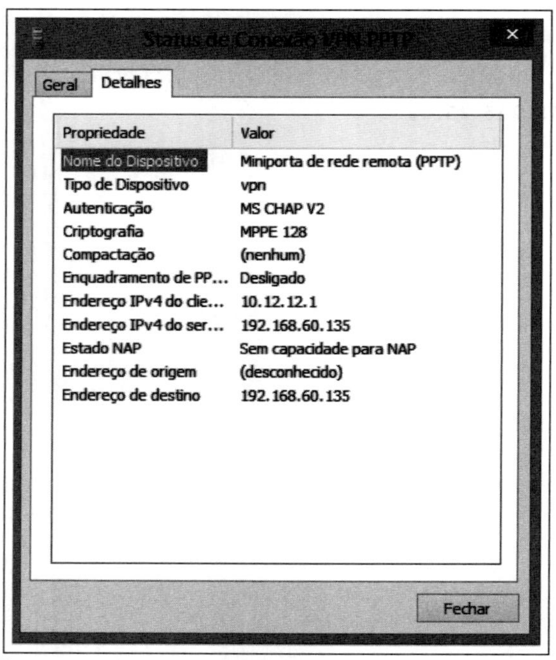

Figura 9.2: Conexão VPN estabelecida do lado do cliente.

9.3 VPN SSL

A *VPN SSL* é uma das melhores escolhas para disponibilizar acesso aos recursos corporativos a usuários remotos. A conexão é executada no lado do cliente via um software da *Fortinet* disponível de forma gratuita denominado *FortiClient* (http://forticlient.com/). A conexão da *VPN* utilizando o protocolo *SSL*.A *VPN SSL* pode ser subdivida em três modos de operação:

Web-only Mode

Por meio do modo de conexão *Web-only Mode*, é provido ao usuário um acesso a recursos internos das empresas utilizando apenas o seu *Browser* e *Java Runtime*, deste modo o *FortiOS* realiza um *proxy reverso* e/ou a emulação de um cliente para os protocolos *HTTP/HTTPS, Telnet, FTP, Ping, Citrix, SMB/CIFS, VNC, RDP e SSH.*

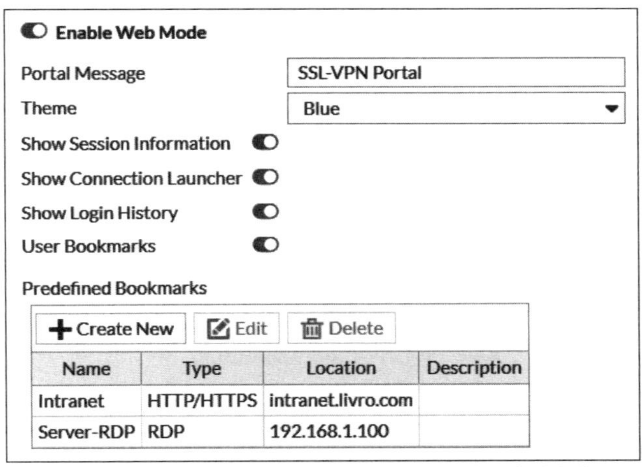

Figura 9.3: Configuração do portal em Web-only Mode.

Uma das características do *Web-only Mode* é não permitir tráfego direto da estação do cliente à rede de destino, todo o tráfego gerado pelo usuário fica restrito ao *FortiOS*, e esse por sua vez realiza a conexão desejada.

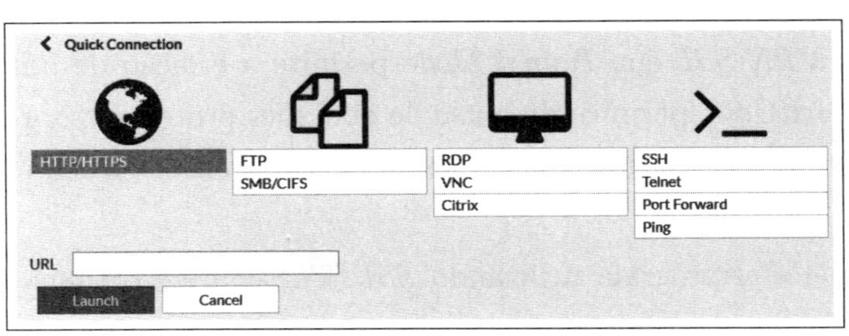

Figura 9.4: Conexão Web Only Mode.

Port Forwarding

Usamos o *Port Forwarding* quando desejamos utilizar protocolos ou clientes que não são suportados pelo *Web-only Mode*, mas não queremos utilizar o *Tunnel Mode*. O modo de funcionamento do *Port Forwarding* se dá por meio de um *Java applet* que se mantém escutando uma porta local no endereço de *localhost* para realizar o encaminhamento até o *FortiGate*, que por sua vez realiza o encaminhamento para o servidor na porta configurada.

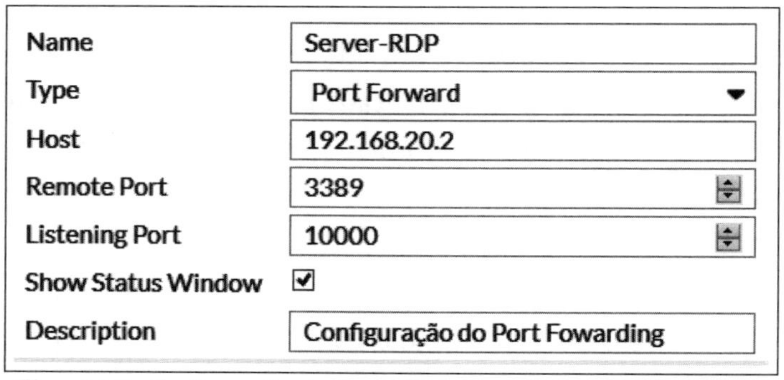

Figura 9.5: Configuração do Port Fowarding para um servidor RDP.

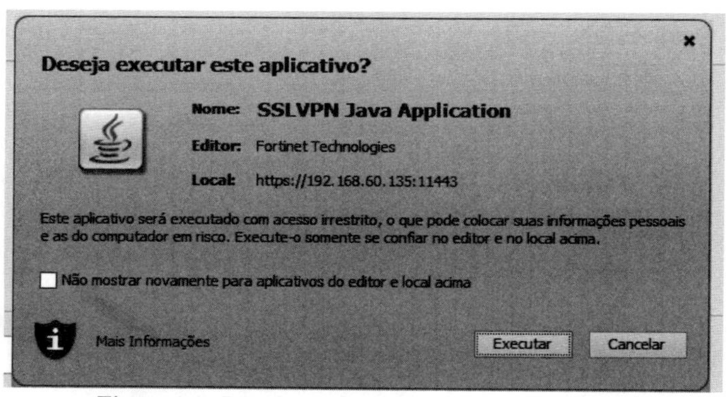

Figura 9.6: Permissão do Java Applet no windows.

Tunnel Mode

O modo de operação da *VPN SSL* em *Tunnel Mode* permite a criação de um túnel *Layer 3* entre o computador cliente e o *FortiGate*, permitindo o uso de qualquer protocolo sobre o canal criptografado. Esse modo de operação requer o uso do cliente disponibilizado pela *Fortinet*, o *FortiClient*.

OBS: A conexão do túnel é criptografa utilizando *SSL/TLS*, porém o túnel em si é montado sobre protocolo *PPP*.

O modo túnel nos permite realizar a divisão do tráfego que será enviado pelo cliente com o destino ao túnel habilitando o *Split Tunneling*.

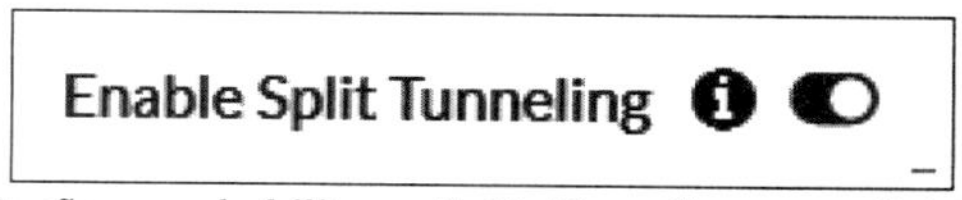

Figura 9.7: Opção para habilitar o Split Tunneling para divisão do tráfego.

9.3.1 SSL VPN Settings

Em *SSL VPN Settings*, habilitamos as configurações necessárias e específicas para o ambiente que queremos. As opções são:

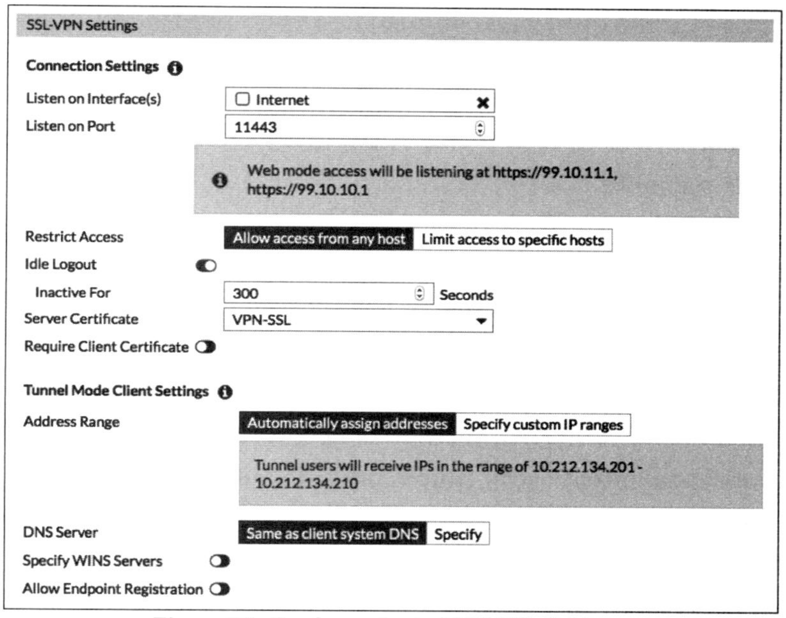

Figura 9.8: Configuração da VPN-SSL Settings.

- Connection Settings
  - Listen on Interface(s)

    Selecionamos aqui as *interfaces* cujas conexões a *VPN* desejamos que o *FortiOS* escute.
    OBS: Quando temos múltiplas *interfaces* conectadas à internet, devemos habilitar o comando *route-source-interface* via *CLI* para informar ao *FortiOS* que mantenha o roteamento da conexão na *interface* que foi fechada à *VPN*.

```
config vpn ssl settings
 set route-source-interface enable
end
```

- Listen on Port
  A porta cujas conexões o *daemon* da *VPN* escutará.
  OBS: Por padrão, a porta para essa conexão é a *443*, que também é utilizada para o acesso administrativo. Neste caso, se tentarmos acessar a *GUI* do *FortiGate* via uma *interface* que está escutando a *VPN*, a tela apresentada será a da *VPN SSL* e não mais a *GUI* do *FortiOS*.
  Se desejarmos acessar a *GUI* via a mesma *interface*, deveremos alterar ou a porta de comunicação da *VPN* ou a da *GUI*.
- Restrict Access
  Podemos restringir os *IPs* de origem que poderão conectar à *VPN SSL*.
- Idle Logout
  Definimos o tempo de inatividade para que o *FortiOS* considere uma conexão inativa e realize o *logoff* desta conexão.
  * Inactive For
    Tempo de segundos.
- Server Certificate
  Selecionamos o certificado que será utilizado para a conexão *SSL* com o *FortiOS*, o certificado padrão é auto assinado pelo *FortiGate* e é aconselhado que seja adquirido um certificado válido para evitar as mensagens de *warnings* no *browser* dos usuários.
- Require Client Certificate
  Podemos habilitar que o *FortiOS* execute a checagem do certificado local no cliente, executando uma segunda autenticação (duplo fator de autenticação).

• Tunnel Mode Client Settings
  - Address Range
    Range de *IP* que será distribuído aos usuários que estiverem conectados à *VPN*, podendo ser:
    * Automatically assign addresses
      Quando selecionado o *FortiOS* utilizado o *IP* setado no objeto *SSLVPN_ TUNNEL_ ADDR1*.
    * Specify custom IP ranges
      Permite selecionar o *Object Address* a ser usado.
  - DNS Server
    Endereços de *DNS* que serão utilizados pelo cliente para resolução de nomes após a conexão da *VPN*.
  - Specify WINS Servers
    Endereços dos servidores *WINS* se necessário.
    OBS: A configuração do Sufixo de *DNS* é setado via *CLI* com auxílio do comando:

```
config vpn ssl settings
    set dns-suffix "livro.local"
end
```

- Authentication/Portal Mapping

  Por padrão, o *FortiOS* define que todos os usuários têm acesso ao mesmo portal, por meio desta política podemos definir quais grupos/usuários farão parte de quais Portais.

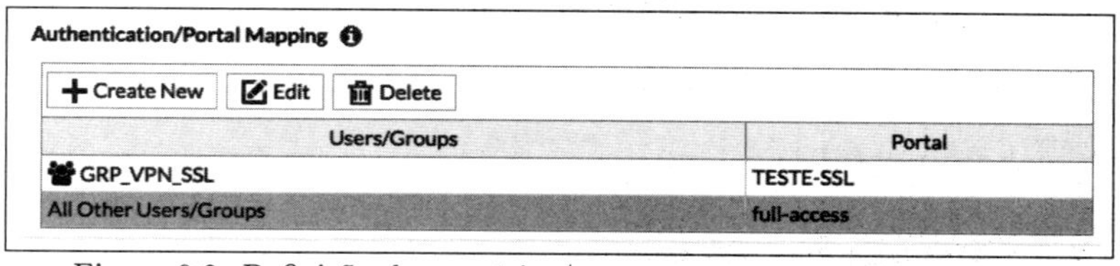

Figura 9.9: Definição dos usuários/grupos a seus respectivos portais.

9.3.2 SSL-VPN Portals

O portal permite que definamos os parâmetros para os usurários que conectarão a *VPN*.
Em que definimos as seguintes opções:

- Name

  Setamos o nome dado ao portal.
- Limit Users to One SSL-VPN Connection at a Time

  Habilitamos essa opção para impedir que um mesmo usuário esteja conectado ao mesmo tempo em duas *VPNs*.
- Tunnel Mode

  Habilita o modo de túnel no portal.
  - Enable Split Tunneling

    Habilita a divisão de tráfego que será enviado à *VPN* e que será direcionado ao *gateway* local do usuário.

    OBS: Quando não habilitamos esta opção todo o tráfego de origem do usuário é enviado para a *VPN*, inclusive o tráfego com destino à *internet*, portanto, para liberar o acesso à *internet* para esses casos, será necessário criar uma regra de origem da *interface ssl.root* para a *interface* de destino sendo seus *links* de *internet* e habilitar o *nat*.
  - Routing Address

    Definimos quais serão as redes que devem ser envidas ao túnel *SSL*.

    Source IP Pools

    Quando configuramos as opções em *Settings*, definimos o range de *IP* que será utilizado pelos usuários conectados à *VPN*. Esta opção no portal nos permite dividir o range em sub-ranges para que cada portal tenha seu range de *IP* diferente.
- Tunnel Mode Client Options
  - Allow client to save password

    Permite que o usuário salve a senha no cliente.

  - Allow client to connect automatically

    Consente que o cliente defina a opção de conectar automaticamente.
  - Allow client to keep connections alive

    Autoriza o usuário a definir ao cliente que mantenha a conexão sempre ativa.

- Enable Web Mode

  Habilita o modo *web* no portal.
  - Portal Message

    Mensagem apresentada ao usuário após o *logon* na *VPN* via *web*.
  - Theme

    Define a cor do portal.
  - Show Session Information

    Habilita o *widget* no portal com as informações da conexão.
  - Show Connection Launcher

    Adiciona o *widget* com o *Connection Launcher*.
  - Show Login History

    Anexa informações sobre o histórico de conexões do usuário.
  - User Bookmarks

    Permite criar uma lista de *links* com os principais serviços/servidores que os usuários vão utilizar.

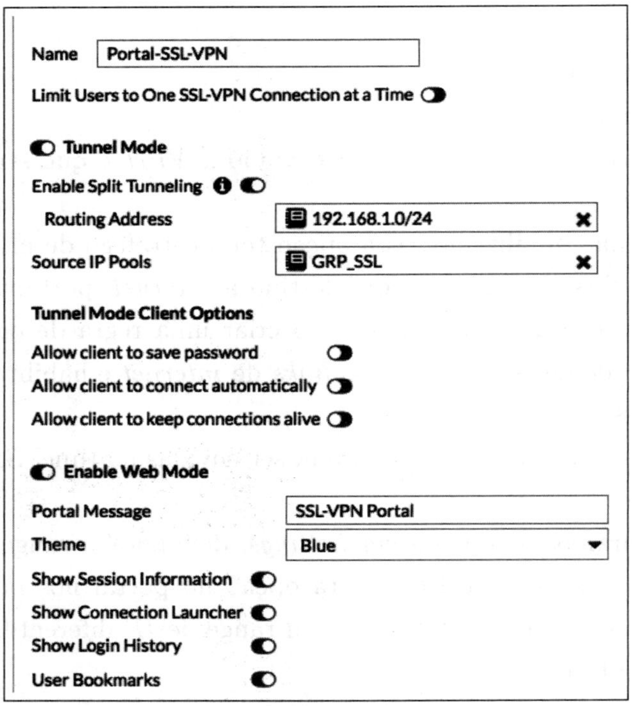

Figura 9.10: Configuração do Portal SSL-VPN.

9.3.3 SSL.root

Quando os usuários estão conectados à *VPN-SSL*, os pacotes oriundos destas conexões são tratados pela *interface* nomeada *SSL.<vdom name>*, que por *default* é a *interface SSL.root* para *FortiGate* sem *Vdoms* habilitadas.
Essa *interface* é utilizada para a criação das políticas de firewall, assim como o roteamento da *VPN-SSL*.

Policy
A configuração da política é realizada com base na *interface* de origem sendo a *SSL.root* e o grupo de autenticação para os usuários da *VPN-SSL*.

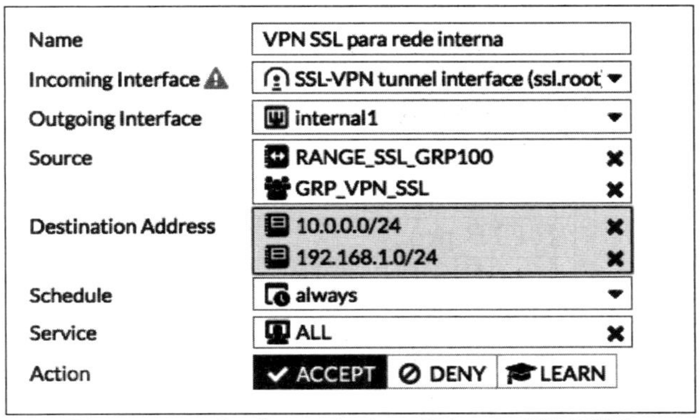

Figura 9.11: Configuração da política de SSL VPN.

OBS: Podemos ter uma única regra de acesso à *VPN-SSL* para todos os grupos, porém a criação de regras diferenciadas para cada grupo permite a segmentação de acesso, possibilitando assim definir quais usuários terão acesso a quais recursos disponíveis remotamente.

Tunnel Routing
Se ao configurarmos na configuração da *VPN-SSL* um range de *IP* em uso em uma rede local, devemos informar ao *FortiOS* qual parte do range é definida para *SSL VPN*, criando uma rota e direcionando para a *interface SSL.root*.

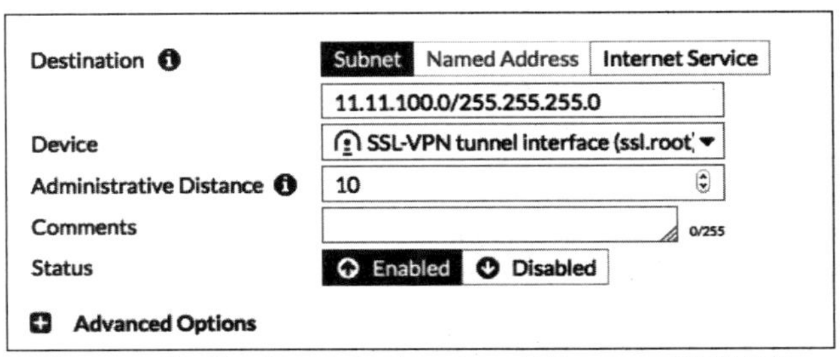

Figura 9.12: Configuração da rota estática para VPN SSL.

Diagnóstico

diagnose debug application sslvpn

Para diagnóstico das conexões à *VPN SSL*. O *FortiOS* disponibiliza o comando de *debug diagnose debug application sslvpn*, seguido do nível de debug, no qual temos mais de 20 níveis que são apresentados na tabela 9.1:

Tabela 9.1: Niveis de debug para VPN-SSL.

Emergency	1
Alert	2
Critical	4
Error	8
Warning	16
Notice	32
Information	64
Debug	128
SSL Information	256
HTTP proxy	512
RADIUS Frame IP	1024
Mod gzip	2048
Authentication	4096
FTP	8192
SMB	16384
HTTP request	32768
Fortinet bar	65536
DNS	131072
DTLS state	262144
DTLS tunnel	524288
WebSocket	1048576

A seguir, podemos ver a saída do comando *diagnose debug application sslvpn -128* durante um início de conexão à *VPN*:

```
# diagnose debug application sslvpn -128
# diagnose debug enable
# [77:root:3e8]allocSSLConn:262 sconn 0x32a6ac00 (0:root)
[77:root:3e8]SSL state:before/accept initialization (201.81.6.18)
[77:root:3e8]SSL state:SSLv3 read client hello A (201.81.6.18)
[77:root:3e8]SSL state:SSLv3 write server hello A (201.81.6.18)
[77:root:3e8]SSL state:SSLv3 write certificate A (201.81.6.18)
[77:root:3e9]SSL state:SSL negotiation finished successfully (201.81.6.18)
[77:root:3e9]SSL established: TLSv1.2 ECDHE-RSA-AES256-GCM-SHA384
[77:root:3e9]req: /remote/login
[77:root:3f0]SSL state:SSL negotiation finished successfully (201.81.6.18)
[77:root:3f0]SSL established: TLSv1.2 ECDHE-RSA-AES256-GCM-SHA384
[77:root:3f0]req: /remote/licensecheck
```

```
[77:root:3f0]rmt_bind_oif:550 bind device,sock=31,if=[ppp1]
[77:root:3f0]req: /remote/fortisslvpn_xml
[77:root:3f0]rmt_bind_oif:550 bind device,sock=31,if=[ppp1]
[77:root:3f0]sslvpn_reserve_dynip:1072 tunnel vd[root] ip[11.11.100.1]
[77:root:3f0]req: /remote/sslvpn-tunnel
[77:root:3f0]sslvpn_tunnel_handler,49, Calling rmt_conn_access_ex.
[77:root:3f0]rmt_bind_oif:550 bind device,sock=31,if=[ppp1]
[77:root:3f0]sslvpn_tunnel_handler,152, Calling tunnel.
[77:root:3f0]tunnelEnter:921 0x32a6ac00:0x32a6af00 sslvpn
 user[william.costa],type 1,logintime 0 vd 0
[77:root:3f0]sconn 0x32a6ac00 (0:root) vfid=0
local=[186.230.33.10] remote=[201.81.6.18] dynamicip=[11.11.100.1]
[77:root:3f0]Prepare to launch ppp service...
[77:root:3f0]tun: ppp 0x32880000 dev (ssl.root) opened fd 35
[77:root:3f0]Will add auth policy for policy 6 for user william.costa:GRP_VPN_SSL
[77:root:3f0]Will add auth policy for policy 34 for user william.costa:GRP_VPN_SSL
[77:root:3f0]Add auth logon for user william.costa:GRP_VPN_SSL, matched group number 1
lcp_reqci: returning CONFACK.
lcp_up: with mtu 1354
ipcp: returning Configure-REJ
ipcp: returning Configure-NAK
ipcp: returning Configure-ACK
ipcp: up ppp:0x32880000 caller:0x32a6ac00 tun:35
[77:root:3f0]ppp_associate_fd_to_ipaddr:648 associate 11.11.100.1 to tun (ssl.root:35)
```

9.3.4 Lab 10 - Configuração da VPN-SSL

Iniciamos a configuração da *VPN SSL* com a configuração do range de *IP* que será entregue aos usuários quando conectados à *VPN*, em *Policy & Objects > Address > Create New*, neste laboratório vamos utilizar o Range *10.110.10.10-10.110.10.20*.

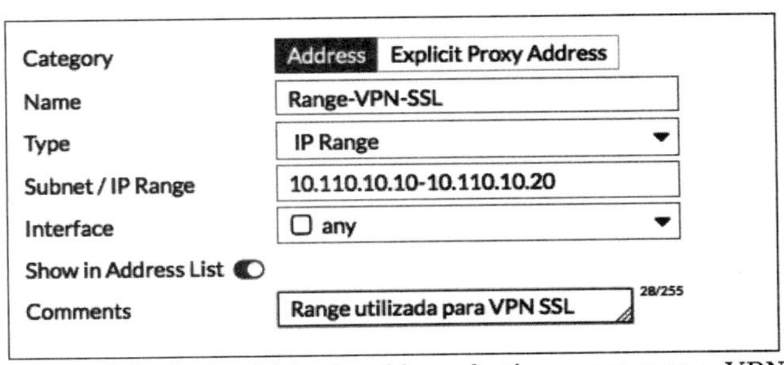

Figura 9.13: Criação do objeto de address do tipo range para a VPN SSL.

O próximo passo será a criação do grupo de autenticação para a *VPN SSL* utilizando o servidor *LDAP* (a configuração do Servidor *LDAP* não será apresentada neste laboratório, porém pode ser visto em 7.2) em *User & Device > User Groups > Create New*.

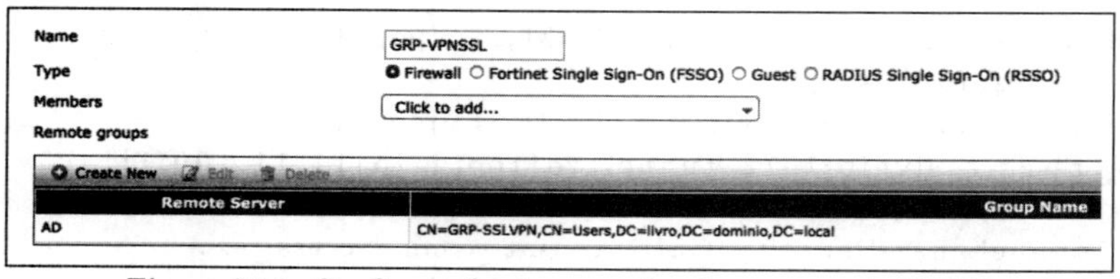

Figura 9.14: Configuração do grupo local ao grupo do LDAP

Vamos agora executar a configuração do portal em *VPN > SSL-VPN > Portals > Create New*, neste laboratório vamos habilitar o *Enable Split Tunneling* para redirecionar o tráfego apenas com destino à rede interna para o túnel, deste modo em *Routing Address* selecionamos o objeto que representa o *IP* da rede interna e, em *Source IP Pools*, o range destinado a ser entregue aos usuários quando conectados à *VPN*.

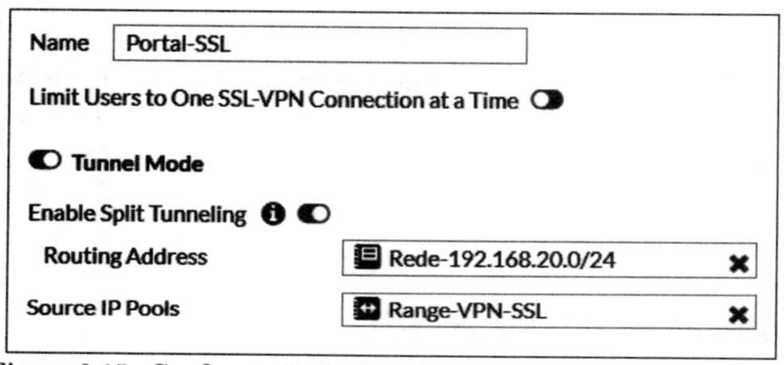

Figura 9.15: Configuração do Routing Address e Source IP Pools.

Neste laboratório, não utilizaremos o *Web Mode*, portanto a conexão será realizada apenas com a utilização do *FortiClient*.

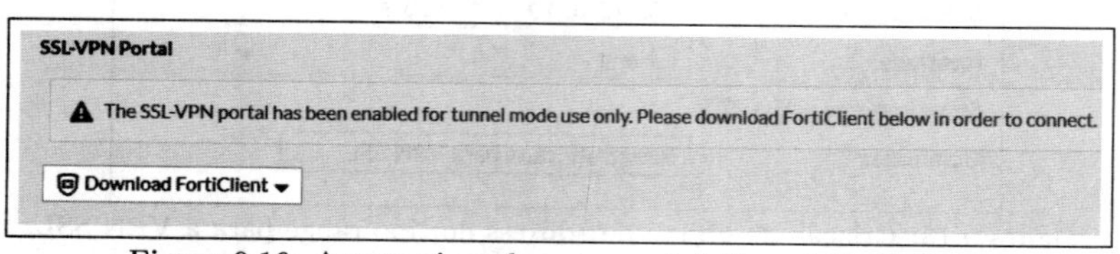

Figura 9.16: Acesso via web a um portal Tunnel Mode Only.

Podemos agora realizar a configuração da *VPN SSL* em *VPN > SSL-VPN Settings* definindo as *interfaces* e a porta que serão utilizados para escutar a conexão da *VPN*.

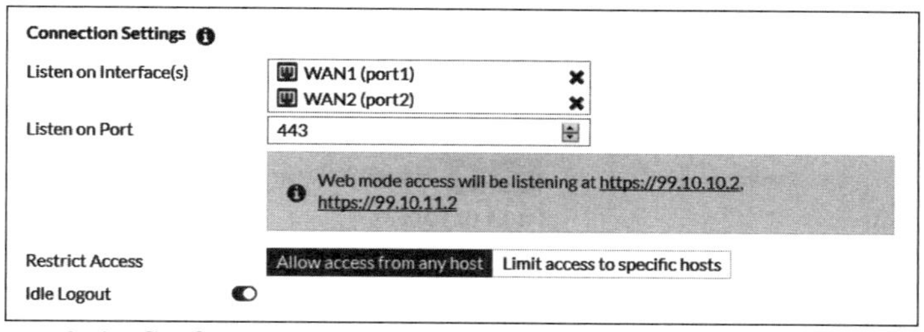

Figura 9.17: Configuração da Interface e porta de conexão com a VPN SSL.

OBS: Lembrando que, para usarmos a porta *443* para a *VPN SSL* e termos acesso ao *Firewall* via a mesma *interface* de forma externa, devemos alterar a porta de administração do console *GUI*.

Em *Tunnel Mode Client Settings*, vamos selecionar a opção *Specify custom IP Ranges* e selecionar o Range de *IP Range-VPN-SSL* criado anteriormente.

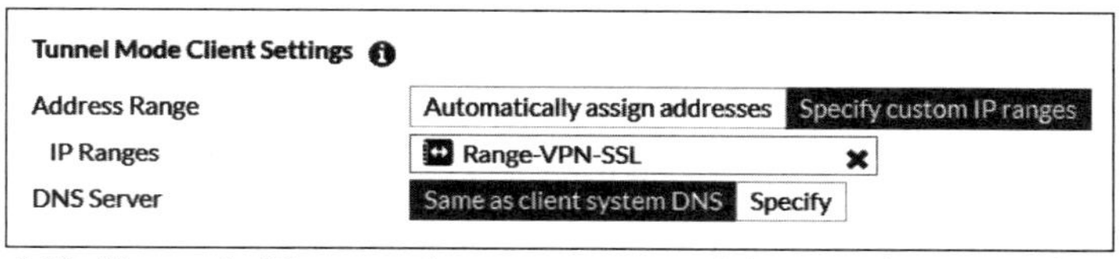

Figura 9.18: Range de IP que será entregue aos usuários quando conectados à VPN.

Para finalizar a configuração desta etapa, executamos a referência do grupo de autenticação ao seu respectivo portal em *Authentication/Portal Mapping* .

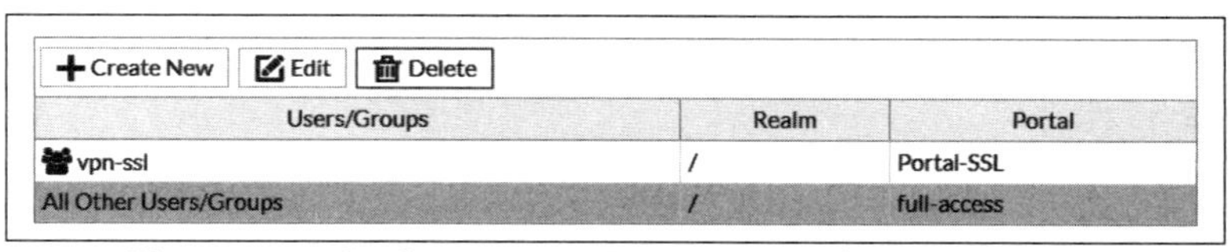

Figura 9.19: Configuração do Authentication/Portal Mapping.

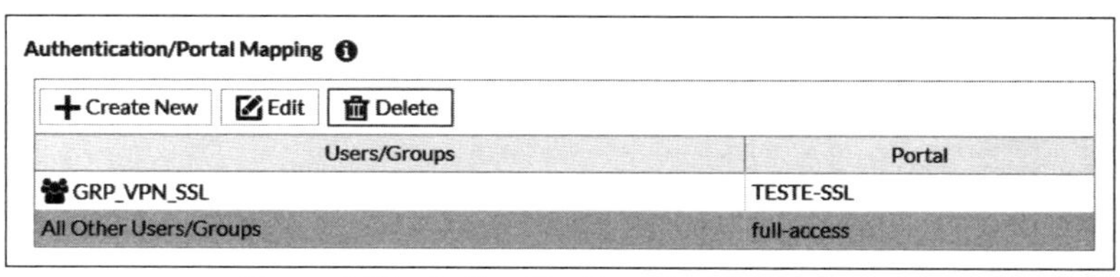

Figura 9.20: Authentication/Portal Mapping.

Executamos a configuração da rota estática do range de *IP* entregues aos usuários apontando para o *device ssl.root* em *Network > Static Routes > Create New.*

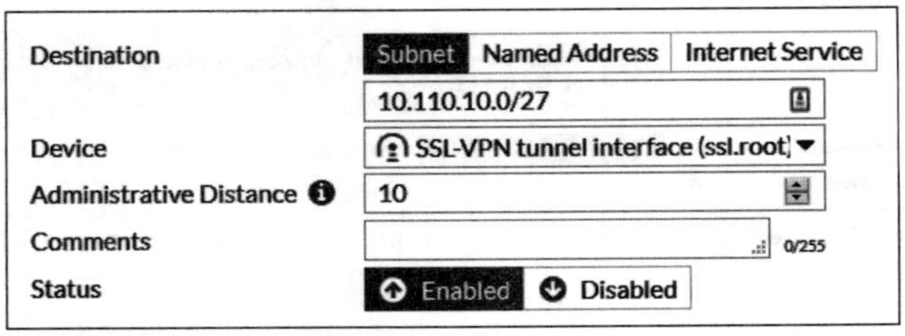

Figura 9.21: Rota estática apontando para o Device ssl.route.

E, para finalizarmos a configuração da nossa *VPN-SSL*, criamos a política como tendo a *interface* de origem *ssl.root* e de destino a *interface* da rede interna em *Policy & Objects > IPv4 Policy > Create New.*

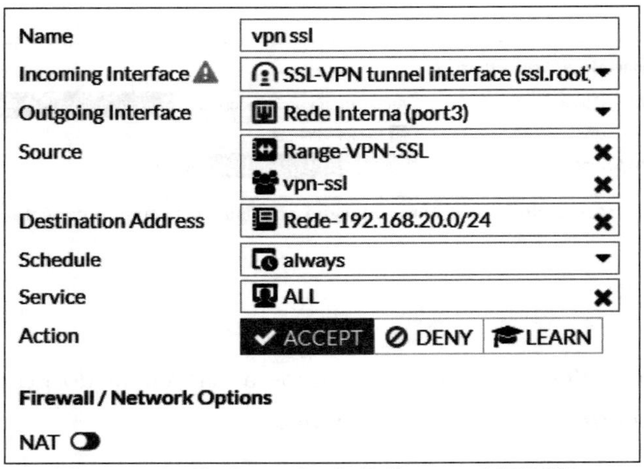

Figura 9.22: Configuração da Policy para VPN SSL.

Script de configuração da SSL-VPN

```
config firewall address
 edit "Range-VPN-SSL"
  set type iprange
  set start-ip 10.110.10.10
  set end-ip 10.110.10.20
 next
end

config user group
 edit "GRP-VPNSSL"
  set member "AD"
   config match
```

```
    edit 1
     set server-name "AD"
     set group-name "CN=GRP-SSLVPN,CN=Users,DC=livro,DC=dominio,DC=local"
    next
   end
 next
end

config vpn ssl web portal
 edit "Portal-SSL"
  set tunnel-mode enable
  set ip-pools "Range-VPN-SSL"
  set split-tunneling-routing-address "Rede-192.168.20.0/24"
 next
end

config vpn ssl settings
 set servercert "Fortinet_SSL"
 set tunnel-ip-pools "SSLVPN_TUNNEL_ADDR1"
 set tunnel-ipv6-pools "SSLVPN_TUNNEL_IPv6_ADDR1"
 set port 443
 set source-interface "port1" "port4"
 set source-address "all"
 set source-address6 "all"
 set default-portal "full-access"
 config authentication-rule
  edit 1
   set groups "vpn-ssl"
   set portal "Portal-SSL"
  next
 end
end

config router static
 edit 2
  set dst 10.10.10.0 255.255.255.0
  set device "VPN-Filial"
  set comment "VPN: VPN-Filial (Created by VPN wizard)"
next
end

config router static
 edit 0
  set dst 10.110.10.0 255.255.255.224
  set device "ssl.root"
 next
end

config firewall policy
 edit 0
  set name "vpn ssl"
  set srcintf "ssl.root"
  set dstintf "port3"
  set srcaddr "Range-VPN-SSL"
  set dstaddr "Rede-192.168.20.0/24"
  set action accept
```

```
    set schedule "always"
    set service "ALL"
    set groups "vpn-ssl"
  next
end
```

9.4 IPsec

O *IP Security Protocol(IPsec)* foi desenvolvido para trazer ao protocolo *IP* a *Confidencialidade, Autenticidade e Integridade* por meio do algorítimos como o *3DES, AES*, SHA*, Diffie-Hellman* ente outros.
Diferente do túnel usado na *VPN SSL* que pode operar sobre as camadas *4 e 5* do modelo *OSI*, o *IPsec* trabalha sobre a camada *3*. Para mais detalhes sobre o protocolo sugiro, a leitura da *RFC6071* [29]

9.4.1 IPsec Client

Também conhecida como *dialup-client*, é uma *VPN* do tipo *Client-to-Site* utilizada quando desejamos conectar usuários a uma rede remota por meio do protocolo *IPsec*. Neste cenário, temos usuários conectados diretamente à internet ou atrás de equipamentos que realizam o *SNAT*, deste modo o padrão do *dialup* é utilizar o *IP* do usuário para trafegar dentro do túnel, porém podemos habilitar para que seja destinado um *IP* ao túnel.

FortiClient

A *Fortinet* disponibiliza um cliente para a conexão com a *VPN*, o *FortiClient* [11], além de ser utilizado para a conexão com a *VPN*, é um *endpoint security* que disponibiliza uma gama de ferramentas de segurança como *Antivírus, Web Security, Application Firewall, Vulnerability Scan, 2-Factor Authentication*, entre outras funções. Disponível para plataformas *Windows, MAC OS, IOS, Android e Windows Phone.*

Configuração em modo Dilaup

O *FortiOS* disponibiliza um *Wizard* para auxiliar ma criação dos túneis *IPsec*. Esse módulo fica disponível em *VPN > IPsec Tunnel > Create New* realizando as configurações:

- Name
  Nome do Túnel
- Template Type.
  Template da configuração da *VPN*.
- Remote Device Type
  Dispositivos disponíveis que serão utilizados para formar a base da configuração.

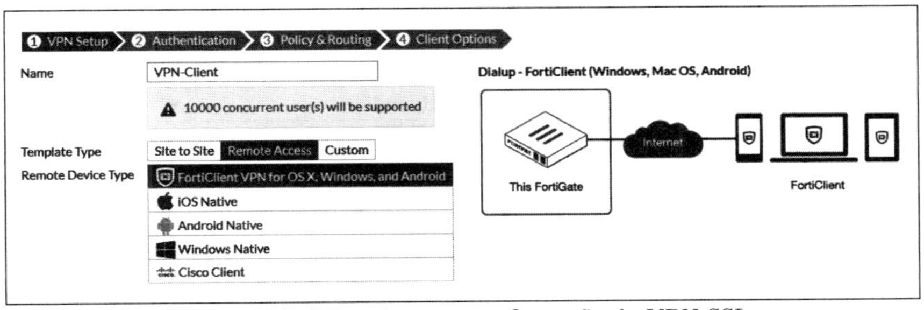

Figura 9.23: Wizard para a configuração do VPN SSL.

OBS: A quantidade de caracteres utilizados no nome da *VPN* implica diretamente na quantidade de túneis que podem ser estabelecidos simultaneamente (usuários conectados). Esse comportamento ocorre devido a dois fatores:

1. Os nomes das interfaces do *FortiOS* só podem ter 15 caracteres.
2. Durante a conexão do usuário à *VPN* é criada uma *interface* virtual com o nome sendo a concatenação do nome da *VPN* seguido por um *underscore (_)* e o número da conexão na ordem crescente iniciando-se do *0*.

CLIENTS_W1_0	Custom	200.164.147.14		Up	71.95 MB	40.89 MB
CLIENTS_W1_1	Custom	179.198.14.6		Up	526.23 kB	309.01 kB
CLIENTS_W1_2	Custom	177.5.77.18		Up	13.36 MB	9.95 MB
CLIENTS_W1_3	Custom	201.90.135.7		Up	29.88 MB	18.30 MB
CLIENTS_W1_4	Custom	186.216.198.20		Up	73.10 MB	30.10 MB
CLIENTS_W1_6	Custom	177.204.237.20		Up	2.02 MB	1.24 MB
CLIENTS_W1_7	Custom	201.27.70.13		Up	65.94 MB	36.71 MB

Figura 9.24: Túneis IPsec do tipo dialup apresentados em Monitor > IPsec Monitor.

Exemplo: Para uma *VPN* com o nome *VPN-Clients* que tem 11 caracteres mais o *underscore (_)*, temos no total 12 caracteres, permitindo assim 1000 clientes simultâneos, sendo o nome do último túnel *VPN-Clients_999*.

- Incoming Interface
  Interface externa utilizada para as conexões da *VPN*.
- Authentication Method
  Os métodos de autenticação podem ser:
  - Pre-shared Key
    Chave compartilhada.
  - Signature
    Utilização de certificados para realizar a autenticação.
- User Group
  Grupo de usuários que podem acessar a *VPN*.

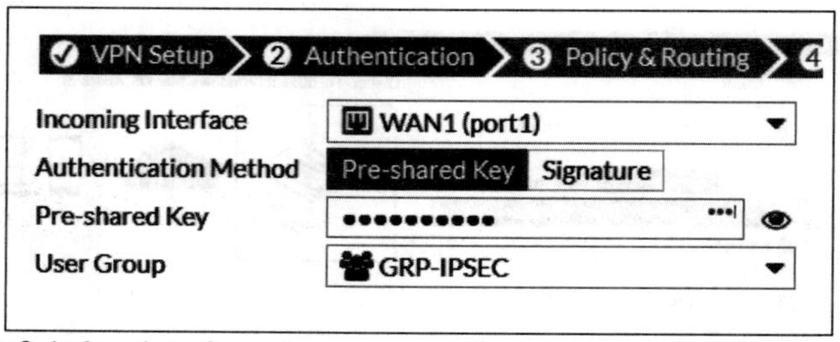

Figura 9.25: Definindo a interface, chave compartilhada e grupo de autenticação via Wizard.

- Local Interface
  Interface local (rede interna).
- Local Address
  Endereçamento da rede interna.
- Client Address Range
  Range de *IP* que será entregue aos usuários quando conectados à *VPN*.
- DNS Server
  Endereço de *DNS* para resolução de nomes por parte dos usuários conectados ao túnel.
- Enable IPv4 Split Tunnel
  Habilita ao túnel realizar a divisão do tráfego que deverá ser roteado à *VPN* ou à Internet.
- Allow Endpoint Registration
  Permite o *FortiClient* se registrar no *FortiGate* via *VPN*.

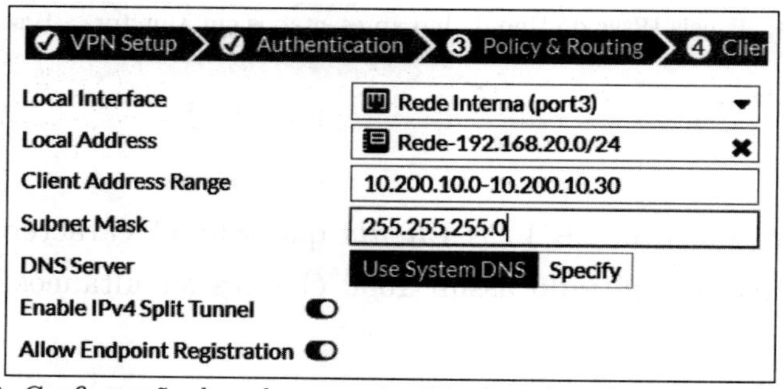

Figura 9.26: Configuração da rede que será utilizada pelos clientes quando conectados

- Save Password
  Permite que o usuário salve a senha no cliente de *VPN*.
- Auto Connect
  Habilita ao cliente conectar de forma automática.
- Always Up (Keep Alive)
  Informa ao *FortiClient* para manter *VPN* sempre ativa.

Figura 9.27: Opções que serão enviadas ao Cliente.

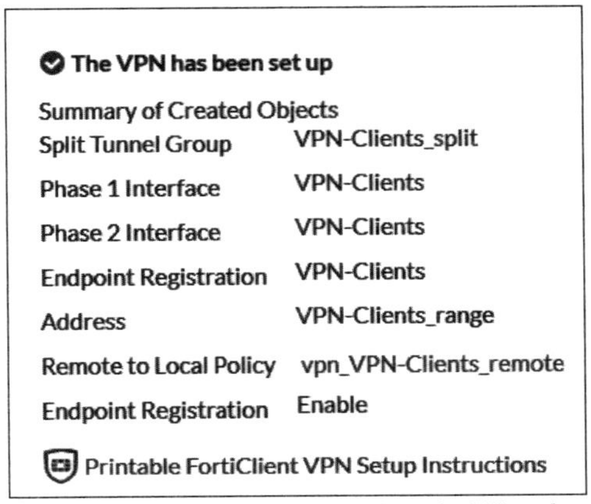

Figura 9.28: Resultado gerado pelo Wizard.

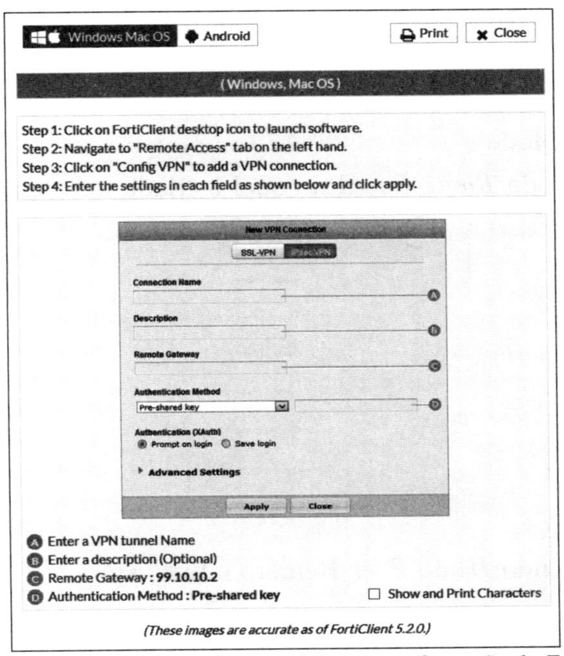

Figura 9.29: Manual gerado pelo FortiOS para configuração do FortiClient.

Após a configuração, o *Wizard* apresenta a lista das configurações realizadas além de criar um manual de conexão que poder ser enviado ao usuário.

O *Wizard* se encarrega de executar a configuração das fases um e dois do túnel além das políticas e rotas necessárias, portanto, ao final do *Wizard*, temos uma *VPN* pronta para o uso.

9.4.2 IPsec Site-to-Site

Utilizamos o protocolo *IPsec* para realizar a conexão entre dois *Gateways*. Esse tipo de *VPN* é comumente chamado de *Site-to-Site*. Deste modo é possível conectar duas ou mais redes que estão atrás de *gateways FortiGates* ou quaisquer equipamentos que suportem o protocolo *IPsec*.
O *FortiOS*, assim como para a conexão *IPsec Dialup*, disponibiliza o *Wizard* para conexões com equipamento da *Fortinet ou Cisco*, para os demais utilizamos a opção *Custom*, na qual devemos realizar a configuração manualmente, método o qual será apresentando agora.

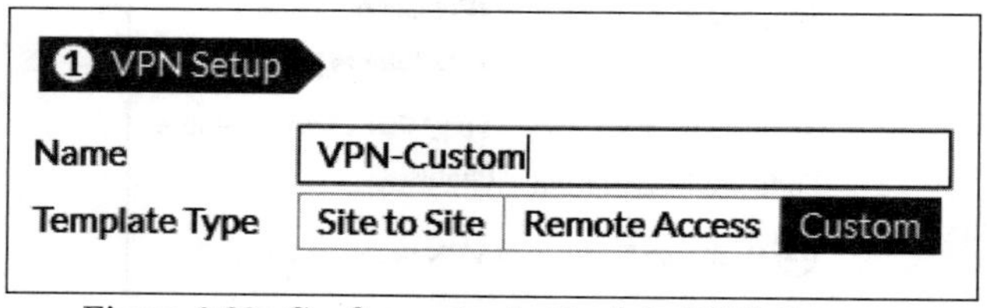

Figura 9.30: Configuração do túnel de VPN Custom.

As opções disponíveis são :

- Name
  Nome da VPN, limitado a 15 caracteres.
- Enable IPsec Interface Mode
  Configura a *VPN* do modo *Route-Based* no qual é criada uma *interface* virtual com o nome do túnel.
- Network
  - IP Version
    Versão do protocolo *IP*.
    - IPv4
    - IPv6
  - Remote Gateway
    - Static IP Address
      Utilizamos quando *IP* do *Peer* Remoto é fixo.
    - Dialup User
      Selecionado sempre que desejamos executar a configuração de uma *VPN IPsec Client*.
    - Dynamic DNS
      Deve ser utilizada no momento em que o cliente tem um *IP* dinâmico e utiliza um

endereço *FQDN* que é atualizado sempre que o *IP* é alterado.

- IP Address
  IP do *Peer* remoto.
- Interface
  Interface que será utilizada para executar a conexão com a *VPN*.
- Mode Config
  Essa opção é utilizada em *VPNs* do tipo *DialUP* para enviar os dados como *IP, Mask, DNS* entre outras informações ao cliente.
- NAT Traversal
  Deve ser habilitado quando o *FortiGate* estiver atrás de um outro equipamento que faz o *SNAT*.
  OBS: O *IKE* utiliza-se da porta *500* do protocolo *UDP*; já quando habilitamos o *NAT Tranversal*, o tráfego passa ser na porta *4500* do protocolo *UDP*.
  * Keepalive Frequency
    Determina a frequência de envio dos pacotes para informar sobre o *NAT Traversal*.
- Dead Peer Detection
  O *Dead Peer Detection (DPD)* deve ser habilitado quando desejamos detectar a queda do *peer* remoto da *VPN* e assim executar ação de restabelecer uma nova *VPN* executando assim uma contingência.

• Authentication
  - Method
    Escolha do método de autenticação.
    * Pre-shared Key
      Utilizado quando a autenticação é executada via chave compartilhada.
    * Signature
      Quando selecionada, é utilizado certificado para executar a autenticação.

• IKE
  Escolha da versão do protocolo *IKE*.
  - Version
    Versão 1 ou 2 do protocolo.
  - Mode
    * Aggressive
      Utilizamos o modo *Agressive* para *VPNs dialup* ou com *IPs* dinâmicos.
    * Main (ID Protection)
      O *Main Mode* é utilizado para *VPNs Site-to-Site*

• Phase 1 Proposal
  A Fase *1* da *VPN* é negociada e será utilizada para criar um túnel criptografado que será utilizado pela Fase *2* para negociação da *Security Associations (SA)*.
  - Encryption
    Algorítimo utilizado para criptografar, o *FortiOS* disponibiliza os algorítimos:

        * DES
        * 3DES
        * AES128
        * AES192
        * AES256
    - Authentication
      Algorítimo utilizado para a autenticação:
        * MD5
        * SHA256
        * SHA384
        * SHA512
    - Diffie-Hellman Groups
      O *Diffie-Hellman* é utilizado para criar um canal seguro para que os *Peers* possam realizar a troca da chave.
    - Key Lifetime (seconds)
      Define o tempo de vida da fase, após esse período a *Key* deverá ser renegociada.
    - Local ID
      Utilizado para *VPNs* do tipo *Dialup* para autenticar o *PEER* ou mesmo para diferenciarmos entre várias *VPNs Clientes.*
    - XAUTH
      Essa opção é utilizada tanto para autenticar usuários quando configuramos uma *VPN* do tipo *Diaulup*, quanto para que o *FortiGate* se comporte como um cliente inserindo neste campo o usuário e senha utilizado para autenticar em uma *VPN* como cliente.
- Phase 2 Selectors
  Os algorítimos negociados pela fase 2 da *VPN* serão utilizados para a criação do túnel onde os dados dos *peers* serão realmente transportados de forma segura.
    - Name Nome da fase 2
    - Local Address
      Endereço da rede local.
    - Remote Address
      Endereço da rede remota.
    - Advanced...
        * Phase 2 Proposal
        * Encryption
          Algorítimo que será utilizado na criptografia dos dados que serão trafegados no túnel da fase 2.
        * Authentication
          Algorítimo utilizado para a autenticação dos dados enviados na fase 2.
        * Enable Replay Detection
          Habilita a detecção do ataque que se utiliza de pacotes interceptados por um atacante,

em posse desses pacotes, os reenvia a um dos *peers*.

* Enable Perfect Forward Secrecy (PFS)
  Quando habilitado, força a renegociação do *Diffie-Hellman* quando o tempo de vida da fase expira.
* Diffie-Hellman Group
  Definição do Grupo de *Diffie-Hellman*.
* Local Port
  Porta utilizada pela rede local para transporte de dados.
* Remote Port
  Porta utilizada pela rede remota para o transporte de dados.
* Protocol
  Protocolo utilizado no transporte de dados.
* Auto-negotiate
  Habilita a auto-negociação para que permita que os *peers* restabeleçam a *VPN* automaticamente quando o túnel expira.
* Autokey Keep Alive
  Utilizado para envio de pacotes de *keep alive* para manter o túnel da *VPN* sempre *UP* mesmo quando não há dados passando por ela.
* Key Lifetime
  Tempo de vida da fase 2 pode ser contado em:
  - Seconds
    Segundos.
  - Kilobytes
    Tráfego em *Kilobytes*.
  - Both
    Ou ambos.

Policy VPN IPsec

Após a finalização da criação da *VPN*, será necessária a confecção das políticas no intuito de definir e permitir os *IPs* e serviços que serão trafegados sobre a *VPN*. Será necessário ao mínimo a configuração de uma *policy*, a qual por sua vez pode ser uma política de *Outbound* que permite que a rede local acesse uma rede dentro da *VPN* ou uma política de *Inbond* que permite que um tráfego da rede remota acesse a rede local.

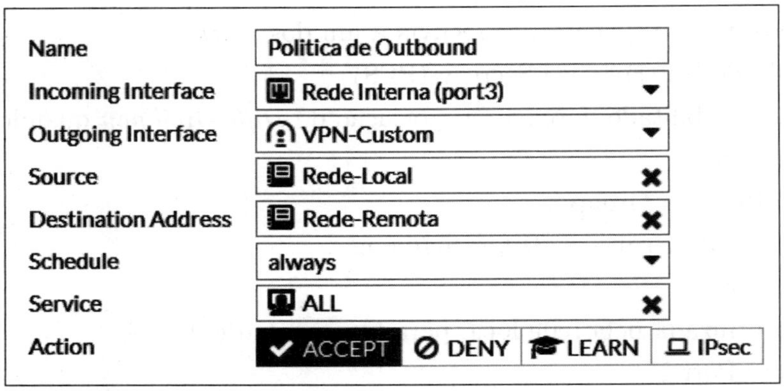

Figura 9.31: Configuração da política de Outbound para a VPN.

OBS: O túnel de *VPN IPSec* não é estabelecido até a confecção de ao menos uma política seja essa de *inbound* ou *outbound.*

Para a criação da política de *Inbound*, podemos utilizar a *feature* da *GUI* disponível no *FortiOS*, clicando com o botão direito do mouse sobre a política de *Outbound* e selecionando a opção *Clone Reverse*, que informa ao *FortiOS* para replicar a política, porém alterando a ordem, criando assim uma política de *Inbound.* A nova política é criada desabilitada, portando será necessário habilitá-la.

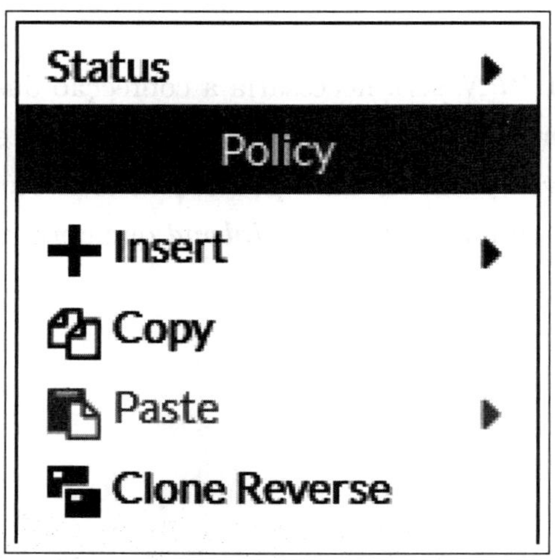

Figura 9.32: Configuração da política utilizando o Clone Reverse.

Figura 9.33: Políticas que serão utilizadas na VPN Custom.

9.4.3 IPsec Auto-Discovery VPN (ADVPN)

O *ADVPN* foi criado para permitir um cenário de *Full Mesh (Característica de tráfego da rede no qual todos os nós se comunicam entre si diretamente, diferente de uma rede estrela, na qual o tráfego dos nós remotos convergem para um nó principal)* sem a complexidade de criação de um túnel para cada nó. Nesta topologia, executamos a configuração em modo estrela (em que todos os nós realizam a conexão com um único ponto *(Hub and Spoke)*), porém, quando um nó deseja falar com outro nó, o *Hub* envia as informações necessárias para que eles fechem a *VPNs* entre si, após a finalização da comunicação o túnel é removida.

O Roteamento entre as unidades fica a cabo da configuração de protocolo de roteamento dinâmicas como o *RIP, OSPF* ou *BGP*.

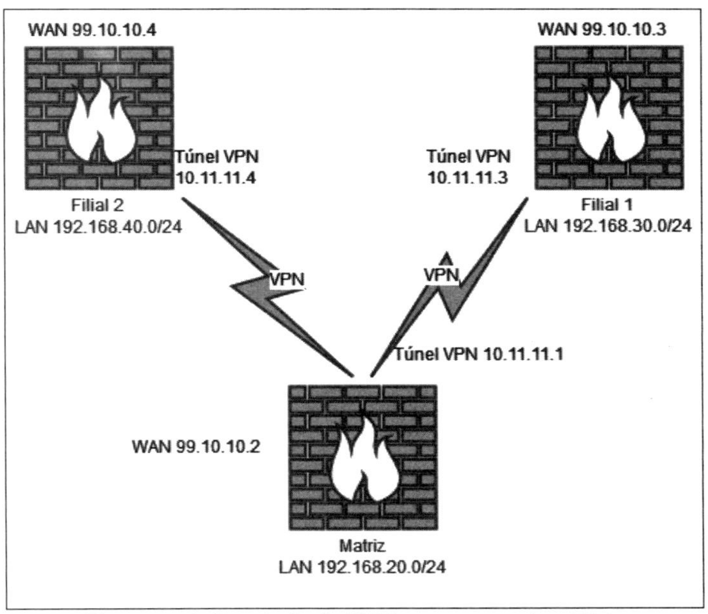

Figura 9.34: Topologia da VPN entre a matriz e filiais.

Configuração da ADVPN

A configuração da matriz como sendo o nosso *Hub* se dá pela configuração de uma *VPN IPsec* do tipo *Dialup*, como apresentado anteriormente, deste modo não precisamos nos preocupar se os *IPs* dos *peers* remotos *Spoke* são dinâmicos ou não.

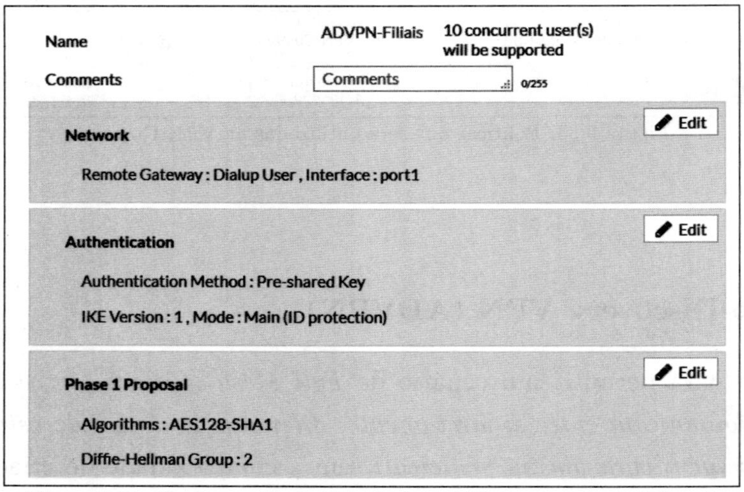

Figura 9.35: Configuração do Túnel com a Filial por meio do Wizard.

Após a finalização da configuração da *VPN IPsec* na matriz, ainda devemos habilitar nas configurações do túnel *IPSec* a opção *auto-discovery-sender* via o *CLI* comando *set auto-discovery-sender enable* para informar ao *FortiOS* que envie as informações de *ADVPN* para as filiais.

```
config vpn ipsec phase1-interface
 edit "ADVPN2Filiais"
  set auto-discovery-sender enable
 next
end
```

A configuração final no *Hub* será:

```
config vpn ipsec phase1-interface
 edit "ADVPN2Filiais"
  set type dynamic
  set interface "port1"
  set proposal aes128-sha1
  set add-route disable
  set dhgrp 2
  set auto-discovery-sender enable
  set psksecret fortiosbook
 next
end
config vpn ipsec phase2-interface
 edit "ADVPN2Filiais"
  set phase1name "ADVPN2Filiais"
  set proposal aes128-sha1
 next
end
```

Na matriz, devemos realizar a configuração de políticas de *firewall* com o intuito de permitir a comunicação da matriz com as filiais e entre as próprias filiais, tendo assim ao menos três políticas de *firewall*, como apresentado abaixo:

```
config firewall policy
 edit 0
  set name "SAIDA ADVPNs"
  set srcintf "port3"
  set dstintf "ADVPN2Filiais"
  set srcaddr "all"
  set dstaddr "all"
  set action accept
  set schedule "always"
  set service "ALL"
  set status enable
 next
 edit 0
  set name "Entrada ADVPN"
  set srcintf "ADVPN2Filiais"
  set dstintf "port3"
  set srcaddr "all"
  set dstaddr "all"
  set action accept
  set schedule "always"
  set service "ALL"
  set status enable
 next
 edit 0
  set name "ADVPN2Filiais-2-ADVPN2Filiais"
  set srcintf "ADVPN2Filiais"
  set dstintf "ADVPN2Filiais"
  set srcaddr "all"
  set dstaddr "all"
  set action accept
  set schedule "always"
  set service "ALL"
  set status enable
 next
end
```

Nas Filiais, configuramos a *VPN IPsec* do tipo *Static* conforme a figura 9.36:

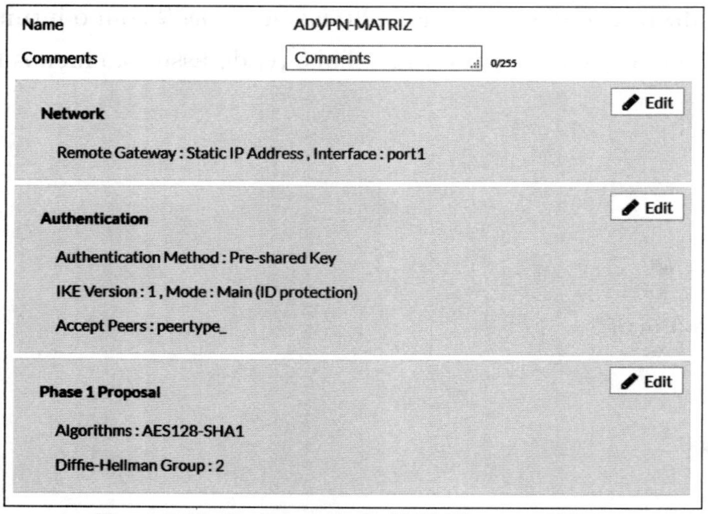

Figura 9.36: Configuração da VPN IPsec nas Filiais.

O *Hub* foi setado para que envie as informações de *ADVPN* aos *Spoke*, já estes devemos setar para aceitem essas informações via *CLI* habilitando o comando *auto-discovery-receiver* , apresentado abaixo:

```
config vpn ipsec phase1-interface
 edit "ADVPN2MATRIZ"
  set auto-discovery-receiver enable
 next
end
```

Abaixo podemos ver a configuração via *CLI* para a *VPN* nas Filiais (spoke):

```
config vpn ipsec phase1-interface
 edit "ADVPN2MATRIZ"
  set interface "port1"
  set proposal aes128-sha1
  set add-route disable
  set dhgrp 2
  set auto-discovery-receiver enable
  set remote-gw 99.10.10.2
  set psksecret fortiosbook
 next
end
config vpn ipsec phase2-interface
 edit "ADVPN2MATRIZ"
  set phase1name "ADVPN2MATRIZ"
  set proposal aes128-sha1
  set auto-negotiate enable
 next
end
```

Assim como na matriz devemos realizar a configuração das políticas.

```
config firewall policy
 edit 0
  set name "Saida ADVPN"
  set srcintf "port3"
  set dstintf "ADVPN2MATRIZ"
  set srcaddr "all"
  set dstaddr "all"
  set action accept
  set schedule "always"
  set service "ALL"
  set status enable
 next
 edit 0
  set name "Entrada ADVPN"
  set srcintf "ADVPN2MATRIZ"
  set dstintf "port3"
  set srcaddr "all"
  set dstaddr "all"
  set action accept
  set schedule "always"
  set service "ALL"
  set status enable
 next
end
```

Com os túneis já estabelecidos em todas as pontas, devemos realizar a configuração de uma rede de trânsito entre as *VPNs* adicionando um *IP* local e o *Remote IP* em cada interface de *VPN*, por meio da edição da *interface* em *Network* > *Interface*, editamos a *interface* de *VPN*. Nesta topologia, utilizaremos a rede 10.11.11.0/29 e os peer receberão os seguintes IPs:

- Matriz (Hub)
  10.11.11.1
- Filial 1
  10.11.11.3
- Filial 2
  10.11.11.4

Para realizar essa configuração, vamos em *Network* > *Interfaces* editamos a *interface* da *VPN* que na matriz deste exemplo recebeu o nome *ADVPN2Filiais* e adicionamos o endereço local que para *Hub* é *10.11.11.1* e no campo *Remote IP* temos que utilizar um endereço *IP* do nosso range, porém que não será alocado em nenhuma outra *VPN*, sendo escolhido para esse exemplo, o IP *10.11.11.2*, conforme apresenta a imagem 9.37.

OBS: No *Hub (matriz)* devemos utilizar como o *IP* setado no campo *Remote IP* um endereço que não será utilizado em nenhum dos *Spokes (filiais)*, no entanto esse mesmo campo nos *Spokes* deve apontar para o *IP* do *Hub*, como apresentado na imagem 9.38.

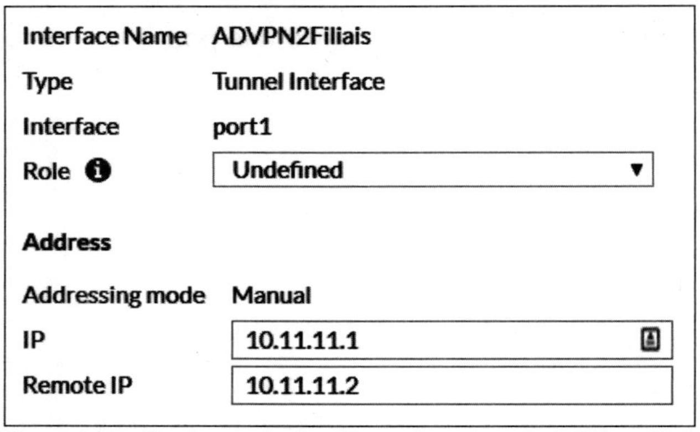

Figura 9.37: Configuração dos IPs na interface de VPN no Hub.

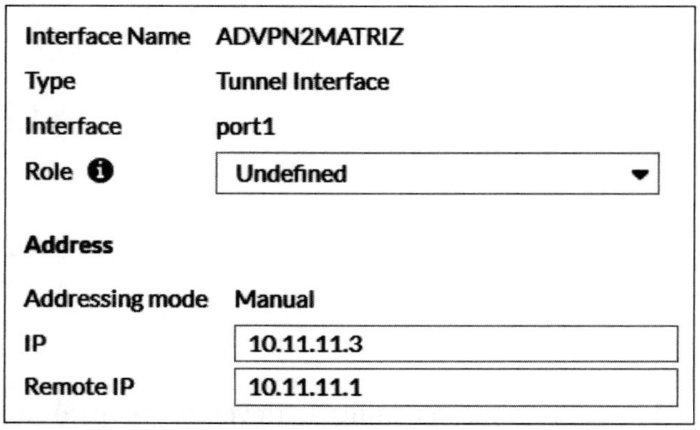

Figura 9.38: Configuração dos IPs na interface de VPN no Spoke.

Configuração via CLI:

```
config system interface
 edit "ADVPN2MATRIZ"
  set vdom "root"
  set ip 10.11.11.3 255.255.255.255
  set type tunnel
  set remote-ip 10.11.11.1
  set interface "port1"
 next
end
```

Os *Spokes* devem ter em suas configurações uma rota estática que apontem para as suas respectivas *interfaces* de VPN com destino à rede utilizada para o trânsito em *Network* > *Static Routes* > *Create New*.

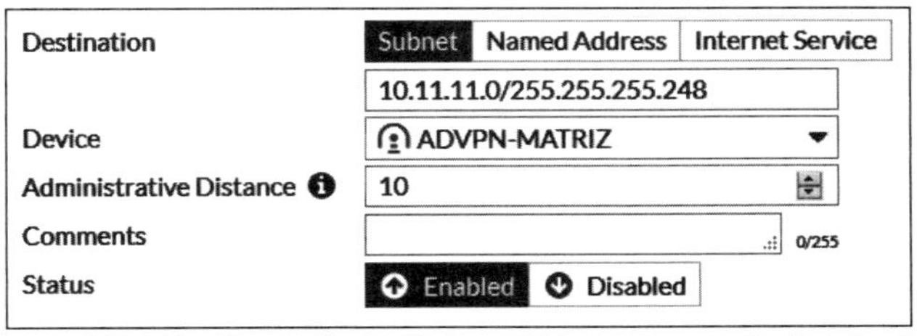

Figura 9.39: Configuração da Rota estática para a rede de trânsito.

Configuração via CLI:

```
config router static
 edit 0
  set dst 10.11.11.0 255.255.255.248
  set device "ADVPN2MATRIZ"
 next
end
```

A configuração do *ADVPN* requer a utilização de protocolo de roteamento dinâmico, podendo utilizar *OSPF, RIP* ou *BGP.* Neste exemplo será apresentado o uso do protocolo *RIP* pela simplicidade de sua configuração.
Iniciamos a definição do *RIP* em *Network* > *RIP* setando a versão do *RIP* para 2 e em *Networks* devem ser adicionadas as redes que desejamos distribuir além da rede de trânsito como apresentado na imagem 9.40.

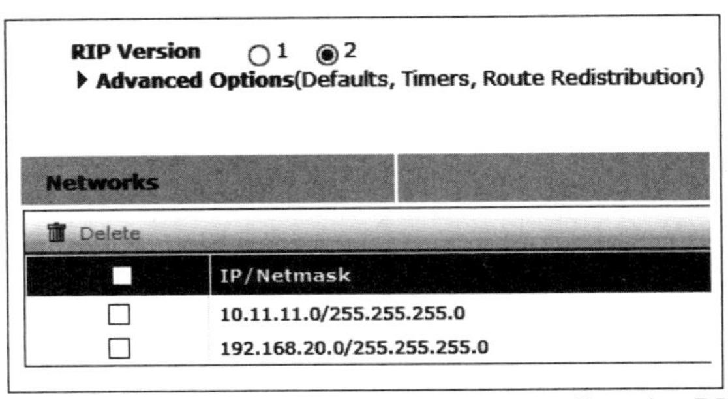

Figura 9.40: Configuração do protocolo de roteamento dinâmico RIP no Spoke.

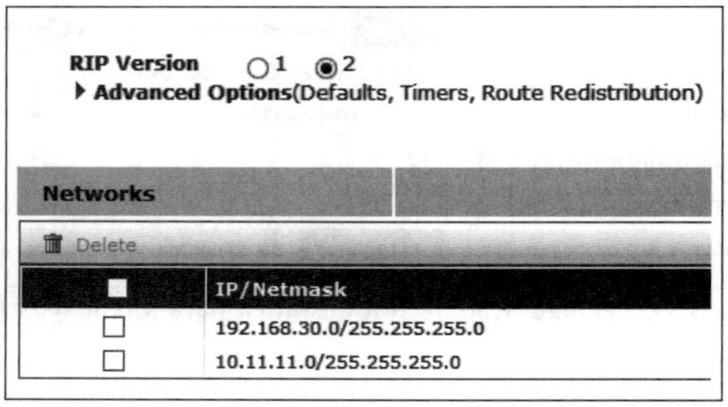

Figura 9.41: Configuração do roteamento dinâmico com o protocolo RIP na Filial.

Configuração via CLI:

```
config router rip
 config network
  edit 1
   set prefix 192.168.20.0 255.255.255.0
  next
  edit 2
   set prefix 10.11.11.0 255.255.255.0
  next
 end
 config redistribute "connected"
 end
 config redistribute "static"
 end
 config redistribute "ospf"
 end
 config redistribute "bgp"
 end
 config redistribute "isis"
 end
end
```

Essa mesma configuração (alterando o IP da rede local para a do Spoke) deve ser realizada nas filiais. Finalizadas essas configurações teremos as duas Filiais *(Spokes)* conectadas à *Matriz (Hub)*.

Refresh

Name	Type	Remote Gateway	Username	Status	Incoming Data	Outgoing Data	Phase 2 Selectors
ADVPN2Filiais_0	Custom	99.10.10.3		Up	45.46 kB	41.72 kB	ADVPN2Filiais
ADVPN2Filiais_1	Custom	99.10.10.4		Up	40.28 kB	28.94 kB	ADVPN2Filiais

Figura 9.42: Visualição dos Spokes conectados no Hub.

E apenas um único túnel com a matriz nas filiais.

Name	Type	Remote Gateway	Username	Status	Incoming Data	Outgoing Data	Phase 2 Selectors
ADVPN2MATRIZ	Custom	99.10.10.2		Up		176 B	ADVPN2MATRIZ

Figura 9.43: Visualização do túnel de VPN a partir de um Spoke.

Por meio do comando *get router info routing-table rip* listamos as rotas aprendidas via o protocolo *RIP*.

Figura 9.44: Saída do comando get router info routing-table rip no Spoke.

Podemos ver na imagem 9.44 que a rota para a rede *192.168.40.0/24* será enviada ao *Hub*, entretanto, no momento que iniciamos uma conexão com o destino, é estabelecido um túnel entre os *Spokes* e esse tráfego passa a ser processado por esta *VPN* entre eles. Como apresentado na imagem 9.45, a rota para o destino *192.168.40.0/24* está apontada para o túnel *ADVPN2MATRIZ_0*, tendo como *gateway* o IP *10.11.11.4*.

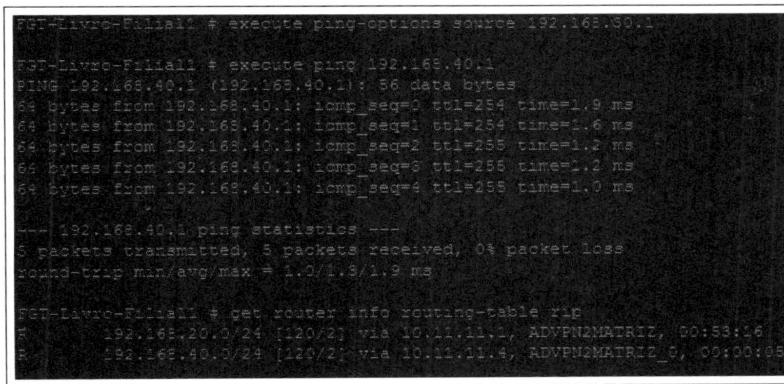

Figura 9.45: Teste de comunicação entre os Spokes e verificação das rotas.

Script de configuração do ADVPN para 3 localidades

```
##################################################
Matriz
config vpn ipsec phase1-interface
 edit "ADVPN2Filiais"
  set type dynamic
  set interface "port1"
  set proposal aes128-sha1
```

```
   set add-route disable
   set dhgrp 2
   set auto-discovery-sender enable
   set psksecret fortiosbook
 next
end
config vpn ipsec phase2-interface
 edit "ADVPN2Filiais"
   set phase1name "ADVPN2Filiais"
   set proposal aes128-sha1
 next
end

config system interface
 edit "ADVPN2Filiais"
   set vdom "root"
   set ip 10.11.11.1 255.255.255.255
   set type tunnel
   set remote-ip 10.11.11.2
   set interface "port1"
 next
end

config firewall policy
 edit 0
   set name "SAIDA ADVPNs"
   set srcintf "port3"
   set dstintf "ADVPN2Filiais"
   set srcaddr "all"
   set dstaddr "all"
   set action accept
   set schedule "always"
   set service "ALL"
   set status enable
 next
 edit 0
   set name "Entrada ADVPN"
   set srcintf "ADVPN2Filiais"
   set dstintf "port3"
   set srcaddr "all"
   set dstaddr "all"
   set action accept
   set schedule "always"
   set service "ALL"
   set status enable
 next
 edit 0
   set name "ADVPN2Filiais-2-ADVPN2Filiais"
   set srcintf "ADVPN2Filiais"
   set dstintf "ADVPN2Filiais"
   set srcaddr "all"
   set dstaddr "all"
   set action accept
   set schedule "always"
   set service "ALL"
   set status enable
```

```
 next
end

config router rip
 config network
  edit 1
   set prefix 10.11.11.0 255.255.255.0
  next
  edit 2
   set prefix 192.168.30.0 255.255.255.0
  next
 end
 config redistribute "connected"
 end
 config redistribute "static"
 end
 config redistribute "ospf"
 end
 config redistribute "bgp"
 end
 config redistribute "isis"
 end
end

##################################################
Filial-1

config vpn ipsec phase1-interface
 edit "ADVPN-MATRIZ"
  set interface "port1"
  set proposal aes128-sha1
  set add-route disable
  set dhgrp 2
  set auto-discovery-receiver enable
  set remote-gw 99.10.10.2
  set psksecret fortiosbook
 next
 end
config vpn ipsec phase2-interface
 edit "ADVPN-MATRIZ"
  set phase1name "ADVPN-MATRIZ"
  set proposal aes128-sha1
  set auto-negotiate enable
 next
end

config system interface
 edit "ADVPN-MATRIZ"
  set vdom "root"
  set ip 10.11.11.3 255.255.255.255
  set type tunnel
  set remote-ip 10.11.11.1
  set interface "port1"
 next
end
```

```
config router static
 edit 0
  set dst 10.11.11.0 255.255.255.0
  set device "ADVPN-MATRIZ"
 next
end

config firewall policy
 edit 0
  set name "Saida ADVPN"
  set srcintf "port3"
  set dstintf "ADVPN-MATRIZ"
  set srcaddr "all"
  set dstaddr "all"
  set action accept
  set schedule "always"
  set service "ALL"
  set status enable
 next
 edit 0
  set name "Entrada ADVPN"
  set srcintf "ADVPN-MATRIZ"
  set dstintf "port3"
  set srcaddr "all"
  set dstaddr "all"
  set action accept
  set schedule "always"
  set service "ALL"
  set status enable
 next
end

config router rip
 config network
  edit 1
    set prefix 10.11.11.0 255.255.255.0
  next
  edit 2
    set prefix 192.168.30.0 255.255.255.0
  next
 end
 config redistribute "connected"
 end
 config redistribute "static"
 end
 config redistribute "ospf"
 end
 config redistribute "bgp"
 end
 config redistribute "isis"
 end
end
```

```
##################################################
Filial-2

config vpn ipsec phase1-interface
 edit "ADVPN-MATRIZ"
  set interface "port1"
  set proposal aes128-sha1
  set add-route disable
  set dhgrp 2
  set auto-discovery-receiver enable
  set remote-gw 99.10.10.2
  set psksecret fortiosbook
 next
end
config vpn ipsec phase2-interface
 edit "ADVPN-MATRIZ"
  set phase1name "ADVPN-MATRIZ"
  set proposal aes128-sha1
  set auto-negotiate enable
 next
end

config system interface
 edit "ADVPN-MATRIZ"
  set vdom "root"
  set ip 10.11.11.4 255.255.255.255
  set type tunnel
  set remote-ip 10.11.11.1
  set interface "port1"
 next
end

config router static
 edit 0
  set dst 10.11.11.0 255.255.255.0
  set device "ADVPN-MATRIZ"
 next
end

config firewall policy
 edit 0
  set name "Saida ADVPN"
  set srcintf "port3"
  set dstintf "ADVPN-MATRIZ"
  set srcaddr "all"
  set dstaddr "all"
  set action accept
  set schedule "always"
  set service "ALL"
  set status enable
 next
 edit 0
  set name "Entrada ADVPN"
  set srcintf "ADVPN-MATRIZ"
  set dstintf "port3"
  set srcaddr "all"
```

```
   set dstaddr "all"
   set action accept
   set schedule "always"
   set service "ALL"
   set status enable
  next
end

config router rip
  config network
   edit 1
     set prefix 10.11.11.0 255.255.255.0
   next
   edit 2
     set prefix 192.168.40.0 255.255.255.0
   next
  end
  config redistribute "connected"
  end
  config redistribute "static"
  end
  config redistribute "ospf"
  end
  config redistribute "bgp"
  end
  config redistribute "isis"
  end
end
```

Diagnóstico
diagnose vpn tunnel
diagnose vpn ike log-filter
diagnose debug application ike

O *FortiOS* disponibiliza uma grande variedade de comandos para estabelecer, monitorar e diagnosticar túneis com o protocolo *IPsec*. Por meio do comando *diagnose vpn tunnel list*, podemos listar todos os túneis estabelecidos no *FortiGate*.

```
# diagnose vpn tunnel list
list all ipsec tunnel in vd 0
------------------------------------------------------
name=ADVPN2Filiais ver=1 serial=2 99.10.10.2:0->0.0.0.0:0
bound_if=3 lgwy=static/1 tun=intf/0 mode=dialup/2 encap=none/0
proxyid_num=0 child_num=2 refcnt=16 ilast=12789 olast=12789 auto-discovery=0
stat: rxp=0 txp=0 rxb=0 txb=0
dpd: mode=on-demand on=0 idle=20000ms retry=3 count=0 seqno=0
natt: mode=none draft=0 interval=0 remote_port=0
------------------------------------------------------
name=VPN_Filial ver=1 serial=1 99.10.11.2:0->0.0.0.0:0
bound_if=4 lgwy=static/1 tun=intf/0 mode=dialup/2 encap=none/0
proxyid_num=0 child_num=0 refcnt=13 ilast=12789 olast=12789 auto-discovery=0
```

```
 stat: rxp=0 txp=0 rxb=0 txb=0
 dpd: mode=on-demand on=0 idle=20000ms retry=3 count=0 seqno=0
 natt: mode=none draft=0 interval=0 remote_port=0
 ------------------------------------------------------------
 name=ADVPN2Filiais_0 ver=1 serial=3 99.10.10.2:0->99.10.10.4:0
 bound_if=3 lgwy=static/1 tun=intf/0 mode=dial_inst/3 encap=none/0
 parent=ADVPN2Filiais index=0
 proxyid_num=1 child_num=0 refcnt=22 ilast=11 olast=11 auto-discovery=1
 stat: rxp=457 txp=433 rxb=83784 txb=48320
 dpd: mode=on-demand on=1 idle=20000ms retry=3 count=0 seqno=243
 natt: mode=none draft=0 interval=0 remote_port=0
 proxyid=ADVPN2Filiais proto=0 sa=1 ref=2 serial=1 ads
 src: 0:0.0.0.0-255.255.255.255:0
 dst: 0:0.0.0.0-255.255.255.255:0
SA: ref=3 options=26 type=00 soft=0 mtu=1438 expire=30574/0B replaywin=2048 seqno=1b2 esn=0
life: type=01 bytes=0/0 timeout=43191/43200
dec: spi=19a773a4 esp=aes key=16 52c595d1b42bb6cdbc5167f759614e2b
ah=sha1 key=20 eeb3843ceeed22074a0dec8a9d7858e8de1601d1
enc: spi=eef0b865 esp=aes key=16 c80d9e0635b7143479b720b376a1345f
ah=sha1 key=20 66316e7907b61eeea846cb315fdaabdffb6cfe73
dec:pkts/bytes=457/50908, enc:pkts/bytes=433/79464
------------------------------------------------------------
name=ADVPN2Filiais_1 ver=1 serial=4 99.10.10.2:0->99.10.10.3:0
bound_if=3 lgwy=static/1 tun=intf/0 mode=dial_inst/3 encap=none/0
parent=ADVPN2Filiais index=1
proxyid_num=1 child_num=0 refcnt=23 ilast=6 olast=6 auto-discovery=1
stat: rxp=420 txp=433 rxb=77056 txb=48320
dpd: mode=on-demand on=1 idle=20000ms retry=3 count=0 seqno=268
natt: mode=none draft=0 interval=0 remote_port=0
proxyid=ADVPN2Filiais proto=0 sa=1 ref=2 serial=1 ads
src: 0:0.0.0.0-255.255.255.255:0
dst: 0:0.0.0.0-255.255.255.255:0
SA: ref=3 options=26 type=00 soft=0 mtu=1438 expire=30574/0B replaywin=2048 seqno=1b2 esn=0
life: type=01 bytes=0/0 timeout=43190/43200
dec: spi=19a773a5 esp=aes key=16 ef0a7ed62e1e63f0d0c5a34f29444687
ah=sha1 key=20 1ea144f288d4d5b0e5872d8edca4506bd56286c0
enc: spi=2860c405 esp=aes key=16 6dedf3300c93d59e85935e7f6498363a
ah=sha1 key=20 2e46e450866e1add2150825ca2b0d443bb98bc7e
dec:pkts/bytes=420/46844, enc:pkts/bytes=433/79464
```

Os comandos *diagnose vpn tunnel up* e *diagnose vpn tunnel down*, seguidos pelos nomes das *phases* dois do túnel, são utilizados para iniciar e finalizar uma conexão *VPN*, respectivamente.

```
diagnose vpn tunnel up <nome da fase 2>
```

Para a executar o *debug* do *daemon IKE* que gerencia os túneis *IPsec*, temos disponível no *FortiOS* o comando *diagnose debug application ike* seguido do *-1*, que habilita o *debug* deste módulo.

```
...
ike 0:ADVPN-MATRIZ:1:ADVPN-MATRIZ:676: responder selectors 0:0.0.0.0/0.0.0.0:0->0:0.0.0.0/0.0.0.0:0
ike 0:ADVPN-MATRIZ:1:ADVPN-MATRIZ:676: my proposal:
ike 0:ADVPN-MATRIZ:1:ADVPN-MATRIZ:676: proposal id = 1:
ike 0:ADVPN-MATRIZ:1:ADVPN-MATRIZ:676:   protocol id = IPSEC_ESP:
ike 0:ADVPN-MATRIZ:1:ADVPN-MATRIZ:676:   PFS DH group = 14
ike 0:ADVPN-MATRIZ:1:ADVPN-MATRIZ:676:      trans_id = ESP_AES_CBC (key_len = 128)
ike 0:ADVPN-MATRIZ:1:ADVPN-MATRIZ:676:      encapsulation = ENCAPSULATION_MODE_TUNNEL
ike 0:ADVPN-MATRIZ:1:ADVPN-MATRIZ:676:         type = AUTH_ALG, val=SHA1
ike 0:ADVPN-MATRIZ:1:ADVPN-MATRIZ:676: incoming proposal:
ike 0:ADVPN-MATRIZ:1:ADVPN-MATRIZ:676: proposal id = 1:
ike 0:ADVPN-MATRIZ:1:ADVPN-MATRIZ:676:   protocol id = IPSEC_ESP:
ike 0:ADVPN-MATRIZ:1:ADVPN-MATRIZ:676:   PFS DH group = 14
ike 0:ADVPN-MATRIZ:1:ADVPN-MATRIZ:676:      trans_id = ESP_AES_CBC (key_len = 128)
ike 0:ADVPN-MATRIZ:1:ADVPN-MATRIZ:676:      encapsulation = ENCAPSULATION_MODE_TUNNEL
ike 0:ADVPN-MATRIZ:1:ADVPN-MATRIZ:676:         type = AUTH_ALG, val=SHA1
ike 0:ADVPN-MATRIZ:1:ADVPN-MATRIZ:676: replay protection enabled
ike 0:ADVPN-MATRIZ:1:ADVPN-MATRIZ:676: SA life soft seconds=43173.
ike 0:ADVPN-MATRIZ:1:ADVPN-MATRIZ:676: SA life hard seconds=43200.
ike 0:ADVPN-MATRIZ:1:ADVPN-MATRIZ:676: IPsec SA selectors #src=1 #dst=1
ike 0:ADVPN-MATRIZ:1:ADVPN-MATRIZ:676: src 0 4 0:0.0.0.0/0.0.0.0:0
ike 0:ADVPN-MATRIZ:1:ADVPN-MATRIZ:676: dst 0 4 0:0.0.0.0/0.0.0.0:0
ike 0:ADVPN-MATRIZ:1:ADVPN-MATRIZ:676: add IPsec SA: SPIs=eef0b86e/19a773ad
ike 0:ADVPN-MATRIZ:1:ADVPN-MATRIZ:676: IPsec SA dec spi eef0b86e key
16:EE8232BB106AEA0BE7DAFA560BEF3348
auth 20:8EB5EA0F09823F3E2C73A4376E00C0B31599C336
ike 0:ADVPN-MATRIZ:1:ADVPN-MATRIZ:676: IPsec SA enc spi 19a773ad key
16:C015B6D2B5D91F34C18C87C12231ECE9
auth 20:E8771996F7D2AF5CB377391E2C427DE964C25CD9
ike 0:ADVPN-MATRIZ:1:ADVPN-MATRIZ:676: added IPsec SA: SPIs=eef0b86e/19a773ad
ike 0:ADVPN-MATRIZ:1:ADVPN-MATRIZ:676: sending SNMP tunnel UP trap
...
```

Analisando a saída do *debug* notamos que abaixo da linha *ike 0:ADVPN-MATRIZ:1:ADVPN-MATRIZ:676: my proposal:* temos os parâmetros da VPN que estão habilitados e que são esperados, abaixo da linha *ike 0:ADVPN-MATRIZ:1:ADVPN-MATRIZ:676: incoming proposal* temos os parâmetros recebidos do *Peer* remoto, deste modo podemos analisar os dados enviados e diagnosticarmos o problema.
OBS: Durante o diagnóstico devemos solicitar que o *peer* remoto tente iniciar a conexão com a *VPN*, para assim recebermos os dados com a tentativa de estabelecer a conexão para a análise.
Quando habilitamos o *debug*, visualizamos as informações de todos os túneis que estiverem em negociação no momento do diagnóstico, isso pode ser um problema em ambientes com dezenas ou centenas de conexões *IPsec*, portanto, antes de iniciarmos os diagnósticos, devemos habilitar o filtro para determinarmos o *peer* remoto do qual desejamos obter os dados utilizando o comando *diagnose vpn ike log-filter* que nos disponibiliza as seguintes opções de filtros:

- list
  Lista os filtros aplicados atualmente.
- clear
  Limpa os filtros existentes.

- name

  Habilita o Filtro pelo nome da fase 1.
- src-addr4

  Permite executar o filtro baseado no *IP* de origem da *WAN* do *peer* remoto.
- dst-addr4

  Filtra os *logs* baseados no *IP* de destino.
- src-addr6

  Equivalente ao *IPv4* para *IPV6*.
- dst-addr6

  Equivalente ao *IPv4* para *IPV6*.
- src-port

  Habilita o filtro da porta de origem do pacote.
- dst-port

  Permite realizar o filtro da porta de destino do pacote.
- vd

  Filtra baseado no *index* do *Virtual Domain*.
- interface

  Permite executar o filtro baseando-se na *interface* de negociação do *IKE*.
- negate

  Inverte os filtros.

Para executarmos um filtro na *VPN ADVPN2Filiais* com o *IP* do *Peer* remoto *99.10.10.3*, utilizamos os comandos:

```
# diagnose vpn ike log-filter name ADVPN2Filiais
# diagnose vpn ike log-filter dst-addr4 99.10.10.3
```

Já com os filtros configurados, podemos habilitar o *debug* por meio do comando ***diagnose debug application ike -1*** e ***diagnose debug enable***, permitindo assim a visualização de todas as etapas erros na conexão porém apenas para os pacotes que coincidem com os filtros.

```
ike 0:ADVPN2Filiais:2: responder: main mode get 3rd message...
ike 0:ADVPN2Filiais:2: dec 9DBA859D28CC54E2D76B90C9310474CD0510020100000000
0000008C801D3EF9D7865D28F3DB87D907534BA167208BD657C6B920B376BB3D1F1E210E7BB
8840F3249D7E1C7D2F56130C1F16FD2BA34A1A48A74AE738A2BB7E18DFFF01BF2C7FFFF079A
E24B87977D496793834DF6708B5416406DC0089CF9787F9E6E7B24B4C16B890C3028F495A3E
D97A366
ike 0:ADVPN2Filiais:2: parse error
ike 0:ADVPN2Filiais:2: probable pre-shared secret mismatch
```

Na última linha, podemos ver a mensagem *ike 0:ADVPN2Filiais:2: probable pre-shared secret mismatch* que informa um erro com a *pre shared-key (senha da vpn).*

Índice Remissivo

Referências Bibliográficas

[1] 3Com. Understanding IP Addressing . 2001. Disponível em <http://pages.di.unipi.it/ricci/501302.pdf>. Acesso em: 06 jan. 2016.

[2] H. Agrawal and F. . Manish Dev. Content pattern recognition language processor and methods of using the same. 2012. Disponível em: <http://goo.gl/BwqGVo0>. Acesso em: 20 dez. 2015.

[3] P. Almquist. Type of Service in the Internet Protocol Suite, 1992. Disponível em: <http://tools.ietf.org/html/rfc1349> Acesso em: 09 fev. 2016.

[4] CISCO. WCCP Version 2, 2012. Disponivél em <http://www.cisco.com/c/en/us/td/docs/ios-xml/ios/ipapp/configuration/xe-3sg/iap-xe-3sg-book/iap-wccp-v2.html> Acesso em: 02 fev. 2016.

[5] P. N. S. H. E. C. D. M. C. S. P. T. J. N. D. Farinacci, T. Li. Generic Routing Encapsulation (GRE), 2000. Disponível em: <https://tools.ietf.org/html/rfc2784> Acesso em: 22 ago. 2016.

[6] R. H. B. M. D. K. G. J. de Groot and E. Lea. Address Allocation for Private Internets. 1996. Disponível em: <https://tools.ietf.org/html/rfc1918> Acesso em: 18 dez. 2015.

[7] K. Egevang and P. Francis. The ip network address translator (nat). 1994. Disponível em: <http://www.ietf.org/rfc/rfc1631.txt>. Acesso em: 12 mar. 2016.

[8] Fortinet. Central NAT Table. 2015. Disponível em: <http://goo.gl/UC9hED>. Acesso em: 23 jul. 2016.

[9] Fortinet. Fortios handbook - hardware acceleration. 2017. Disponível em: <http://docs.fortinet.com/uploaded/files/2855/fortigate-hardware-acceleration-54.pdf>. Acesso em: 18 mar. 2017.

[10] Fortinet. Restricting FSSO service account, 2015. Disponível em: <https://goo.gl/i43UuW> Acesso em: 11 mar. 2016.

[11] Fortinet. Cliente FortiClient. , 2016. Disponível em: <http://forticlient.com/> Acesso em: 11 set. 2016.

[12] Fortinet. Maximum Values Table, 2016. Disponível em: <http://help.fortinet.com/fgt/54/max-values/5-4-0/max-values.html> Acesso em: 04 fev. 2016.

[13] Gartner. Next-generation firewalls (ngfws). 2016. Disponível em: <http://www.gartner.com/it-glossary/next-generation-firewalls-ngfws>. Acesso em: 17 jun. 2016.

[14] Gartner. Unified threat management (utm). 2016. Disponível em: <http://www.gartner.com/it-

glossary/unified-threat-management-utm>. Acesso em: 17 jun. 2016.

[15] HILGRAEVE. HyperTerminal Private Edition, 2017. Disponível em: <http://www.hilgraeve.com/hyperterminal/> Acesso em: 08 jan. 2016.

[16] C. Hopps. Analysis of an Equal-Cost Multi-Path Algorithm, 2000. Disponível em: <https://tools.ietf.org/html/rfc2992> Acesso em: 09 fev. 2016.

[17] IANA. Service Name and Transport Protocol Port Number Registry. 2017. Disponível em <https://www.iana.org/assignments/service-names-port-numbers/service-names-port-numbers.txt>. Acesso em: 20 jan. 2017.

[18] F. Inc. Improv ing network protection and performance with network based antivirus technology. 2002. Disponível em: <https://www.boll.ch/fortinet/assets/AntiVirus.pdf>. Acesso em: 17 dez. 2015.

[19] I. Intel. Understanding, Building and Deploying Virtual Appliances , 2015. Disponível em: <http://goo.gl/dEAvYC>. Acesso em: 17 abr. 2016.

[20] P. Jounin. The industry standard TFTP server , 2016. Disponível em: <http://www.jounin.net/tftpd32.html> Acesso em: 11 jan. 2016.

[21] J. M. Kenneth Tam, Martín h. Hoz Salvador, Ken McAlpine, Rick Basile, Bruce Matsugu. *UTM Security with Fortinet: Mastering FortiOS.*

[22] OWASP. Web Application Firewall, 2016. Disponível em: <https://www.owasp.org/index.php/Web_Application_Firewall> Acesso em: 22 ago. 2016.

[23] L. PCI Security Standards Council. PCI DSS v3.0, 2013. Disponível em: <https://goo.gl/HgvPR7> Acesso em: 04 fev. 2016.

[24] D. L. Ph.D. Programmable logic and application specific integrated circuits. 2008. Disponível em: <https://goo.gl/yPVuIK>. Acesso em: 10 mai. 2016.

[25] D. C. Plummer. An Ethernet Address Resolution Protocol. 1982. Disponível em: <https://tools.ietf.org/html/rfc826> Acesso em: 04 jan. 2016.

[26] J. Postel. Rfc 793: Transmission control protocol. 1981. Disponível em: <https://tools.ietf.org/html/rfc793. Acesso em: 10 mar. 2016.

[27] J. Postel. INTERNET CONTROL MESSAGE PROTOCOL, 1981. Disponível em: <https://tools.ietf.org/html/rfc792> Acesso em: 04 jan. 2016.

[28] C. Rigney. RADIUS Accounting, 2000. Disponível em: <http://tools.ietf.org/html/rfc2866> Acesso em: 06 mar. 2016.

[29] S. K. S. Frankel. Ip security (ipsec) and internet key exchange (ike) document roadmap, 2011. Disponível em: <https://tools.ietf.org/html/rfc6071> Acesso em: 30 set. 2016.

[30] T. Shinder, A. Carasik-Henmi, and R. Shimonski. *Best Damn Firewall Book Period.* Syngress, 2003.

[31] T. I. Society. Security Architecture for the Internet Protocol. 2005. Disponível em: <https://tools.ietf.org/html/rfc4301>. Acesso em: 10 jul. 2016.

[32] S. Tatham. PuTTY: a Telnet and SSH client for Windows. , 2016. Disponível em: <www.chiark.greenend.org.uk/ sgtatham/putty/> Acesso em: 08 jan. 2016.

[33] I. VMware. Understanding, Building and Deploying Virtual Appliances . 2015. Disponível em: <https://goo.gl/tcAizv>. Acesso em: 21 abr. 2016.

[34] M. Wasserman and F. Baker. IPv6-to-IPv6 Network Prefix Translation. 2011. Disponível em: <https://tools.ietf.org/html/rfc6296> Acesso em: 19 dez. 2015.

[35] J. Wells and M. Xie. Content pattern recognition language processor and methods of using the same. 2012. Disponível em: <http://www.google.com/patents/US8140660>. Acesso em: 17 jan. 2016.

Impressão e acabamento
Gráfica da Editora Ciência Moderna Ltda.
Tel: (21) 2201 - 6662